Los cuatro pilares de la inversión

Los cuatro pilares de la inversión

Fundamentos para construir una cartera ganadora

WILLIAM J. BERNSTEIN

Traducción de Pablo Fernández Candina

EDICIONES DEUSTO

Título original: *The Four Pillars of Investing*

Deusto es un sello editorial de Centro de Libros PAPF, SLU.
Av. Diagonal, 662-664
08034 Barcelona
www.planetadelibros.com

Diseño de colección: Sylvia Sans Bassat

Primera edición: octubre de 2008
Primera edición en esta presentación: junio de 2025
Tercera edición en esta presentación: julio de 2026
Depósito legal: B. 8.997-2025
ISBN: 978-84-234-3914-0
Composición: Realización Planeta
Impresión y encuadernación: Liberdigital, S. L.
Printed in Spain - Impreso en España

PEFC Certificado
El papel de este libro procede de bosques gestionados de forma sostenible
PEFC
PEFC/14-38-00305
www.pefc.es

Sumario

Prólogo, por Jonathan Clements 13
Introducción. Autopista hacia la riqueza 17
Primer pilar: la teoría de la inversión 20
Scgundo pilar: la historia de la inversión 22
Tercer pilar: la psicología de la inversión 23
Cuarto pilar: el negocio de la inversión 25
Usar los cuatro pilares 26

PRIMER PILAR
LA TEORÍA DE LA INVERSIÓN

1. Sin audacia no hay fortuna 35
Teoría financiera: la prima de riesgo 36
Más allá del juego de cara o cruz 41
Otro concepto importante: rendimiento esperado 43
Cómo estimar el rendimiento esperado de una acción 44
Sexo, mentiras y tasas de descuento 45
De los rendimientos esperados a los rendimientos realizados, o la importancia de ser realistas en cuanto a la inflación 49
¿Qué nos dicen los datos sobre acciones internacionales? 54
¿Disminuye el riesgo de las acciones con el tiempo? 57

El rendimiento esperado de los bonos.................. 62
Qué aspecto tienen los rendimientos esperados en 2023 .. 65
2. Cosas y casos.. 71
¿Tienen algunas acciones mayores rendimientos
esperados que otras? 71
Un zoo de factores...................................... 82
Riesgo profundo: el único riesgo que realmente importa .. 85
3. La historia reciente de Azarlandia 93
La sabiduría colectiva del mercado 106
Estrellas fugaces 107
La placa de hielo del gurú financiero.................... 113
¿Por qué no comprar acciones por tu cuenta?............ 116
¿Y qué hay de Peter Lynch y Warren Buffett? 117
Por último, dos nombres que es probable que
nunca hayas oído 124
4. La cartera perfecta...................................... 128
Las desviaciones típicas bajas son buenas,
pero las correlaciones bajas son mejores 137
La galería de los espejos de las divisas................... 141
Activos con una baja correlación con las acciones......... 142
De nuevo, el contango 144
¿Sigue teniendo sentido diversificar? El problema
con las correlaciones 145
5. Asignación de activos para inversores adultos, parte 1...... 149
La Torá de la asignación de activos 154
6. Asignación de activos para inversores adultos, parte 2...... 156
Sin un fideicomiso, un joven es un bono gigante.......... 156
El número más importante para los jubilados............ 161
Una visión alternativa de los ingresos para la jubilación:
la cartera de correspondencia de pasivos
y la cartera de riesgo 169
¿Edad en bonos?.. 171
Los años intermedios (previos a la jubilación):
la prueba más difícil.............................. 173
El momento lo es todo 175
7. Asignación de activos para inversores adultos, parte 3...... 179
Clases generales de activos accionarios.................. 179
¿Qué grado y tipo de inclinación? 181
Clases auxiliares de activos accionarios.................. 182

La felicidad es una mullida pila de bonos 183
Algunas carteras modelo 184
Una y no más 185
La globalización de la remolonería 188
Ascender por la escala de complejidad 190
¿Por qué REIT, renta variable y acciones de metales preciosos y energías? 192
Bonos/renta fija 194

Segundo pilar
La historia de la inversión

8. Una breve historia de los tiempos financieros 199
9. Auges... 212
Al principio fueron los tulipanes 213
La in(m)ersión más rentable 214
¿Qué sucedió después de 1600? 215
Historia (financiera) de dos ciudades 219
Inglaterra es engañada 223
Los locos años veinte 227
¿Por qué manías? 228
Cómo detectar una burbuja 231
¿Te estoy aconsejando que anticipes el mercado? 236
10. Y caídas 238
Encontrar la piñata 245
Wall Street mete la pata 247
Benjamin Graham se la juega 251
Encontrar la piñata: edición de los años treinta 253
La muerte de la renta variable 256

Tercer pilar
La psicología de la inversión

11. Mal comportamiento 267
Anhelamos narrativas 273
Buscamos entretenimiento 274
Nos asustamos con facilidad 276

Nos gustan demasiado las analogías 279
Desconfía de la elocuencia 281
Efecto WYSIATI, o por qué el pasado reciente es tu enemigo 282
Más WYSIATI: la ilusión de la estacionariedad 286
La mentalidad «lake wobegon» 289
El exceso de confianza más peligroso de todos 291
Los fondos de cobertura: los «Louis Vuitton» del mundo de la inversión 292
12. Lidiar con nuestro lado shakespeariano 298
Combatir el efecto WYSIATI 298
La elocuencia y las narrativas cautivadoras son señales de alarma 302
Compañías grandes no equivalen a grandes acciones . . 304
Haz de ello una rutina 304
Saborea el azar 305
Pon en orden tus riesgos 306
No te conviertas en una ballena 308
No te subas a la parra 309

Cuarto pilar
El negocio de la inversión

13. Tu corredor (perdón, «asesor de inversión») no es tu amigo 315
La traición de Charlie Merrill 318
Las cosas mejoran poco a poco 323
¿Cómo distingo las manzanas buenas de las podridas? 324
El lodazal de las compañías de seguros 325
14. La mejora del escenario de los fondos mutualistas 329
Potenciar el fondo 330
Cuando los fondos mutuos van mal: anualidades variables 334
Cuentos de hadas sobre los fondos de gestión activa 341
Fondos indexados travestidos 343
¿Existen fondos de gestión activa buenos? 347
15. La pornografía de inversión y tú 349

¿Qué hay de las redes sociales? . . . 358
¿Qué debería leer, ver y escuchar? . . . 358

Estrategia de inversión
Ensamblar los cuatro pilares

16. ¿Cuánto necesitas para jubilarte? . . . 367
Otros objetivos . . . 372
17. Construir, mantener y gastar . . . 375
El dilema de Ted, el «imponible» . . . 383
Reequilibrar o no reequilibrar . . . 387
Asignación dinámica de activos . . . 391
Agotar tus activos . . . 393
Fritz y Frank, de nuevo . . . 394
18. Rudimentos . . . 398
Premio al actor que más ha mejorado: el plan 401(k) . . . 399
Tus cuentas personales . . . 401
Invertir en ETF o no invertir en ETF . . . 402
El caballo de batalla de las carteras: los fondos de mercado bursátil total . . . 405
Fondos de gran capitalización de Estados Unidos . . . 409
Inclinarse o no inclinarse . . . 415
¿Qué hay de los bonos? . . . 426
Cuando los ETF van mal: fondos temáticos y apalancados/inversos . . . 434

Epílogo. Palabras finales . . . 437
Primer pilar: la teoría de la inversión . . . 437
Segundo pilar: la historia de la inversión . . . 439
Tercer pilar: la psicología de la inversión . . . 439
Cuarto pilar: el negocio de la inversión . . . 440
Agradecimientos . . . 443

Prólogo

Risk Is a Many-Splendored Thing[1] no fue el título de un gran éxito de 1955 de The Four Aces ni de una película galardonada protagonizada por William Holden y Jennifer Jones. Qué se le va a hacer, una ocasión perdida.

Ahora bien, el libro de Bill trata sobre las muchas facetas del riesgo. «¿En serio?... —te revolverás—, ¿de verdad me estás diciendo que las próximas páginas no me enseñarán a escoger inversiones para amasar una fortuna digna de Rockefeller?»

Puede que eso sea ir demasiado lejos, pero sí podría ser una cierta fortuna. Pero antes, todo inversor necesita entender que su camino hacia la riqueza no será directo. No llegará a su destino escrutando el catálogo de productos de Wall Street y planteándose la pregunta obvia: «¿Cuál de estas gallinas pondrá huevos de oro?».

Por supuesto, ésta es la pregunta que todos nos hacemos cuando empezamos a invertir por primera vez. Repasamos listas de fondos sugerentes y acciones irresistibles. Estudiamos las ten-

1. Juego de palabras entre *risk/love* ('riesgo/amor') con *Love is a Many-Splendored Thing* (lit. Los mil esplendores del amor), nombre de un tema musical y de una película (titulada en España *La colina del adiós*) ganadora de tres Premios Óscar. *(N. del t.)*

dencias del mercado y tratamos de adivinar cuál nos será propicia. Recurrimos a todos los viejos trucos para hallar inversiones que nos harán asquerosamente ricos. Por el camino, de lo poco que descubrimos es que no tenemos ni la menor idea de qué estamos haciendo.

Lamentablemente, mucha gente nunca aprende de sus errores y se pasa su vida financiera rebotando de un plan de inversión fallido a otro. Pero los inversores perspicaces acaban por percatarse de que deben dejar de perseguir la rentabilidad y comenzar a gestionar el riesgo..., y es entonces, paradójicamente, cuando sus resultados mejoran mucho.

Pero ¿qué riesgos deberíamos gestionar? En mi opinión, ésta es la verdadera genialidad del libro que tienes entre manos, que se publicó por primera vez hace dos décadas y goza ya de la consideración general de clásico de la inversión. Bill describe los baches que pueden malograr nuestra aventura financiera en palabras que cualquier adulto con estudios puede entender.

Tales baches incluyen, entre otras muchas, cosas como la deflación, comprar inversiones con dinero prestado, acciones y bonos con bajísimos rendimientos a largo plazo, la confiscación de activos, perseguir rendimientos pasados, sobrestimar tu tolerancia al riesgo, caídas bruscas del mercado de valores, los corredores de bolsa, la asimetría distributiva, un craso exceso de confianza, pésimos resultados de inversión al inicio de la jubilación, una inflación galopante o ver las noticias financieras en la televisión por cable.

¿Parece un mundo traicionero? Lo es..., pero no tanto. Existen innumerables maneras de perder enormes sumas de dinero en los mercados financieros, pero —como explica Bill en las siguientes páginas— dichas pérdidas suelen soslayarse o sobrellevarse con el correcto equilibrio entre disciplina y conocimientos. Es posible adquirir ambos estudiando los cuatro pilares de una buena gestión del dinero que nos presenta Bill: la teoría, la historia, la psicología y el negocio de la inversión.

¿Buscas iniciar una carrera como inversor prudente o cerciorarte de que sigues por el buen camino? Sería muy difícil encontrar una guía financiera más sabia y entretenida que *Los cuatro pilares de la inversión* de Bill. Pero, antes de hacerme a un lado para que puedas disfrutar de las páginas que siguen, me gustaría destacar algunas ideas que Bill y yo compartimos. A la hora de sopesar los riesgos que estás asumiendo con tu cartera —o, más en general, con tu vida financiera—, te recomendaría prestar especial atención a dos conceptos clave.

Primero: pueden suceder más cosas de las que efectivamente sucederán. Todos sabemos que el futuro es incierto. No obstante, para no perder la cordura y pegar ojo por las noches, tendemos a subestimar el grado de incertidumbre que existe. Asumimos que el próximo año se parecerá mucho al presente, que nos iremos a la cama en la misma casa, que nuestra pareja seguirá allí a nuestra vera, roncando con despreocupación, y que nos levantaremos por la mañana para acudir al mismo trabajo. De igual modo, asumimos que las actuales tendencias dominantes en las finanzas seguirán en vigor.

Un breve recorrido a través de la historia de la economía y los mercados, respaldado por un fugaz repaso a dificultades pasadas en nuestras propias vidas, apunta a que dichas asunciones son —en el mejor de los casos— cuestionables. No pretendo que nos pasemos nuestros días caminando con pies de plomo, siempre a la espera de una inminente catástrofe. Pero hemos de evitar tomar decisiones financieras temerarias, pues un exceso de confianza puede volverse en nuestra contra para atormentarnos. Por supuesto, mantén un compromiso inquebrantable con los principios económicos fundamentales: ahorrar con diligencia, gestionar el riesgo, contener los costes de inversión, limitar las cargas impositivas, etcétera. Sin embargo, en lo tocante a nuestras conjeturas sobre el futuro financiero, debemos obrar como un mujeriego empedernido y nunca apegarnos demasiado a ninguna de ellas.

Segundo: disponemos de una única oportunidad para realizar el viaje financiero de aquí a la jubilación, y no podemos permitirnos fracasar. Por consiguiente, debemos dedicar tiempo a ponderar las posibles consecuencias financieras. Todo ello puede resumirse en una simple pregunta: ¿qué pasa si me equivoco?

Por ejemplo, ¿qué ocurrirá si me limito a acciones de Estados

Unidos y éstas sufren una tendencia bajista durante más de tres décadas, como sucedió en Japón? ¿Y si espero para ahorrar para la jubilación hasta mis últimos veinte años de trabajo, y éstos se ven además jalonados por despidos y largos períodos de desempleo? ¿Y si mi jubilación no dura los treinta años que preveía, sino cuarenta o cincuenta?

Gestionar el riesgo puede resultar complicado, sobre todo a causa de nuestra propia naturaleza humana. Nos cuesta imaginar todos los infortunios que pueden presentarse, y suponemos que sabemos cosas acerca del futuro que son sencillamente imposibles de saber. Nos resistimos con todo nuestro ser a aceptar la incertidumbre y nuestra propia incapacidad para adivinar el porvenir.

Sin embargo, si conseguimos abrazar estas dos realidades, los beneficios para nuestro rendimiento de inversión —y nuestro propio sentimiento de bienestar— pueden llegar a ser extraordinarios. En lugar de tambalearnos viendo cómo los mercados financieros zarandean sin cesar nuestras inversiones y nuestra paz mental, podemos diseñar una cartera que mantenga siempre un rumbo razonable, sin importar qué depare el futuro. Podemos ahorrar e invertir de forma que sepamos que nuestras finanzas sobrevivirán —e incluso medrarán— en casi cualquier contexto económico. Créeme: el sentido de seguridad financiera y la serenidad que se derivan de esta constatación te harán más feliz que casi cualquier cosa que el dinero pueda comprar.

Jonathan Clements

Introducción

Autopista hacia la riqueza

El año 1998 conoció una de las caídas en desgracia más espectaculares de la larga y sórdida historia de las altas finanzas: la quiebra de Long-Term Capital Management L. P. (LTCM).

El fondo de cobertura —fundado cuatro años antes por el legendario John Meriwether, ejecutivo de Salomon Brothers— contaba con el respaldo de los mejores y más afamados nombres de Wall Street. Encabezaban la lista dos premios Nobel: Myron Scholes y Robert C. Merton, autores de una revolucionaria teoría sobre la valoración de opciones.

A finales de los años noventa, la compañía protagonizó una tragedia financiera digna de Ícaro. La estrategia bursátil de LTCM, basada en derivados y de una complejidad endiablada, estaba apalancada a una ratio 25:1 con fondos prestados; cuadruplicó el capital de los inversores en un plazo de cuatro años antes de desmoronarse.[2]

A lo largo de un arco temporal mucho más amplio, una modesta secretaria jurídica llamada Sylvia Bloom triunfó allí donde LTCM había fracasado. Comenzó su vida laboral en un bufete de Nueva York en 1947, en el que permaneció hasta 2014, por un

2. Roger Lowenstein, *When Genius Failed* (Nueva York: Random House, 2000).

impresionante total de sesenta y siete años. Falleció unos años más tarde, poco antes de su noventa y nueve cumpleaños.

La ejecutora del testamento de Bloom, su sobrina Jane Lockshin, no daba crédito a sus ojos: sus activos estaban valorados en más de 9 millones de dólares, y se componían sobre todo de acciones ordinarias. Dos tercios fueron a parar a Henry Street Settlement, constituyendo la mayor donación que la histórica organización benéfica del Lower East Side había recibido nunca. Nadie, ni siquiera su difunto marido, un bombero jubilado, supo nunca de su patrimonio. La señora Lockshin solía llevar a su tía a almorzar y, como es costumbre con un familiar anciano, siempre pagaba la cuenta.

¿Cómo era posible que una secretaria hubiera triunfado allí donde las lumbreras de LTCM habían fracasado? Bloom lo consiguió por tres motivos. Primero: no invirtió con dinero prestado, es decir, no recurrió al apalancamiento, y mucho menos a la estratosférica ratio de 25:1 de LTCM. A ese nivel de endeudamiento, una mera caída del 4 % en los precios de los activos abocaría al fondo a la quiebra. Los modelos matemáticos de LTCM, basados en datos históricos, indicaban que el valor de sus activos nunca caería tanto. No podrían haber estado más equivocados. Las mentes más brillantes de las finanzas pasaron por alto el hecho incontrovertible de que, con alarmante frecuencia, los mercados pierden el norte y subvierten relaciones antes sólidas entre precios de activos.

Segundo: Bloom contaba con muchísimo tiempo, décadas y décadas. Según afirma una cita apócrifa a menudo atribuida a Albert Einstein: «El interés compuesto es la octava maravilla del mundo. Quien lo entiende, gana dinero; quien no, lo pierde». Sylvia Bloom lo entendía a las mil maravillas.

A diferencia de los genios de LTCM, no estaba intentando hacerse rica a toda prisa, sino que planeaba tomarse su tiempo, una apuesta mucho más segura. Bloom pudo convertir los ahorros de una secretaria en millones porque su estrategia permitió que la magia del interés compuesto obrara durante sesenta y siete largos años; LTCM apenas duró cuatro años. Si el interés compuesto es en efecto la octava maravilla del mundo, entonces lo peor que uno puede hacer es cercenarlo por razones absurdas, como apalancarse, seguir a gurús de la gestión de capitales, sobrestimar su propia tolerancia al riesgo y ver programas financieros en la televisión por cable, entre otras muchas cosas.

La tercera ventaja de la señora Bloom era su frugalidad. Desde luego, no se privó de nada: vestía bien —en ocasiones lucía un abrigo de piel— y viajaba a menudo con su marido. Pero cuando las Torres Gemelas se desplomaron el 11-S, la secretaria de ochenta y cuatro años seguía atravesando a pie el puente de Brooklyn y cogiendo el autobús para volver a casa. Poco antes de jubilarse, al salir del metro durante una aterradora ventisca de nieve, se encontró con un colega y amigo cercano, Paul Hyams, quien, atónito, le preguntó qué estaba haciendo allí, a lo que ella respondió impertérrita: «¿Por qué, dónde debería estar?».[3] Si hubiera llevado un tren de vida más fastuoso, no habría dejado un patrimonio tan abundante. Uno ahorra para gastar más tarde: en el caso de Bloom, en beneficencia, no en sí misma.

Invertir, en esencia, es transmitir activos de tu «yo» presente a tu «yo» futuro. Desafortunadamente, la autopista financiera entre esas dos personas está plagada de placas de hielo y enormes baches. A riesgo de abusar de esta metáfora, la ruta vital de la cartera típica también discurre por dos o tres de las versiones financieras de peligrosos puertos de montaña sin guardarraíles: las brutales caídas bursátiles que acompañan a los pánicos financieros.

Huelga decir que, cuanto más lento conduzcas, más probable será que tus activos lleguen sanos y salvos a tu destino. Eso es lo que hizo Bloom con su dinero; los directivos de LTCM, para desgracia de sus inversores y de sí mismos, pisaron a fondo el acelerador. Como es típico de él, Warren Buffett lo expresó de manera más concisa: «Para conseguir un dinero que no tenían y no necesitaban, arriesgaron el que sí tenían y sí necesitaban».[4]

3. Corey Kligannon, «96-year-old secretary quietly amasses fortune, then donates $8.2 million», *The New York Times*, 6 de mayo de 2018; Paul Hyams y Jane Lockshin, comunicación personal.

4. Warren Buffett, discurso en la School of Business de la Universidad de Florida, octubre de 1998, <https://m.youtube.com/watch?v=2MHIcabnjrA>; el fragmento sobre LTCM comienza en el minuto 13.00, la cita se pronuncia en el 17.30.

En pocas palabras: Bloom tuvo éxito porque su estrategia sobrevivió, mientras que LTCM no lo tuvo porque incurrió en un riesgo excesivo. Los profesionales y académicos de las finanzas suelen considerar subóptima una cartera con poca carga accionaria, pero una estrategia «subóptima» que sobrevive al miedo y al pánico, o mejor aún, que no los genera, es preferible a una óptima que asume riesgos innecesarios.

Hablando sobre geopolítica, el autor e historiador Robert Kaplan afirmó que «la mitad de todo es geografía; la otra mitad es Shakespeare». *Mutatis mutandis*, cabría decir que invertir es mitad matemáticas y mitad Shakespeare. Las finanzas tienen un lado esencial aunque árido, la parte matemática predilecta del Sr. Spock, pero también presentan una cara humana: el temor exacerbado que provocan los mercados bajistas, nuestra empatía y tendencia a imitar y canalizar el miedo y la codicia ajenos y a preferir las narrativas frente a los hechos. Con frecuencia, las vertientes matemática y shakespeariana de las finanzas se oponen diametralmente, y si no dominas la segunda de nada te servirán todos los cálculos del mundo. Ahora bien, por «vertiente shakespeariana» no se entiende el arte y la poética de las inversiones, sino su Hamlet, Lear y Macbeth: la tan humana irracionalidad, según se expresa en los menesteres humanos y en esa cruel maestra, la historia.[5]

¿Cómo, entonces, puede llegar un inversor a dominar estas dos facetas del oficio y evitar así las meteduras de pata que harían que su prodigioso vehículo de interés compuesto se salga derrapando de la autopista hacia la riqueza? Familiarizándose con los cuatro pilares de la inversión.

Primer pilar: la teoría de la inversión

Si te quedaras con una única enseñanza de este libro, que sea ésta: riesgo y rentabilidad van de la mano. No esperes altos ren-

5. Acerca de «la mitad de todo es geografía; la otra mitad es Shakespeare», véase <https://spectatorworld.com/book-and-art/travels-robert-d-kaplan-good-american-robert-gersony/>.

dimientos sin experimentar de tanto en tanto pérdidas devastadoras. Como muchos aprendieron con amargura durante la burbuja puntocom a finales de los años noventa, una acción que sube un 900 % en un año bien puede caer un 90 % al siguiente. No hay manera de soslayar los riesgos que entrañan las acciones ordinarias y, como veremos más adelante, no existe una fórmula mágica que pueda indicarte con precisión cuándo vender. Todas las épocas han tenido sus casandras, y en cada crisis bursátil, por pura casualidad, una o dos de ellas clavarán sus pronósticos. Pero, de manera casi sistemática, las próximas predicciones de estos genios errarán el tiro por completo. Incluso si te las arreglas para vender en el momento oportuno, todavía tendrás que acertar una segunda vez acerca de cuándo volver a comprar. Por ejemplo: desde el pico del mercado de finales de 2007 hasta su mínimo de principios de marzo de 2009, las inversiones en el S&P 500 cayeron un 55,2 % (incluyendo dividendos). Para finales de 2022, habían aumentado un 644 % respecto a ese nivel bajo.[6]

Tales pérdidas representan el coste de acceso al teatro de los rendimientos del mercado bursátil. John Maynard Keynes lo expresó a la perfección:

> No creo que sea el cometido —mucho menos el deber— de un inversor serio, ya sea institucional o de otro tipo, estar siempre considerando si debería vender todo y huir de un mercado bajista o arriesgarse a que lo invada la culpa si las acciones se deprecian en sus manos. De hecho, iría mucho más lejos. *Diría que, de vez en cuando, un inversor serio tiene el deber de aceptar la depreciación de sus activos con serenidad y sin remordimientos* (cursivas añadidas).[7]

6. Vanguard Total Stock Market Index Fund, acciones de clase Admiral, a fecha 9 de octubre de 2007, 9 de marzo de 2009, y 31 de diciembre de 2022.

7. John Maynard Keynes y Donald Moggridge, eds., *The Collected Writings of John Maynard Keynes*, vol. XII, *Economic Articles and Correspondence: Investment and Editorial* (Londres: Macmillan for the Royal Economic Society, Reino Unido, 1983), 38.

La palabra clave en la cita anterior es *serenidad*: la capacidad de soportar pérdidas con tranquilidad y como algo natural. Uno de los secretos de inversión más importantes de este libro es que el elixir más potente para la tranquilidad financiera es una gran pila de activos seguros —en el caso de Estados Unidos, anodinos y poco rentables títulos del Tesoro— que te permita aguantar el chaparrón cuando vienen mal dadas. En un cierto sentido, son en realidad el activo de mayor rendimiento de tu cartera, algo que ignoraban los directivos de LTCM.

En el transcurso de las dos últimas décadas, mis ideas acerca de la inversión basada en el ciclo vital han evolucionado, en particular sobre los efectos combinados potencialmente devastadores de bajos rendimientos futuros de acciones y bonos y del riesgo de secuencia de rendimientos (la posibilidad de una racha de malos rendimientos al inicio de la jubilación). Con el tiempo, he comprendido que los factores más determinantes del riesgo accionario son en realidad la edad del inversor y su «tasa de consumo»: qué porcentaje de su cartera gasta cada año. En consecuencia, he desplazado el tema de cómo variar la asignación de activos a lo largo del ciclo vital hacia el final de la sección de «teoría» del capítulo sexto.

Segundo pilar: la historia de la inversión

Si se estudian a través de las décadas y los siglos, los mercados de capitales parecen tan ordenados y cuidados como el jardín de un aristócrata inglés: las acciones generan más beneficios que los bonos, que a su vez generan más que el efectivo, todos ellos de manera más o menos previsible. Pero en períodos de varios años, los mercados financieros pueden desbocarse, como ocurrió a finales de los años noventa, cuando las compañías sólo necesitaban cosechar visitas y clics —olvidándose de ganancias y dividendos— para exigir unos precios estratosféricos, o a principios de los años treinta, cuando las acciones de algunas empresas se vendieron —por increíble que pueda sonar— por menos del valor de su efectivo disponible.

Si ya has visto esta película antes, sabes cómo acaba. Si nos retrotrajéramos a una cena de gala en 1999, casi todas las conversaciones girarían en torno a las inmensas sumas que estaban ganando los inversores en tecnología, y la manera más fácil de saber quién había sido engañado y quién no consistiría en someter a los comensales a un breve cuestionario acerca del crac del 29: ¿qué papel desempeñó Goldman Sachs?, ¿quién era Samuel Insull?

Las finanzas no son una ciencia dura como la física o la ingeniería, sino una ciencia social. La diferencia estriba en que un puente, un circuito eléctrico o una aeronave responderán siempre de idéntica manera a un conjunto dado de circunstancias, pero no así los mercados financieros, una verdad insoslayable que precipitó la desgracia de los directivos y clientes de LTCM. El médico, físico o químico que desconoce la historia de su disciplina no acusa demasiado esta falta; el inversor que ignore la historia financiera se halla en una insalvable desventaja.

Para tener éxito, un inversor debe familiarizarse con dos conceptos históricos:

1. La rentabilidad a largo plazo y la volatilidad a corto plazo de diversas clases de activos.
2. El Sr. Mercado —como llamaba el legendario Benjamin Graham a la pululante masa de inversores— sufre de trastorno bipolar grave, oscilando de forma periódica entre extremos de euforia y de depresión.

Tercer pilar: la psicología de la inversión

Nuestros antepasados del Pleistoceno tardío vivían en un mundo en que las reacciones instintivas a circunstancias peligrosas marcaban la diferencia entre la vida y la muerte. Durante al menos cientos de miles de años, nuestra especie fue desarrollando patrones de respuesta inmediata perfectamente adaptados a ese entorno.

Apenas trescientas generaciones después del final de la última glaciación, vivimos en un mundo financiero cuyo horizonte de riesgo se mide en décadas, no en segundos. Como resultado, el mayor enemigo del inversor es el rostro paleolítico que le devuelve el espejo.

Tomemos la mofeta. A lo largo de millones de años, desarrolló una estrategia eficaz para lidiar con los grandes depredadores de dientes afilados: darse la vuelta y rociarlos. Desafortunadamente, esta respuesta no funciona igual de bien para sus descendientes modernas que habitan un medio semiurbano, donde la mayor amenaza es una mole metálica de varias toneladas que se desplaza a 100 km/h.

En materia de inversión, los seres humanos somos los equivalentes a la mofeta moderna. El comportamiento financiero ha recibido mucha atención —quizá incluso demasiada— en los últimos tiempos, pero aún tiene cosas que enseñarnos. El inversor de éxito aprende cómo evitar los errores más comunes y contrarrestar sus propias taras conductuales. Como veremos, los inversores fallidos:

- Pecan de un exceso de confianza, no sólo acerca de su capacidad para anticipar el mercado y escoger buenos valores y gestores de activos, sino sobre todo acerca de su tolerancia al riesgo.
- Pagan de más por determinadas clases de acciones.
- Efectúan demasiadas operaciones, incurriendo así en un coste elevado.
- Se decantan por opciones financieras que presentan una baja probabilidad de grandes ganancias, pero bajos rendimientos a largo plazo, como ofertas públicas de venta (OPV) y billetes de lotería. Una de las vías más rápidas hacia la indigencia pasa por adoptar como principal objetivo de inversión buscar el próximo Amazon.

Si aprendes a lidiar con estas manías, entre otras muchas, serás recompensado con un generoso flujo de dividendos.

Cuarto pilar: el negocio de la inversión

El viajero prudente se mantiene alejado de las zonas en guerra. Lo mismo ocurre en las finanzas. De hecho, no sería muy descabellado tratar toda la industria de servicios financieros —y desde luego a cualquier corredor de bolsa o correduría, cualquier boletín de noticias, cualquier asesor que adquiera títulos individuales y cualquier fondo de cobertura— como un campo de batalla. Sin exagerar demasiado, podríamos decir que el agente típico otorga a sus clientes el mismo tratamiento que ofrecía Baby Face Nelson[8] a los bancos.

Resulta pasmoso constatar, por ejemplo, hasta qué punto muchos asesores financieros y corredores ignoran los fundamentos de la teoría de la inversión. El motivo de esta lamentable situación es sencillo: ni el sector ni el gobierno imponen ningún requisito educativo ni a unos ni a otros, ni tampoco a los gestores de fondos de cobertura, de pensiones o mutualistas, y el código moral reinante en las finanzas hace parecer ejemplar a la industria del tabaco.

Así las cosas, estás atrapado en una perpetua pugna de suma cero con este leviatán. La buena noticia es que a cada año que pasa se hace más fácil domar a la bestia. Hace dos décadas, cuando publiqué la primera edición de este libro, tan sólo existía un lugar seguro donde refugiarse: la familia de fondos mutuos de bajo coste del Grupo Vanguard. Desde entonces, varias grandes compañías de inversión, a las que Vanguard había desplazado, han decidido que si no podían con su rival, se unirían a él. Comenzaron a ofrecer una amplia gama de fondos mutualistas y ETF baratos, incluidos productos de Vanguard, en sus propias plataformas. Entretanto, esta última se ha convertido en víctima de su propio éxito y no ha sabido gestionar la afluencia de nuevos clientes. Sigue siendo una opción válida, pero ciertamente ya no es la única.

8. Baby Face Nelson fue el apodo de un famoso atracador de bancos estadounidense de los años treinta. *(N. del t.)*

Usar los cuatro pilares

La última sección del libro traducirá los cuatro pilares en mecánicas para diseñar y mantener una cartera de inversión eficiente:

- Elegir qué fondos mutuos y valores utilizar.
- Salir del estancamiento y construir tu cartera.
- Mantener y ajustar tu cartera a largo plazo.

Llevo escribiendo sobre finanzas veinticinco años, y he aprendido algunas cosas por el camino. Al principio, abordaba el tema como un ejercicio matemático: recopilar series de rendimientos para varias clases generales de acciones y bonos; seleccionar la combinación que optimiza la relación entre riesgo y rentabilidad, y, por último, determinar cómo implementar dicha combinación a través de la gama de vehículos disponibles en el mercado.

Mi primera obra, *The Intelligent Asset Allocator*, que se publicó por primera vez en formato electrónico en 1995, y más tarde en edición impresa con McGraw Hill, dedicaba mucho espacio a las matemáticas, de forma que atrajo más que nada a científicos e ingenieros. En palabras de uno de mis amigos, fue un «exitoso fracaso». Unos años después, traté de ampliar mi público con la primera edición de *Los cuatro pilares de la inversión*, con un éxito sólo parcial. Mis colegas médicos —que sin duda conforman una muestra de población bien formada y competente con los números— seguían mareándose con tanta matemática.

Desde que escribí la última edición de este libro en 2002, han sucedido unas cuantas cosas. La más espectacular fue la mayor crisis financiera desde la Gran Depresión, que enturbió los mercados de todo el mundo entre 2007 y 2009, y luego reverberó por toda Europa unos pocos años después, seguida de una pandemia mundial. Irónicamente, el notable descenso de los tipos de interés y la consiguiente bonanza en los mercados de valores planteó a finales de 2021 uno de los retos más aterradores en la historia de las inversiones: precios inflados de activos con bajos rendimientos esperados, un fenómeno que sólo se vio atenuado en parte por la debacle de 2022 tanto en las acciones como en los bonos.

Tras más de un cuarto de siglo escribiendo sobre finanzas e historia, he aprendido que los lectores prefieren con mucho las narrativas atractivas a los hechos y las matemáticas. Por suerte, los datos más importantes pueden trocearse en bocados más digeribles integrados en las historias de este libro. Por desgracia, no es posible despachar las matemáticas con igual ligereza, pero el texto se puede entender sin ellas. Para no decepcionar a la minoría de personas que de hecho *disfrutan* con los números, las he separado en «cuadros de matemáticas» que el lector general puede pasar por alto.

Finalmente, mi recorrido por las finanzas en las dos décadas transcurridas desde la primera edición de este libro me ha enseñado alguna que otra cosa:

- Si no consigues ahorrar, poco importa lo bien que inviertas, y entender la verdadera utilidad del dinero determinará hasta qué punto eres capaz de acumularlo. Si crees que el propósito del dinero es comprar cosas, estás condenado al fracaso, pues pronto caerás en la trampa de la «rueda hedonista», el insidioso e inextinguible anhelo por un coche todavía más caro, una casa todavía más lujosa o unas vacaciones todavía más fastuosas. La mejor actitud posible respecto al vil metal, si se me permite la única grosería del libro, se resume en «que le jodan al dinero»: emplearlo para comprar tiempo y autonomía.
- Lo que cabría llamar la «teoría de las letras del Tesoro de Bill para la serenidad inversora»:[9] tu habilidad para mantener el rumbo es directamente proporcional a la cantidad de activos seguros a corto plazo en tu cartera, expresada en años de gastos de vida. Con diferencia, el factor más deter-

9. En inglés, *The Treasury Bill Theory of Investing Equanimity*, juego de palabras entre *Treasury bill* [letra del Tesoro] y Bill, hipocorístico de William, nombre del autor. *(N. del t.)*

minante para el éxito de tus inversiones es cómo respondes en el pequeño porcentaje de peores momentos, cuando el mundo que te rodea y muchas de las cosas que antes dabas por sentadas se desmoronan ante tus ojos. Experimentarás tales momentos al menos un puñado de veces en tu carrera como inversor, y nada te ayudará a sobrellevarlos tanto como tus letras del Tesoro y certificados de depósito, por muy bajo que sea su rendimiento.

- Cuando hayas ganado el juego de la jubilación, deja de jugarlo con el dinero que necesitas para pagar el alquiler y las compras. Sugiero que reúnas la suma necesaria para cubrir al menos diez años de gastos básicos, pero veinte o veinticinco sería incluso mejor. Asume cuantos riesgos se te antoje con el resto de los activos, ya sea para comprar algún que otro billete en clase *business* o el bólido de tus sueños o para legarlos a tus herederos, a tu organización benéfica predilecta o al Tío Sam, a quien te ata una deuda de gratitud por las instituciones que enriquecieron a la nación, y a ti con ella.
- La volatilidad, que suele medirse con la desviación típica, es un buen indicador del riesgo de un activo, pero carece de una dimensión importante: *cuándo* se producen las pérdidas. Un ejemplo clásico son los bonos corporativos, en particular los bonos de baja calificación y alto rendimiento («bonos basura»). Un bono del Tesoro y un bono corporativo pueden tener la misma desviación típica, pero el segundo entrañará siempre un riesgo mucho mayor, pues durante una crisis financiera te las verás y desearás para conseguir liquidez con que adquirir acciones a precio de saldo o, simplemente, poner comida encima de la mesa. En tales momentos, los bonos corporativos se desplomarán, mientras que los bonos del Tesoro tenderán a aumentar de precio.
- La esencia de invertir no radica en maximizar la rentabilidad, sino más bien en maximizar las probabilidades de éxito, entendido como financiar la jubilación, sufragar los gastos educativos, pagar la entrada de una casa o dejar un

legado a organizaciones benéficas y herederos. Maximizar tu rentabilidad y maximizar tus probabilidades de éxito son dos cosas muy distintas. Dicho de otro modo: más Sylvia Bloom, menos Merton y Scholes.

- La primera parada en el camino que lleva a maximizar tus probabilidades de éxito es ahondar en la teoría financiera en busca de pistas y técnicas.

Primer pilar

La teoría de la inversión

En 1798, una expedición francesa encabezada por Napoleón invadió Egipto. Su ejército tan sólo disponía de unos mapas muy rudimentarios y desconocía casi por completo el clima y el terreno. Como cabía esperar, la invasión fue un desastre de inicio a fin: tres años más tarde, las últimas tropas francesas, desmotivadas, enfermas, hambrientas y abandonadas a su suerte por su comandante, fueron barridas por las fuerzas turcas y británicas.

Lamentablemente, la mayoría de las personas aplican el mismo grado de planificación a sus inversiones, sin informarse de la naturaleza del terreno y del clima de inversión. Sin una buena comprensión de la relación entre riesgo y recompensa, de cómo estimar los rendimientos, de la interacción entre el resto de los inversores y ellos mismos, y de la mecánica de diseño de una cartera a lo largo de los cerca de cincuenta años que abarca el ciclo de vida promedio, los inversores —al igual que las tropas de Napoleón— están condenados al fracaso. La primera sección de este libro abordará, de capítulo en capítulo, cada uno de estos temas esenciales.

1

Sin audacia no hay fortuna

Ejercí la medicina durante la mayor parte de mi vida adulta, unos años que me confirmaron el tópico de que los médicos son pésimos inversores.

Dos factores vuelven esto casi inevitable: primero, los galenos pecan, más que casi cualquier otro profesional, de un exceso de confianza; y, segundo, el rigor con que abordan las finanzas no se acerca ni remotamente al que aplican a la medicina. No te equivoques: las finanzas son una disciplina tan seria como cualquier ciencia física, biológica o social, y sin embargo casi nadie fuera de ella —no sólo los médicos— se toma el tiempo de aprender sus fundamentos básicos.

No consentirías que tu médico te tratara ni del más insignificante catarro si no poseyera unos sólidos conocimientos en fisiología, anatomía, patología y farmacología, estuviera formado en prácticas clínicas y se mantuviera al día de la literatura médica revisada por pares. Pese a ello, la mayoría de los galenos gestionan los ahorros de toda su vida sin echar ni un somero vistazo a los equivalentes financieros de estas disciplinas, como alguien que se propusiera aprender neurocirugía leyendo la sección de salud de *USA Today*.

Teoría financiera: la prima de riesgo

La versión financiera de la fisiología —el estudio de cómo funciona el cuerpo— es la teoría financiera. Si tuviese que resumirla en una única frase, sería algo así:

> Rentabilidad y riesgo son dos caras de la misma moneda: sólo es posible obtener altos rendimientos asumiendo grandes riesgos y soportando ocasionales pérdidas importantes, mientras que la seguridad lleva aparejados bajos rendimientos.

Supongamos, por ejemplo, que el Tesoro de Estados Unidos emitiera un bono con una rentabilidad del 3 % a perpetuidad, es decir, que nunca venciera. En general, cada bono tiene un valor nominal de 1.000 dólares, por lo que éste generaría 30 dólares de intereses anuales. Ahora imaginemos que, en su lugar, el secretario del Tesoro echase una moneda al aire: cara, los intereses de ese año ascenderán a 60 dólares; cruz, serán cero.

Para un período lo bastante largo, los dividendos anuales promedio regresarán al punto de equilibrio de 30 dólares anuales. No obstante, los inversores, descontentos con la falta de previsibilidad de las ganancias, asignarán al bono un precio acorde, depreciándolo de 1.000 dólares a, digamos, 750 dólares para compensar esa incertidumbre. A este nuevo precio, la rentabilidad aumenta del 3 al 4 % (30 dólares / 750 dólares). En jerga financiera, se denomina «prima de riesgo» a ese 1 % adicional de beneficios por tener que soportar la incertidumbre del azar.

La «prima de riesgo» es uno de los términos más importantes de este libro. En el anterior ejemplo de interés a cara o cruz, significa qué puede esperar un inversor de un bono emitido por una compañía con un riesgo bajo —pero no nulo— de quiebra.

Las acciones acarrean un riesgo incluso mayor, y por ende presentan una prima de riesgo más elevada. Voy a rescatar de su retiro e introducir en nuestra historia a un personaje de *The Intelligent Asset Allocator*, tu mítico tío Fred, quien además resulta ser tu jefe.

Poco después de incorporarte al trabajo, te lleva a su despacho y te pone al corriente sobre el peculiar plan de pensiones de la empresa. Al final de cada año, aporta 5.000 dólares y te ofrece estas dos opciones:

- **Opción 1:** recibes un rendimiento seguro del 3 % sobre el monto acumulado.
- **Opción 2:** lanzas una moneda al aire: cara, tus ahorros generan un rendimiento anual del 30 %; cruz, pierdes un 10 %.

Vas a trabajar para él durante los próximos treinta y cinco años. Sabes un par de cosas de Excel, así que echas unos cálculos rápidos y concluyes que, con la primera opción, cuando te jubiles sólo contarás con 302.310 dólares para cubrir tus años dorados. Aunque pueda parecer una suma jugosa, no lo es: si durante los siguientes treinta y cinco años la inflación se mantiene en su tasa histórica del 3 %, apenas te quedarán 107.436 dólares de poder adquisitivo actual.[10]

Sólo pensar en la segunda opción, con su 50 % de probabilidades de perder el 10 % de tus ahorros en un año determinado, hace que te entren escalofríos. ¿Y si tuvieras una mala racha? Si sacases cruz los treinta y cinco años, podrías quedarte con una jubilación de miseria. Por otro lado, si sacases cara treinta y cinco veces, arruinarías al pobre tío Fred con tus ganancias: ¡te debería 162.000.000 de dólares!

Por supuesto, la probabilidad de que se produzca uno de estos dos escenarios es más que remota: 1/235, o sea 0,000000003 %. Pero sigue siendo posible terminar por detrás de la más segura primera opción, así que analicemos con más detenimiento el juego de azar. A lo largo de un período lo bastante largo, obtendrás la mitad de caras y la mitad de cruces. Si representas este resul-

10. Los más observadores podrían haberse percatado de que 107.436 dólares es mucho menos que 35 × 5.000 dólares = 175.000 dólares; para no hacer las cosas más difíciles, no he incrementado la contribución anual en la tasa de inflación histórica a largo plazo de Estados Unidos del 3 %, ya que esto en nada afecta al propósito del ejercicio.

tado mediante una serie alterna de caras y cruces, entonces tu rendimiento para cada bienio sería el siguiente:

$$1{,}3 \times 0{,}9 = 1{,}17$$

El rendimiento del 30 % en el primer año se traduce en multiplicar tus ahorros por 1,3, y la pérdida del 10 % en el segundo año, por 0,9. Al cabo de estos dos años, tendrás 1,17 dólares por cada dólar con que empezaste, una rentabilidad anualizada del 8,17 %, que genera una prima de riesgo esperada del 5,17 % sobre el rendimiento seguro del 3 % de la primera opción.

Sigues jugando con tu hoja de cálculo y descubres que, para salir peor parado que con la rentabilidad segura del 3 %, tendrías que sacar como mucho doce caras y al menos veintitrés cruces. ¿Cuáles son las probabilidades de ello? No las tienes todas contigo, así que acudes a tu antiguo profesor de estadística de la universidad, quien te responde con su característico y largo suspiro de decepción y apunta que podrías haber calculado fácilmente las probabilidades de cualquier combinación de tiradas con algo llamado la función de distribución binomial. Tu expresión confundida suscita otro suspiro, luego se dirige a su ordenador, abre una hoja de cálculo y, tras un ágil repiqueteo en el teclado, imprime el gráfico de la figura 1.1.

Te llevas el archivo de Excel a casa y constatas que la probabilidad de obtener peores resultados que con la primera opción sacando como máximo doce caras es inferior al 5 %.

No diseñé el juego de azar del tío Fred de forma arbitraria: escogí los resultados anuales de +30 % / −10 % como un redondeo de la rentabilidad anualizada y la volatilidad (riesgo) del mercado bursátil total de Estados Unidos, y la prima de riesgo del 5,17 % sobre la tasa segura de la primera opción se corresponde de forma aproximada con la prima de riesgo de las acciones sobre los bonos del Tesoro, no sólo en Estados Unidos, sino en todo el mundo. En promedio, te irá muy bien si te decantas por el juego de la moneda, pero a costa de una terrible angustia cada año, y siempre existirá la posibilidad de que te arrepientas de no haber elegido la opción segura.

Figura 1.1. Probabilidades del juego de cara o cruz del tío Fred

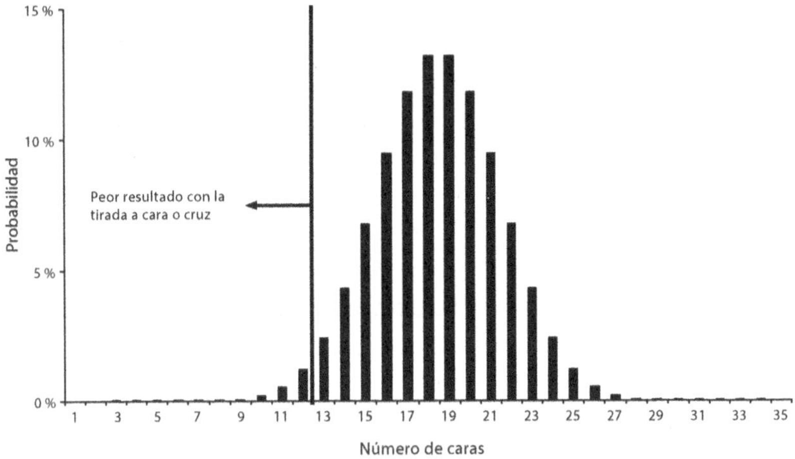

CUADRO DE MATEMÁTICAS

Rendimientos geométricos, rendimientos aritméticos y arrastre estadístico

Algunos os preguntaréis por qué la rentabilidad del juego de la moneda no es el 10 %, en lugar del 8,17 %, teniendo en cuenta que la media de +30 % y −10 % es +10 %. El rendimiento promedio no es más que la media de la serie de rendimientos anuales. En cambio, la rentabilidad anualizada es un concepto más sutil, que denota el rendimiento que debes obtener cada año para igualar el resultado mediano (y más probable) de tu serie de rendimientos anuales variables.

Imagina que posees una acción que dobla su valor (tiene un rendimiento del 100 %) el primer año y luego pierde un 50 % el siguiente año; si te costó 10 dólares en el momento de la compra, valdría 20 dólares al final del primer año, y de nuevo 10 dólares al final del segundo. Has obtenido una rentabilidad nula, y sin embargo el rendimiento promedio es del «25 %» (la media de +100 % y −50 %).

Resulta claro que la rentabilidad anualizada (geométrica) y el rendimiento promedio (aritmético) divergen: en términos estadísticos, el segundo se corresponde con la media, mientras que la primera se acerca más a la mediana. El juego de cara o cruz tiene un rendimiento promedio (media) del 10 % y una rentabilidad anualizada (mediana) del 8,17 %. La segunda siempre es menor al primero. Si la serie de lanzamientos termina con mitad de rendimientos −10 % y mitad +30 %, ello equivale a generar una rentabilidad del 8,17 % anual. Pagas tus facturas con la rentabilidad anualizada, no con el rendimiento promedio. La diferencia entre el segundo y la primera equivale aproximadamente a la mitad de la varianza (el cuadrado de la desviación típica), el llamado arrastre estadístico, la penalización que pagas por la alta volatilidad de un valor o clase de activo, aproximado como:

[Rendimiento geométrico] ≅ [Rendimiento aritmético] — [Varianza/2].

Si no se producen entradas ni salidas en tu cartera, el orden de las tiradas no importa. Pero si estás añadiendo o retirando fondos, el orden de los rendimientos marcará una diferencia crucial. Por tomar dos resultados extremos —e inverosímiles— del juego de azar del tío Fred, si añades la misma suma cada año y sacas dieciséis caras seguidas, y luego diecinueve cruces seguidas, aún perderás frente a la rentabilidad segura del 3 % de la primera opción; pero si sacas veintisiete cruces seguidas y luego ocho caras seguidas, saldrás ganando. Por supuesto, se trata de eventos sumamente improbables, que tan sólo buscan ilustrar la importancia del orden de los rendimientos, por lo que la figura 1.1, aunque sea una simplificación, ofrece una representación razonable de las probabilidades a tu favor.

¿Por qué importa tanto el orden de las tiradas? Porque las veintisiete cruces seguidas de una serie de ocho caras permiten que los últimos rendimientos altos se acumulen sobre la mayor suma de efectivo, superando así los bajos rendimientos iniciales. Por este motivo, el joven que está ahorrando para su jubilación prefiere una cartera que genere bajos rendimientos al principio y altos rendimientos hacia el final. Más adelante en este libro, explicaré por qué también lo opuesto —el jubilado prefiere los buenos rendimientos al principio y los malos hacia el final— es cierto y qué implica esto para la asignación de activos durante la jubilación.

Más allá del juego de cara o cruz

He presentado los lanzamientos de moneda del tío Fred como una forma sencilla de ilustrar el vínculo entre riesgo y rendimiento para los bonos y las acciones: los primeros están representados por la rentabilidad constante del 3 % de la primera opción, las segundas por el juego de azar, con su prima de riesgo del 5,17 % (8,17 % −3,00 %). Diseñé ambos regímenes como aproximaciones al mundo real de la renta variable y la renta fija. Pero ¿de dónde proceden en verdad estos rendimientos y riesgos? Para entenderlo, tendremos que pasar de la perspectiva del inversor a la de alguien que necesita dinero para lanzar o hacer crecer un negocio.

Desde los albores de la economía monetaria en el mundo antiguo, sólo han existido dos maneras de financiar una empresa: por medio de deuda o de capital social, que en el mundo actual de grandes negocios y altas finanzas se traducen en bonos y acciones.

Imagina que eres un prometedor chef de cocina de Oriente Próximo que necesita 10.000 dólares para montar un puesto de comida ambulante en tu barrio. Tu primera opción es buscar a alguien a quien pedir prestado el dinero. Asumamos que ni tú ni tus amigos y parientes podéis disponer de esa suma y que te ves obligado a solicitar un crédito en el banco.

Supongamos además que ofreces a modo de garantía tu carrito, que cuesta 12.000 dólares, y que tienes el dinero justo para cubrir la diferencia de 2.000 dólares entre el monto del crédito y el precio de compra. Desde el punto de vista del banco, el préstamo es una propuesta de bastante bajo riesgo: si tu negocio tiene éxito, recuperará el principal de 10.000 dólares más los intereses; si fracasa, se quedará con el carrito, cuyo valor supera con creces la suma adeudada. Debido al bajo riesgo que confiere la garantía, el banco te carga un tipo de interés razonable, digamos entre el 6 y el 10 %. Por desgracia, desde *tu* punto de vista, esta financiación con deuda comporta un riesgo muy alto: si fracasas, caerás en la bancarrota.

La otra manera de financiar tu puesto de comida es ofrecer

una participación accionaria a una amiga —llamémosla Sue— que ha probado tu *shawarma* y cree que todo el mundo lo encontrará irresistible. A cambio de los 10.000 dólares, le entregarás la mitad de la titularidad de tu negocio.

Así, la dinámica de riesgo entre inversor y empresario se invierte por completo. Desde la perspectiva de Sue, su inversión no podría ser más arriesgada: si tu empresa fracasa por cualquier motivo —quizá a los vecinos no les guste la comida picante tanto como a ella, alguien se queje de los olores ante el ayuntamiento, una pandemia interrumpa la cadena de suministro de los insumos e ingredientes o tu agente de libertad condicional termine por darte caza—, perderá todo su dinero. Los expertos en finanzas se refieren a Sue como la «propietaria residual» de tu carrito de comida; en cuanto que gerente de tu puesto, no tienes la obligación de pagar ninguna parte de los beneficios (en el mundo de las acciones, «dividendos») ni a ti mismo ni a Sue, y si te decantas por hacerlo, siempre podrás decidir reducir o detener los pagos. En teoría, el potencial de ganancia para Sue no conoce límites: existe incluso una ínfima posibilidad de que dentro de diez años sea propietaria de la mitad de una corporación internacional de comida rápida. En cambio, desde tu perspectiva, venderle una participación (acciones) de tu carrito rebaja tu riesgo, ya que el fracaso no te abocará a la bancarrota.

Además, con un préstamo bancario eres tú quien asume todo el riesgo: si no consigues reembolsar el principal y los intereses, estarás oficialmente en quiebra, en cuyo caso el banco tendrá derecho prioritario sobre los activos del puesto.

En resumen: puedes financiar tu negocio con un préstamo, lo que conlleva un riesgo para ti y casi ninguno para el prestamista (léase «titular del bono»), o con capital social, lo que conlleva un riesgo elevado para el accionista, pero mucho menor para ti. Dado que Sue, en calidad de accionista, soporta un mayor riesgo que el banco, merece una prima de riesgo. La siguiente tabla resume las relaciones de riesgo entre el inversor y el empresario en escenarios de financiación por medio de deuda o de capital social.

	DEUDA	CAPITAL SOCIAL
Inversor	Bajo riesgo	Alto riesgo
Empresario	Alto riesgo	Bajo riesgo

Una última cuestión: en realidad, Sue no necesita disponer del dinero necesario para invertir en tu puesto de comida, puede pedirlo prestado. En tal caso, no estará corriendo un único riesgo, sino dos: contraer un préstamo *e* invertir en capital social. En el mundo financiero, esto equivale a invertir con margen en acciones, lo que aumenta la probabilidad de que tarde o temprano tu vehículo de inversión derrape fuera de la autopista hacia la riqueza y acabe en la cuneta.

Una duda recurrente a este respecto es si utilizar el efectivo para amortizar tu hipoteca o emplear el dinero del banco para engrosar tu cartera de inversiones. A menudo no es sensato invertir ese dinero en bonos, puesto que el tipo de interés de tu hipoteca tenderá a ser bastante más alto que el tipo de interés del bono. Más importante aún, destinar dinero de un crédito hipotecario a comprar acciones es todavía menos sensato, dado que en la práctica esto convierte tu hipoteca en un préstamo con margen, pero que no puede ser objeto de una llamada de margen —a diferencia de lo que ocurre en una cuenta de corretaje— y que, por tanto, no obliga a tu corredor a vender todas tus acciones si sus precios caen lo bastante. Así pues, si puedes, salda esa hipoteca: la próxima vez que las cosas se pongan feas dormirás mejor por las noches.

Otro concepto importante: rendimiento esperado

El concepto de «prima de riesgo» resulta bastante fácil de entender, pero no ocurre lo mismo con otro mucho más esquivo: «rendimiento esperado».

Sólo Dios sabe si tu puesto de *shawarma* tendrá éxito. Asumamos que existe una probabilidad del 40 % de que a lo largo de los siguientes diez años el negocio vaya bien, en cuyo caso gastarás todos los beneficios para convertirlo en un sofisticado restaurante valorado en 200.000 dólares. En caso de que lo vendieses, Sue recibiría la mitad: 100.000 dólares. Supongamos además que queda una probabilidad del 60 % de que se pegue un batacazo. Si ponderamos cada uno de los dos posibles resultados para Sue —100.000 dólares o cero— por su probabilidad, constataremos que su pago *esperado* es de 40.000 dólares (0,4 × 100.000 dólares más 0,6 × 0 dólares).

La cuadruplicación *esperada* del dinero de Sue en un espacio de diez años se traduce en un rendimiento *esperado* del 14,9 % anual.[11] No cabe duda de que se trata de una cifra apetecible, pero siempre llevará aparejada una buena dosis de riesgo: en este caso, un 60 % de probabilidades de que Sue pierda hasta el último centavo. Dicho riesgo adicional es la razón por la cual las acciones ofrecen rendimientos *esperados* más altos que los activos seguros: la «prima de riesgo de capital».

Cómo estimar el rendimiento esperado de una acción

En el mundo real, las compañías se asemejan a organismos vivos: nacen, crecen —o no— y mueren. La mayoría de los animales tienen una vida muy breve, mientras que algunos, como el tiburón de Groenlandia, pueden llegar a vivir tres siglos, y ciertas especies de invertebrados y de árboles, como el pino longevo, sobreviven durante milenios.

De igual forma, sólo en torno a la mitad de las pequeñas empresas sobreviven cinco años, y la vida media de las sociedades de cotización pública asciende a alrededor de diez años. En Estados Unidos, algunas pequeñas empresas privadas existen desde antes de la guerra de Independencia, y unas pocas compañías —como las dos grandes corporaciones lanzadas por J. P. Morgan, General Electric y U. S. Steel— llevan cotizando en el mercado de valores más de un siglo.

11. Correspondiente a la tasa anual de rendimiento necesaria para convertir 10.000 dólares en 40.000 dólares en diez años ($4^{0,1} - 1 = 14,9$ %).

Dado que la mayoría de las compañías desaparecen, casi todo cuanto dejan a sus inversores son los dividendos que distribuyen (ellas o las compañías que las adquieren o se fusionan con ellas) antes de morir: ésta es la única manera adecuada de valorar una acción. En la actualidad, por ejemplo, Facebook/Meta Platforms no reparte dividendos; si se declara en quiebra, o es disuelta por el gobierno antes de quebrar, transmitirá a sus últimos inversores una pérdida total. (Una excepción a «todas las compañías mueren y no dejan más que sus dividendos» se produce con las compras en efectivo, pero éstas apenas representan un diminuto porcentaje de la rentabilidad total del mercado de renta variable.)

La manera más sencilla de comprender el rendimiento esperado de las acciones consiste en imaginar un mercado bursátil ideal que siempre genera un dividendo agregado del 3 % y cuyos dividendos crecen a una tasa constante del 5 % anual. Comencemos con un precio de acción de 100 dólares y un dividendo de 3 dólares. Al cabo de un año, el dividendo habrá crecido un 5 % hasta 3,15 dólares, por lo que el precio del índice también debería haber aumentado un 5 % hasta los 105 dólares para mantener constante la rentabilidad del 3 % (3,15 dólarcs / 105,00 dólares = 3 %). En teoría, cada año obtienes un dividendo del 3 % y un aumento del precio del 5 %, por un total de 8 % (suponiendo que no reinviertes el dividendo). Esta simple relación aritmética:

Rendimiento esperado = Rentabilidad por dividendos + Crecimiento de los dividendos.

Se denomina la ecuación de Gordon, y cualquier inversor a largo plazo debería tenerla siempre presente.

Sexo, mentiras y tasas de descuento

Volvamos a los dos míticos bonos del Tesoro que nunca vencían del principio de este capítulo, los que siempre generaban un interés de 30 dólares al año. El primero devengaba un interés anual regular de 30 dólares, y el segundo de 60 o 0 dólares, en función de una tirada a cara o cruz.

Asimismo, recordemos que empezamos con un precio para el primer bono de 1.000 dólares y una rentabilidad del 3 %, de allí el interés anual de 30 dólares. Pero hay una manera mejor de ver este bono ideal, que pasa por invertir el proceso y preguntar qué tasa de descuento tendríamos que aplicar a ese interés anual de 30 dólares para obtener su precio de mercado. Si aplicamos una tasa de descuento del 3 %, obtendríamos 30 dólares / 3 % = 1.000 dólares. Puesto que el segundo bono, cuyo interés viene determinado por el juego de azar, presenta un mayor riesgo, aplicamos una tasa de descuento más elevada del 4 %. Por consiguiente, el valor asignado al flujo de ingresos asciende a 30 dólares / 4 % = 750 dólares.

Esto nos lleva a la verdad central de toda inversión: el valor *real* de tus activos no es la cifra que aparece en tu extracto de cuenta, sino el flujo de ingresos que provee: para un bono, los intereses, y para una acción, los dividendos, o quizá, poniéndonos más románticos, tu propia pequeña porción de la economía.

A este respecto, los británicos nos llevan varios siglos de ventaja a los yanquis. Hasta hace poco, si hubieras preguntado a alguien en Reino Unido acerca del patrimonio neto de otra persona, la respuesta más típica habría sido algo en la línea de: «Gana unos 20.000 al año». Los americanos, en cambio, estamos enamorados de los números que aparecen en nuestros extractos de cuenta, con el problema de que, como puede verse en el cálculo anterior, éstos son extremadamente sensibles al denominador de la tasa de descuento, que aumenta y disminuye en función de la percepción del riesgo en el mercado. Por ejemplo, durante la crisis financiera global, los mercados decidieron aumentar la tasa de descuento de manera drástica, con el consiguiente efecto inverso en los precios.

Ocurre lo contrario durante las fiebres bursátiles, cuando el mercado decide aplicar una tasa de descuento mucho más baja. Quizá el ejemplo más notable de este fenómeno haya sido la obra *Dow 36,000*, escrita al alimón por James Glassman y Kevin Hassett. En el momento de su publicación en 1999, el mercado parecía aplicar una tasa de descuento de alrededor del 9 % a las futuras ganancias, según se reflejaba en el nivel del Dow, que por ese entonces rondaba los 10.000 puntos.

Disparates, decían los autores, los inversores pronto se darían cuenta de que las acciones no entrañaban ningún tipo de riesgo a largo plazo y, por ende, aplicarían una tasa de descuento mucho más baja del 3 % a sus futuros dividendos, lo que triplicaría el precio en el espacio de unos pocos años.[12] Huelga decir que no fue así. El Dow sobrepasó durante un tiempo los 36.000 puntos, pero veintidós años más tarde y no sin antes perder en dos ocasiones la mitad de su valor. Basándome en el aumento histórico del precio de las acciones del 6 % anual, me aventuro a predecir que el Dow tocará los 100.000 puntos en 2040.

CUADRO DE MATEMÁTICAS

Ecuación de Gordon, riesgo y tasa de descuento

La anterior explicación narrativa de la ecuación de Gordon no deja entrever la complejidad matemática que encierra, en cuyo centro radica la tasa de descuento. Supón que alguien te ofrece invitarte a una hamburguesa hoy o a más de una dentro de diez años. ¿Qué cantidad de hamburguesas haría que la espera mereciera la pena? Digamos que quieres dos: tu tasa de descuento para las hamburguesas sería, por tanto, $2^{0,1} - 1 = 7,2$ %, es decir, la tasa de interés compuesto necesaria para duplicar tus hamburguesas en diez años. (Se trata de un ejemplo fácil de entender de la regla del 72: el tipo de interés multiplicado por el tiempo de duplicación tiende a 72 [7,2 × 10]; el tiempo de duplicación para un tipo de interés del 12 % es de seis años. Los seres humanos somos pésimos para calcular el crecimiento exponencial, y esta regla es una manera práctica de salvar esa dificultad. Imagina que estás dando un paseo sin una calculadora en el bolsillo y te entra curiosidad por saber cuánto crecerá un dólar en cincuenta años con una tasa de rendimiento del 10 %. Ello significa

12. James K. Glassman y Kevin A. Hassett, *Dow 36,000* (Nueva York: Crown Business, 1999).

que se duplicará alrededor de una vez cada siete años; tras cincuenta años, se habrá duplicado unas siete veces, es decir, a 128 dólares —siguiendo la secuencia 2, 4, 8, 16, 32, 64 y 128 dólares—, no demasiado lejos de la respuesta correcta, 117,39 dólares.)

Ahora, supón que la persona que te ofrece el trato es muy mayor o no te inspira demasiada confianza y podría no presentarse para cumplir con las hamburguesas. En ese caso, para compensar el riesgo de que termines por no verlas nunca, vas a pedir más hamburguesas, pongamos cinco, de modo que tu tasa de descuento para las hamburguesas será mucho mayor: $5^{0,1} - 1 = 17,5$ %.

Por consiguiente, la tasa de descuento es la rentabilidad que exiges por el riesgo de poseer un activo, y representa una buena manera de entender el estrecho vínculo que existe entre riesgo y rendimiento.

Imagina que una empresa genera un flujo de dividendos que crece a una tasa *g*, prolongándose de forma indefinida en el futuro, y que dichos dividendos se descuentan por el rendimiento esperado *r*. En tal caso, el precio presente de la compañía, P_0, es la suma infinita de todos sus futuros dividendos:

$$P_0 = \sum_{t=1}^{\infty} D_0 \frac{(1+g)^t}{(1+r)^t}$$

Los economistas se refieren a esta formulación como el «modelo de descuento de dividendos». Cabe señalar que la tasa de crecimiento de los dividendos *g* no puede ser mayor que la tasa de descuento *r*, pues de lo contrario el valor presente de la compañía sería infinito.

Si aplicamos un poco de cálculo a la formulación previa y despejamos *r*, la tasa de descuento o tasa de rendimiento esperado, obtenemos:

$$R = D_1 + g$$

Esta ecuación simple es casi idéntica a la versión simplificada que derivamos antes por vía narrativa, con la salvedad de que D_1 es el dividendo del año siguiente dividido por el precio presente. En la ecuación simplificada, D_1 ocupa el lugar de D_0, la rentabilidad por dividendos actual, una aproximación lo bastante buena para nuestros fines.

De los rendimientos esperados a los rendimientos realizados, o la importancia de ser realistas en cuanto a la inflación

Los más observadores habrán notado que, aunque acabo de afirmar que todas las empresas terminan por morir, sigo asumiendo que las ganancias y dividendos del mercado general continúan indefinidamente en el futuro. Ello se debe a que es mucho menos probable que desaparezca la totalidad del mercado bursátil de un país. Esto rara vez sucede, pero cuando lo hace tienes que lidiar con problemas mucho más graves que tus ahorros para la jubilación.

¿Cómo de buena es la ecuación de Gordon a la hora de predecir la rentabilidad del mercado bursátil total? En la actualidad, unas 3.500 empresas estadounidenses cotizan en la bolsa de valores, y contamos con datos de muy alta calidad acerca de sus rendimientos desde 1926. Supongamos que en ese año te disponías a invertir y querías estimar tus rendimientos futuros a largo plazo. ¿Cómo lo habrías hecho?

Tratemos de ponernos en el lugar de un inversor el 1 de enero de 1926. Los beneficios de las acciones rondaban el 5,0 %, y los dividendos llevaban el último medio siglo creciendo a una tasa anual aproximada del 1,6 %. Así las cosas, una estimación razonable de la rentabilidad futura sería 5,0 % + 1,6 % = 6,6 %.

Hoy en día calcularíamos de inmediato cómo erosionaría la inflación dicho rendimiento, pero éste no era un motivo de gran preocupación en 1926, ya que durante los cincuenta años anteriores la inflación anualizada apenas rondó el 0,7 %. Esta tasa rebajaba el rendimiento esperado ajustado por inflación al 5,9 %.

De hecho, entre 1926 y finales de 2021, el S&P 500 generó un 7,35 % después de inflación, un 1,45 % más de lo pronosticado por la ecuación de Gordon.

En lo sucesivo, hablaré de tu futuro consumo personal de bienes y servicios, tu patrimonio y los rendimientos de tus inversiones casi siempre en términos ajustados por inflación, o «reales», así que mantente avizor a la palabra *real*. Te llevará algo de tiempo acostumbrarte. Por ejemplo, durante el último siglo, las letras del Tesoro de Estados Unidos, que la mayoría de los expertos financieros consideran el activo seguro por antonomasia, han arrojado una rentabilidad del 3,26 % anual, frente a una inflación del 2,90 %, resultando así en un exiguo rendimiento real. Dicho de otro modo: en promedio, un dólar invertido en letras del Tesoro ha crecido a un ritmo apenas superior a los precios de las cosas que quieres comprar.

¿A qué se debe entonces la brecha del 1,45 % entre el rendimiento real esperado del 5,9 % calculado en 1926 y el rendimiento real realizado del 7,35 % obtenido en los noventa y seis años que siguieron? Dicha diferencia responde a que, en ese período, la rentabilidad por dividendos cayó de un 5,0 % a un 1,26 %. En otras palabras, obtener un dólar a partir de dividendos en 1926 requería comprar tan sólo 20 dólares en acciones. Para inicios del siglo XXI, estos títulos se habían encarecido mucho. A finales de 2021, para obtener ese mismo dólar en dividendos tenías que comprar casi 80 dólares en acciones. Por consiguiente, el «múltiplo de dividendos» se multiplicó casi por cuatro, un incremento del 1,45 % anual si lo anualizamos a lo largo de los noventa y seis años que median entre 1929 y 2021, lo que explica con precisión la diferencia.

Añadamos entonces un término más a la ecuación de Gordon para que arroje el rendimiento *realizado*, es decir, la rentabilidad que realmente obtuviste:

Rendimiento realizado = Rentabilidad por dividendos + Crecimiento dividendos + Cambio anualizado en el múltiplo de dividendos

La suma de los dos primeros términos de la ecuación anterior, la rentabilidad por dividendos más el crecimiento de los dividendos, el llamado «rendimiento esperado», también se conoce como «rendimiento fundamental» del mercado: lo que obtendrás si el múltiplo de dividendos no varía. La ecuación anterior se simplifica a:

Rendimiento realizado = Rendimiento (fundamental) esperado
+ Cambio anualizado en el múltiplo de dividendos

El rendimiento (fundamental) esperado es una cifra fácil de calcular y, sobre todo, más estable. Por otra parte, pronto veremos que el cambio anualizado en el múltiplo fluctúa, en ocasiones de manera muy acentuada, no se puede pronosticar y es, por tanto, desconocido; así las cosas, será mejor que lo llamemos «rentabilidad especulativa». De forma coloquial, podemos resumir todo lo anterior como:

Rendimiento real = Rendimiento fundamental + Rentabilidad
especulativa

En un día cualquiera, o incluso en un año cualquiera, la rentabilidad especulativa (el cambio en el múltiplo) prevalece sobre el rendimiento fundamental. Por ejemplo, en 2008 el múltiplo de dividendos —y con él la rentabilidad especulativa— cayó un 42 %, y en 1933 aumentó un impresionante 66 %, mientras que en ambos años el rendimiento fundamental apenas varió en unos pocos puntos porcentuales.

Incluso en períodos de diez años, la rentabilidad anualizada real puede apartarse mucho de la estimación de la ecuación de Gordon, obtenida a partir de la rentabilidad por dividendos inicial del S&P 500 y el 1,46 % de tasa de crecimiento real de los dividendos a largo plazo durante el siglo XX, según se muestra en la figura 1.2.

Figura 1.2. Rendimientos del S&P 500 ajustados por inflación en un período de diez años

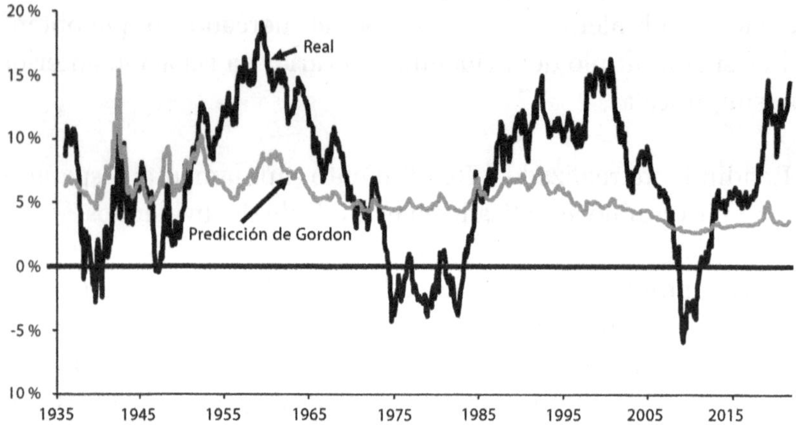

La ecuación de Gordon sólo proporciona una estimación de precisión razonable de los futuros rendimientos para períodos muy largos, del orden de una generación, según se ve en la figura 1.3.

Figura 1.3. Rendimientos a treinta años del S&P 500 ajustados por inflación pronosticados por la ecuación de Gordon frente a rendimientos reales

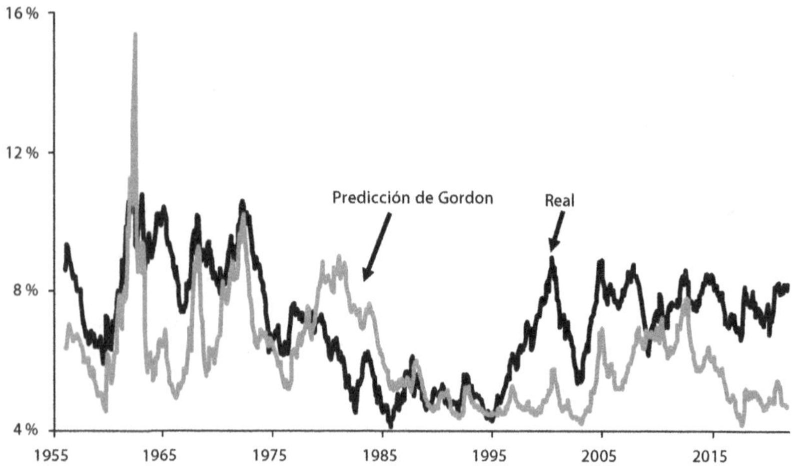

La figura 1.4 ilustra, de modo simplificado, la importancia relativa del rendimiento fundamental y de la rentabilidad especulativa.

Figura 1.4. Señal frente a ruido: rendimiento fundamental (esperado) frente a rentabilidad especulativa (cambio en el múltiplo) a lo largo del tiempo

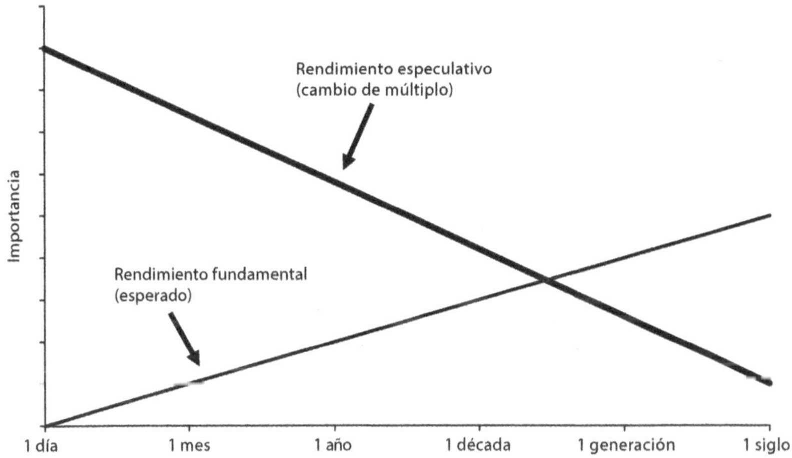

Durante los casi cien años que median entre finales de 1925 y de 2021 —un período todavía más largo que el horizonte de inversión de la Sra. Bloom—, la espectacular cuadruplicación del múltiplo de dividendos apenas si representó un quinto del rendimiento real total de las acciones (1,45 % de 7,35 %).

¿Qué nos dice este dato sobre los rendimientos esperados ajustados por inflación de cara al futuro? Comencemos por la rentabilidad por dividendos del 1,7 % a finales de 2022. El crecimiento real de los dividendos desde 1926 rondó el 2,0 % anual. Si el múltiplo no cambia, cabe esperar un rendimiento real de la renta variable del 1,7 % + 2,0 % = 3,7 %.[13]

13. Hay quien ha sugerido que las recompras de acciones han añadido un «rendimiento por recompra». Se trata de una hipótesis dudosa, ya que éstas reducen tanto los pagos de dividendos como la reinversión fundamental en el negocio. En general, la mayoría de las recompras están encaminadas a ofrecer

Pero incluso para períodos de tiempo muy largos, los rendimientos totales realizados pueden variar en una medida muy considerable. Por ejemplo, a finales de 2022, la rentabilidad real anualizada a treinta años del S&P 500 ascendió al 7,0 %, mientras que el pronóstico según la ecuación de Gordon de treinta años antes, a finales de 1992, era del 4,8 %. No parece gran cosa, pero si se acumula a lo largo de treinta años, esa brecha del 2,2 % resulta en una diferencia de casi el doble en la riqueza final.

Como mucho, la ecuación de Gordon permite obtener una estimación aproximada para períodos muy largos, pero debido a la «magia» del interés compuesto, errar siquiera en unos pocos puntos porcentuales de rentabilidad anualizada puede acarrear grandes diferencias en los beneficios finales realmente obtenidos a lo largo de una carrera de inversión de varias décadas.

¿Qué nos dicen los datos sobre acciones internacionales?

Resulta evidente que durante el último siglo a los accionistas estadounidenses les han ido muy bien las cosas. Dado que al menos parte de esa bonanza se debe a las crecientes valoraciones aplicadas a ganancias y dividendos, tiene sentido echar un vistazo también a las rentabilidades de los valores en el extranjero.

Si bien los rendimientos accionarios en Estados Unidos han estado por encima de la norma mundial, no han sido excepcionales. Al parecer, las acciones se han comportado según se espera en todo el mundo: ofreciendo un nivel de rentabilidad superior y uniforme respecto a los bonos y letras. En 2002, los académicos Elroy Dimson, Paul Marsh y Mike Staunton (DMS) celebraron esta constatación en su obra con el pertinente título de *Triumph*

opciones sobre acciones a los ejecutivos a modo de retribución, constituyen una forma de salario y no se traducen en un aumento efectivo de la participación en el capital social por parte de los accionistas. Además, tienden a efectuarse cuando las compañías cuentan con un exceso de efectivo y los precios de las acciones están altos, y por tanto no en el momento óptimo.

of the Optimists ['El triunfo de los optimistas'], y cada año que pasa confirman esta buena noticia en sus informes anuales patrocinados por Credit Suisse, cuyos resúmenes pueden descargarse de forma gratuita.[14]

La figura 1.5 resume sus resultados para los ciento veintidós años que van de 1900 a 2021 para los rendimientos de acciones, bonos y letras del Tesoro. En todos los países, las primeras han generado una mayor rentabilidad que los segundos y, en todos menos uno, los segundos han generado una mayor rentabilidad que las terceras, tal y como uno esperaría a partir de la teoría.

Aunque la «hipótesis del mercado eficiente» (que estudiaremos en mayor profundidad en el capítulo tercero) afirma que el rendimiento esperado ajustado por riesgo de la renta variable debería ser el mismo por todas partes, llama la atención que todos los países de habla inglesa se sitúan en la mitad superior del gráfico. Sólo Finlandia, Dinamarca y Suecia presentan rendimientos superiores a los del país angloparlante con peores resultados, Reino Unido.

¿Hay algo en la lengua inglesa que produzca economías más saludables y mayores rendimientos bursátiles? Un marxista podría aducir que la causa reside en la dilatada historia de colonialismo y esclavismo de Reino Unido, pero los datos no respaldan esta hipótesis. Portugal, España y Francia no andaban muy rezagados a este respecto: Portugal tuvo la mayor proporción de esclavos entre su población de cualquier nación en la historia, y sin embargo acabó siendo más pobre y arrojando una menor rentabilidad de inversión que sus vecinos del norte. Si el colonialismo fuera un factor tan determinante, Hong Kong y Singapur, que hasta hace muy poco eran colonias, se contarían entre los países más pobres del mundo, y Etiopía, que salvo por un breve interludio en los años treinta lleva milenios siendo independiente, entre los más ricos.

14. Elroy Dimson, *et al.*, *Triumph of the Optimists* (Princeton, NJ: Princeton University Press, Estados Unidos, 2002). Los resúmenes anuales son difíciles de encontrar en el sitio web de Credit Suisse, pero basta con introducir ciertos términos en un motor de búsqueda; por ejemplo, para el informe de 2013: Credit Suisse, Dimson, *annual report*, 2013.

Figura 1.5. Rentabilidad anualizada ajustada por inflación de acciones, bonos y letras en las principales economías, 1900-2021

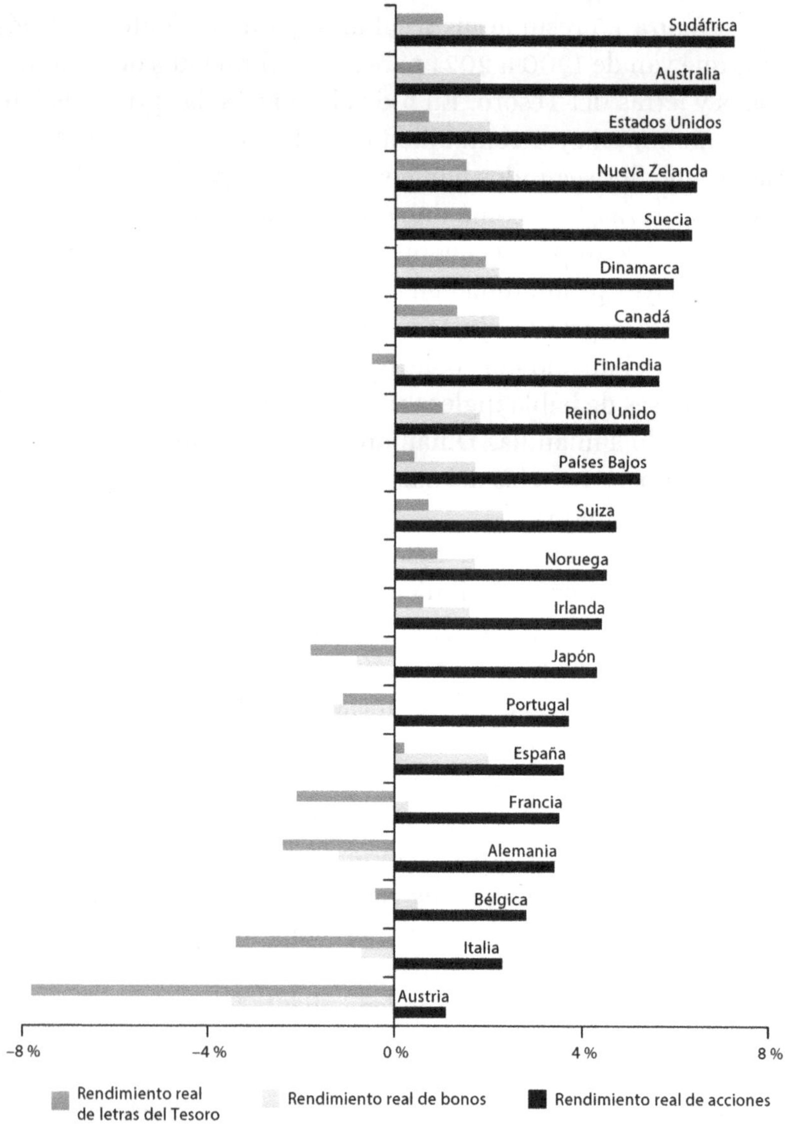

Fuente: Credit Suisse Global Investment Returns Yearbook 2022.

No es la lengua inglesa, sino más bien el *common law*[15] lo que produce estos altos rendimientos. La tenencia segura de acciones y bonos depende de las instituciones consuetudinarias que salvaguardan los derechos de propiedad. Por ese motivo, aunque creo que los valores de mercados emergentes tienen un lugar en una cartera bien diversificada, no soy demasiado optimista al respecto, pues muchos de los países así calificados no destacan por la calidad de sus ordenamientos jurídicos. El ejemplo más elocuente es China, que pese a un imponente crecimiento económico presenta rendimientos bursátiles de miseria: un 1,2 % *nominal* entre 1993 y 2021, que se traduce en términos reales en un valor ligeramente negativo.

¿Disminuye el riesgo de las acciones con el tiempo?

Un rápido vistazo a la figura 1.3 podría sugerir que el riesgo de la renta variable va disminuyendo con el paso del tiempo. Después de todo, la rentabilidad *real* anualizada a treinta años más baja fue del 4,14 %, que convirtió 1,00 dólar ajustado por inflación en 3,36 dólares ajustados por inflación; la más alta fue del 11,80 %, que convirtió 1,00 dólar real en 28,37 dólares, suficiente para asegurar una pensión generosa a la práctica totalidad de los ahorradores. Aunque la cifra mínima del 4,14 % no parece tan terrible, dejaba al jubilado más humilde mucho más expuesto a apuros financieros.

Como veremos en el capítulo tercero, las acciones siguen a grandes rasgos lo que se conoce como un «paseo aleatorio», de modo que, cuanto más largo sea el período estudiado, mayor será la dispersión de los valores finales en dólares para diferentes acciones o carteras de acciones. Las opciones de venta, que otorgan a sus compradores la posibilidad de vender acciones o índi-

15. El *common law*, o derecho consuetudinario, designa el sistema jurídico basado en la jurisprudencia que se utiliza en muchos países anglosajones. *(N. del t.)*

ces de mercado a un precio determinado, aportan una herramienta útil para estudiar esta cuestión. Dichos instrumentos funcionan como un seguro frente a caídas del mercado, y sus emisores —las personas e instituciones que los «emiten»— reciben una jugosa compensación a cambio de ofrecer protección contra pérdidas bursátiles. Si el riesgo de la renta variable fuera menor para los períodos más largos, su coste disminuiría a medida que aumentase su duración. En un famoso artículo de 1995, el académico Zvi Bodie demostró exactamente lo contrario: cuando los horizontes temporales aumentan, las opciones de venta se *encarecen.*[16]

Por otro lado, el trabajo de DMS sobre los rendimientos bursátiles internacionales muestra que, en los veintiún países estudiados, las acciones arrojaron una rentabilidad positiva en los ciento veintidós años previos a 2022, y en todos ellos los beneficios fueron bastante superiores a los generados por bonos y letras. No obstante, cabe señalar que esta lista adolecía de un «sesgo de supervivencia», ya que no todos los mercados financieros existentes en 1900 sobrevivieron durante tantos años. Hubo unos cuantos países en la base de datos de DMS que no lo consiguieron al sufrir «hiatos», como el cierre prolongado de la Bolsa de San Petersburgo en 1917 y de la Bolsa de Shanghái en 1950. Este sesgo de supervivencia implica que los valores plasmados en la figura 1.5 podrían sobrestimar los rendimientos futuros de acciones y bonos. Pero no por ello deja de ser cierto que, para los períodos más extensos, la prima de riesgo de capital —los rendimientos adicionales que ofrecen las acciones respecto a los bonos y letras— se mantiene positiva.

En realidad, la duda de si el riesgo crece o decrece con el tiempo carece de sentido si no respondemos antes a la pregunta: *¿para quién?* El período que va de 1967 a 1996 proporciona un buen terreno para examinar este asunto.

Durante esos treinta años, el índice CRSP del mercado bursátil total de Estados Unidos arrojó una rentabilidad anual del

16. Zvi Bodie, «On the Risk of Stocks in the Long Run», *Financial Analysts Journal* 51:3 (mayo-junio de 1995): 18-22.

6,09 % después de inflación, cercana a su promedio histórico. Pero... veamos de dónde salió esta cifra: un rendimiento real que ascendió al 0,40 % anual durante los primeros quince años, marcados por una grave inflación que la Reserva Federal —entonces presidida por Paul Volcker— contrarrestó restringiendo la oferta monetaria y una temible recesión que arrasó las perspectivas de reelección de Gerald Ford y sacudió el mercado de valores. A medida que la inflación remitía y la economía resurgía con fuerza, los segundos quince años generaron una rentabilidad real del 12,10 %.

A fin de comprender cómo afecta el riesgo de resultados mediocres en un mercado bursátil a una cartera de inversión, voy a presentar a dos personas cuyas carreras laborales y financieras abarcaron esa ventana de treinta años que va de 1967 a 1996. La primera, a quien llamaremos el Sr. Progresivo, invirtió 100 dólares al mes en dólares de 1967 en el mercado bursátil total de Estados Unidos, representado por el excelente indicador que es el índice CRSP 1-10. Por tanto, el Sr. Progresivo realizó un total de 360 aportaciones, comenzando por 100 dólares el 1 de enero de 1967, y aumentando luego esa suma cada mes según la inflación. La segunda persona, el Sr. Regresivo, hizo lo mismo, pero experimentó la serie de rendimientos mensuales en secuencia *inversa*: obtuvo los rendimientos de diciembre de 1996 al principio y los de enero de 1967 al final.

La figura 1.6 muestra lo que ocurrió, un ejemplo de la clásica carrera entre galgo y mastín. El Sr. Regresivo, quien recibió los altos rendimientos al principio, comenzó con ventaja, pero el Sr. Progresivo, quien los obtuvo al final, ganó con creces, reuniendo un capital final de 149.436 dólares, en comparación con los 69.291 dólares de su competidor (en dólares de enero de 1967, equivalentes a unos 775.000 y 361.000 dólares, respectivamente, en dólares de enero de 2023). ¿Cómo se explica la victoria del Sr. Progresivo? Sus años de altos rendimientos se acumularon sobre una pila mucho mayor de activos durante la segunda mitad del período, frente a la pequeña cantidad de activos que el Sr. Regresivo poseía durante la primera mitad.

Figura 1.6. Resultados de invertir 100 dólares al mes en dólares ajustados por inflación, 1967-1996 (véase el texto)

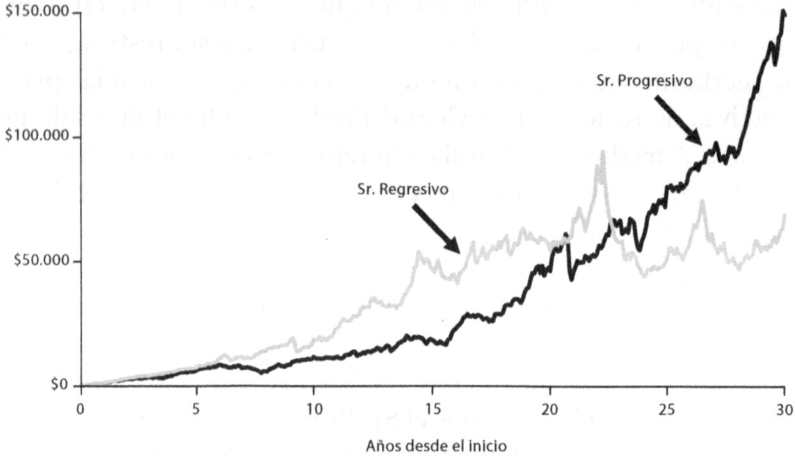

¿Supusieron la tremenda volatilidad y los bajos rendimientos de la primera mitad del período (1967-1991) un riesgo para el ahorrador? Todo lo contrario: incluso el mal desempeño del Sr. Regresivo casi duplicó su inversión real total de 36.000 dólares. Los jóvenes ahorradores deberían hincarse de rodillas y rezar por que se produjera una fuerte caída del mercado al comienzo de sus trayectorias de inversión, para poder así comprar acciones a bajo precio, siempre, claro, que consigan un empleo lo bastante bien remunerado como para permitirles ahorrar durante esos tiempos difíciles.

Ahora repliquemos el mismo experimento en el extremo opuesto de la vida, con dos jubilados que en 1967 invierten un capital inicial de 100.000 dólares en el mercado bursátil total de Estados Unidos, y que gastan 5.000 dólares al año en dólares reales de 1967, es decir, que tienen una «tasa de consumo» ajustada por inflación del 5 %. La figura 1.7 cuenta la triste historia del Sr. Progresivo, quien vivió esos años en la bolsa mientras todo se descalabraba.

El Sr. Progresivo observó con horror cómo el batacazo bursátil de 1967-1981 iba devorando poco a poco su cartera. El gran mercado alcista que comenzó en 1982 llegó demasiado tarde para él: a mediados del año veintiséis, se quedó sin blanca. Mientras tanto, el Sr. Regresivo, quien recibió los rendimientos en orden inverso, dejó una pingüe herencia. Los rendimientos extraordinarios iniciales engrosaron sus ahorros, hasta el punto de que su aportación inicial de 100.000 dólares había crecido hasta los 301.000 en dólares de 1967 —1,57 millones en dólares de 2023— cuando estiró la pata después de treinta dichosos años de jubilación.

Figura 1.7. Jubilados con una tasa de consumo real del 5 %, 1967-1996 (véase el texto)

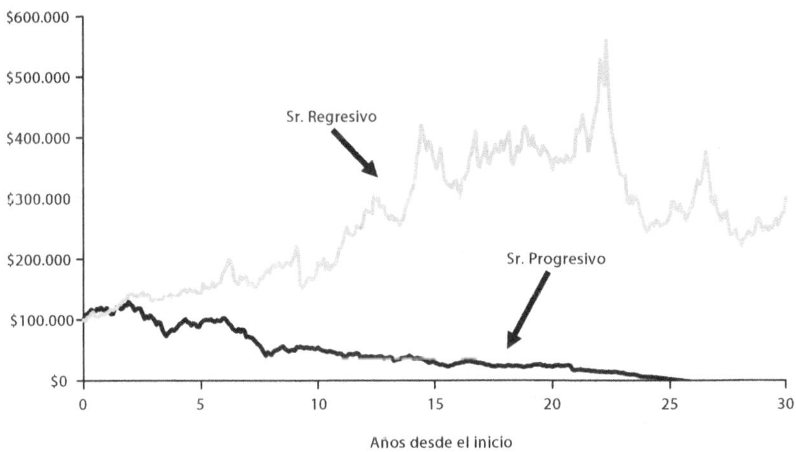

En conclusión: para el jubilado que sufre una mala racha al principio, las acciones son en verdad muy arriesgadas, un fenómeno conocido como «riesgo de secuencia de rendimientos». Por el contrario, para el joven ahorrador capaz de mantenerse sereno en medio del desánimo que acompaña a los inevitables mercados bajistas que afrontarán antes o después todos los inversores a largo plazo, el riesgo de las acciones es insignificante.

El rendimiento esperado de los bonos

A simple vista, estimar el rendimiento esperado de un bono —un título que abona intereses regulares y luego devuelve el valor nominal de la compra al inversor— puede parecer sencillo: si compras un bono del Tesoro a treinta años con una rentabilidad del 4,00 %, eso es más o menos lo que obtendrás. (No será exactamente el 4,00 %, ya que irás reinvirtiendo los intereses a distintos tipos por el camino.)

Hasta aquí, todo claro. El problema es que ese rendimiento del 4,00 % es «nominal», es decir, está en dólares actuales, y debido a la inflación su poder adquisitivo irá menguando cada año que pase. ¿En cuánto? Por suerte, el Tesoro también emite bonos ajustados por inflación (títulos del Tesoro protegidos contra la inflación, o TIPS, *Treasury Inflation-Protected Securities*), cuyos principal e intereses van variando con arreglo al índice de precios de consumo (IPC). En el momento en que escribo estas líneas, generan alrededor de un 1,5 % de rentabilidad, pero hace muy poco, en 2021, sus rendimientos eran sistemáticamente negativos, llegando a ser tan bajos como el –1,9 % para el bono a cinco años. Has leído bien. En 2021, el valor de intereses y principal después de inflación perdió un 1,9 % de su poder adquisitivo durante cinco años completos. (Por cierto, pese a la actual inflación en apariencia alta, la diferencia entre los tipos de los bonos ordinarios y de los TIPS a treinta años —el denominado rendimiento de equilibrio— apunta a que el mercado de los bonos cree que durante los próximos treinta años la inflación se situará en un 2,3 %.)

¿Puedes encontrar algo mejor que el Tesoro, ya sean los TIPS o los bonos nominales clásicos? Los bonos corporativos arrojan cupones más altos, y puedes incorporar tantos como quieras, a costa, claro, de aceptar la carga de riesgo asociada.

Las compañías pueden incumplir o caer en la quiebra, pero en ocasiones los bonistas terminan por recuperar parte de sus activos en procedimientos judiciales, en promedio alrededor de la mitad de los intereses y el principal en mora. El parámetro más importante de una cartera de bonos corporativos es la «tasa de pérdida»: el rendimiento neto total perdido cada año por causa de bancarrotas después de las recuperaciones mandatadas por los tribunales. La tasa de pérdida media para los bonos Baa —la calificación más baja dentro del «grado de inversión»— ronda el 0,2 % anual. Si tenemos en cuenta que en la actualidad estos bonos generan un 2 % más de rentabilidad que los seguros títulos del Tesoro, a primera vista podrían parecer un chollo.

El problema estriba en que, en su camino hacia el incumplimiento y la pérdida, un bono verá cómo se va rebajando su calificación. Así, si bien es raro que un bono de grado alto se precipite de golpe en el abismo de una suspensión de pagos, no lo es tanto que vaya hundiéndose poco a poco, en lenta agonía, en la escala de calificación hasta caer en el impago, como sucedió con la quiebra corporativa más sonada de este siglo, Enron. Incluso bonos de grado AAA —el más alto de Moody's— han sufrido una rebaja de calificación de en torno al 10 % anual. La serie más larga de rentabilidades de bonos corporativos muestra que, en promedio para todos los grados, éstos generan en torno a un 1,6 % más de rendimiento que valores del Tesoro con igual vencimiento, del que se pierde alrededor de la mitad debido a quiebras, lo que resulta en una rentabilidad adicional aproximada del 0,8 %.[17]

¿Compensa ese 0,8 % adicional el riesgo soportado? No. La tasa de pérdida de los bonos corporativos es traicionera: se mantiene baja en circunstancias normales, pero se dispara en tiempos de turbulencias económicas. La figura 1.8 muestra la tasa de pérdida de todos los bonos corporativos entre 1983 y 2020.

El gráfico plasma la naturaleza esencial del riesgo: *malos rendimientos en malos tiempos*, un fenómeno al que me referiré en adelante como «riesgo Ilmanen» en honor a mi colega Antti Ilmanen, quien ha escrito extensamente sobre la importancia

17. Kay Giesecke, *et al.*, «Corporate Bond Default Risk: A 150-Year Perspective», *Journal of Financial Economics* 102:2 (noviembre de 2011), pp. 233-250.

del factor tiempo.[18] Observa que los bonos corporativos sufrieron pérdidas en los peores momentos posibles: durante las quiebras de las asociaciones de ahorro y préstamo en torno a 1990, el estallido de la burbuja tecnológica hacia el año 2000, la crisis financiera global de 2007-2009 y las perturbaciones económicas a raíz de la pandemia en 2020. En otras palabras, las pérdidas golpean con más dureza cuando más probable es que necesites liquidez para adquirir títulos baratos, aprovechar para hacerte con el codiciado terreno de tu vecino endeudado o, sencillamente, pagar la compra y el alquiler después de caer víctima de un ajuste de plantilla. Comprar acciones en plena caída bursátil nunca es un buen trago, pero es incluso peor cuando para ello te ves obligado a vender bonos a precios descontados.

Figura 1.8. Tasa de pérdida para todos los bonos corporativos, 1983-2020

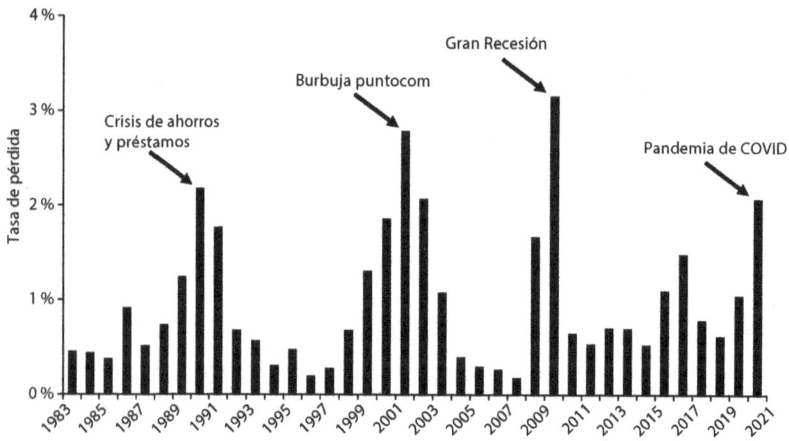

Fuente: Moody's Annual Default Study.

A diferencia de los bonos corporativos, un pequeño rincón del mercado de renta fija trata con los denominados bonos catástrofe,

18. Estoy en deuda con el examen de Antti Ilmanen en *Expected Returns* (John Wiley & Sons, Estados Unidos, 2011), 11-12, sobre la importancia del momento de las pérdidas.

cuyo principal se pierde por completo a causa de un «evento desencadenante», como un huracán o terremoto. Dado que estos fenómenos no guardan ninguna correlación con las crisis financieras, ofrecen rendimientos esperados más bajos respecto a bonos corporativos de calificación similar. Esto evoca un principio que merece la pena reiterar: el riesgo no depende sólo de la magnitud de la pérdida, sino también del *momento* en que se produce.

Lo mismo es cierto de otros activos; el ejemplo clásico es el oro, que a menudo aumenta su valor cuando las acciones y los bonos se hunden y, por tanto, su rendimiento esperado debería ser bajo, tal y como se refleja en su rendimiento realizado. A lo largo de los últimos dos milenios, la rentabilidad real del rey de los metales parece ser cero: en la antigua Roma, treinta gramos compraban una buena toga, y hoy compran un traje de caballero de buena calidad.

Los bonos corporativos de grado alto pueden considerarse como una combinación 90/10 de bonos del Tesoro y acciones, y los bonos de alto rendimiento («basura») como una cercana al 50/50. Como mencionamos en la introducción, para mitigar el principal riesgo para tu cartera —tu salud mental y, por ende, tu disciplina de inversión— durante los peores momentos, lo mejor es mantener tus acciones y bonos en cuentas mentales completamente separadas y poseer sólo los productos de renta fija más seguros.

Qué aspecto tienen los rendimientos esperados en 2023

He publicado cuatro libros para inversores particulares, en 2000, 2002, 2009 y 2023. He aquí los rendimientos reales esperados de las acciones y bonos para cada uno de esos años según los hemos calculado en este capítulo, los rendimientos esperados calculados de una cartera 60/40 y los rendimientos reales realizados de esa cartera 60/40 desde la publicación del libro hasta finales de 2022:

19. Rendimiento real realizado para una combinación 60/40 del S&P 500

Libro (año de Publicación)	Rendimiento real esperado de acción	Rendimiento real esperado de bono (TIPS a treinta años)	Rendimiento real esperado de cartera 60/40	Rendimiento real realizado de cartera 60/40 desde la publicación del libro hasta el 31/12/22[19]
The Intelligent Asset Allocator (2000)	2,7 %	3,8 %	3,2 %	3,6 %
The Four Pillars of Investing (2002)	3,4 %	3,0 %	3,2 %	4,9 %
The Investor's Manifesto (2010)	3,6 %	1,8 %	2,9 %	5,5 %
The Four Pillars of Investing (2023)	3,7 %	1,5 %	2,8 %	N/A

Para los tres libros anteriores, estas estimaciones se revelaron pesimistas: en todos los casos, el rendimiento realizado fue superior al rendimiento esperado que calculé. Sin embargo, cabe señalar que, cuanto más antiguo es el libro y más largo el período de previsión, menor es el margen de error. Publiqué *The Investor's Manifesto* hace apenas doce años, en plena crisis financiera, y se antoja casi absurdo proyectar hacia el futuro el rendimiento real del 5,5 % de una cartera 60/40 obtenido desde entonces.

Esta última combinación obtuvo siempre resultados mejores de los previstos por un único y fundamental motivo: la caída de los tipos de interés empujó al alza la rentabilidad de acciones y bonos, algo que no parece probable que siga ocurriendo.

Por último, el lector perspicaz se habrá percatado de que incluso el menor rendimiento real anualizado de las acciones a treinta años de la figura 1.3 del 4,14 % sigue siendo superior a mi

y el Bloomberg Aggregate Bond Index, reequilibrado anualmente, desde el final del año de publicación del libro.

actual estimación del rendimiento real futuro del 3,7 %. En palabras de Dimson, Marsh y Staunton (DMS), durante el siglo pasado los optimistas han cosechado un rotundo éxito, en buena parte gracias a que el múltiplo de dividendos se ha multiplicado casi por cuatro. A menos que este proceso continúe, los altos rendimientos históricos de las acciones se convertirán en cosa del pasado; si sigue revirtiéndose, como ya sucediera en 2022, traerá consigo no pocos quebraderos de cabeza.

Este análisis coincide con los rendimientos pronosticados para la renta variable por los datos de DMS, que indican que la prima de riesgo de capital promedio —la diferencia entre los rendimientos de las acciones y de las letras— para el mercado bursátil agregado mundial a lo largo de ciento veintidós años ascendió al 5,0 %. Sin embargo, el 0,7 % de esa cifra procedió del incremento del múltiplo de dividendos, de modo que la prima de riesgo de capital se situaría en el 4,3 %.[20]

Desde los albores de la historia registrada, los inversores podían bien prestar dinero, bien poseer una parte de un negocio: deuda o capital social. El último gran cambio en este panorama ocurrió hace cuatro siglos, cuando se hizo posible comprar y vender ambos en el mercado abierto. Y eso es todo: deuda y capital social, fin de la historia.

¿Existe algo más? ¿Qué hay de las materias primas, como el petróleo, la madera o el trigo? A menos que estés pensando en instalar un inmenso tanque, almacén de madera o silo de grano en el jardín, te verás limitado a los contratos de futuros, un juego de suma cero con considerables gastos de inversión y un enorme desgaste emocional a corto plazo. Además, la creciente popularidad de la inversión en futuros de materias primas ha impulsado al alza los precios de los contratos, dando lugar a un fenómeno conocido como *contango.* No se trata de una variedad de baile practicada en Buenos Aires, sino más bien de un proceso que, en

20. Calculado a partir Elroy Dimson, *et al.*, *Credit Suisse Global Investment Returns Yearbook 2022*, 21, 25, 60.

promedio, sustrae varios puntos porcentuales de rentabilidad anual a los futuros de materias primas a medida que los precios más elevados de los contratos de futuros van derivando poco a poco hacia el punto de precio mínimo, es decir, el precio al que se está vendiendo la materia prima *hoy* (al que no puedes acceder, como ya señalamos, sin un tanque de petróleo en tu jardín).[21] A diferencia del crudo o la soja, es posible almacenar una cantidad razonable de oro, pero como acabamos de mencionar su rendimiento real a largo plazo es casi nulo. Lo mismo ocurre con la plata, que en el transcurso de los últimos siglos apenas ha mantenido su poder adquisitivo.

¿Y qué hay de los bienes raíces? En general, mantienen su valor real y generan ingresos en forma de arrendamiento, pero poseer una propiedad no es tanto una inversión como un empleo. Si te gusta arreglar baños y lidiar con inquilinos morosos con afición a las drogas y las armas, te encantará. Aunque es cierto que puedes contratar a una gestora para que se encargue de todo eso por ti, sus servicios no son gratuitos, e incluso en el mejor de los escenarios te verás limitado a una combinación no diversificada de relativamente pocas propiedades. Esta limitación se puede soslayar con una cartera de fondos de inversión inmobiliaria (REIT, *real estate investment trust*), pero para cuando hayas alcanzado un elevado grado de diversificación y tamaño, ya no serás propietario más que de un puñado de títulos. Los fondos de inversión inmobiliaria privados y las sindicaciones se sitúan a medio camino entre la propiedad particular y los REIT, pero su grado de liquidez y de diversificación siguen siendo muy bajos.

En los últimos tiempos, he conversado con no pocos propietarios entusiastas de edificios y apartamentos comerciales. Casi

21. Para una descripción más detallada de cómo erosiona el contango los rendimientos de los futuros de materias primas, véase «On Stuff», <http://www.efficientfrontier.com/ef/0adhoc/stuff.htm>, así como Wenjin Kang, *et al.*, «Financialization of Commodity Markets Ten Years Later», <https://papers.ssrn.com/sol3/papers.cfm?abstract_id=4313728>, disponible el 2 de enero de 2023.

todos parecen haber olvidado —o son demasiado jóvenes para recordar— cómo tras la crisis financiera de 2007-2009 los alquileres se desplomaron y los inquilinos dejaron de renovar sus contratos.

Finalmente, ¿qué hay de las criptomonedas? Si crees a sus partidarios, se trata de una forma de dinero al resguardo de la ávida mirada del gobierno y de las fábricas de billetes. Incluso puedes cobrar intereses sobre ellas, siempre que estés dispuesto a recibir todavía más criptomonedas y no te importe correr el riesgo de que el fundador del «banco» que te abona tales intereses resulte ser un burdo estafador, en lugar del visionario altruista que retrató en un principio la prensa. Si lo que busco son divisas, las preferiría en forma de dólares, euros, yenes o libras esterlinas, muchas gracias. Es muy posible que las criptotecnologías revolucionen las finanzas, como ya lo hicieran hace milenios las monedas metálicas acuñadas y mucho más tarde el papel moneda, pero en los siglos transcurridos desde estas maravillosas invenciones, guardarlas en tu caja fuerte o tu cartera no ha demostrado ser una estrategia demasiado rentable.

RESUMEN DEL CAPÍTULO UNO

- Sólo existen dos formas de participación en la economía financiera: prestar dinero con intereses (deuda) o compartir la propiedad (capital social). Los propietarios residuales de una empresa —sus accionistas— son los últimos en ser pagados y se encuentran en una posición mucho más precaria que los acreedores. Con frecuencia sufren caídas en el precio de las acciones, y por tanto exigen un mayor rendimiento esperado para compensar ese riesgo.
- El *rendimiento esperado* de un bono o acción es una estimación probabilística equivalente al promedio ponderado de todos los posibles resultados de rendimiento. El ejemplo más sencillo es el puesto de comida de este capítulo, con sus probabilidades 40 % /60 % de pagos de 100.000 dólares/0 dólares, que generan un

rendimiento esperado resultante de 40.000 dólares. El *rendimiento realizado* es lo que queda en tu bolsillo cuando está todo el pescado vendido, y puede ser muy superior o inferior al rendimiento esperado.

- El *rendimiento esperado fundamental* de un valor o mercado de valores es la suma de su rentabilidad por dividendos y el crecimiento esperado de los dividendos.
- El *rendimiento realizado* de un valor o mercado de valores es igual al rendimiento fundamental más el *rendimiento especulativo*, es decir, el cambio en la tasa de dividendos. El rendimiento especulativo puede variar de manera drástica y, para períodos de hasta una generación, a menudo supera al rendimiento fundamental.
- En tiempos adversos, los precios tanto de la deuda como de las participaciones pueden caer en picado. Para compensar a sus propietarios por el alto riesgo percibido, sus rendimientos esperados deben aumentar en una medida acorde. La mayoría de las veces, las compras efectuadas en esos momentos dan buenos resultados. A menos, claro, que no lo hagan.
- Las últimas cuatro décadas en los mercados de capitales han sido un largo y opíparo festín. El año 2022 nos impuso una cierta austeridad, y tanto la historia financiera como la simple prudencia aconsejan más de lo mismo.
- Invertir exige diligencia y esfuerzo, y en ocasiones sufrirás pérdidas sustanciales. Si eres capaz de mantener el rumbo en los peores momentos, la estadística sopla a tu favor. Maximiza tus probabilidades de éxito con un buen colchón de «dinero durmiente»: títulos del Tesoro a corto plazo y certificados de depósito garantizados por la Corporación Federal de Seguro de Depósitos (FDIC, por sus siglas en inglés).

2

Cosas y casos

¿Tienen algunas acciones mayores rendimientos esperados que otras?

Retomemos el ejemplo hipotético de nuestro bono del Tesoro a cara o cruz, cuyo rendimiento aleatorio determina una «prima de riesgo» del 1 % respecto a la rentabilidad de un bono del Tesoro convencional. Lo mismo puede decirse de las acciones. Imagina que dos compañías, que llamaremos «A» y «B», tienen el mismo nivel medio de ganancias y de crecimiento de ganancias, pero que para A dichos niveles son estables y regulares, mientras que para B varían de año en año.

En ese caso, las acciones de la empresa A, más estable, tendrán un precio más elevado y arrojarán, por tanto, un menor rendimiento que las de B. A igualdad de condiciones, las compañías que comercializan productos básicos que los consumidores necesitan incluso cuando la economía se hunde —como alimentos, medicamentos o papel higiénico— venderán a precios más altos que las que fabrican automóviles nuevos o productos de lujo, cuya compra puede postergarse.

Los sesgos conductuales humanos también pueden inflar el precio de una acción y, por ende, reducir sus rendimientos futuros esperados. Por ejemplo, los inversores prefieren empresas sofisticadas con líderes carismáticos en sectores en rápido crecimiento a las insulsas industrias fabriles tradicionales. Las compañías atractivas imponen un precio más alto por cada dólar de ganancias, y su imagen de fortaleza reduce el rendimiento que los inversores demandan por su dinero. Piénsalo: Amazon y Caterpillar irrumpen en la sala y te piden capital. Demandarías un rendimiento mucho mayor a la segunda que a la primera. (En este contexto, el verbo *demandar* es un término de jerga financiera que se refiere al rendimiento esperado que una inversión debe ofrecer para atraer compradores.)

¿De verdad funcionan así las cosas? ¿Ofrecen las «malas empresas» mejores rendimientos que las «buenas empresas»? Para períodos muy largos, parece ser que así es, por al menos tres motivos. Primero: como hemos mencionado, su nivel de riesgo es mayor. Sus flujos de caja tienden a ser menos estables, y también suelen estar más endeudadas, de suerte que lo pasan peor durante las crisis económicas, como sucedió durante la Gran Depresión y la más reciente crisis financiera global, según puede verse en la siguiente tabla.

		Acciones de alto crecimiento	Acciones de gran valor
Caída	Agosto de 1929-junio de 1932	−81,7 %	−88,2 %
Caída	Mayo de 2007-febrero de 2009	−44,6 %	−62,9 %

Fuente: Kenneth French Data Library.

Las cifras del mercado bajista de 1929-1932 resultan especialmente aterradoras. Por cada dólar de acciones de alto crecimiento en el pico, al inversor le quedaron 18 centavos en el fondo; por cada dólar de acciones de gran valor, 12 centavos; en el caso de la crisis financiera más reciente, cada dólar de acciones de crecimiento menguó a 55 centavos, y de acciones de valor a 37 centavos. Por consiguiente, es cierto que históricamente las acciones de valor han arrojado mayores rendimientos que las de crecimiento, pero ese extra de rentabilidad se obtuvo a costa de un mayor riesgo.

Ahora bien, existen contraejemplos a la anterior explicación basada en el riesgo, en particular el buen desempeño del factor valor durante el batacazo tecnológico de 2000-2002. Esto sugiere un segundo motivo para la prima de valor: los inversores sobrestiman de forma sistemática el potencial de crecimiento de las compañías sofisticadas. En un estudio pionero de 1993, Russell Fuller, Lex Huberts y Michael Levinson analizaron una serie de carteras, que incluían rutilantes acciones de crecimiento, definidas como el quintil superior del mercado en términos de ratio precio-beneficio (P/B); acciones de valor, el quintil inferior de P/B, y el mercado general.

Al inicio, las acciones de crecimiento se vendían a una P/B de 25,6, es decir, por cada 1.000 dólares generaban 39 dólares en beneficios; las acciones de mercado general a una P/B de 9,8, generando 102 dólares y las acciones de valor a una P/B de 6,8, generando 147 dólares. (Si desde la óptica actual estas rentabilidades parecen elevadas, es porque lo son. Durante el período de estudio, de 1973 a 1990, los títulos se vendían a precios mucho más bajos que en la actualidad.)

Desde el principio, las acciones de valor produjeron casi cuatro veces más ganancias por dólar invertido que las de crecimiento. ¿Lograron remontar estas últimas? Ni por asomo. La figura 2.1 muestra lo ocurrido con los beneficios por dólar invertido para los tres grupos a lo largo de los siguientes ocho años. Como cabía esperar, las compañías de crecimiento aumentaron sus ingresos con más rapidez que el mercado bursátil total, pero no por mucha diferencia ni por mucho tiempo. Vieron crecer sus ganancias alrededor de un 10 % más rápido que el mercado en el primer año, un 3 % más rápido en el segundo año, un 2 % más rápido en el tercer y cuarto año, y sólo en torno a un 1 % más rápido en los cuatro años sucesivos, una ventaja tan nimia que apenas se percibe en el gráfico. Al mismo tiempo, las acciones de valor —que presentaban la menor ratio P/B— incrementaron sus ganancias un 10 % más lento que el mercado en el primer año, pero pronto recortaron esa desventaja, y para el sexto año habían alcanzado el ritmo del mercado general.[22]

Figura 2.1. Ganancias por 1.000 dólares para acciones de crecimiento, acciones de valor y el mercado general

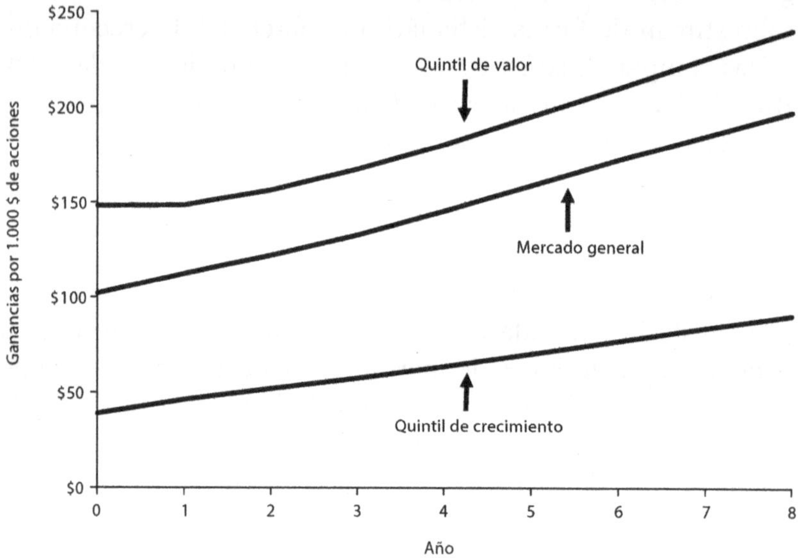

Fuente: Fuller, *et al.*

Al término del octavo año, las acciones de crecimiento seguían muy por debajo de las de valor en cuanto a beneficios. Más aún: después de ocho años, las tasas de crecimiento de los ingresos para las cohortes originales de crecimiento y de valor se habían igualado.

El tercer motivo de la ventaja histórica de las acciones de valor respecto a las de crecimiento es la manera asimétrica en que reacciona la bolsa ante sorpresas en las ganancias de ambos grupos. Con el tiempo, los participantes en el mercado terminan por percatarse de que los beneficios de una compañía de creci-

22. Russell J. Fuller, *et al.*, «Returns to E/P Strategies, Higgledy-Piggledy Growth, Analysts' Forecast Errors, and Omitted Risk Factors», *The Journal of Portfolio Management* 19:2 (invierno de 1993): 13-24.

miento no están cumpliendo las expectativas y castigan sus acciones. Los investigadores David Dreman y Michael Berry examinaron cómo evolucionaron los precios de las participaciones de empresas de crecimiento después de que anunciaran sus ganancias. Cuando los beneficios batieron las expectativas, sus acciones vencieron al mercado por un 6,63 % durante el siguiente trimestre, pero cuando se quedaron cortos, perdieron por el triple: un 18,49 %. A principios de 2022, Facebook (recientemente rebautizada como Meta Platforms) ofreció un impactante ejemplo de este fenómeno cuando sus acciones se desplomaron un 26,4 % en un solo día después de que la compañía no alcanzara las proyecciones de ingresos y ganancias de los analistas.

Por el contrario, Dreman y Berry hallaron que, cuando las acciones de valor sobrepasaron las ganancias esperadas, vencieron al mercado por un 20,05 %, pero cuando no las alcanzaron, perdieron por tan sólo una quinta parte: el 4,19 %. En resumen: cuando una acción de crecimiento rebasa las expectativas, sus resultados son meramente aceptables, pero cuando no las cumple, la caída es mayúscula; en cambio, cuando una empresa de valor supera las expectativas, obtiene muy buenos resultados, e incluso cuando decepciona, no lo pasa demasiado mal.[23]

En un estudio de gran envergadura, Eugene Fama y su coautor Kenneth French llegaron a las mismas conclusiones respecto a la rentabilidad empresarial. Aunque en un principio las acciones de crecimiento eran mucho más rentables que las de valor, esta diferencia de rendimiento iba recortándose gradualmente, según se deterioraba el de las primeras y mejoraba el de las segundas. A igualdad de condiciones, ello debería traducirse en mayores ganancias de precios para las acciones de valor.

Las participaciones en pequeñas empresas también pueden ofrecer una rentabilidad más elevada que el mercado, por la sencilla razón de que entrañan un mayor riesgo. En 1981, el académico Rolf Banz constató que en Estados Unidos la pequeña capitaliza-

23. David N. Dreman y Michael A. Berry, «Overreaction, Underreaction, and the Low P/E Effect», *Financial Analysts Journal* 51:4 (julio / agosto de 1995): 21-30.

ción generaba mayores rendimientos que la gran capitalización.[24] En 1992, en un histórico artículo publicado en *Journal of Finance*, Fama y French confirmaron este hallazgo, añadiendo que a su vez ambas presentaban un rendimiento superior al mercado. Además, descubrieron que el comportamiento de cualquier cartera podía explicarse con exactitud por la influencia de tres factores:

1. El factor mercado: el rendimiento del mercado bursátil total (representado por el índice CRSP 1-10) menos el rendimiento de las letras del Tesoro.
2. El factor pequeña capitalización: el rendimiento de las acciones de pequeñas empresas (los deciles sexto a décimo del índice CRSP) menos el rendimiento de las acciones de grandes empresas (los deciles primero a quinto).
3. El factor valor: el rendimiento del 30 % de las acciones más baratas menos el rendimiento del 30 % más caras.

La siguiente tabla recoge las rentabilidades y las desviaciones típicas de los tres factores entre mediados de 1926 y finales de 2021:

FACTOR	RENTABILIDAD ANUALIZADA 1926-2021	DESVIACIÓN TÍPICA ANUALIZADA 1926-2021
Mercado bursátil total	6,82 %	18,47 %
Pequeña capitalización	1,80 %	10,99 %
Valor	3,37 %	12,23 %

Fuente: Kenneth French Data Library

De nuevo: el factor mercado general es el rendimiento del mercado *en exceso* del tipo de interés de las letras del Tesoro; el factor pequeña capitalización, el rendimiento de las pequeñas

24. Rolf Banz, «The Relationship Between Return and Market Value of Common Stocks», *Journal of Financial Economics*, 9:1 (marzo de 1981): 3-18; Eugene F. Fama y Kenneth R. French, «Size and Book-to-Market Factors in Earnings and Returns», *The Journal of Finance*, 50:1 (marzo de 1995): 131-155.

empresas *menos* el rendimiento de las grandes empresas, y el factor valor, el rendimiento de las compañías de valor *menos* el rendimiento de las compañías de crecimiento. Observa que los factores pequeña capitalización y valor son carteras de posiciones largas y cortas, por lo que, incluso en el mejor de los escenarios, el inversor que no esté vendiendo en corto acciones de empresas grandes o de crecimiento tan sólo obtendrá en torno a la mitad de los rendimientos por estos factores.

Asimismo, cabe señalar que el factor pequeña empresa no es particularmente determinante: su desviación típica es seis veces mayor que su rentabilidad, lo que significa que, en cualquier año dado, no tiene mucho más peso que el azar. En este sentido, el factor valor apenas es más determinante. De nuevo: los factores pequeña capitalización y valor son carteras de posiciones largas y cortas, así que, a menos que estés dispuesto a vender en corto una gran cantidad de acciones, tan sólo recibirás alrededor del 50 % de la rentabilidad asociada a ellos.

Además, el factor valor parece estar experimentando una tendencia bajista, según muestra este gráfico de su rentabilidad anualizada a veinte años (figura 2.2).

Figura 2.2. Rendimientos históricos a veinte años de los factores pequeña capitalización y valor

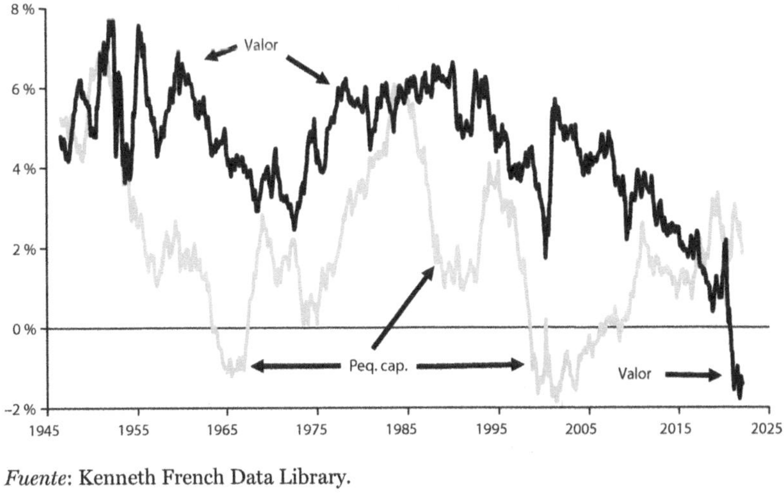

Fuente: Kenneth French Data Library.

Cuando examinamos los rendimientos acumulados a veinte años de carteras de acciones de pequeño valor, acciones de gran valor y mercado total, constatamos un patrón muy similar: los anteriores rendimientos superiores de ambas carteras de valor parecen haberse volatilizado (véase la figura 2.3).

Figura 2.3. Rendimientos históricos a veinte años de carteras de gran valor, pequeño valor y mercado total

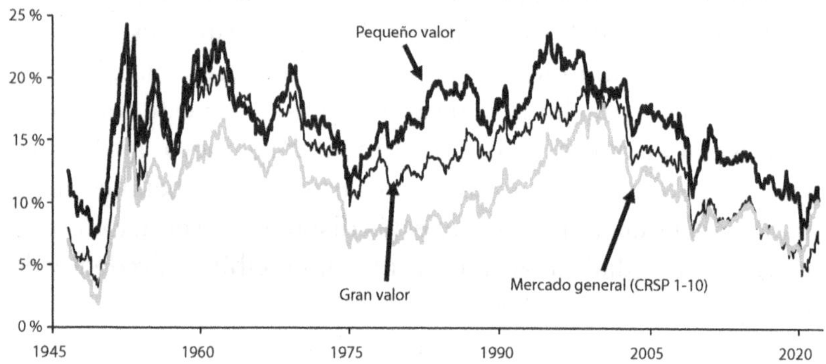

Fuente: Kenneth French Data Library.

Existen dos posibles explicaciones para la reciente desaparición del factor valor. La primera es que, a medida que más inversores cobraban conciencia de los rendimientos históricos superiores de las acciones de valor y aumentaba la disponibilidad de fondos de inversión y ETF, sus precios se han ido inflando hasta el punto de que su ventaja de rendimiento esperado se ha desvanecido, convirtiéndose en lo que los economistas financieros llaman un «mercado saturado».

Cuando escribí la primera versión en formato electrónico de *The Intelligent Asset Allocator*, hace casi treinta años, adquirir acciones de valor, en especial de pequeño valor, no era tarea fácil. Por ejemplo, cuando en los años cuarenta el legendario inversor John Templeton se propuso conformar una cartera de acciones de pequeñas empresas, hubo de cobrarse favores de sus contactos en corredurías para comprarlas empresa por empresa a sus desperdigados propietarios. Semejante esfuerzo trajo sus frutos:

cuatro años más tarde, el valor de su cartera se había multiplicado por cuatro.

Hasta mediados de los noventa, una única familia de fondos era la principal proveedora de exposición concentrada a los factores valor y pequeña capitalización: Dimensional Fund Advisors. La compañía, con los profesores Fama y French como socios, sólo ofrecía sus fondos a los clientes de determinados asesores de inversión. Hoy en día, los inversores particulares e institucionales tienen mucho más fácil acceder a acciones de valor y, quizá, inflar sus precios. Si así fuera, la brecha de valoración entre acciones de valor y de crecimiento se estrecharía: las primeras se volverían más caras en relación con las segundas.

La explicación alternativa para la reciente baja rentabilidad de las acciones de valor es que los inversores se han dejado deslumbrar por las perspectivas de crecimiento y el poder monopolítisco de las grandes tecnológicas, que son casi en exclusiva acciones de gran crecimiento, y se han deshecho de sus acciones de valor para comprar estas empresas de altos vuelos, una dinámica que se revirtió parcialmente en 2022. (Admito que el verbo *deshacerse* —o incluso *vender*— no es del todo preciso. Lo que en verdad sucede es que los vendedores de acciones de valor deben reducir el precio que aceptarán a modo de reclamo para los compradores.)

Elegir entre estas dos posibles explicaciones para la reciente desaparición de la prima de valor —auge de popularidad que impulsa al alza los precios de las acciones de valor frente a venta masiva irracional por parte de los inversores— es tarea muy sencilla. Según la primera, las acciones de valor deberían haberse apreciado respecto a las acciones de crecimiento; según la segunda, deberían haberse depreciado.

Los datos respaldan con rotundidad la segunda tesis: las acciones de valor se han malvendido hasta alcanzar un precio que es probable que genere altos rendimientos futuros. La biblioteca de datos online de Kenneth French clasifica en deciles los valores de Estados Unidos en función de su ratio precio/valor contable (P/VC). Los tres deciles superiores definen las acciones de crecimiento, los tres inferiores las acciones de valor. La mayoría del tiempo, las primeras son en torno a cuatro veces más caras por ratio P/VC que las segundas. En contraste, en 2020, esta divergencia se amplió a 11,1 veces. En 2021, cayó a 8,7, a medida que las acciones de valor superaban en rentabilidad a las de crecimiento, y en noviembre de 2022, de nuevo a 7,4. La figura 2.4 ofrece una imagen clara de lo ocurrido en la última década.

Figura 2.4. Diferencial de valor a lo largo del tiempo

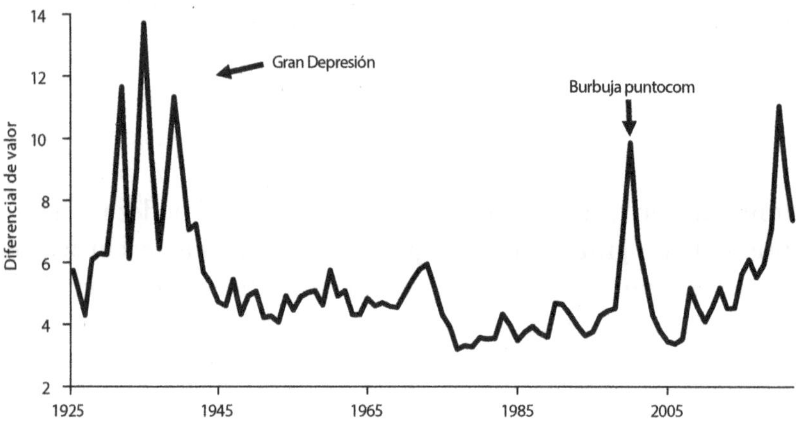

Fuente: Kenneth French Data Library.

La última vez que el diferencial de valor aumentó tanto fue durante la burbuja puntocom de finales de los años noventa y, antes de eso, durante la Gran Depresión. En ambas ocasiones, el factor valor se demostró muy provechoso para los inversores, como se puede constatar en las figuras 2.2 y 2.3.

Algunos analistas apuntan que la ratio P/VC se ha quedado obsoleta, pues la era digital ha ido erosionando la relevancia de los activos físicos de una corporación. Si bien esto es cierto, el valor contable de una empresa es la más estable de sus métricas. Además, ordenar las compañías por su flujo de caja y sus ganancias y calcular las ratios de la misma manera —dividiendo el 30 % superior por el 30 % inferior— arroja el mismo patrón de distribución que para la ratio P/VC, con los mismos valores altos observados en el punto álgido de la fiebre de las puntocom en el año 2000:

Diferenciales de valor
(métrica de ratio crecimiento/valor)

	PROMEDIO 1951-2021	2000	2020
Precio/valor contable	4,8	9,9	11,1
Precio/beneficio	3,2	6,5	6,4
Precio/flujo de caja	3,2	6,4	5,5

Fuente: Kenneth French Data Library.

Los datos de French revelan patrones de rentabilidad similares en el extranjero: un gran rendimiento del factor mercado, un rendimiento nulo del factor pequeña capitalización y un rendimiento intermedio del factor valor. Para los mercados desarrollados extranjeros desde mediados de 1990 hasta finales de 2021:

FACTOR	RENTABILIDAD ANUALIZADA 1990-2021	DESVIACIÓN TÍPICA ANUALIZADA 1990-2021
Mercado bursátil total	5,62 %	15,03 %
Factor pequeña capitalización	−0,44 %	6,92 %
Factor valor	1,85 %	8,56 %

Fuente: Kenneth French Data Library.

Y para los mercados emergentes desde mediados de 1989 hasta 2021:

FACTOR	RENTABILIDAD ANUALIZADA 1989-2021	DESVIACIÓN TÍPICA ANUALIZADA 1989-2021
Mercado bursátil total	6,34 %	20,91 %
Factor pequeña capitalización	2,17 %	8,23 %
Factor valor	7,33 %	9,87 %

Fuente: Kenneth French Data Library.

Al igual que en Estados Unidos, en los últimos tiempos los rendimientos excesivos de las acciones de pequeña capitalización y de valor han disminuido. En el período de diez años que finalizó en 2021, en los mercados desarrollados extranjeros se han vuelto negativos (-1,42 % para el factor pequeña capitalización y -3,74 % para el factor valor), mientras que en los mercados emergentes siguen siendo positivos, aunque mucho menores que en el pasado (+0,81 % para el factor pequeña capitalización y +2,56 % para el factor valor).

Un zoo de factores

En las últimas décadas, Fama, French y otros investigadores han sondeado la rica colección de datos del CRSP y otras fuentes en busca de factores adicionales que predigan la rentabilidad. Por ejemplo, hace unos cuantos años cobró popularidad la tesis de que los precios de las acciones experimentaban un cierto efecto de impulso o *momentum*. Así, rendimientos altos durante el último año predecirían rendimientos ligeramente superiores durante el próximo. Si se ordenan por *momentum* siguiendo el mismo método que para el valor (tres deciles superiores e inferiores), las carteras muestran que, desde 1927, las acciones con alto impulso obtuvieron un 7 % más de rentabilidad que aquellas con bajo impulso.

Este hallazgo desconcertó a los defensores de la hipótesis del mercado eficiente (HME). ¿Cómo era posible que las acciones con alto impulso entrañaran un mayor riesgo que aquellas con bajo impulso? En 2009, dicho riesgo terminó por materializarse. Entre diciembre de 2008 y enero de 2010, una estrategia basada en el *momentum* que mantenía las acciones con alto impulso en el año anterior y tomaba posiciones cortas con aquellas con bajo impulso perdió un 57,5 % de su valor. Además, al igual que ha sucedido para el factor valor, durante las últimas dos décadas la rentabilidad general del *momentum* ha sido negativa. La inversión de impulso plantea un problema adicional: requiere una rotación casi constante de la cartera, y los costes de transacción asociados pueden disipar cualquier beneficio.

El colapso del factor impulso en 2009 representa un buen ejemplo de cómo el «riesgo» de los factores de riesgo puede permanecer durmiente por mucho tiempo antes de ensañarse con los inversores. Hasta 2009, muchos gestores de carteras consideraban el *momentum* como un banquete gratuito en que podían atiborrarse a voluntad, pero ese año descubrieron que existía un riesgo real.[25]

Esto plantea una pregunta más general. ¿Ocurre lo mismo con el factor de rendimiento más importante de todos, la exposición al mercado? Los economistas financieros suelen hablar del «enigma de la prima accionaria»: la razón exacta por la que los rendimientos de las acciones superan con creces los de bonos y letras.

¿Es posible que, como el impulso, las primas elevadas escondan una pequeña probabilidad de una inusual pero abultada pérdida? Probablemente, la respuesta es «no». En primer lugar, no es ningún secreto que los rendimientos reales de las acciones pueden durar mucho tiempo en valores negativos. Incluso en el mejor escenario, el mercado de Estados Unidos, durante los diecisiete años que van de enero de 1966 a enero de 1983, el rendimiento real fue cero. Además, un vistazo rápido a Austria e Italia (en la parte inferior de la figura 1.5) revela unos desalentadores rendimientos reales de poco más del 1 % durante ciento veintidós años. (Pero incluso estas exiguas cifras superaron con creces la confiscación resultante de la inflación en que se tradujeron sus letras y bonos.) Si en la actualidad los inversores no comprenden la naturaleza de la prima de riesgo, es porque sufren de amnesia, se han instalado en la negación o necesitan ir al optometrista. Para quien lo quiere ver, el riesgo de la renta variable es palmario.

Hay más factores —aparte de los tres clásicos de Fama y French: mercado, pequeña capitalización y valor— que parecen aportar un extra de rentabilidad. Por ejemplo, estos autores descubrieron que las compañías que moderan su gasto en actividades de I+D, adquisición y expansión consiguen mejores resultados que las que invierten fortunas. Desde 1964, este factor «conservador menos agresivo» ha arrojado un rendimiento del

25. Para una descripción del mecanismo de los cracs del impulso, véase Kent Daniel y Tobias J. Moskowitz, *Journal of Financial Economics*, 122 (2016): 221-247.

3,13 %. Fama y French también constataron que, desde 1964, las empresas más rentables han generado un 2,63 % más de beneficios que las menos rentables.

Cuanto más se buscan factores de rentabilidad, más se encuentran. Los expertos en finanzas se han hartado un poco de todo esto. Campbell Harvey, de la Universidad Duke, identificó cientos de factores, refiriéndose a ellos con desdén como «un zoo de factores». No sin razón, recela de que muchos de ellos no sean más que un subproducto de la conocida como «minería de datos». Por ejemplo, un investigador estudió una gran base de datos de las Naciones Unidas y halló que la producción de mantequilla en Bangladesh predecía con precisión los movimientos del S&P 500. (El autor tituló con malicia su artículo «Stupid Data Miner Tricks» ['Magufadas de los mineros de datos'].)[26]

Harvey también se mostró preocupado por que fuesen las compañías de inversión quienes, con fines deshonestos, impulsaran buena parte de esta investigación. En sus palabras:

> La tasa de producción de factores en la investigación académica se halla fuera de control. Hemos registrado más de 400 factores publicados en revistas de prestigio. No cabe duda de que muchos de ellos son falsos... Muchos no son más que meras coincidencias. Los resultados a partir de datos históricos aparecidos en medios académicos se citan con frecuencia para promover productos comerciales. En consecuencia, los inversores desarrollan unas expectativas distorsionadas basadas en resultados pasados inflados y terminan decepcionados por la realidad de la bolsa.[27]

Entonces, ¿qué grado de exposición a cualquiera de estos factores deben procurarse los inversores? En primer lugar, resulta

26. David Leinweber, «Stupid Data Miner Tricks», extractos de diapositivas anotadas, First Quadrant Corporation.

27. Campbell R. Harvey y Yan Liu, «A Census of the Factor Zoo», SSRN Working Paper, 25 de febrero de 2019. La expresión *zoo de factores* fue acuñada por John H. Cochrane; véase «Presidential Address: Discount Rates», *The Journal of Finance*, 66:4 (agosto de 2011): 1047-1108.

evidente que es imposible que *todos* los inversores adopten la misma estrategia, pues de forma agregada poseen la totalidad del mercado, y no pueden ocupar un único segmento. Si en efecto ciertos factores producen rendimientos superiores a la media, lo que está claro es que no todos podemos vivir en Lake Wobegon.[28]

A largo plazo, no hay nada malo en no inclinarse hacia ningún factor en absoluto, es decir, poseer sólo fondos de mercado total, que no acarrean prácticamente ningún coste de inversión y presentan una alta eficiencia fiscal.

Por último, el único factor para el que existen datos de apoyo convincentes *y* una explicación teórica y conductual creíble es el valor. Me impresiona en particular su alto diferencial actual. Si tuviese que apostar en un sentido u otro por dicho factor, me decantaría por un grado de exposición modesto. Pero, como siempre en el mundo de la inversión, en el mejor de los casos se te paga por asumir un riesgo, y dicho riesgo puede llegar a materializarse.

En la práctica, sólo los mayores inversores tienen la capacidad de diseñar su propia exposición factorial; tendrás que recurrir a una compañía de fondos mutuos para que lo haga por ti. En los últimos capítulos abordaremos los productos disponibles.

Riesgo profundo: el único riesgo que realmente importa

Ahorrar e invertir no consiste en otra cosa que aplazar el consumo presente en favor del consumo futuro, lo que requiere pensar en términos de rendimientos ajustados por inflación (reales), como ya hemos mencionado en varias ocasiones. A menos que

28. Nombre de un pueblo ficticio creado por el locutor de radio Garrison Keillor para ambientar sus historias, donde «todas las mujeres son fuertes, todos los hombres son bellos, y todos los niños están por encima de la media». En este contexto, la expresión se utiliza para indicar que, si bien algunas personas podrán obtener rendimientos superiores al promedio, es imposible que todas lo hagan. *(N. del t.)*

estés cerca del final de tu vida, dicho consumo se producirá dentro de varias décadas. El riesgo adopta dos variantes: «riesgo superficial», una pérdida de capital real que se recupera con relativa rapidez, como han ocurrido muchas veces en Estados Unidos, Reino Unido y otros países desarrollados, y «riesgo profundo», una pérdida de capital real permanente.

Como mínimo, navegar a través del riesgo superficial exige un buen margen de liquidez. Sin unas reservas líquidas seguras y sustanciales —para una persona de a pie, bonos del Tesoro y certificados de depósito—, no contarás con los medios para capear mercados turbulentos, comprar acciones a bajo precio y no perder el aplomo cuando más lo necesitas. Los activos que en tiempos normales parecen seguros, como los bonos corporativos y municipales, a menudo se van al garete cuando todo se tuerce.

¿Qué define la «profundidad» de un riesgo? Dos dimensiones: la magnitud y la duración de las pérdidas. Podríamos resumir esta relación como sigue:

Profundidad del riesgo = (Magnitud de pérdida real) ×
(Duración de pérdida real)

La anterior fórmula es temática, no matemática. En otras palabras: el riesgo financiero debería medirse tanto en magnitud como en duración. Para la mayoría de los inversores, una buena definición práctica de riesgo profundo es una pérdida de capital que es lo bastante cuantiosa y prolongada, por ejemplo, para malograr un plan de jubilación que de otro modo parecía seguro, como una caída superior a la mitad del valor en términos ajustados por inflación que dure toda una generación.

En Estados Unidos, el ejemplo más palmario de riesgo profundo en una clase de activo importante no fue la Gran Depresión, en la cual las acciones recuperaron por completo su poder adquisitivo máximo de 1929 después de quince años y medio, sino los cuarenta años que van de 1941 a 1980, cuando el peor período de inflación sostenida del país y la concomitante drástica subida de los tipos de interés devastaron los bonos. A lo largo de esas cuatro décadas, el valor real de un dólar ajustado por

normas cambian con cierta asiduidad, así que necesitarás consultar de manera periódica a un contable especializado en fiscalidad de expatriados. Pese a ello, si siempre has anhelado un piso en París o Florencia, ya tienes una razón más para comprarlo.

Aunque considero la expropiación como un riesgo financiero significativo a largo plazo, personalmente no me puedo imaginar a mí mismo mudándome al extranjero ni pasando por el engorro y el riesgo de trasladar activos fuera del país. Si fuera ciudadano de Israel, Corea del Sur, Hong Kong o casi cualquier país en vías de desarrollo, es posible que mi opinión fuera otra. Sueño de vez en cuando con ser propietario de una villa en la Toscana, pero alquilar una —incluso de manera recurrente— sale más a cuenta y es mucho menos complicado.

El riesgo profundo más fácil de gestionar es la inflación, que por suerte es además el más probable. Primero, opta por vencimientos cortos para tus productos de renta fija, si es posible inferiores a cinco años. La inflación galopante no sólo se ceba con los bonos a más largo plazo, como sucedió de forma espectacular cuando el bono del Tesoro de Estados Unidos a treinta años perdió un 30 % de su rentabilidad total en 2022, sino que aumenta la correlación entre acciones y bonos, lo que como veremos en el capítulo tercero tiende a amplificar las pérdidas accionarias. (Los bonos soberanos a largo plazo brindan la mejor defensa frente a la deflación, pero la inflación, que socava su valor, es muchísimo más probable.) Pequeñas cantidades de títulos del Tesoro protegidos contra la inflación (TIPS, *Treasury Inflation-Protected Securities*), o bonos I, en una cuenta gravable también constituyen una herramienta eficaz para combatir este fenómeno.

Si bien es cierto que los precios de las acciones disminuyen a medida que la inflación aumenta, los títulos siguen representando una participación en activos reales, y a muy largo plazo parecen conservar su valor real. Por ejemplo, durante la hiperinflación de Weimar de 1920-1923, que multiplicó los precios de consumo por un factor de un billón, las acciones arrojaron rendimientos reales positivos considerables, aunque como puede verse en la figura 2.5 fue una montaña rusa.

Figura 2.5. Rendimientos de las acciones durante la hiperinflación de Weimar de 1920-1923

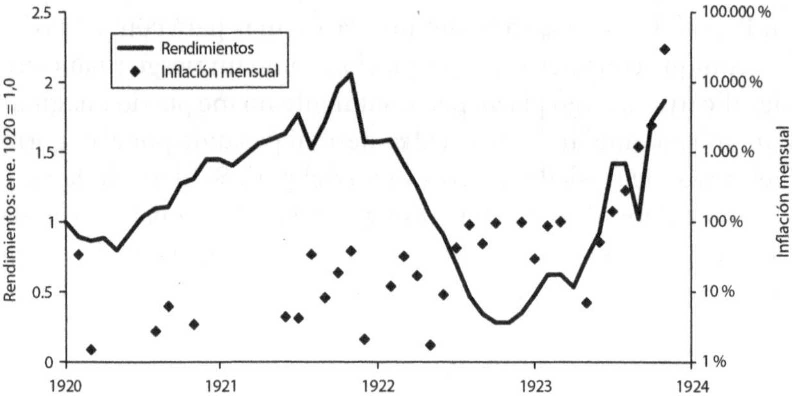

A pesar de que el historial reciente de los fondos de futuros de materias primas apunta a que, debido a la saturación o contango, son una engañifa, las acciones de los propios productores de materias primas pueden comportarse bastante bien durante períodos de alta inflación, según se observa en la tabla 2.1, que recoge los rendimientos de cuatro clases de activos para los nueve años posteriores a 1950 con una inflación superior al 5 %.

Tabla 2.1. Rendimientos de las acciones de productores de materias primas en años de alta inflación (véase el texto)

	IPC	Acciones de oro	Acciones de petróleo	Productores de metales básicos	CRSP 1-10
1973	8,78 %	68,31 %	10,04 %	33,62 %	−18,06 %
1974	12,20 %	−19,98 %	26,05 %	−23,42 %	−27,04 %
1975	7,01 %	−4,53 %	23,64 %	38,42 %	38,75 %
1977	6,77 %	13,94 %	−1,93 %	−24,70 %	−4,26 %
1978	9,03 %	0,33 %	8,53 %	12,95 %	7,49 %
1979	13,32 %	128,35 %	59,41 %	72,96 %	22,62 %
1980	12,41 %	67,97 %	68,69 %	44,63 %	32,81 %

1981	8,94 %	−34,51 %	20,75 %	−6,54 %	−3,65 %
1990	6,10 %	−19,14 %	−1,44 %	−12,19 %	−5,96 %
Promedio	**9,40 %**	**22,31 %**	**13,35 %**	**15,08 %**	**4,75 %**
Anualizado	**9,37 %**	**12,92 %**	**9,43 %**	**10,58 %**	**2,60 %**
Anualizado real	**N/A**	**3,25 %**	**0,05 %**	**1,11 %**	**−6,19 %**

Fuente: Kenneth French Data Library.

Esta recopilación precisa de una cierta explicación. Seleccioné los nueve años en que la inflación superó el 5 %, luego calculé las rentabilidades anualizadas para cada clase de activo como si hubieran ocurrido en secuencia (IPC = inflación/índice de precios de consumo, CRSP 1-10 = mercado bursátil total de Estados Unidos).

Las acciones de valor también tienden a comportarse bastante bien durante períodos de alta inflación por al menos dos motivos. Primero: están más endeudadas que las empresas de crecimiento y se ven beneficiadas a medida que la inflación erosiona su deuda. Segundo: sus flujos de caja se materializan antes, de modo que su valor presente se descuenta menos que para las acciones de crecimiento. Por ejemplo, entre 1975 y 1981, siendo la tasa de inflación promedio de Estados Unidos el 8,86 % anual, los índices Fama-French de gran valor y de crecimiento nacionales generaron, respectivamente, unos rendimientos nominales anuales de 20,98 y 12,15 %, y sus equivalentes internacionales de 20,39 y 13,15 %.

RESUMEN DEL CAPÍTULO DOS

- Históricamente, las acciones de valor —las participaciones en empresas que se venden a múltiplos bajos de sus beneficios, dividendos, ventas y valor contable— han arrojado rendimientos superiores que el mercado, por motivos tanto conductuales como de riesgo.

Pero no ha sido así durante las últimas dos décadas. Ello podría deberse a que los precios de las acciones de crecimiento se han inflado hasta niveles poco razonables, y parece probable que vuelvan los rendimientos históricos superiores de las acciones de valor. Por supuesto, no hay ninguna garantía de que vaya a ser así. El factor valor también puede actuar como una buena barrera frente a la inflación.

- Los investigadores han identificado numerosos factores asociados con un aumento de la rentabilidad, que podrían no ser más que un subproducto de la minería de datos y, en cualquier caso, llevan aparejado un riesgo oculto. Por definición, el inversor medio posee el mercado bursátil total, y no todo el mundo puede —ni debería— apartar su cartera de esta estrategia. En los últimos capítulos abordaremos quiénes podrían beneficiarse de ello y quiénes no.
- El riesgo más importante de los mercados financieros no es el ocasional mercado bajista que acarrea una disminución a corto plazo de la riqueza, sino más bien los acontecimientos económicos y geopolíticos capaces de provocar una pérdida generacional de capital ajustado por inflación. El principal es la inflación, que puede arrasar con el valor de los bonos a largo plazo.

3

La historia reciente de Azarlandia

En la primera edición de este libro, transporté al lector al mítico país de Azarlandia, un paraíso tropical perfecto en todos los sentidos salvo uno: una plaga de monos ensombrecía su idílica existencia.

Por casualidad, los habitantes de Azarlandia dieron con una solución ingeniosa para acabar con la sobrepoblación de micos: les enseñaron a escoger carteras de valores lanzando dardos a la página de cotizaciones del periódico.[29] Los animales, alienados por el mercado, pronto perdieron el interés por el sexo y sus cifras se desplomaron.

De inmediato, la Oficina Azarlandesa de Finanzas Simiescas extrajo tres conclusiones:

- Por pura chamba, algunos de los monos superaron la rentabilidad del mercado por un amplio margen. En un año cualquiera, unos pocos incluso consiguieron rendimientos de tres dígitos y recibieron por ello una gran atención por parte de la prensa financiera azarlandesa; los que obtuvieron malos resultados fueron ignorados.
- En promedio, la rentabilidad de un año no tenía ninguna

29. Con permiso de Burton Malkiel, *A Random Walk Down Wall Street* (Nueva York: W.W. Norton & Company, 2007), 17, 24.

influencia en el siguiente, aunque unos pocos simios tuvieron rachas de suerte que duraron varios años.

- En promedio, los monos no vencieron al mercado. ¿Cómo habrían podido? Todos estaban lanzando dardos a la misma página.

El mensaje de este capítulo no podría ser más evidente: bienvenidos a Azarlandia.

La primera persona en descubrir la naturaleza aleatoria de los mercados financieros fue un desconocido de nombre Louis Bachelier, vástago de una familia burguesa francesa de finales del siglo XIX, hijo de un mercader de vino de El Havre y de una poetisa proveniente de una estirpe de banqueros. Bachelier aspiraba a ser matemático, pero la temprana muerte de sus padres lo obligó a hacerse cargo del negocio familiar para mantener a sus hermanos menores. Después de unos años, vendió la compañía y se trasladó a la capital, donde estuvo trabajando en la Bolsa de París antes de conseguir entrar en la Sorbona y convertirse en alumno del gran matemático Henri Poincaré.

En 1900, defendió con éxito su tesis doctoral, *Théorie de la spéculation*, inspirada en su experiencia en el mercado de valores. Se adelantó a una teoría que Einstein haría famosa años después: el movimiento browniano, la trayectoria aleatoria de las partículas suspendidas en un medio.

Su disertación rezuma una lucidez que deja sin palabras. Por ejemplo, predice que la fluctuación aleatoria de los valores aumenta en razón de la raíz cuadrada del tiempo. Si el mercado presenta una volatilidad del 1 % para un período de un día, entonces para períodos de cuatro días sucesivos la volatilidad ascenderá al 2 %: la misma relación que Einstein dedujo más tarde para el movimiento browniano. Su veredicto de lo que ocurre cuando operan especuladores bien informados resulta incluso más iluminador: *La expectativa matemática del especulador es cero* (cursiva original).[30]

30. James Owen Weatherall, *The Physics of Wall Street* (Boston: Houghton

La Gran Guerra interfirió con la carrera académica de Bachelier, que avanzó a trancas y a barrancas durante tres décadas hasta su fallecimiento en 1946, a la edad de setenta y seis años. Por el camino publicó una divulgación de su obra que vendió varios miles de copias, pero permaneció en el anonimato hasta que una improbable cadena de acontecimientos lo consagró como una figura destacada en las finanzas modernas. Irónicamente, todo comenzó con un matemático soviético llamado Andréi Kolmogórov, quien señaló el trabajo de Bachelier a un colega francés, Paul Lévy, quien a su vez se lo mencionó a un estadounidense, Leonard Jimmie Savage (a quien Milton Friedman se refirió como «una de las pocas personas [...] a quien no dudaría en calificar de genio»).

A principios de los años cincuenta, Savage envió cartas a varios economistas que en esencia decían: «¡Tenéis que leer a este tipo!». Uno de los destinatarios fue Paul Samuelson, un economista de inmenso talento que mejoró las fórmulas de valoración de opciones de Bachelier, lo que terminó por despertar el interés de dos de sus estudiantes, Myron Scholes y Robert Merton. Ambos aprovecharon esos conocimientos para ganar sus premios Nobel y —como ya habías adivinado— fundar Long-Term Capital Management.

Samuelson nunca olvidó la afirmación de Bachelier de que la especulación arroja un rendimiento nulo. En la primera edición de 1974 de *The Journal of Portfolio Management*, publicó un artículo titulado «Challenge to Judgment» ['Desafío al juicio'], donde sugería que las tesis del francés podrían ponerse a prueba si «alguna gran fundación creara una cartera interna que replicara el índice del S&P 500».

El texto cayó en manos de un joven ejecutivo de fondos mutualistas llamado John C. Bogle, quien en ese momento estaba luchando por su carrera profesional.[31] El resto, como suele decirse, es historia. Pero no nos adelantemos tanto.

Mifflin Harcourt, 2013), 1-2; Louis Bachelier, *Louis Bachelier's Theory of Speculation*, Mark Davis y Alison Etherige, trad. (Princeton, NJ: Princeton University Press, 2006), 33.

31. Jeremy Bernstein, «Paul Samuelson and the Obscure Origins of the

Mientras Bachelier bregaba en los claustros académicos, Alfred Cowles III, el acaudalado nieto del propietario del *Chicago Tribune*, Alfred Cowles Sr., se fogueaba en los mercados financieros sobre los que había teorizado el francés. Después de graduarse en la Universidad de Yale en 1913, la tuberculosis lo relegó a un sanatorio en Colorado. Al verse con tanto tiempo libre, comenzó a ocuparse de las finanzas familiares, que como todas languidecían bajo la brutal caída bursátil que se prolongó durante casi tres años tras el crac del 29, y que terminó por hundir los precios de las acciones casi un 90 %.

Prácticamente nadie previó este desastre financiero, tampoco Cowles, quien era un lector voraz de los boletines financieros. Retomemos la metáfora de la autopista hacia la riqueza plagada de trampas de la introducción. La fortuna de la familia Cowles había derrapado en una de sus curvas más peligrosas: la placa de hielo del gurú financiero. A Cowles le encantaba recopilar datos, y pronto se puso a utilizar el último grito en tecnología de computación, la máquina tabuladora Hollerith, para analizar los números de los boletines. Finalmente, consiguió contactar con un antiguo profesor de su padre en Yale, Irving Fisher, uno de los economistas financieros más reputados de la época.

También Fisher había salido mal parado del crac del 29, y no sólo en el plano financiero. Célebre en los círculos académicos por ser el inventor de gran parte de la teoría financiera moderna, incluido el modelo de dividendos descontados descrito en el cuadro de matemáticas del capítulo primero, para su eterna desgracia ha quedado en la conciencia pública como el autor de la que quizá sea la peor predicción de mercado de la historia: en otoño de 1929, afirmó que «los precios de las acciones han alcanzado lo que parece ser un perpetuo altiplano».[32]

Financial Crisis», *New York Review of Books*, 11 de enero de 2010; John C. Bogle, «The Professor, the Student, and the Index Fund», <http://johncbogle.com/wordpress/wp-content/uploads/2011/09/The-Professor-The-Student-and-the-Index-Fund-9-4-11.pdf>, disponible el 21 de diciembre de 2021; Paul Samuelson, «Challenge to Judgment», *The Journal of Portfolio Management*, 1:1 (otoño de 1974): 17-19.

32. La cita, que procedía de un discurso ante la Purchasing Agents Asso-

La unión entre el entusiasmo y el dinero de Cowles y la potencia académica y el acceso a datos de Fisher se reveló un auténtico regalo para los inversores de todo el mundo, al menos para aquellos dispuestos a escuchar. Fisher ya había creado una organización para recoger datos financieros, la Sociedad Econométrica, pero tenía dificultades para encontrar financiación... hasta que apareció Cowles.

Este último se erigió en ángel guardián de la ambiciosa pero pobre Sociedad Econométrica y de la asociada Comisión Cowles para la Investigación Económica, que en el transcurso de las décadas acogería a las principales figuras de la economía.[33] Cowles también ayudó a lanzar la revista *Econometrica*, que se convertiría casi de inmediato en una de las principales publicaciones en este campo. En su artículo de 1933 titulado «Can Stock Market Forecasters Forecast?» ['¿Pueden los pronosticadores del mercado pronosticar?'], examinó las predicciones de dieciséis compañías de servicios financieros, las compras de acciones de veinte aseguradoras contra incendios y las previsiones de mercado de veinticuatro boletines financieros. Por lo general, sus recomendaciones eran nefastas. A los lectores les habría ido mejor lanzando dardos a una página de cotizaciones.

Al final de su artículo, Cowles transportaba a sus lectores a uno de los suburbios de Azarlandia por medio de una mezcla aleatoria de las recomendaciones de los veinticuatro boletines. Este cóctel mejoró ligeramente su rentabilidad general. Las mejores combinaciones produjeron el mismo nivel de rendimientos que las mejores recomendaciones reales, y, de hecho, las peores se revelaron muy superiores a las peores reales. En 1944, Cowles extendió el estudio por una década más y obtuvo resultados idénticos.[34] La

---

ciation en el Builders Exchange Club de Nueva York, se publicó en *The New York Times* el 16 de octubre 1929, apenas una semana antes del comienzo de los días negros de Wall Street; véase <https://www.federalreservehistory.org/essays/stock-market-crash-of-1929>.

33. Peter L. Bernstein, *Capital Ideas* (Nueva York: Free Press, 1993), 31-38.

34. Alfred Cowles III, «Can Stock Market Forecasters Forecast?», *Econometrica*, 3:1 (julio de 1933): 309-324; Cowles, «Stock Market Forecasting», *Econometrica*, 12:3/4 (julio-octubre de 1944): 206-214.

respuesta a la pregunta que lanzaba el título del artículo original fue un resonante «no»: los pronosticadores *no* podían pronosticar.

Después del artículo de Cowles de 1944, el campo de la evaluación del desempeño en la gestión de inversiones permaneció prácticamente estancado durante alrededor de una década. A finales de los años cincuenta, Harry Ernst, profesor de economía en la Universidad Tufts, contrató al graduado Eugene Fama como asistente de investigación. Fama, que creció en un barrio obrero de Boston durante la posguerra, se licenció en un principio en Lengua Francesa, pero pronto se dio cuenta de que para poder mantener a su joven familia necesitaba mejores perspectivas laborales. Se pasó a la economía, donde Ernst lo puso a trabajar buscando normas prácticas para operar en bolsa. Fama elaboró todo un cuerpo normativo, pero su tutor, un estadístico avezado, ocultó una gran muestra de datos a su joven protegido. Cuando dejó que aplicara sus estrategias antes exitosas al nuevo conjunto de datos, fracasaron. En jerga económica, los «hallazgos» de Fama funcionaban *ex post*, pero no *ex ante*.

Estos curiosos términos latinos, cuyo significado literal es, respectivamente, «después del hecho» y «antes del hecho», son dos de los más importantes en finanzas. *Ex post* es fácil; *ex ante*, difícil. Fama nunca encontró una estrategia para Ernst que produjera rendimientos extraordinarios *ex ante*.[35]

Entonces, ¿por qué Fama tuvo tanto éxito *ex post*, pero no *ex ante*? Supón que estás analizando diez características accionarias que podrían predecir rendimientos futuros. Si examinas cada una por separado, tendrás que estudiar diez factores distintos. Pero si decides agruparlas, existen cuarenta y cinco posibles combinaciones de dos factores, y ciento veinte de tres factores.[36]

A medida que aumentas la cantidad de factores examinados, obtienes un número cada vez más exorbitante de posibles estrategias. Los primeros factores que Fama encontró para Ernst los

35. Peter L. Bernstein, *Capital Ideas* (Nueva York: Free Press, 1993), 126-127.

36. (10!/[8!2!]) = 45; (10!/[7!3!]) = 120.

habrían hecho ricos, lo que nos devuelve al problema del «zoo de factores de rendimiento» que expusimos en el capítulo anterior. Con el paso del tiempo, todo se ve mucho más claro; en palabras de Warren Buffett: «En finanzas, desconfía de las "pruebas" basadas en rendimientos pasados. Si el secreto para hacerse rico estuviera en los manuales de historia, la lista Forbes 400 estaría repleta de bibliotecarios».[37]

Imagina un estadio repleto de 10.000 personas. Todos se levantan y lanzan una moneda al aire: si sale cruz, se sientan. En promedio, después de diez tiradas, quedarán diez personas en pie. Lo mismo ocurre al escoger acciones o gestores de capital. Comienza con un número lo bastante grande de estrategias o fondos mutuos, y por puro azar algunos acertarán de pleno. Pero ello no significa que puedan repetir sus resultados.

Fama pronto llegó a la misma conclusión: a largo plazo, casi nadie puede predecir el mercado o elegir acciones ganadoras. La suerte dictamina que algunas estrategias de inversión o gestores de fondos sobrevivan al resto, pero a la hora de la verdad la ley de los promedios sella los destinos. Siempre habrá alguien que gane el juego de cara o cruz, pero en las posteriores tiradas sus probabilidades de sacar cara seguirán siendo la mitad.

Fama continuó con una carrera larga y distinguida en la Universidad de Chicago, donde saltó a la fama por la hipótesis del mercado eficiente (HME), que afirma, a grandes líneas, que los mercados financieros incorporan toda la información conocida en sus precios.[38]

Todo lo anterior tiene dos implicaciones: primera, la selección de acciones es una tarea costosa y vana; y, segunda, sólo la información nueva —las sorpresas— impulsan los precios de las acciones. Dado que, por definición, las sorpresas no pueden

37. Informe anual Berkshire-Hathaway de 1990, <http://www.berkshirehathaway.com/letters/1990.html>.

38. Existen tres variantes de la HME: fuerte, que postula que los precios incorporan toda la información, pública y privada; semifuerte, que postula que sólo incorporan la información pública, pero no la privada; y débil, que postula únicamente que el comportamiento pasado de los precios no predice movimientos futuros.

preverse, los precios fluctúan de una manera plenamente aleatoria.

La HME sacudió el mundo de las finanzas. Para empezar, condenó al olvido el campo del «análisis técnico», una magufada que trata de adivinar la futura tendencia de los mercados a partir de patrones de fluctuación, recurriendo a imágenes visuales como «doble fondo» y «hombro-cabeza-hombro» para señalar mínimos y máximos. Un cínico podría decir que los analistas técnicos existen sobre todo para hacer quedar bien a los astrólogos.[39]

Más o menos al mismo tiempo que Fama comenzó a desarrollar la HME, el gestor de inversiones Jack Treynor y el académico William Sharpe decidieron examinar a gestores de fondos mutuos en busca de pruebas de aptitudes de selección de acciones. Ambos habían entendido que el rendimiento de inversión debía ajustarse por el grado de riesgo asumido, en esencia la exposición a renta variable, que en una cartera se manifestaba en forma de volatilidad. La investigación de Sharpe llegó a la conclusión provisional de que los gestores no daban la talla. Cuando ajustó los rendimientos de los fondos por su volatilidad, su rentabilidad media quedó ligeramente por debajo del Dow Jones Industrial Average. Al final de su artículo, insinuó con malicia:

> Resulta razonable colocar la carga de la prueba en quienes sostienen la opinión tradicional de que la búsqueda de títulos cuyo precio se aparta de su valor intrínseco compensa el esfuerzo necesario. Por suerte, muchos de quienes defienden esta visión cuentan con los medios y los datos necesarios para llevar a cabo análisis exhaustivos... todos aguardamos con impaciencia sus resultados.[40]

39. Aunque a menudo se atribuye a Fama, el primero en hacer la conexión entre analistas técnicos y astrología fue Fred Schwed. Véase Fred Schwed, *Where Are the Customers' Yachts?* (Hoboken, NJ: John Wiley & Sons, 2006), 37.

40. William F. Sharpe, «Mutual Fund Performance», *The Journal of Business*, 39:1, parte 2, suplemento (enero de 1966): 119-138 (cita 138). Véase también Jack Treynor, «How to Rate Performance of Investment Funds», *Harvard Business Review*, 43:1 (enero-febrero de 1965): 63-75.

La industria de las inversiones, reacia a cometer el suicidio económico implícito en el desafío lanzado por Sharpe, hizo oídos sordos, pero en 1968 el académico Michael Jensen de la Universidad de Rochester decidió aceptarlo. Debido a que la mayoría de los fondos que analizó contenían una proporción significativa de efectivo, casi todos arrojaron una rentabilidad inferior a la del mercado. Por ello, Jensen utilizó sofisticados métodos de estadística computacional basados en los fundamentos matemáticos de Treynor y Sharpe para medir el rendimiento de las acciones de los fondos.

La figura 3.1 muestra este rendimiento en términos brutos, es decir, antes de deducir las comisiones de gestión. La delgada línea negra vertical indica la rentabilidad del mercado: a la derecha se encuentran los cuarenta y ocho fondos con un rendimiento superior; a la izquierda, los sesenta y siete con un rendimiento inferior. Según lo previsto, la rentabilidad media se acercó a la del mercado (0,4 % por debajo).

Figura 3.1. Rentabilidad ajustada por riesgo de fondos mutualistas antes de comisiones

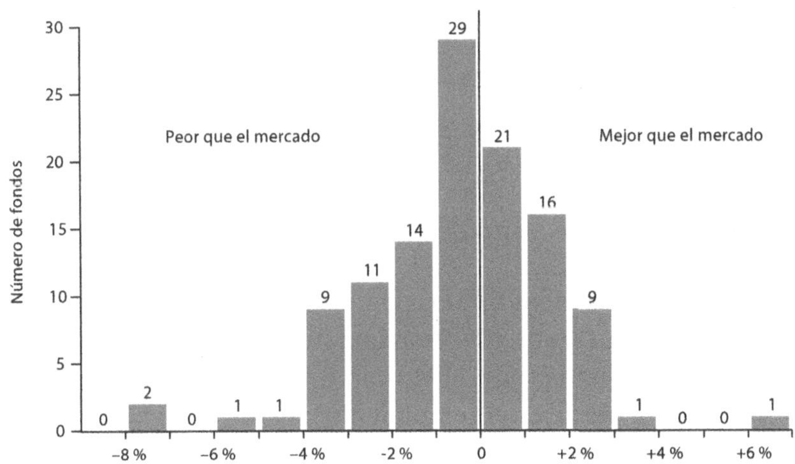

Fuente: Michael Jensen, *The Journal of Finance*, 1968.

La figura 3.2 muestra la rentabilidad que los accionistas obtuvieron en la práctica para cada fondo, tras deducir las comisiones de gestión. Todas las barras se han desplazado hacia la izquierda, revelando sólo treinta y nueve fondos con un rendimiento superior, frente a setenta y seis con un rendimiento inferior. Un único fondo aventajó al mercado en más de un 3 % anual, mientras que veintiuno terminaron un 3 % por detrás. Los resultados de Jensen reproducen el patrón observado en el trabajo original de Cowles: ningún indicio de talento en la parte superior de la pila, y claros indicios de que algunos gestores poseen una especial ineptitud en la parte inferior.

Figura 3.2. Rentabilidad ajustada por riesgo de fondos mutualistas después de comisiones

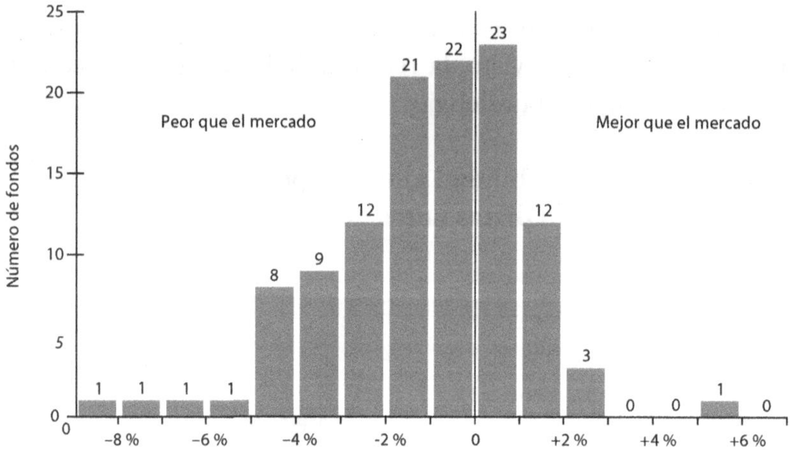

Fuente: Michael Jensen, *The Journal of Finance*, 1968.

Peor aún: todos los fondos de inversión estudiados acarreaban tasas de venta, una comisión que suele ascender al 8,5 % del importe de compra y que Jensen no tuvo en cuenta, por lo que los inversores obtuvieron rendimientos incluso más bajos de los mostrados en la figura 3.2.[41] En resumen, Jensen halló precisamente lo que cabría esperar de una banda de chimpancés azarlandeses:

41. Michael C. Jensen, «The Performance of Mutual Funds in the Period 1945-1964», *The Journal of Finance*, 23:2 (mayo de 1968): 389-416.

- El fondo medio produce una rentabilidad bruta aproximadamente igual a la rentabilidad del mercado.
- El inversor medio recibe ese rendimiento del mercado menos los gastos.
- La suerte parece explicar el desempeño de los «mejores» gestores.

Si lo piensas, no puede ser de otro modo. A efectos prácticos, los gestores de capital profesionales *son* el mercado, así que por definición deben obtener (en promedio) la rentabilidad del mercado *antes* de gastos. Sus clientes perciben dicho rendimiento menos los gastos, lo que el académico William Sharpe denominó «la aritmética de la gestión activa».[42]

Todavía no nos hemos adentrado del todo en Azarlandia, puesto que los datos de Sharpe y Jensen dejaban abierta la posibilidad de que los altos rendimientos de los mejores gestores se debieran a su talento, y no a la suerte. Desde que publicaron su investigación, docenas de estudios han confirmado la intuición de Bachelier: los rendimientos históricos superiores no persisten. (Lamentablemente, casi ninguno de estos estudios posteriores resultan inteligibles para el lector lego. Los últimos artículos académicos sobre inversión que una persona con estudios universitarios podía leerse de cabo a rabo sin caer dormida se publicaron en torno a finales de los años sesenta, cuando apareció el estudio de Jensen en *The Journal of Finance*. Desde entonces, la comprensión de la investigación financiera ha requerido unos conocimientos estadísticos avanzados. En palabras de Mark Twain, la literatura académica financiera se ha convertido en «cloroformo impreso».)

En general, estos estudios más recientes revelan una persistencia breve y exigua del rendimiento. Los mejores fondos de un año dado superan por entre 0,25 y 0,5 % el promedio al año siguiente, probablemente como resultado del efecto de impulso abordado en el capítulo anterior. Más allá de eso, nada.

Teniendo en cuenta que un mero aumento de la rentabilidad

42. <https://web.stanford.edu/~wfsharpe/art/active/active.htm>.

del 0,25-0,50 % al año siguiente no llega a cubrir ni de lejos las comisiones y gastos del fondo mutualista promedio, esta estrategia resulta vana. Para períodos más largos, ni siquiera un rendimiento pasado excelente proporciona algún beneficio futuro.[43]

De entre los numerosos estudios acerca de la persistencia de la rentabilidad de los fondos mutuos, el más optimista concluyó que, si invertías en el 10 % mejor del año anterior, igualarías (pero no superarías) la rentabilidad de un fondo indexado de bajo coste al año siguiente. Semejante «estrategia» requiere una rotación casi total cada año. Se trata del mejor escenario posible para los fondos de gestión activa: cambia toda tu cartera una vez al año y es posible que alcances al índice. Y eso antes de impuestos. En una cuenta tributable, este método acabaría por arruinarte a golpe de ganancias de capital a corto plazo, que se gravan a tus tipos impositivos marginales a nivel de los estados y federal.

La figura 3.3 muestra la rentabilidad de todos los fondos de inversión diversificados de Estados Unidos monitorizados por Morningstar, incluidos los fondos indexados al S&P 500, a lo largo de los treinta años comprendidos entre 1991 y 2020, divididos en seis períodos de cinco años. Para cada quinquenio, identifiqué el cuartil superior de fondos y comparé su rendimiento durante el próximo quinquenio con los del fondo promedio y del S&P 500.

Estos resultados no arrojan ningún indicio de persistencia del talento de los gestores de fondos. En tres de los cinco quinquenios posteriores, el fondo promedio superó al fondo del cuartil superior anterior, como también lo hizo el S&P 500. Durante todo el período de veinticinco años que va de 1996 a 2020, el S&P 500 generó una rentabilidad anualizada del 9,56 %, el fon-

43. Los artículos académicos más citados sobre la no persistencia del rendimiento de los fondos mutuos son Mark Carhart, «On Persistence in Mutual Fund Performance», *The Journal of Finance*, 52:1 (marzo de 1997): 57-82; Jonathan B. Berk y Richard C. Green, «Mutual Fund Flows and Performance in Rational Markets», *The Journal of Political Economy*, 112:6 (diciembre de 2004): 1269-1295; y Shawn Phelps y Larry Detzel, «The Non-persistence of Mutual Fund Performance», *Quarterly Journal of Business and Economics*, 36:2 (primavera de 1997): 55-69.

do promedio del 8,90 % y los fondos del anterior cuartil superior del 8,63 %.

Figura 3.3. No persistencia del cuartil superior anterior. Fondos mutuos diversificados de Estados Unidos de Morningstar

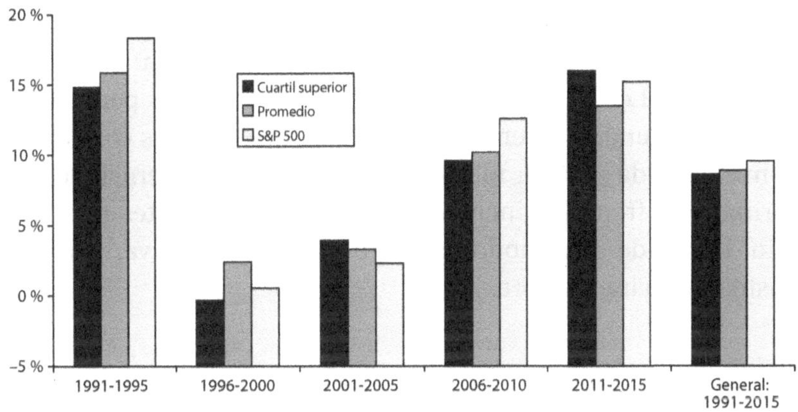

Pero hay más: en un año típico, alrededor del 3 % de los fondos desaparecieron, en general debido a su escasa rentabilidad. Descartar los peores gestores hace que los resultados de la cohorte inicial parezcan mejores, un efecto conocido como sesgo de supervivencia, que los académicos financieros calculan que lleva a sobrestimar la rentabilidad real de los fondos de gestión activa en cerca de un 0,5 %.[44] En otras palabras: la figura 3.3 presenta una visión edulcorada del rendimiento de los fondos de gestión activa.

La figura 3.3 apunta claramente a que el aparente rendimiento superior de un gestor de capital determinado se debe más a la suerte que al talento. Cuando analizamos el rendimien-

44. Edwin J. Elton, *et al.*, «Survivorship Bias and Mutual Fund Performance», *The Review of Financial Studies*, 9:4 (invierno de 1996): 1097-1120; Martin Rohleder, *et al.*, «Survivorship Bias and Mutual Fund Performance: Relevance, Significance, and Methodical Differences», documento de trabajo, 2011.

to de los fondos de inversión de otra manera, rastreando sencillamente la posición de los cuartiles de un período al siguiente, en casi todos los casos un fondo en un cuartil determinado tendrá una probabilidad aproximada del 25 % de situarse en cada uno de los cuatro cuartiles en el próximo quinquenio, como cabría esperar del puro azar.

Finalmente, como Cowles constató, muchos estudios acerca del rendimiento de los fondos mutualistas muestran un ligero grado de persistencia en un rincón de la distribución: los peores resultados. Los gestores de capital situados en los percentiles inferiores tienden a permanecer allí porque quienes cobran las comisiones de gestión más elevadas y realizan operaciones de forma más frenética incurren en los mayores costes año tras año. Dicho de otro modo: el rendimiento viene y va, pero los gastos son para siempre.

La sabiduría colectiva del mercado

Hay una razón por la que el mercado convierte a los gestores de fondos en simios: representa la sabiduría colectiva de todos sus participantes y, por tanto, es más inteligente que incluso los más inteligentes entre ellos.

Francis Galton se refirió por primera vez a este fenómeno en el marco de la Exposición de Ganado de Engorde y Aves de Corral del Oeste de Inglaterra que se celebró en Plymouth en 1906, en que se pidió a los asistentes que adivinaran el peso de un buey despiezado. El promedio de sus estimaciones apenas se desvió por una libra, siendo más preciso que la estimación incluso más atinada.[45] Los ejemplos modernos clásicos de la sabiduría colectiva involucran una ojiva termonuclear perdida en el Mediterráneo en 1966 y el pecio del *USS Scorpion*, que se hundió en el océano Atlántico en 1968. En ambos casos, la media

45. Francis Galton, «Vox Populi», *Nature*, 75:1949 (7 de marzo de 1907): 450-451; Galton, Letters to the Editor, *Nature*, 75:1952 (28 de marzo de 1907): 509-510.

estadística de las estimaciones de múltiples expertos acerca de su ubicación erró por tan sólo 200 metros, siendo esta marca mejor que la mejor estimación individual.[46]

El mensaje no puede ser más rotundo: las personas que se dedican a anticipar los futuros movimientos de precios se pretenden más inteligentes nada más y nada menos que la sabiduría colectiva del mercado.

Estrellas fugaces

La autopista hacia la riqueza esconde otro tipo de peligro: el bache del gestor superestrella. Los seres humanos están programados para responder más a las narrativas que a insípidos números y datos. Los medios financieros son conscientes de ello. Una cosa es absorber pruebas académicas convincentes de que la inversión en fondos de gestión activa no sirve de nada, y otra muy distinta resistirse al martilleo casi constante acerca de las fortunas amasadas por fondos ganadores. Por ello te voy a contar lo que nunca cuentan los medios financieros sobre los fondos y gestores de éxito: el desenlace más habitual de estas historias.

La prensa financiera es un tiburón que infesta las aguas, en constante búsqueda de narrativas sugestivas que atraigan la atención de los lectores y los anunciantes, un imperativo voraz que impide a los analistas financieros divulgar información prudente: compra fondos indexados de bajo coste e ignora hasta la última noticia acerca de la Reserva Federal o los vaivenes bursátiles de esta semana, lo que la periodista Jane Bryant Quinn tildó de «pornografía financiera». Una práctica regla de oro es que se pueden ignorar sin peligro los titulares financieros, ya que cualquier cosa que aparezca en la mitad superior ya ha sido incorporada en los precios. Según se supone que afirmó Bernard Baruch: «No merece la pena saber algo que todo el mundo sabe».[47]

46. Sherry Sontag y Christopher Drew, *Blind Man's Bluff* (Nueva York: Harper Paperbacks, 1999), 63-65, 96-117.

47. Acerca de la pornografía financiera, véase Jane Bryant Quinn, «When

En el periodismo financiero, un top ventas de la pornografía de inversión son los reportajes sobre estrellas de la gestión de fondos. Como ya hemos visto, en cualquier circunstancia, por pura casualidad, uno u otro fondo sacará el boleto ganador, y el género del gestor estrella es un éxito que nunca pasa de moda. Cuando estaba redactando el primer borrador de este libro, la superestrella del momento era Cathie Wood, la carismática fundadora de ARK Investment Management. El ARK Innovation ETF (fondo cotizado en bolsa, símbolo ARKK) logró una impresionante rentabilidad anualizada del 61,2 % de 2017 a 2020, superando con creces el 16,05 % del S&P 500. Las apasionadas declaraciones de Wood acerca de las fortunas que podrían obtenerse gracias a las compañías que implementan «tecnologías disruptivas» siguen acaparando los medios financieros.

Por desgracia, 2021 no fue tan amable con sus clientes: ese año, el ARK Innovation ETF perdió un 23,6 % de su valor (frente a una ganancia del 28,7 % del S&P 500). Como suele ocurrir, la mayoría de los inversores acudieron atraídos por sus espectaculares rendimientos y llegaron tarde al festín, en 2020-2021. Un estudio realizado por la analista de Morningstar Amy Arnott, titulado «ARKK: An Object Lesson in How Not to Invest» ['ARKK: una lección práctica de cómo no invertir'], calculó que, si bien la rentabilidad anualizada del fondo desde su creación en octubre de 2014 ascendía a un fulgurante 28 %, el rendimiento promedio de cada dólar invertido apenas llegó al 9,8 %, frente al 14,4 % anualizado del S&P 500.[48] Los inversores habrían hecho bien en seguir el consejo que la Sra. Arnott ofreció a finales de 2021; en 2022, ARKK cayó un 67,0 %, frente a una caída del 18,1 % para el S&P 500.

Business Writing Becomes Soft Porn (How Journalists Cover Personal Finance)», *Columbia Journalism Review*, 36:6 (1 de marzo de 1998): 48.

48. Amy C. Arnott, «ARKK: An Object Lesson in How Not to Invest», <https://www.morningstar.com/markets/arkk-an-object-lesson-how-not-invest>, disponible el 13 de diciembre de 2021; y Amy C. Arnott, comunicación personal. Rendimientos relativos al período comprendido entre 1/11/14 y 30/11/21, y Harriet Agnew, «Ark Invest CEO Cathie Wood on Everything from Deflation to Elon Musk», *FT Magazine*, 2 de marzo de 2022.

Además, hacía mucho tiempo que existían señales de advertencia evidentes. Antes de fundar ARK Investment Management en 2014, Wood había trabajado como gestora en Alliance-Bernstein, encargándose de varios fondos que, en promedio, obtuvieron un rendimiento inferior al mercado. Antes de eso, cofundó Tupelo Capital Management, que desapareció en el colapso tecnológico de principios de la década de 2000.[49] Incluso si no estabas al tanto de la anterior —y no tan estelar— trayectoria de Wood, fruto probablemente de unos altos costes y de un ritmo frenético de operaciones, conviene tener siempre muy presente la máxima de George Santayana: «Quienes no recuerdan el pasado están condenados a repetirlo».[50]

En 1943, un abogado formado en Harvard llamado Edward C. Johnson II, que acumulaba casi dos décadas de experiencia en inversión, adquirió el moribundo Fidelity Fund, fundado en 1930 como uno de los primeros fondos mutuos del país. (El fondo sigue operando a día de hoy.) Unos años más tarde, fundó la Fidelity Management and Research Company, precursora del actual gigante Fidelity Investments. En 1952, Johnson contrató a un joven inmigrante chino de nombre Gerald Tsai, cuya pericia, tenacidad y visión le valieron el puesto de gestor en el Fidelity Capital Fund. (Johnson, una suerte de inconformista, designó a Tsai como administrador único, un movimiento inusual en un sector en que los fondos eran administrados por comités.)

La especialidad de Tsai era la inversión en acciones de crecimiento. A mediados de los sesenta, las empresas de crecimiento como Xerox, IBM, LTV o Polaroid se pusieron de moda. Los años *go-go*, como llegaron a conocerse, recuerdan a la burbuja de internet de finales de los noventa y a la reciente obsesión por las

49. Robby Greengold, «ARK Innovation ETF's Approach Is Ill-Timed for a Major Twist», <https://www.morningstar.com/articles/1031702/ark-innovation-etfs-approach-is-ill-timed-for-a-major-twist>, disponible el 31 de diciembre de 2021.

50. George Santayana, *The Life of Reason*, volumen VII, libro primero (Cambridge MA: MIT Press, 2011), 172.

grandes tecnológicas, con valoraciones similares a las vistas durante los arrebatos de euforia más recientes.

En el argot financiero de los sesenta, Tsai era el prototipo de *gunslinger* ['pistolero']: compraba y vendía acciones de manera agresiva y a un ritmo vertiginoso, anotándose unos jugosos rendimientos por el camino. Tras la caída de 1962, su Fidelity Capital Fund obtuvo unas ganancias del 68 %. En 1965, subió otro 50 %, frente al modesto 12,4 % del S&P 500. El periodista John Brooks escribió que su estilo de invertir en bolsa era

> [...] tan expeditivo a la hora de entrar y salir de posiciones concretas que sus relaciones con las acciones, lejos de asemejarse a un matrimonio o incluso a un amorío, eran más como las que mantiene un libertino con una fila de coristas. En ocasiones, por estirar la analogía, las sábanas apenas se habían enfriado cuando pasaba a la siguiente.[51]

Tsai veía en Johnson a una figura paterna, pero cuando el joven y carismático Edward C. Johnson III se incorporó a la empresa y Johnson padre le dijo a Tsai que no estaba en la línea sucesoria para dirigir la compañía, este último se marchó para fundar el dinámico Manhattan Fund.

En ese momento, Tsai se encontró de pronto en Azarlandia. Los años 1966-1967 fueron mediocres para el Manhattan Fund; en 1968, se estancó. Durante el primer semestre, perdió el 6,6 % de su valor, mientras el mercado subía un 10 %. De entre los 305 fondos monitorizados por el experto Arthur Lipper, el Manhattan Fund acabó en el puesto 299. Tsai lo vendió a la CNA Financial Corporation por 30 millones de dólares justo antes de que tocara fondo.

¿Qué salió mal en el Manhattan Fund? La prensa urdió un relato de especulación e hibris, castigados por la indefectible justicia poética, al menos para los inversores del fondo, algunos de los cuales habían adelantado un pago de hasta el 50 %.[52] Tsai

51. John Brooks, *The Go-Go Years* (Hoboken, NJ: John Wiley & Sons, 1999): 134.

52. Ibídem, 130-149; véase también *Federal Register Notices*, 35:111 (9 de junio de 1970): 8901.

terminó por labrarse una brillante carrera empresarial, convirtiéndose en presidente de Primerica. Pero los medios de comunicación pasaron por alto algo mucho más importante. El Manhattan Fund sucumbió a lo que más tarde se convertiría en un tenaz destructor de fondos de gestión activa: la inflación de activos.

Ya nos hemos cruzado con este fenómeno cuando hablábamos de Wood. Supón que compras participaciones en la empresa XYZ. No cabe esperar que nadie se percate de tu orden: cada día se realizan operaciones por valor de millones de dólares con sus acciones, y tu diminuta compra es absorbida sin que en nada afecte al precio de XYZ.

Por otro lado, si dispones de 50 millones de dólares para invertir en una pequeña empresa, o incluso de 1.000 millones de dólares para invertir en una gran empresa, tienes un problema: no puedes ejecutar tu compra sin inflar el precio de la acción, ya que no hay suficientes títulos disponibles al precio actual para satisfacer tu demanda. Necesitas atraer a más vendedores, y para ello debes ofrecer un precio más elevado. Lo opuesto sucede cuando vendes un gran lote de acciones.

Si la esencia de operar con éxito en los mercados pasa por comprar barato y vender caro, un fondo mutualista hinchado con «dinero caliente» se ve inexorablemente abocado a hacer lo contrario. La consiguiente merma al rendimiento se conoce como «coste de impacto», y puede minar la rentabilidad de un gran fondo.

Tsai fue el primero de una larga serie de superestrellas de la gestión de capital en sufrir este fenómeno. Cuando empezó, su reputación atrajo 1.600 millones de dólares a su fondo, una suma imponente para la época. El posterior éxito de su carrera profesional sugiere que posiblemente poseyera un talento persistente antes de toparse con el insoslayable muro de los costes de impacto. En efecto, los accionistas del Manhattan Fund pagaban un «impuesto Tsai» cada vez que ejecutaba una compra o una venta, lo que echó por los suelos el rendimiento del fondo.

Un espectacular ejemplo reciente de síndrome del colapso de la superestrella de la gestión de fondos fue William Miller, director del Legg Mason Value Trust, quien superó al S&P 500 *durante quince años consecutivos* entre 1991 y 2005. A principios de la década de 2000, admití mi asombro: después de todo, la probabilidad de sacar quince caras seguidas es de sólo una entre 32.678.

Luego, a lo largo de los siguientes tres años, la inflación de activos, el índice de gastos del 1,75 %, y la fortuna se coaligaron hasta borrar casi por completo el excelente rendimiento de los anteriores quince años, aventajando apenas al S&P 500 por un 0,57 % anual entre 1991 y 2008. Cuando Miller ascendió de administrador adjunto a administrador único del fondo, sólo contaba con 750 millones de dólares en activos, y cualquiera que comprase participaciones después de 1993, cuando éstos rondaban los 900 millones de dólares, habría salido mejor parado en un fondo indexado.

Para 1998, el fondo se había inflado hasta alcanzar los 8.000 millones de dólares; durante los diez años siguientes, perdió frente al S&P 500 por casi un 4 % anual.[53] No obstante, lo peor estaba por venir: para 2006, el Sr. Miller había acumulado más de 20.000 millones de dólares en activos, que se llevó por el precipicio. En retrospectiva, sus excelentes y constantes resultados entre 1991 y 2005 reflejaban el peso preponderante que concedió a prestamistas hipotecarios como Countrywide, Bear Stearns o Washington Mutual, cuyas acciones se dispararon en los años previos a la crisis financiera global de 2007-2009. Después de 2006, ese mismo sobrepeso de préstamos hipotecarios se volvió por completo en su contra, arrastrando al Sr. Miller y sus desventurados inversores consigo.

Algunos llaman a la búsqueda de gestores de capital sobresalientes la «teoría del gran hombre de la inversión»: identifica al «gran hombre» y, cuando falle, busca al próximo gran hombre. Jonathan Clements, de *The Wall Street Journal*, afirmó: «Tengo participaciones en el fondo con mejor rendimiento del año pasado. El problema es que las compré este año».[54]

53. Tom Lauricella, «The Stock Picker's Defeat», *The Wall Street Journal* (10 de diciembre de 2008), C1.

54. Jonathan Clements, «Excuses, Excuses», *The Wall Street Journal*, 10 de abril de 2001.

La placa de hielo del gurú financiero

La autopista hacia la riqueza presenta otro tramo traicionero: una categoría genérica de estrategas de éxito efímero que por pura suerte predicen un hundimiento bursátil, pero luego mantienen a sus seguidores fuera del posterior mercado alcista. Un gestor de fondos mutuos o boletín de noticias financieras puede mermar tu rendimiento con malas elecciones, pero alguien que no sabe anticipar el mercado puede causar un verdadero estrago si trunca la magia a largo plazo del interés compuesto.

El prototipo de estrella fugaz fue un extravagante analista de nombre Joseph Granville. Durante su juventud, trabajó para la correduría EF Hutton, antes de emprender su propio camino en 1963 con una serie de boletines con su nombre. Granville combinó unos pocos afortunados aciertos a la hora de prever caídas bursátiles a principios de los setenta y ochenta con el carisma de un *showman* para erigirse en leyenda. Vestía esmoquin, interpretaba composiciones originales a piano y voz con letras que hablaban de los mercados, y en una ocasión aterrizó en el plató tras volar suspendido de un cable de 30 metros. En su apogeo, 13.000 suscriptores pagaban 250 dólares al año por su boletín insignia, *Granville Market Newsletter*. El 6 de enero de 1981, instó a sus lectores a «vender todo y tomar posiciones cortas». El Dow Jones Industrial Average reaccionó con una caída del 2,4 %, en la jornada con el mayor volumen de operaciones jamás visto hasta entonces en la Bolsa de Nueva York.[55]

Para alcanzar la riqueza financiera no basta con evitar los hundimientos bursátiles. Tienes que ser igual de hábil a la hora de volver a entrar en el mercado, algo en lo que no destacan las casandras. Los pesimistas augurios de Granville dejaron a sus lectores fuera de las subsiguientes recuperaciones del mercado. El analista de boletines Mark Hulbert calculó que, entre 1980 y

55. Christopher Drew, «Joseph E. Granville, Stock Market Predictor, Dies at 90», *The New York Times*, 19 de septiembre de 2003. Granville también era el autor del boletín citado por Graham y Harvey con una pérdida del 4,9 % en doce años y medio.

2005, las recomendaciones de Granville arrojaron una pérdida del 0,5 % anual, frente a una ganancia del 11,9 % del S&P 500.[56]

Varios días antes de la crisis del mercado del 19 de octubre de 1987, Elaine Garzarelli, una desconocida gestora de fondos mutualistas de Shearson Lehman, predijo su inminente colapso, convirtiéndose al instante en una celebridad. Los periódicos publicaron su rostro de cabellos rizados en su sección de negocios, y cientos de millones de dólares afluyeron a su fondo, que durante los posteriores tres años generó unos rendimientos muy inferiores al mercado. En 1994, una nota de prensa anunció que Shearson «orquestó su salida de la compañía». Pero no escarmentó, y en 2003 opinó que «no hace falta ser demasiado perspicaz para anticipar el mercado, basta con estar atento».[57]

Por último, ninguna lista de estrellas fugaces estaría completa sin Nouriel Roubini, un respetado académico que en 2006 pronosticó con acierto que la acumulación de una deuda excesiva desencadenaría una crisis financiera global. Como ocurrió con Garzarelli, el agraciado semblante del «Dr. Doom» [‘Dr. Catástrofe’] se convirtió en una presencia familiar para lectores y telespectadores de todo el planeta. En junio de 2009, tras vaticinar que otro pánico financiero estaba a punto de estallar, declaró a un periodista de *The Sunday Times* (Londres) que «tengo el 95 % de mi dinero en efectivo».[58] Entre la publicación de esa entrevista y finales de 2022, el S&P 500 recompensó a los inversores con una rentabilidad total del 459 %.

¿Recuerdas el artículo de Alfred Cowles III «Can Stock Market Forecasters Forecast?» que se publicó en *Econometrica* en 1933? Más recientemente, dos académicos, John Graham y Campbell Harvey, retomaron el trabajo de Cowles estudiando la

56. Ibídem.

57. Floyd Norris, «Garzarelli Is Ousted by Lehman», *The New York Times*, 27 de octubre de 1994; «Garzarelli to Liquidate Her 6-Month-Old Fund», *Los Angeles Times*, 6 de noviembre de 1997; cita tomada de David Rynecki, «Timing Matters», *Fortune*, 13 de octubre de 2003.

58. Ali Hussain, «I'm 95 % in Cash, Says Dr. Doom; Fame & Fortune, Nouriel Roubini Talks to Ali Hussain», *The Sunday Times* (Londres), 21 de junio de 2009.

capacidad predictiva de 132 boletines financieros que planteaban 326 estrategias distintas. Ni una sola de ellas acertó de forma sistemática. No obstante, los autores detectaron un efecto muy transitorio de mano caliente y mano fría. Los boletines que obtenían rendimientos muy altos o bajos durante algunos meses tendían a mantenerlos unos pocos meses más, para luego volver rápidamente a su ser, es probable que como resultado del factor de impulso abordado en el anterior capítulo, un fenómeno tan efímero y disperso que no revestía ninguna relevancia. Por lo demás, como observó Cowles, la única consistencia real se constataba en el mal desempeño preternatural de algunos boletines del fondo de la pila. Siguiendo la estela de las conclusiones de Hulbert, Graham y Harvey hallaron que, durante un período de doce años y medio, uno de los boletines de Granville produjo una inaudita pérdida anualizada del 4,9 %, frente a la ganancia anualizada del 15,6 % del S&P 500.[59]

Cuando el investigador Andrew Metrick replicó el trabajo de Cowles utilizando herramientas estadísticas avanzadas, llegó a conclusiones muy similares. Al igual que sucedía con los gestores de fondos, los buenos rendimientos dispersos podían explicarse como un producto del azar y, en consecuencia, no persistían.[60]

La intrascendencia de los boletines, y de los estrategas bursátiles en general, tiene todo el sentido del mundo. Si pudieses anticipar el mercado, lo natural sería que te guardaras los beneficios para ti mismo. Ni trabajarías para una empresa de fondos mutuos, ni buscarías empleo en una correduría, ni te pondrías a disposición de los medios de comunicación. Y mucho menos venderías esa información en un boletín por 250 dólares al año.

59. John R. Graham y Campbell R. Harvey, «Grading the Performance of Market-Timing Newsletters», *Financial Analysts Journal*, 53:6 (noviembre-diciembre de 1997): 54-66. La versión preliminar de este artículo, que incluye una tabla con los rendimientos de boletines individuales, incluido el referido, puede consultarse en <https://papers.ssrn.com/sol3/papers.cfm?abstract_id=6006>.

60. Andrew Metrick, «Performance Evaluation with Transactions Data: The Stock Selection of Investment Newsletters», NBER Working Paper 6648, julio de 1998.

¿Por qué no comprar acciones por tu cuenta?

En su mayoría, los gestores de fondos mutuos son personas muy inteligentes, bien formadas y volcadas en su trabajo. Tienen fuentes profundas y valiosas de información sobre cada empresa. Pese a estas ventajas, no vencen al mercado por un simple motivo: todos están compitiendo entre sí, de forma que en promedio obtienen la rentabilidad del mercado menos sus gastos, es decir, la aritmética de la gestión activa de Sharpe.

Pero el hecho de que no puedan competir con éxito entre sí no significa que no puedan desplumar a buena parte de los pequeños inversores menos informados. Desde la perspectiva de los gestores de capital, simplemente no hay suficientes inversores minoristas desorientados para conseguir mejorar su rentabilidad general. Cuando compras o vendes una acción, debes preguntarte siempre quién está al otro lado de tu transacción. En el mejor escenario, será alguien más inteligente, trabajador e informado que tú, o un operador de alta frecuencia dispuesto a sisarte unos peniques cada vez que realizas una operación. En el peor, será Warren Buffett, o el directivo financiero de la compañía cuyas acciones estás comprando o vendiendo. Estás jugando tenis contra un adversario invisible, y la mayoría de las veces es Serena Williams.

Sin embargo, existe un motivo de más peso para no gestionar tu propia cartera: no importa cuántos valores poseas, nunca estarán debidamente diversificados. En jerga financiera, los rendimientos accionarios presentan un sesgo positivo, lo que significa que un número muy reducido de empresas producen la inmensa mayoría de los rendimientos bursátiles. Por ejemplo, un investigador halló que, desde 1926, las letras del Tesoro ofrecían una rentabilidad superior a la mayoría de las compañías; además, en su conjunto, el 96 % de las compañías de menor rendimiento apenas alcanzaron dicha rentabilidad. Dicho de otro modo: el 4 % de las empresas generaron la totalidad de la prima de riesgo de capital.

El mismo estudio reveló que, para horizontes temporales muy largos, sólo el 23 % de las carteras aleatorias de cinco acciones superan al mercado. Incrementar el número de valores mejora los resultados: el 37 % de las de veinticinco acciones y el 43 % de las de cien acciones consiguen superar al mercado antes de gastos.[61]

No es exagerado decir que, para igualar siquiera al mercado, necesitas encontrar ese número relativamente pequeño de agujas en el pajar: el 4 % de acciones de alto desempeño. En su lugar, resulta mucho más sencillo comprar todo el pajar.

¿Y qué hay de Peter Lynch y Warren Buffett?

Los escépticos de la hipótesis del mercado eficiente suelen mentar dos de sus excepciones más notables: Peter Lynch y Warren Buffett, ambos gestores de capital de innegable talento que superaron con creces la rentabilidad del mercado durante un largo período.

Empecemos por Lynch. Tras realizar unas prácticas de verano en Fidelity en 1965, fue contratado a tiempo completo como analista bursátil en 1969, ascendió a director de investigación en 1974, y asumió las riendas del Magellan Fund en 1977. En ese entonces, se trataba de un «fondo de incubación», que permaneció abierto al público por unos años tras su fundación en 1963, durante los cuales pocos inversores lo compraron, y después se reservó a empleados de Fidelity hasta 1981, cuando se volvió a admitir al público general.

En esa época, la táctica del fondo de incubación era una treta común en el mundo de las finanzas: crear una remesa de fondos, liquidar a los rezagados o fusionarlos con el ganador, y luego publicitar a bombo y platillo la rentabilidad del mejor. Sucedió lo propio con el Fidelity Salem Street Trust, que se fusionó con el Magellan Fund justo antes de su reapertura.

De mediados de 1981 a mediados de 1990, el Magellan Fund generó una rentabilidad anual del 22,5 %, frente al 16,53 % del S&P 500. Aunque ese margen del 6 % pueda impresionar, no está en la misma liga que Warren Buffett y apenas escapa al influjo del puro azar y la variación estocástica.

61. Hendrick Bessembinder, «Do Stocks Outperform Treasury Bills?», *The Journal of Financial Economics*, 129 (2018): 440-457.

Dichos rendimientos, pregonados por la poderosa maquinaria de marketing de Fidelity, atrajeron enormes flujos de capital. A partir de unos activos valorados en menos de 100 millones de dólares en 1977, el Magellan Fund creció hasta acumular más de 16.000 millones de dólares para cuando un agotado Lynch se retiró en 1990. Más de una generación después de su jubilación, su figura delgada y su melena blanca siguen siendo unas de las más reconocidas en el mundo de las finanzas.

En los días previos al hundimiento de la bolsa de 1987, Lynch se encontraba fuera del país. Ese año obtuvo un rendimiento casi un 5 % por debajo del mercado, lo que llevó su estilo personal de trabajo tipo A a un nivel extremo. En 1988 y 1989, recuperó sus buenos resultados.

Su rentabilidad pronto cayó víctima de la inflación de activos. Si es que existe algo como una habilidad para escoger acciones, entonces los mayores beneficios deberían obtenerse de las empresas más pequeñas fuera del radar de los analistas, en el caso de Lynch nombres como Crown Cork & Seal, LaQuinta y Congoleum. Sin embargo, cuanto menor es una acción, mayor es el coste de impacto por dólar negociado. En un intento desesperado por eludir tales costes, Lynch se vio abocado a centrarse en compañías cada vez mayores y, en última instancia, a esparcir sus apuestas entre un gran número de ellas. Al final de su carrera, poseía participaciones en más de *1.700* empresas distintas y optó por comprar títulos de Fannie Mae y Ford, convirtiéndose en la práctica en un costoso fondo indexado. Ambos compromisos redujeron de forma drástica la rentabilidad de su cartera en comparación con el valor de referencia del S&P 500. La figura 3.4 pone de manifiesto su ventaja decreciente respecto a este índice. Durante sus últimos cuatro años, superó al S&P 500 en apenas un 2 % anual. Exhausto, se retiró en 1990.[62]

62. Christopher J. Chipella, *et al.*, «Both Fidelity Investors and Firm Are at Sea as Magellan Boss Goes», *The Wall Street Journal*, 29 de marzo de 1990; Jonathan Clements, «Can Lynch Live up to His Reputation?», *Forbes*, 3 de abril de 1989; Joseph Nocera, *A Piece of the Action* (Nueva York: Simon & Schuster, 1994), 239-249.

El historial de Warren Buffett deslumbra de una manera en que no lo hace el de Lynch. Fascinado desde una edad temprana por el mercado de valores, entró en la Columbia Business School en 1950-1951, donde tuvo la inestimable fortuna de estudiar bajo la tutela de Benjamin Graham. En un principio, Graham —quien concedió a Buffett la única calificación A+ que jamás otorgó— rechazó su candidatura para la Graham-Newman Corporation. En esa época, el sector de las finanzas estaba acusando el auge del antisemitismo, y la compañía reservaba sus puestos de analista a judíos, así que Buffett regresó a Omaha para trabajar en la correduría de su padre. Unos años más tarde, Graham terminó por ceder y lo contrató.

Figura 3.4. Fidelity Magellan bajo la gestión de Peter Lynch frente al S&P 500

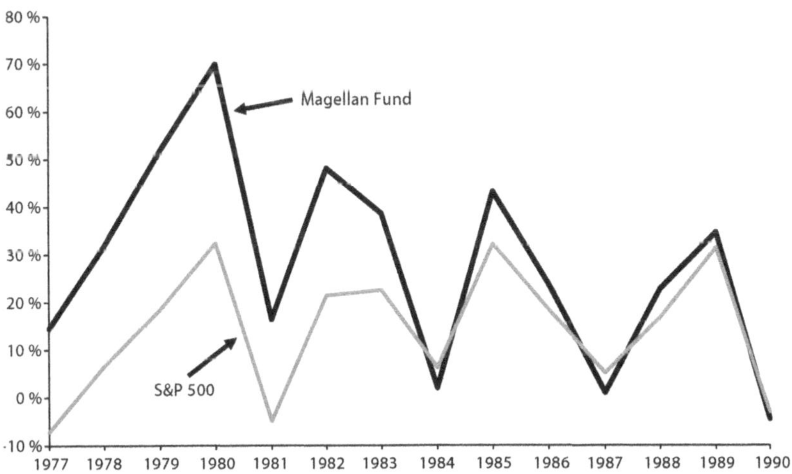

Tras la jubilación de Graham en 1956, Buffett volvió a Omaha, donde gestionó varias asociaciones de inversión. A inicios de los sesenta, una de ellas comenzó a adquirir Berkshire Hathaway, un fabricante textil en crisis, a un precio medio de 10 dólares por acción, y Buffett fue incorporando poco a poco participaciones de sus otras asociaciones. Durante el más de medio siglo que media entre 1965 y 2021, Berkshire generó una rentabilidad anualizada del 20,21 %, frente al 10,52 % del S&P 500. De por sí, esta cifra ya es bastante imponente, pero como la pandemia de COVID-19 puso de relieve, los seres humanos no tenemos una comprensión intuitiva de las matemáticas exponenciales. A lo largo de cincuenta y siete años, un crecimiento anual compuesto del 20,21 % fue apreciando cada acción de 10 dólares hasta que su precio alcanzó casi el medio millón de dólares.

Warren Buffett mantuvo su ventaja de rendimiento por mucho más tiempo que Peter Lynch por tres motivos. Primero: la inflación de activos de Berkshire era un fenómeno exclusivamente interno, fruto de adquisiciones acertadas, no de la entrada masiva de dinero caliente. Segundo: Buffett es más un hombre de negocios que un gestor de fondos. No se limita a mantener pasivamente las compañías que adquiere en una cartera tradicional, sino que se involucra activamente en su administración. La mayoría de las empresas modernas venderían a sus madres metafóricas por tener a Buffett unas pocas horas al mes en sus oficinas. Por último, sus admiradores siempre señalan que las aseguradoras que ha favorecido han recaudado un excedente de capital flotante[63] a partir de las primas que funciona como un apalancamiento de bajo coste para las participaciones de Berkshire.

Una breve digresión: por mucho que fuera uno de los primeros defensores de la hipótesis del mercado eficiente y escribiera un llamamiento fundamental a favor de la creación de fondos indexados, el profesor Samuelson sabía distinguir una buena oportunidad cuando la veía. En 1970, apenas cinco años después de que Buffett adquiriese Berkshire, Samuelson se encontró con el historial de la compañía, reconoció a Buffett como la excepción que confirmaba la norma y compró participaciones en Berkshire. Sin embargo, una vez que John Bogle aceptó su reto y estableció el primer fondo indexado ampliamente disponible en 1976, Samuelson dejó de comprar acciones individuales. (Antes de 1976, este último también fue lo bastante perspicaz como para percatarse de

63. Se denomina «capital flotante» al capital de una empresa que se encuentra en manos de pequeños accionistas y que, por tanto, es objeto de negociación en bolsa. *(N. del t.)*

que era mejor poseer una empresa de gestión de activos que ser uno de sus clientes. Tras declarar que «en una taberna sólo hay un lugar para un hombre sobrio: detrás de la barra, nunca frente a ella», también adquirió acciones de una empresa de gestión de fondos de inversión que le mencionó su secretaria.)[64]

Pero ni siquiera Buffett puede escapar a la ley gravitatoria de la inflación de activos. La figura 3.5 muestra los rendimientos a cinco años de Berkshire en comparación con el S&P 500. Al igual que ocurrió con Lynch, los espectaculares resultados iniciales de Buffett plantaron las semillas del posterior declive de Berkshire: durante los veinte años que van de 2003 a 2022, te habría ido algo mejor comprando un fondo indexado. (Para ese período, las acciones de clase Admiral del fondo S&P 500 de Vanguard generaron un beneficio anualizado del 9,79 %, frente al 9,76 de Berkshire.)

Figura 3.5. Rentabilidad anualizada a cinco años de Berkshire Hathaway frente al S&P 500

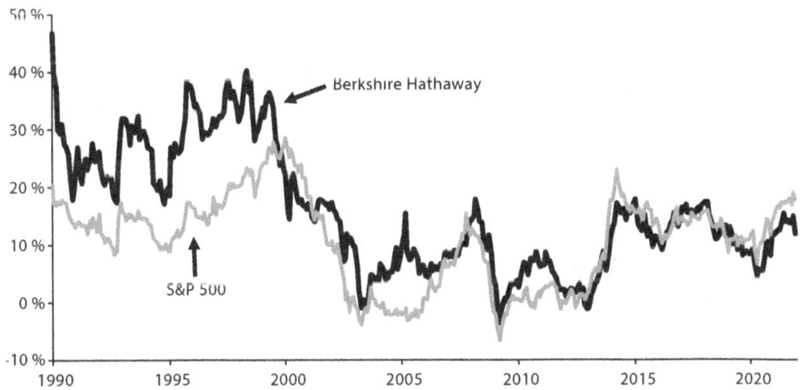

Para ser justos, Buffett se inclina por las acciones de valor, que han experimentado algunas dificultades en las últimas décadas. En el cuadro de matemáticas explico cómo logró aun así vencer al mercado por unos pocos puntos porcentuales, aunque sin acercarse ni remotamente a sus márgenes de finales del

64. Jason Zweig, «What You Can Learn from One of Warren Buffett's Smartest Investors», *The Wall Street Journal*, 21 de diciembre de 2018.

siglo xx. La inversión en el factor valor se ha vuelto a poner de moda. Si esta tendencia continúa, Buffett, quien Dios mediante cumplirá noventa y tres años en torno al momento en que se publique este libro, todavía podría disfrutar de tiempo suficiente para ampliar una vez más su margen sobre el S&P 500.

CUADRO DE MATEMÁTICAS

Cómo evaluar correctamente a un gestor de capital mediante una regresión multifactorial

En los veinte años que finalizaron en 2022, la rentabilidad del 9,76 % de Berkshire Hathaway no alcanzó al 9,80 % del S&P 500. Sin embargo, Buffett es un inversor en valor que busca acciones de empresas poco atractivas que se vendan a un precio descontado respecto a sus ganancias, un estilo que no se ha llevado demasiado en los últimos tiempos. Una referencia más apropiada podría ser el Russell 1000 Value Index de empresas de gran valor, que Buffett superó con un 9,76 % frente a un 8,83 % en el período 2003-2022.

Existe un método mejor para evaluar el desempeño de los gestores de fondos: el análisis de regresión, una herramienta disponible en software estadístico, pero también como complemento en Excel. En 1992, Fama y French publicaron un histórico ensayo en el cual demostraron que el rendimiento de una cartera de renta variable podía explicarse con base en su exposición a tres factores: el mercado bursátil total, el factor pequeña capitalización y el factor valor; los dos últimos son posiciones largas y cortas. El factor pequeña capitalización posee los cinco deciles más pequeños del mercado de valores y vende en corto los cinco deciles más grandes, mientras que el factor valor posee el 30 % más barato por ratio precio/valor contable (P/VC) y vende en corto el 30 % más caro. El factor mercado se define como la rentabilidad del mercado bursátil total menos la tasa libre de riesgo: la letra del Tesoro a treinta días. Los estudiosos y profesionales de las finanzas pueden emplear otros factores, siendo los más comunes el impulso, la rentabilidad y la inversión de capital, pero para no complicar las cosas sólo desplegaré los factores mercado, pequeña capitalización y valor, obtenidos a partir de la biblioteca de datos online Kenneth French, para analizar el desempeño de Berkshire.[65]

La figura 3.6 muestra cómo estructurar los datos en Excel:

Figura 3.6. Cómo crear una regresión de tres factores en Excel

	MERCADO	PEQUEÑA CAPITALIZACIÓN	VALOR	TASA LIBRE DE RIESGO (LETRA DEL TESORO)	BERKSHIRE	BERKSHIRE MENOS LETRA DEL TESORO
1965	10,52	22,05	6,95	3,93	49,5	45,57
1966	−13,51	2,93	−1,14	4,76	−3,4	−8,16
1967	24,49	49,63	−7,3	4,21	13,3	9,09

En esta regresión, la rentabilidad de Berkshire menos la tasa libre de riesgo (BRK-RF) es una variable independiente. En 1965, las acciones de Berkshire arrojaron un beneficio del 49,5 %, frente al 3,93 % de las letras del Tesoro, siendo por tanto el valor de la variable independiente BRK-RF 49,5 % – 3,93 % = 45,57 %. A continuación, esta columna se somete a una regresión contra las columnas de mercado, pequeña capitalización y valor (también variables independientes).

Para analizar la evolución de Berkshire a lo largo de los años, dividí los cincuenta y siete años que van de 1965 a 2021 en tres períodos de diecinueve años: 1965-1983, 1984-2002 y 2003-2021. He aquí los resultados:

PERÍODO	ALFA	MERCADO	PEQUEÑA CAPITALIZACIÓN	VALOR	R2 AJUSTADO
1965-1983	16,65 %	1,14	0,37	0,66	0,21
1984-2002	6,83 %	1,36	−0,25	0,74	0,37
2003-2021	2,17 %	0,77	−0,44	0,26	0,53

65. Biblioteca de datos online Kenneth French, <https://mba.tuck.dartmouth.edu/pages/faculty/ken.french/data_library.html>.

El coeficiente beta de factor mercado cayó durante el último período, cabe suponer que a medida que Berkshire reducía su exposición a la renta variable. Su valor más reciente de 0,77 guarda una buena correlación con el hecho de que, en la actualidad, el 20 % de los activos de la compañía adoptan la forma de letras del Tesoro y otros equivalentes líquidos.

Del mismo modo, el coeficiente beta de factor pequeña capitalización se ha tornado muy negativo, lo que indica que el creciente tamaño de Berkshire la ha forzado a concentrarse en las empresas más grandes, al igual que le sucedió a Lynch en el Magellan Fund. La carga de valor también ha disminuido, cabe presumir que por el mismo motivo. Por último, el R_2 ajustado, que denota la calidad del ajuste general del modelo, ha ido aumentando con el paso de los años, a medida que la cartera de Berkshire se ha ido volviendo más convencional.

La columna más importante de la anterior tabla es la alfa, el porcentaje por el que Berkshire ha aventajado al mercado después de tener en cuenta su exposición a los tres factores de rendimiento. Este valor ha disminuido a ritmo constante desde 1965. El Sabio de Omaha sigue venciendo al mercado, pero por un margen cada vez menor.

Por último, dos nombres que es probable que nunca hayas oído

No se puede insistir lo bastante en este punto: las superestrellas de la gestión plantan las semillas de su propia destrucción con sólo dejar que sus carteras crezcan demasiado. El rendimiento superior de Buffett sobrevivió al de Lynch porque, mientras que el primero no ha recibido entradas de capital desde hace más de medio siglo, el segundo no cerró la manguera de efectivo que ahogó al Magellan Fund. (Fidelity terminó por clausurar su fondo en 1997, para luego reabrirlo en 2008.)

Otro gestor de fondos que se benefició de la ausencia de flujos entrantes fue Wilmot H. Kidd III, el gerente de la Central Securities Corporation, un fondo cerrado que superó al S&P 500 por un 2,8 % anual durante casi medio siglo, antes de retirarse a la edad de ochenta años a finales de 2021. Un fondo cerrado es una cartera que se negocia como una acción y cuya característica fundamental es que no acepta más capital. Esta restricción protegió a Central Securities, como hizo con Berkshire, frente a la inflación provocada por la entrada masiva de dinero. A finales de 2021, tan sólo poseía 1.300 millones de dólares en activos, una cantidad modesta para un fondo con un historial tan notable.[66]

Resulta que existen gestores que superan al mercado por márgenes incluso mayores que Buffett y Kidd durante períodos largos. Como podrás sospechar, hay una pega: no quieren publicidad y, sobre todo, no quieren tu dinero. Después de todo, si fueras capaz de arrollar así al mercado, no querrías invertir más capital que el tuyo propio.

El arquetipo de esta rara estirpe de superinversores es Jim Simons. A diferencia de Buffett, Simons no comenzó su trayectoria profesional obsesionado con invertir. Tras obtener un doctorado en matemáticas en la Universidad de Berkeley a los veintitrés años en 1961, compaginó la excelencia académica y el criptoanálisis en la Agencia de Seguridad Nacional (NSA, por sus siglas en inglés) antes de fundar el fondo de cobertura Renaissance Technologies en 1982.

El enfoque de Simons no podría haber sido más distinto al de Buffett. En lugar de escrutar cada empresa concreta, se armó de paciencia y recopiló una ingente cantidad de datos de fuentes documentales primarias y registros electrónicos vírgenes, muchos de ellos sin ninguna relación aparente con las finanzas. Luego incorporó las aptitudes de matemáticos y científicos de datos de primer orden para procesar esos números.

Sus estrategias se basaban en las fluctuaciones de precios a corto plazo, desdeñando sin miramientos la hipótesis del mercado eficiente, que sostiene que los movimientos actuales de los precios en nada influyen en los futuros. Obtuvo resultados que consiguieron que a su lado Buffett pareciera un principiante. En

66. Jason Zweig, «Meet the Kidd Who Goes Toe to Toe with Warren Buffett», *The Wall Street Journal*, 10 de diciembre de 2021.

los treinta y un años que van de 1988 a 2018, el Medallion Fund, el buque insignia de Renaissance Technologies, logró una inaudita rentabilidad bruta del 66 %, que incluso después de las astronómicas comisiones que Simons pudo cobrar ascendía al 39 %.

Al cabo de los primeros cinco años, el Medallion Fund resolvió el problema de la inflación de activos expulsando a sus clientes. En adelante, el fondo se convertiría en el coto privado de los propietarios y empleados de Renaissance. Los accionistas del Medallion Fund se hallan en la segunda mejor posición imaginable después de estar al mando de la Reserva Federal. En 2016, Renaissance echó a uno de sus empleados, David Magerman, por airear en *The Wall Street Journal* sus objeciones a la política de Robert Mercer, el socio conservador de Simons. Cuando Magerman demandó a la compañía por despido improcedente, el litigio se zanjó con un acuerdo que le otorgaba acceso continuado al Medallion Fund.[67]

De esta historia se desprende lo que podríamos llamar la Ley de Simons: los inversores más talentosos no tardan en privatizar sus aptitudes cerrando sus carteras a todo el mundo salvo a sus familias y empleados. Si alguien es lo bastante diestro para vencer al mercado de forma regular, no querrá gestionar tu dinero.

RESUMEN DEL CAPÍTULO TRES

Demos un paso atrás y extraigamos algunas conclusiones de nuestras cuatro historias de éxito. No cabe duda de que Lynch, Buffett, Kidd y Simons poseen un enorme talento. Pero estas cuatro excepciones —y otras, como D. E. Shaw y el Quantum Fund de George Soros— no son un argumento a favor de los gestores activos, al igual que la existencia de premiados con el Euromillón no justifica la compra de boletos de lotería, y, desde luego, no quieren decir que debas empezar a comprar acciones individuales por tu cuenta y riesgo. Que

67. Gregory Zuckerman, *The Man Who Solved the Market* (Nueva York: Penguin, 2019), 247, 315-319.

Stephen Curry pueda encestar un triple tras otro no significa que tú puedas ganarte la vida en la NBA.

De las decenas de miles de gestores de capital que han ejercido su profesión en las últimas décadas, tan sólo un minúsculo grupo ha dado pruebas irrebatibles de habilidad. Estas cifras desmienten la eficacia de la gestión profesional de activos. Además, como vimos en el caso de Simons, un inversor racional con semejante don siempre querrá gestionar su propio dinero, no el tuyo.

Nuestra mirada se posa en Buffett, Lynch, Kidd y Simons sólo al echar la vista atrás. Las probabilidades de escoger de antemano estos cuatro gestores de fondos de entre los miles existentes son nulas. Por cada uno de ellos, ha habido cientos de Tsai y Miller: gestores que brillaron durante un tiempo, pero cuyo estelar rendimiento terminó por extinguirse bajo una avalancha de activos atraídos por su éxito inicial.

Aun así, podrías tener suerte y encontrar un gestor por encima de la media, pero la estadística juega en tu contra. Elegir gestores activos es como un juego de azar con diez cubiletes, que esconden 10.000, 9.000, 8.000, 7.000, 6.000, 5.000, 4.000, 3.000, 2.000 y 1.000 dólares. Si te decantas por un fondo indexado, tendrás garantizado un pago de 8.000 dólares. ¿Qué escoges?

4

La cartera perfecta

Tu tío Fred resulta ser un empleador maravilloso: amable, generoso y justo, pero también exigente. Una importante desventaja de trabajar para él es la incertidumbre del lanzamiento de moneda anual. Cada año aumenta lo que está en juego, y una sensación de temor se va apoderando de ti a medida que se acerca el fatídico día.

Pasan los años. Tu tío se percata de tu ansiedad y te hace otra propuesta: «Vale, ya tienes bastantes activos, puedo repartirlos en dos mitades y lanzar una moneda al aire para cada una». Tu primer pensamiento es: «¿Cómo? ¿*Dos* tiradas? ¡Ni loco!».

Pero, como siempre, el tío Fred está tratando de enseñarte algo, así que te sientas y haces un cuadro de los cuatro posibles resultados de dos tiradas a cara o cruz:

RESULTADO	PRIMERA TIRADA	SEGUNDA TIRADA	RENDIMIENTO TOTAL
1	Cara	Cara	+30 %
2	Cara	Cruz	+10 %
3	Cruz	Cara	+10 %
4	Cruz	Cruz	−10 %

Las combinaciones primera y última producen el mismo resultado que lanzar una sola moneda: +30 % y −10 %. Además, ahora hay dos resultados intermedios de +10 % (el promedio de +30 % y −10 %). Por tanto, las probabilidades de perder dinero han caído del 50 % con un lanzamiento al 25 % con dos.

Parece un trato bastante bueno, pero para cerciorarte decides visitar de nuevo a tu antiguo profesor de estadística, quien te refresca el concepto de desviación típica, que mide la volatilidad. Para una sola tirada, la desviación típica es del 20 %; para dos, disminuye al 14,1 %. Pero eso no es todo: la rentabilidad anualizada esperada ha aumentado del 8,17 % para un único lanzamiento al 9,08 %, así que aceptas encantado la oferta del tío Fred.[68]

CUADRO DE MATEMÁTICAS

Pros y contras de la desviación típica

Hace unas siete décadas, los académicos de las finanzas adoptaron la desviación típica de los rendimientos —su volatilidad— como principal indicador de riesgo. En general, esto funciona bastante bien. Sin entrar en demasiados detalles, los estudiosos suelen asumir que los precios de los valores se comportan según lo que Bachelier y Einstein describieron como un imprevisible paseo aleatorio, donde la volatilidad aumenta en razón de la raíz cuadrada del tiempo.

Aunque la desviación típica o paseo aleatorio es una aproximación razonable del patrón de los precios de las acciones en el mundo real, no es perfecta, como ya apuntaron Fama y un matemático de nombre Benoit Mandelbrot hace más de medio siglo. En su lugar, los movimientos de precios siguen más bien algo llamado una «ley de potencias», que postula una relación lineal negativa entre los logaritmos de la frecuencia y de la gravedad para un evento dado, como ocurre con los seísmos, los impactos terrestres de meteoritos y los atentados terroristas.

Para fines de inversión, la desviación típica presenta una limitación más prosaica (y crítica): no tiene en cuenta cuándo ocurre la volatilidad, lo que en el capítulo primero bautizamos riesgo Ilmanen.

Para demostrarlo, empecé por examinar las rentabilidades y

68. $(1{,}3 \times 1{,}1 \times 1{,}1 \times 0{,}9)^{0{,}25} - 1 = 9{,}08$ %.

riesgos de los bonos del Tesoro y los bonos corporativos de Estados Unidos. Las dos primeras filas del siguiente cuadro muestran los rendimientos y las desviaciones típicas de los índices Bloomberg para bonos corporativos a medio plazo y bonos del Tesoro a medio plazo, respectivamente, con un vencimiento promedio de unos seis años.

ÍNDICE	RENTABILIDAD 1976-2021	DESVIACIÓN TÍPICA	RENTABILIDAD SEPTIEMBRE-OCTUBRE 2008
Corporativo a medio plazo Bloomberg	7,34 %	4,78 %	–9,84 %
Tesoro a medio plazo Bloomberg	6,36 %	3,94 %	1,34 %
39,5 %/ 60,5 % Corporativo a medio/corto plazo	7,02 %	3,94 %	–8,04 %

Los bonos corporativos a medio plazo tienen un rendimiento casi un punto porcentual más elevado que los bonos del Tesoro, en compensación por el riesgo de quiebra (crédito) de los primeros, que describimos en el capítulo primero: las empresas pueden declararse en suspensión de pagos; el Tesoro, al menos en teoría, nunca debería quebrar.

Por diversas razones, los bonos corporativos a medio plazo presentan una desviación típica más alta que los bonos del Tesoro a medio plazo. Por ello, y para permitir una comparación justa entre ambos, en la tercera fila introduje una combinación 39,5 %/60,5 % de bonos corporativos a medio (vencimiento de alrededor de seis años) y corto plazo (vencimiento de alrededor de dos años y medio). Escogí esta proporción 39,5 %/60,5 % para que arrojara exactamente la desviación típica del 3,94 % de los bonos del Tesoro a medio plazo.

Veamos qué sucede cuando diluimos el riesgo del mercado de renta variable total de Estados Unidos con bonos del Tesoro a medio plazo o una combinación de bonos corporativos a corto y medio plazo con igual desviación típica. Para este ejercicio, utilicé el índice CRSP 1-10, que no sólo incluye grandes compañías del S&P 500, sino también empresas más pequeñas (véase la figura 4.1.)

Se trata de un gráfico de media-varianza, con la rentabilidad en las ordenadas y la desviación típica en las abscisas. (La expresión *media-varianza* es un vestigio histórico. Hace décadas, los economistas preferían hablar de varianza, equivalente al cuadrado de la desviación típica.) El rendimiento aumenta conforme ascendemos por el eje vertical, mientras que el riesgo aumenta conforme nos desplazamos hacia la derecha en el eje horizontal.

Como puedes constatar, no hay demasiada diferencia entre bonos corporativos y del Tesoro en términos de rentabilidad y desviación típica, excepto en la región de baja participación en renta variable, en el extremo inferior de la curva, donde la combinación corporativa ofrece un mayor rendimiento al mismo nivel de riesgo que el Tesoro.

Los bonos corporativos pueden considerarse bonos del Tesoro con algo más de riesgo y rendimiento. Cada uno de los puntos denotados por diamantes y cuadrados representa un salto del 5 % en la mezcla de acciones y bonos. Resulta que la cartera de 100 % bonos corporativos presenta casi los mismos rendimiento y desviación típica que una combinación 90/10 de bonos del Tesoro/acciones. Para mayor claridad, he ampliado la esquina inferior izquierda de la figura 4.1 para crear la figura 4.2.

Los gráficos de media-varianza, como las figuras 4.1 y 4.2, constituyen una herramienta útil para visualizar el comportamiento tanto de activos individuales como de carteras complejas. Sin embargo, inducen a una peligrosa inferencia: que siempre es mejor cuanto más arriba y a la izquierda. En jerga financiera, esta asunción implícita significa que el inversor tiene «preferencia por la media-varianza».

Figura 4.1. Gráfico de media-varianza de combinaciones de acciones de Estados Unidos con bonos del Tesoro y corporativos a medio plazo, 1976-2021

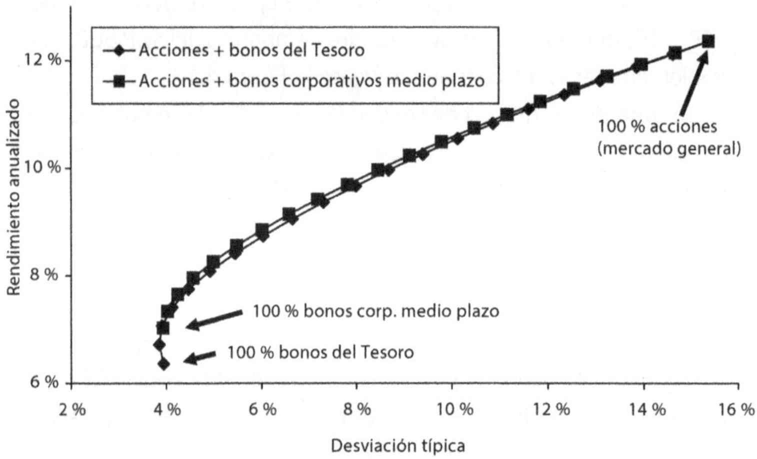

Fuente: Kenneth French Data Library y Bloomberg.

Figura 4.2 Ampliación del área de bajo rendimiento y riesgo de la figura 4.1

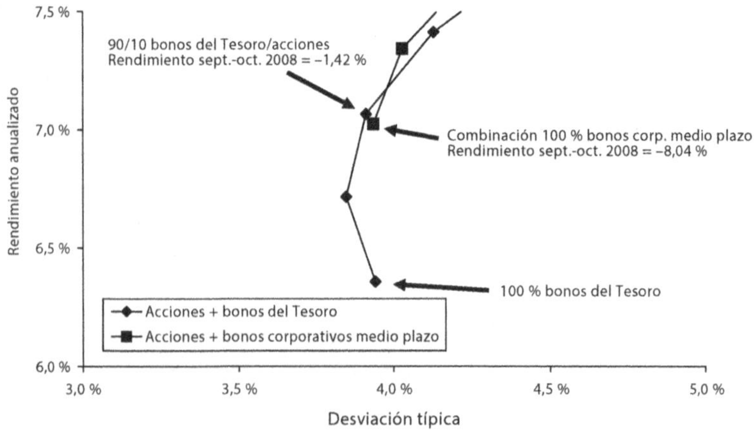

Fuente: Kenneth French Data Library y Bloomberg.

> El problema radica en que las personas de carne y hueso no tienen una «preferencia por la media-varianza». Son seres humanos que toleran mejor las pérdidas en tiempos normales que cuando todo se va al garete. Aunque la cartera con un 100 % de bonos corporativos a corto y medio plazo y la cartera 90/10 de bonos del Tesoro a medio plazo/acciones presentan rendimientos y desviaciones típicas casi idénticos para los cuarenta y seis años que van de 1976 a 2021, en los tiempos más difíciles la primera provoca mucha más acidez de estómago. En medio de la peor crisis financiera en dos generaciones, durante septiembre y octubre de 2008, los bonos corporativos perdieron un 8,04 % de su valor, mientras que la combinación 90/10 de bonos del Tesoro a medio plazo/acciones tan sólo el 1,42 %.

Para los que os saltasteis el cuadro de matemáticas, he aquí la versión abreviada. Como vimos en el capítulo primero, la definición estadística más común del riesgo es la volatilidad, medida según la desviación típica. Pero esta última no captura una importante dimensión del riesgo: el momento en que se materializa. Una cartera de bonos corporativos y otra de bonos del Tesoro pueden presentar la misma volatilidad, pero con la primera es probable que lo pases muy mal durante una crisis financiera, cuando tu necesidad de liquidez es más apremiante, mientras que la segunda puede ahorrarte un calvario emocional y financiero.

La historia del senador Richard Burr (republicano por Carolina del Norte) ilustra el ambiente reinante durante un pánico financiero. A finales de 2008, después de escuchar el testimonio del secretario del Tesoro Hank Paulson y del presidente de la Reserva Federal Ben Bernanke, quienes afirmaron que el sistema bancario se había anquilosado a tal punto que las instituciones financieras eran incapaces de mover dinero entre ellas, el senador llamó enseguida por teléfono a su mujer y le dijo:

> «Quiero que vayas a un cajero automático y saques todo el dinero que te deje. Y quiero que vayas el domingo.» El viernes por la no-

> che me convencí de que, si introducías una tarjeta en un cajero, lo último que conseguirías sacar sería efectivo.[69]

Si el buen senador hubiera estado sentado sobre una confortable pila de bonos del Tesoro, en lugar de sobre un montón de efectivo depositado en un sistema bancario que parecía al borde del colapso, es probable que no hubiera hecho esa llamada.

Conservo mis propios recuerdos de ese período: conversaciones con asesores desbordados, incapaces de lidiar con las llamadas telefónicas a las tres de la madrugada de clientes histéricos que querían vender todas sus acciones; empresarios que afrontaban la ruina cuando sus líneas crediticias, normalmente fiables, se secaron; periodistas y profesores que dudaban de que sus cuentas de jubilación financiadas con un plan 401(k) se recuperasen nunca, y vecindarios en apariencia prósperos que se llenaron en un abrir y cerrar de ojos de avisos de ejecución hipotecaria.

Aguanté el batacazo bursátil de 2000 a 2002 con relativa serenidad y me sentí preparado, en términos tanto cuantitativos como emocionales, para ver cómo el valor de mis acciones se hundía una vez más a la mitad. Sin embargo, mientras arreciaba la crisis financiera global de 2008, nunca perdí la fe en que los bonos de empresas como Johnson & Johnson y Procter & Gamble valían el 100 % de su precio nominal. Al igual que entre 2000 y 2002, no me pilló demasiado de improviso que la renta variable cayera un 50 % o más. Lo que *sí* me inquietó fue que, para poder comprar acciones a precio de saldo, tuve que aceptar una quita sobre algunos de mis bonos. Pocas sensaciones son tan perturbadoras como constatar que lo que pensabas que era dinero no lo es.

Buena parte de tu éxito a largo plazo depende de cómo te comportes en los peores momentos. En este sentido, es célebre la afirmación de Charlie Munger, socio de Warren Buffett en Berkshire, de que la primera regla del interés compuesto es nunca interrumpir la inversión. Cuando las cosas se ponen feas, muchos inversores pierden los nervios y quebrantan esta máxima.

69. Eric Zimmerman, «Burr Told Family to Withdraw Everything from Bank», *The Hill*, 4 de abril de 2009.

La desviación típica y los gráficos de media-varianza no capturan este componente esencial del riesgo: malos rendimientos en malos tiempos. Los trechos más peligrosos en la autopista hacia la riqueza son los puertos de montaña de los mercados bajistas. La prudencia que pongas al atravesarlos determinará en gran medida que tu cartera llegue o no sana y salva a tu yo futuro. Una saludable dosis de títulos del Tesoro es el equivalente financiero de respetar la velocidad máxima con neumáticos con clavos. Warren Buffett mantiene alrededor del 20 % de los activos de Berkshire Hathaway en letras del Tesoro y productos líquidos similares. No es una mala regla que seguir.

CUADRO DE MATEMÁTICAS

Cómo se comportaban en realidad los precios de las acciones

Casi tan pronto como Bachelier publicó *Théorie de la spéculation*, los investigadores se percataron de que los precios de los títulos variaban mucho más de lo previsto por un proceso de paseo aleatorio. La distribución presentaba «colas gruesas», algo que Fama y Mandelbrot demostraron de manera concluyente a mediados de los sesenta.[70]

La desviación típica del mercado bursátil de Estados Unidos suele situarse entre el 15 y el 20 %, por lo que la desviación típica diaria ronda el 1 %. (Cifra que se obtiene dividiendo el rango anterior por la raíz cuadrada del número de días de negociación en un año.) El 29 de octubre de 1987, los diversos índices de mercado cayeron más de un 20 %, un acontecimiento a −20 desviaciones típicas. Resulta evidente que este evento se apartaba de la distribución gaussiana implícita en un paseo aleatorio. Según mi hoja de cálculo, un acontecimiento así se produce con una frecuencia de 3×10^{-89}, una potencia negativa superior al número estimado de protones en el universo, de los que «sólo» hay 10^{80}.

70. Véase, por ejemplo, Benoit Mandelbrot, «The Variation of Certain Speculative Prices», *The Journal of Business*, 36:4 (octubre de 1963): 394-419; Eugene Fama, «The Behavior of Stock Market Prices», *The Journal of Business*, 38:1 (enero de 1965): 34-105.

La ley de potencias o ley potencial establece que los logaritmos de probabilidad y de severidad guardan una relación lineal negativa. Dicha norma es mejor a la hora de predecir las frecuencias mucho más altas de eventos severos que las estimaciones muy bajas de la distribución normal gaussiana que define un paseo aleatorio.[71]

Figura 4.3. Gráfico de ley potencial de los cambios diarios en los precios del Dow Jones Industrial Average, 1926-2012

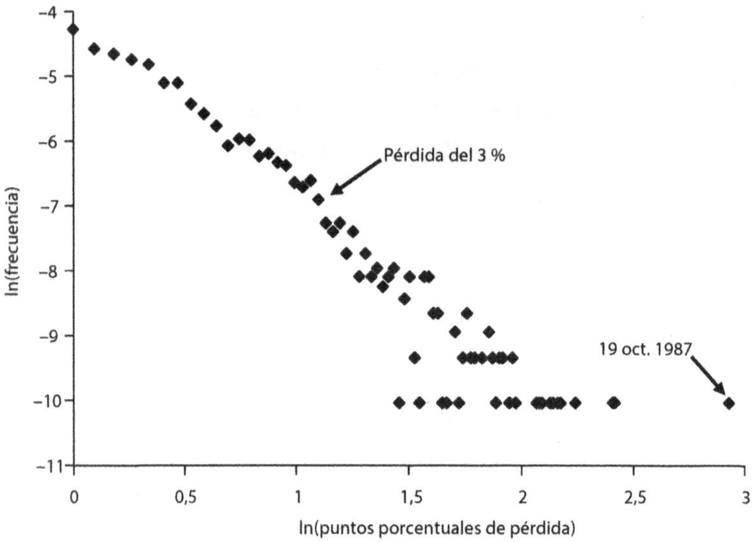

La figura 4.3 plasma la distribución de ley de potencias de los rendimientos diarios del Dow Jones Industrial Average desde 1926 hasta 2012. Este gráfico requiere una explicación detallada. El eje horizontal muestra el logaritmo natural de cada grado de pérdida

71. Acerca de las relaciones de ley potencial de los atentados terroristas, los terremotos y los impactos de meteoroides, véanse Nate Silver, *The Signal and the Noise* (Nueva York: The Penguin Press, 2012), 149-172, 428-432; y P. G. Brown, *et al.*, «A 500-kiloton Airburst over Chelyabinsk and an Enhanced Hazard from Small Impactors», *Nature*, 503 (14 de noviembre de 2013): 238-241.

expresado en puntos porcentuales. Por ejemplo, una caída del 3 % se representa en las abscisas como ln(3) = 1,1. La frecuencia de la pérdida se expone en el eje vertical: como una pérdida de entre el 3,00 y el 3,10 % ocurrió en veintitrés de los 22.881 días de negociación del período de estudio 1926-2012, su frecuencia fue del 0,10 %, o sea 0,001. El logaritmo natural de este valor se corresponde con −6,9 en las ordenadas.

Observa cómo los puntos en la parte superior del gráfico siguen una tendencia bastante suave y lineal. Ello se debe a que las pérdidas relativamente pequeñas son relativamente frecuentes, por lo que trazan una trayectoria definida. Por el contrario, las pérdidas mayores con frecuencias más bajas representadas por los puntos en la parte inferior producen mucho más ruido, pues son más raras.

La capa de puntos del fondo se sitúa en un valor de ordenadas de −10. Esta frecuencia de 0,0044 % (0,000044) equivale a un único día de negociación para todo el período de estudio de 22.881 días, siendo el valor más atípico el correspondiente al 19 de octubre de 1987. Dicha ratio es válida para múltiples mercados. De hecho, las curvas de rentabilidades de Estados Unidos se asemejan a las de los mercados bursátiles de Japón y de Hong Kong.[72]

Las desviaciones típicas bajas son buenas, pero las correlaciones bajas son mejores

Con todo lo anterior no pretendo decir que el marco de la media-varianza no sirva de nada. Conviene aumentar la rentabilidad y reducir la desviación típica, siempre que antes nos aseguremos de poseer una cantidad suficiente de activos realmente seguros para poder dormir tranquilos por la noche.

Volvamos al juego de cara o cruz del tío Fred. Resulta que la desviación típica de los rendimientos para una serie de tira-

72. Véanse, por ejemplo, <http://www.efficientfrontier.com/ef/104/iid.htm>, y Xavier Gabaix, *et al.*, «Power Laws in Economics and Finance», *Annual Review of Economics*, 1 (2009): 255-293.

das independientes disminuye en razón de la raíz cuadrada de su número. Si lanzara cien monedas al aire, se desplomaría del 20 % a apenas el 2 %, una cifra que debería ahorrarte muchos sobresaltos.

Cuando planteas a tu tío Fred la idea de las cien tiradas, responde con una risita entre dientes. No se quiere pasar medio día lanzando monedas, y encima es prácticamente imposible encontrar siquiera dos clases de activos accionarios cuyos rendimientos sean completamente independientes entre sí, mucho menos cien. «Vuelve al trabajo», te dice.

Además de la desviación típica, hay otro parámetro que deberías entender: el coeficiente de correlación, a menudo abreviado como correlación. Este número oscila entre +1,0 y −1,0: es +1,0 cuando dos activos siempre se mueven en la misma dirección, cero cuando no existe ninguna relación entre ambos, y −1,0 cuando siempre se mueven en direcciones diametralmente opuestas.

Apliquemos esto al ejemplo de las dos tiradas. Si de algún modo las monedas siempre cayeran del mismo lado en cada serie (una correlación de +1,0), los resultados serían los mismos que para la tirada única: una rentabilidad anualizada del 8,17 % y una desviación típica del 20 %. Para dos tiradas con una correlación de cero, la rentabilidad aumenta al 9,08 % y la desviación típica disminuye al 14,1 %.

Finalmente, en el improbable caso de que ambos lanzamientos presentasen una correlación de −1,0, de forma que una cara en el primero siempre vaya seguida de una cruz en el segundo, y viceversa, la rentabilidad total de cada tirada sería sencillamente del 10 % (el promedio de +30 % y −10 %), y la desviación típica cero. Demasiado bueno para ser cierto.

Aquí tienes un ejemplo ideal de cómo funciona la diversificación en el mundo real. Una cartera compuesta en un 50 % por fondos de inversión inmobiliaria (REIT, *real estate investment trusts*) y en un 50 % por fondos indexados al S&P 500 se reequilibra cada año durante los ocho años que van de 1995 a 2002:

	1995	1996	1997	1998	1999	2000	2001	2002	Rentabilidad anualizada	Desviación típica
S&P 500	37,58 %	22,96 %	33,36 %	28,58 %	21,04 %	−9,10 %	−11,89 %	−22,10 %	10,30 %	21,69 %
REIT	12,24 %	37,04 %	19,66 %	−17,00 %	−2,57 %	31,04 %	12,36 %	3,60 %	10,79 %	16,48 %
Combinación 50/50	24,91 %	30,00 %	26,51 %	5,79 %	9,24 %	10,97 %	0,23 %	−9,25 %	11,54 %	12,93 %

La figura 4.4 representa estos datos en forma de gráfico.

Figura 4.4. Rendimientos del S&P 500, los REIT y una combinación 50/50

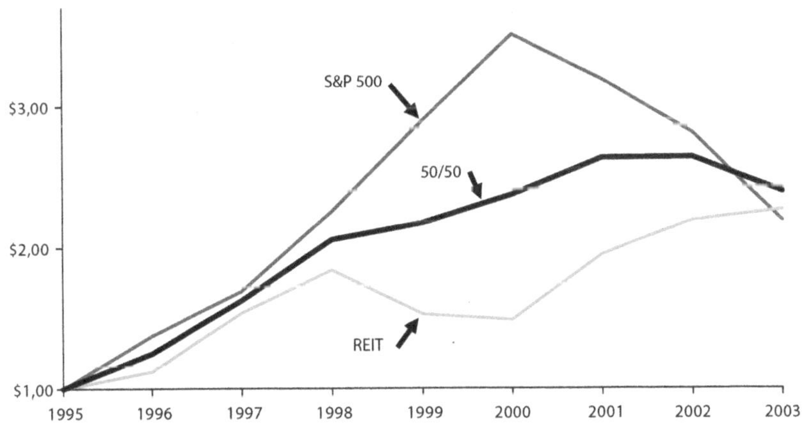

Fuente: Dimensional Fund Advisors.

La rentabilidad (el valor final en el extremo derecho) es mayor para la combinación 50/50 que para el S&P 500 o los REIT, mientras que la desviación típica es menor para la primera que para cualquiera de los segundos: mayor rentabilidad con menor riesgo. ¿Dónde está la trampa?

Una pequeña confesión: escogí un período de ocho años en que el S&P 500 y los REIT generaron rendimientos casi idénticos. Llama la atención que la correlación entre las rentabilidades anuales sea −0,10, un valor muy bajo y anómalo para dos clases distintas de activos accionarios. La figura 4.5 traza la correlación móvil a tres años entre el S&P 500 y los REIT a lo largo de las últimas décadas. Los gráficos se refieren a rendimientos mensuales. Ninguna cayó por debajo de 0,0, como sí ocurrió en el caso de los rendimientos anuales, y ello pese a que la policía de la minería de datos me arrestaría por seleccionar un período poco representativo en que el S&P 500 y los REIT presentaron un coeficiente de correlación muy bajo.

Figura 4.5. Correlación móvil trienal entre el S&P 500 y los REIT

Fuente: Dimensional Fund Advisors.

Muchos inversores estadounidenses compran acciones internacionales para diversificar su cartera. Para ellos, las noticias son todavía más funestas. Incluso en la parte inicial del período estudiado, las correlaciones entre acciones de Estados Unidos e internacionales fueron uniformes y positivas. Durante las últimas décadas, han ido aumentando hasta llegar casi a 1,0, el nivel en que ya no parecen aportar ningún beneficio en términos de diversificación.

Figura 4.6. Correlación móvil trienal entre el S&P 500 y las acciones internacionales (MSCI-EAFE)

Fuente: Dimensional Fund Advisors.

La galería de los espejos de las divisas

Las acciones o bonos extranjeros no sólo exponen a los inversores a los riesgos intrínsecos de estos títulos, sino también a la fluctuación cambiaria. Por ejemplo, el valor de una acción denominada en libras esterlinas subirá o bajará en consonancia con el valor de esa moneda en relación con el dólar. Dicho riesgo cambiario puede neutralizarse (cubrirse) vendiendo un contrato por libras esterlinas a plazo en el mercado de futuros.

Las fluctuaciones de las divisas pueden marcar una gran diferencia en los rendimientos de la renta variable, pero únicamente a corto plazo. Por ejemplo, entre 1980 y 1985, el valor de las principales monedas del mundo respecto al dólar estadounidense se depreció en cerca de un tercio. Durante ese período, aunque los precios de las acciones extranjeras subieron, las pérdidas resultantes del tipo de cambio devoraron una porción no desdeñable de las ganancias en dólares de los titulares de Estados Unidos. El Acuerdo Plaza de 1985 revertió esta depreciación, con el consecuente efecto opuesto: aumentar las subsiguientes ganancias denominadas en dólares de los valores extranjeros. En otras palabras: hasta 1985, la cobertura contra el riesgo cambiario beneficiaba a los inversores estadounidenses en acciones extranjeras; a partir de 1985, los perjudicaba.

A largo plazo, los efectos del tipo de cambio tienden a anularse entre sí. Existe otro motivo para ello. Cuando la moneda nacional de un país cobra fuerza frente al dólar, la competitividad de sus exportaciones se resiente y sus beneficios disminuyen, lo que tiende a compensar cualquier subida en el precio de las acciones denominadas en dólares.

Al final, el grado óptimo de exposición a divisas de una cartera coincide a grandes rasgos con su exposición a acciones extranjeras. Los inversores deberían simplemente mantener dichos títulos en vehículos sin cobertura, que es como opera la inmensa mayoría de los fondos de valores internacionales.[73] En cambio, sí deberían prever una cobertura para los bonos extranjeros, por la simple razón de que las divisas fluctúan mucho más que los precios de los bonos. Un bono extranjero con cobertura se comporta de manera muy similar a un bono estadounidense. Dado que el grueso de tus activos seguros deberían contar con una garantía del gobierno de Estados Unidos, esto es gran medida irrelevante para tu cartera. Además, puesto que los bonos extranjeros con cobertura se conducen de modo tan parecido a los nacionales, pero incurren en un coste adicional y no están respaldados por el gobierno de Estados Unidos, ni siquiera merece la pena comprarlos en primera instancia.

Activos con una baja correlación con las acciones

Los inversores diversifican sus carteras sobre todo con bonos con un bajo coeficiente de correlación con sus acciones. Por supuesto, el precio de esta estrategia son unos menores rendimientos. La figura 4.7 representa la correlación móvil a tres años entre el S&P 500 y los bonos del Tesoro a medio plazo desde 1973 hasta 2021.

73. Bernstein, *The Intelligent Asset Allocator*, 132-137, y Wen Dai y Warwick Schneller, «To Hedge or Not to Hedge: A Framework for Currency Hedging Decisions in Global Equity & Fixed Income Portfolios», <https://papers.ssrn.com/sol3/papers.cfm?abstract_id=3703333>.

La primera mitad del período coincide con casi dos décadas de alta inflación, seguidas por una contundente respuesta de restricción monetaria por parte de la Reserva Federal a través de un aumento de las tasas de interés reales. Durante esta época, en torno a los años setenta y ochenta, la correlación entre ambos activos tendió a ser positiva. Hace una generación, los precios de los bonos parecían impulsar los precios de las acciones: dado que los primeros se mueven en dirección opuesta a los tipos de interés, tras las medidas adoptadas por la Reserva Federal los bonos se depreciaron, y con ellos, las acciones.

Figura 4.7. Correlación móvil entre el S&P 500 y los bonos del Tesoro a medio plazo

Fuente: Dimensional Fund Advisors y Bloomberg.

Durante la segunda mitad del período, que comenzó hacia los años noventa, los inversores habían perdido el miedo a la inflación. Se refugiaron en los bonos cuando las acciones cayeron, en especial durante el estallido de la burbuja de internet a principios de la década de 2000 y la crisis financiera global de 2007-2009, con el resultado de que la correlación entre ambos se tornó negativa. Como consecuencia, los inversores se acostumbraron a considerar la renta fija como una apuesta segura para mitigar las pérdidas en renta variable.

Con el regreso de la inflación en 2022, la situación basculó de golpe al patrón previo a 2000, en el cual los precios de acciones y bonos se movían al unísono, y los segundos dejaron de ofrecer un resguardo frente al declive de las primeras. En 2022, el S&P 500 cayó un 18 %, pero los bonos del Tesoro a largo plazo casi un 30 % (lo que todavía no se refleja en la figura 4.7, pues representa la correlación móvil a tres años).

De nuevo, el contango

¿Existe alguna clase de activo accionario que presente una baja correlación persistente con los principales mercados de renta variable de Estados Unidos y extranjeros? Sí, y las mineras de metales preciosos son un excelente ejemplo. Entre mediados de 1963 y finales de 2021, esta clase de activo tuvo una correlación de 0,23 con el S&P 500.

Los incondicionales del oro valoran el refugio que ofrece el rey de los metales y sus mineros durante las crisis financieras. Como cabría esperar, esta protección no es gratuita: el seguro contra la inestabilidad geopolítica que proporcionan las acciones de oro y minería aurífera empuja al alza sus precios y merma así sus futuros rendimientos. Durante ese período, las mineras de metales preciosos obtuvieron una rentabilidad del 5,90 %, superior a las letras del Tesoro (4,48 %), pero inferior a los bonos del Tesoro a cinco años (6,36 %), y muy inferior a las acciones (10,70 %).

¿Qué te parecería un activo con una correlación de −0,79 con la renta variable? El ETF VXX sigue futuros de volatilidad como el VIX (el Chicago Board Options Exchange Volatility Index). Cuando los mercados se hunden, el VIX se dispara, y el VXX puede salvarte de pérdidas masivas.

Como sospecharás, hay una pega. Este ETF adolece del fenómeno de «contango» descrito en el capítulo primero, en que los precios de los futuros son más altos que el precio *spot* (o actual) del índice VIX. Ello significa que, *ceteris paribus*, el ETF VXX vende sus contratos de futuros justo antes de que venzan a un precio inferior al que fueron comprados.

El período 2010-2011 ilustra lo costoso que resulta este proceso. Durante esos dos años, el S&P 500 generó una rentabilidad anualizada del 8,4 %, próxima a la media, mientras que el ETF VXX sufrió una pérdida cercana al 74 %. Lo mismo sucedió en menor medida a quienes compraron opciones de venta del S&P 500. Sí, las opciones de volatilidad pueden protegerte frente a desplomes de la bolsa, pero a un coste que anula por completo la prima de riesgo de las acciones. No esperarías que alguien te entregase un seguro contra los mercados bajistas a cambio de nada, ¿verdad?

¿Sigue teniendo sentido diversificar? El problema con las correlaciones

El aumento de la correlación entre acciones nacionales y extranjeras que se hace patente en la figura 4.6 apunta a que la diversificación entre distintas clases de activos accionarios está perdiendo utilidad, como en efecto parece confirmar la experiencia cotidiana. En los días y años en que el S&P 500 cosecha unos resultados especialmente malos, casi todas las bolsas extranjeras hacen lo mismo. Como dijo el académico Bruno Solnik: «La diversificación nos falla precisamente cuando más la necesitamos».[74]

Para el corto plazo, Solnik enuncia una verdad fundamental. Puedes comprobarlo en las dos primeras columnas de la siguiente tabla, que recoge los rendimientos de la renta variable durante tres mercados bajistas.

La primera columna demuestra que, durante el descalabro bursátil que siguió al estallido de la burbuja de internet en 2000, siete de las nueve clases de activos accionarios listadas sufrieron pérdidas considerables. No obstante, las cosas fueron mucho peor durante la crisis financiera global de 2007-2009 (segunda columna), cuando las nueve perdieron más de la mitad de su valor. Los REIT, uno de los pocos puntos positivos del período 2000-2002, cayeron casi un 66 % de 2007 a 2009.

74. John C. Bogle, *John C. Bogle on Investing* (Hoboken, NJ: John Wiley & Sons), 62.

La última columna ilustra los efectos de un mercado bajista desde una perspectiva mucho más amplia: la década de 2000 a 2009, el peor período de diez años en la historia moderna de los índices de mercado bursátil total mundial, peor incluso que la década posterior al crac del 29. Esa década conoció las caídas tanto de 2000-2002 como de 2007-2009, pero una gran diversificación en REIT y acciones de pequeña capitalización y de valor amortiguaron con creces todas las pérdidas del S&P 500.

Rendimientos totales (nominales) durante los peores tiempos: tres perspectivas

CLASE DE ACTIVO	SEPT. 2000-SEPT. 2002	NOV. 2007-FEB. 2009	ENE. 2000-DIC. 2009
S&P 500	−44,73 %	−50,95 %	−9,10 %
Acciones de gran valor de Estados Unidos (Russell 1000 Val.)	−23,66 %	−54,39 %	+27,62 %
Acciones de pequeña capitalización de Estados Unidos (Russell 2000)	−30,64 %	−52,05 %	+41,23 %
Acciones de pequeño valor de Estados Unidos (Russell 2000 Val.)	+3,46 %	−51,88 %	+121,31 %
Fondos de inversión inmobiliaria (DFA REIT)	+26,28 %	−65,58 %	+170,86 %
Acciones de gran capitalización internacionales (EAFE)	−42,17 %	-56,40 %	+16,97 %
Acciones de gran valor internacionales (EAFE Value)	-35,92 %	−58,59 %	+48,47 %

... /...

... /...

Acciones de pequeña capitalización internacionales (EAFE Small Cap)	−27,92 %	−59,49 %	+94,29 %
Mercados emergentes (MSCI EM)	−34,02 %	−61,44 %	+161,96 %

Fuente: Dimensional Fund Advisors y Morningstar.

¿Cómo es posible que esta década, que atravesó dos fuertes mercados bajistas con poco o ningún refugio entre distintos activos accionarios, también arrojase un imponente beneficio por diversificación? Sencillo. Esparcir tus apuestas puede no tener sentido *durante* hundimientos financieros, pero se demuestra muy provechoso en las posteriores recuperaciones. Los inversores prudentes no se preocupan demasiado por uno o dos años horribles, siempre que puedan sobrellevarlos. En cambio, incluso los más disciplinados pueden arruinarse tras una o dos malas décadas, y es en esos horizontes amplios cuando la diversificación brilla con más fuerza.

Por ejemplo, imaginemos a un jubilado japonés que en los treinta y dos años que van de 1990 a 2021 obtuvo una rentabilidad nominal del 0,53 % en moneda local, coincidiendo aproximadamente con la tasa de inflación. Los peores rendimientos ocurrieron al principio de esa secuencia. Incluso con una tasa de consumo relativamente baja, este inversor se quedaría sin blanca en alrededor de una década. ¿Podría suceder lo mismo a los ciudadanos americanos que se jubilan el año que viene? Creo que es poco probable, pero ¿por qué correr un riesgo innecesario cuando poseer una cartera diversificada debería ser protección suficiente?

RESUMEN DEL CAPÍTULO CUARTO

- La desviación típica es un buen indicador de riesgo, pero dista de ser perfecta, pues no mide cuándo se producen las pérdidas. Durante los peores momentos, los títulos del Tesoro protegerán mejor tu cartera que los bonos corporativos o municipales.

- Aunque las correlaciones bajas entre clases de activos son beneficiosas, son difíciles de encontrar. Las acciones y opciones con una baja correlación son muy codiciadas, lo que infla sus precios y, por ende, reduce sus rendimientos esperados y realizados.
- La mala noticia es que, en unos mercados financieros cada vez más globalizados, las correlaciones a corto plazo entre activos accionarios están aumentando. La buena noticia es que, para períodos muy largos, la diversificación global todavía debería revelarse valiosa.

5

Asignación de activos para inversores adultos, parte 1

Las fórmulas mágicas no existen

Los adultos no creen en los cuentos de fantasía, y los inversores informados tampoco.

A estas alturas, ya sabes que no existen ni fórmulas mágicas que te digan qué acciones comprar ni (casi) gestores estrella que venzan de forma sistemática al mercado. Aun así, podrías tener suerte y apresurarte a sacar partido de un hallazgo tan raro, pero hay muchas más probabilidades de que termines con una costosa brizna de paja que con una aguja.

Aunque de vez en cuando podemos captar un fugaz atisbo de un mago de la selección de acciones, los videntes de la bolsa sencillamente no existen. Como vimos en el capítulo tercero, un agorero profesional u otro acertará por pura casualidad en pronosticar con precisión una crisis financiera, para luego perderse indefectiblemente los espectaculares rendimientos del mercado subsiguiente.

En este capítulo aprenderás que no existe ni una fórmula mágica, ni un gurú, ni una técnica cuantitativa que determinen por arte de magia la asignación de activos que asegura los máximos rendimientos futuros para un grado de riesgo determinado.

Comencemos nuestra búsqueda de carteras óptimas con la figura 5.1, una versión simplificada de la figura 4.1 del anterior capítulo, que muestra las rentabilidades y las desviaciones típicas de una combinación de sólo dos activos: el mercado de renta variable total de Estados Unidos y los bonos del Tesoro a medio plazo.

Figura 5.1. Combinaciones del mercado bursátil total de Estados Unidos y de bonos del Tesoro a medio plazo, 1976-2021

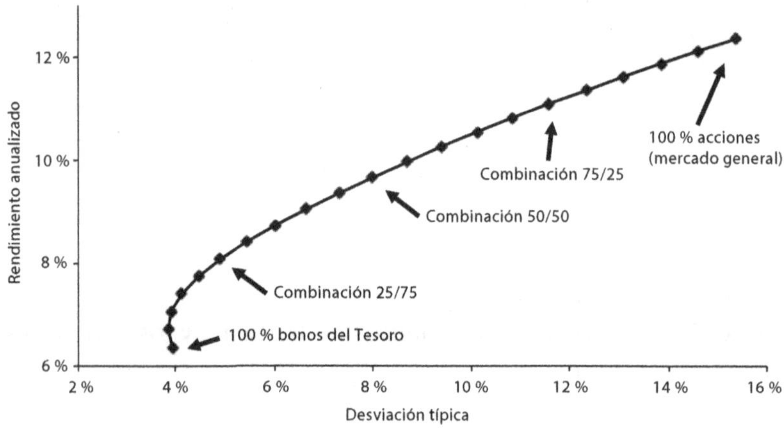

Fuente: Dimensional Fund Advisors y Bloomberg.

En esencia, este gráfico es unidimensional. Pese a que parece curvarse a través del «espacio de media-varianza» bidimensional, el inversor únicamente puede modificar una variable: la proporción de acciones y de bonos.

Podría llegar a irte mucho peor que a las carteras dispuestas a lo largo de esta curva. Se pueden comprar fondos indexados a ambas clases de activos a muchos proveedores por unas pocas centésimas de punto porcentual al año en comisiones. Simplemente elige el punto de la curva en que quieres invertir, es decir, cuánto riesgo estás dispuesto a asumir, y lo tienes hecho. La combinación 50/50, bautizada como *Couch Potato Portfolio* [‘cartera remolona’] por el periodista financiero Scott Burns, ha servido bien a muchos inversores durante décadas.[75]

75. Técnicamente, esta cartera está compuesta por un 50 % de mercado de renta variable total y un 50 % de mercado de renta fija total de Estados Unidos.

Con tres o más clases de activos, esta búsqueda de la cartera óptima se vuelve más complicada. Para ilustrar el proceso, hace una generación llevé a cabo un experimento bastante sencillo. Le pedí a un amigo que es un genio de las matemáticas que generase 800 carteras consistentes en combinaciones aleatorias de un activo «seguro», el bono del Tesoro a cinco años, y seis clases distintas de activos accionarios de riesgo:

- bonos del Tesoro a cinco años
- S&P 500
- acciones de pequeña capitalización de Estados Unidos
- acciones europeas
- acciones japonesas
- acciones del anillo del Pacífico
- acciones de mineras de metales preciosos (promedio del fondo Morningstar)

Reequilibré estas combinaciones aleatorias cada año durante los cinco años que van de 1992 a 1996. Los rendimientos y las desviaciones típicas de estas 800 carteras se muestran en la figura 5.2:

Nunca actualicé este estudio porque resulta que los años estudiados y los activos elegidos no importan. Siempre que analices un período de varios años y combines activos con y sin riesgo, el gráfico tenderá a parecerse a la figura 5.2: un «puercoespín» orientado hacia la izquierda con una púa relativamente bien definida. Dicha púa representa la «frontera de eficiencia», que ofrece la máxima rentabilidad para un nivel de riesgo determinado o, visto de otro modo, el mínimo nivel de riesgo para una rentabilidad determinada. (Para períodos medidos en décadas, el gráfico se achata y recuerda más a un oso hormiguero.)

Fíjate en la línea vertical, dibujada en el valor de desviación típica del 15 %. Más o menos, éste es el nivel de riesgo del mer-

---

El segundo componente se comporta de manera muy semejante a los bonos del Tesoro a medio plazo de Estados Unidos.

cado de renta variable total de Estados Unidos. Imagínate ascendiendo por ella. Si puedes tolerar un grado de riesgo así, querrás obtener todo el rendimiento posible a cambio. Querrás estar lo más arriba posible.

Figura 5.2. Gráfico de media-varianza de 800 carteras aleatorias

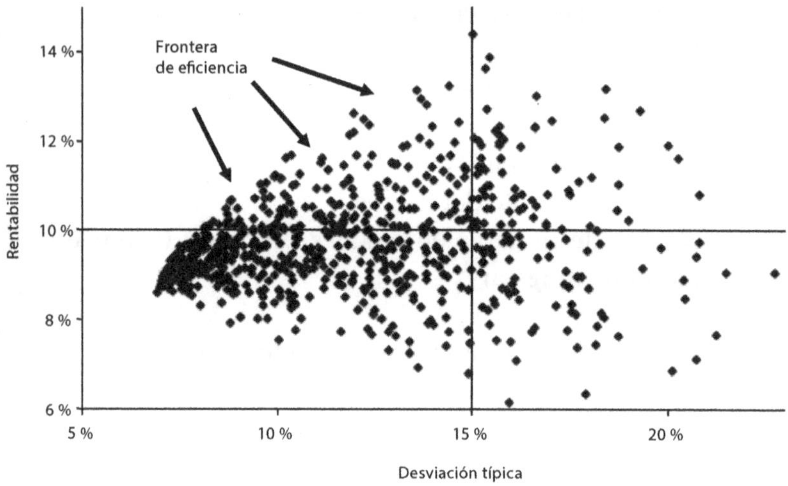

Del mismo modo, observa todas las carteras que figuran sobre la línea horizontal, correspondiente a una rentabilidad anual del 10 %. Querrás estar lo más a la izquierda posible y recibir ese rendimiento del 10 % por el mínimo nivel de riesgo.

El santo grial de la asignación de activos consiste en localizar la púa del puercoespín, la frontera de eficiencia. En 1952, un joven doctor en economía llamado Harry Markowitz publicó un influyente artículo en *The Journal of Finance* en el que describía una técnica matemática denominada «optimización de media-varianza» (MVO, *mean-variance optimization*) para calcular la composición de carteras ubicadas en la frontera de eficiencia. El espectro resultante abarcaba desde la cartera de «varianza mínima», compuesta íntegramente por el activo sin riesgo (en nuestro caso, los bonos del Tesoro a cinco años), en la esquina inferior izquierda, hasta la cartera de «rentabilidad máxima», en la parte superior.[76]

Los datos de entrada del algoritmo MVO de Markowitz, que implementa un álgebra matricial de cierta complejidad, consisten en sólo tres conjuntos de parámetros: los rendimientos y las desviaciones típicas para cada activo y la matriz de correlación entre ellos.

¿Qué podría ser más fácil? Basta con recopilar los rendimientos, las desviaciones típicas y las correlaciones de tus clases de activos, introducirlos en la caja negra mágica y..., ¡abracadabra!, sacarás una serie de carteras óptimas ordenadas de mínimo riesgo /rentabilidad a máximo riesgo/rentabilidad. Decide cuánto riesgo estás dispuesto a asumir y luego selecciona la cartera que ofrezca el máximo rendimiento a esa desviación típica.

Sugiero una mejor estrategia financiera: guarda la mitad de tus ahorros debajo del colchón y presta la otra mitad al holgazán de tu sobrino. El algoritmo MVO adolece de dos importantes fallas. Primera: los resultados de «cartera óptima» son muy sensibles a los datos de entrada, en especial al rendimiento de los activos. Aumenta la rentabilidad de un activo en unos pocos puntos porcentuales y dominará las combinaciones óptimas; redúcela en la misma medida y desaparecerá por completo. Segunda: debido a que las clases de activos tienden a revertir hacia la media, es probable que el optimizador arroje una exposición excesiva a activos que han obtenido altos rendimientos en el pasado y que, en consecuencia, generarán bajos rendimientos en el futuro. (Los maliciosos a veces se refieren al optimizador de media-varianza como el «maximizador de errores».)

Entonces, ¿cómo diseñar tu cartera? Nadie mejor para responder a esta pregunta que el propio Dr. Markowitz:

> Debería haber calculado las covarianzas históricas de las clases de activos y obtenido una frontera de eficiencia. En su lugar, me imaginé cómo me sentiría si la bolsa subía mucho y yo estaba fuera, o si

76. Harry Markowitz, «Portfolio Selection», *The Journal of Finance*, 7:1 (marzo de 1952), 77-91.

> bajaba mucho y yo estaba demasiado dentro. Mi intención era minimizar mis futuros remordimientos. En consecuencia, repartí mis aportaciones al 50 % entre renta fija y variable.[77]

Ahí lo tienes. El Dr. Markowitz considera que el aspecto shakespeariano de invertir —evitar la *hybris*, el temor y las vicisitudes históricas que condenaron a Hamlet, a lady Macbeth y al rey Lear— reviste más importancia que sus fundamentos matemáticos, así que se decanta por un equilibrio entre acciones y bonos.

Hablando como orgulloso propietario del dominio efficientfrontier.com, en verdad es una lástima que no exista una fórmula mágica para la asignación de activos que revele las carteras situadas en la frontera de eficiencia para los próximos cinco, diez o cincuenta años. Pero eso ya lo sabías. El algoritmo MVO favorece las clases de activos de mayor rentabilidad. Si supieras *a priori* cuáles son, no lo necesitarías en primera instancia.

La Torá de la asignación de activos

Hace dos mil años, un gentil acudió a los dos más grandes rabinos vivos, los rivales Shammai y Hillel, y les pidió que le enseñaran toda la Torá mientras permanecían a la pata coja. Shammai, el Antonin Scalia[78] del pensamiento rabínico antiguo, respondió asestándole un furioso golpe con su bastón. Entonces, el más indulgente Hillel contestó: «No hagas a tu prójimo lo que no deseas que te hagan a ti. Eso es toda la Torá. El resto son comentarios. Ahora ponte a estudiar».[79]

Para el inversor particular, toda la Torá financiera se reduce al porcentaje adecuado de acciones y bonos en su cartera. Una

77. Jason Zweig, «Investing Lessons from America's Top Pension Fund», *Money*, enero de 1998.

78. Antonin Scalia (1936-2014) fue un famoso juez de la Corte Suprema de Estados Unidos conocido por sus posturas conservadoras. *(N. del t.)*

79. Philologos, «The Rest of "The Rest Is Commentary"», *The Jewish Daily Forward*, 24 de septiembre de 2008, <http://forward.com/articles/14250/the-rest-of-the-rest-is-commentary-/>.

vez que hayas llegado a esas cifras, la composición exacta de esos dos grupos de activos, que abordaremos más adelante, se desprende con relativa facilidad.

RESUMEN DEL CAPÍTULO QUINTO

- No existe ninguna fórmula mágica para la asignación de activos, ni ningún asesor ni caja negra que pueda decirte qué combinación te ofrece los máximos rendimientos futuros para un nivel de riesgo dado.
- La parte más importante de invertir consiste en determinar cuánto riesgo es necesario para alcanzar tus objetivos y cuánto riesgo puedes tolerar en cada etapa de tu carrera como inversor. Asegúrate por todos los medios de que el primero no sea superior al segundo.
- Después de definir qué nivel de riesgo vas a asumir en cada fase de tu vida, cómo distribuir exactamente tus activos entre clases concretas de acciones y bonos se convierte en una tarea más asequible.

6

Asignación de activos para inversores adultos, parte 2

Las edades del inversor

A riesgo de llevar demasiado lejos las alusiones a la literatura antigua, a la parábola de Hillel añadiré el enigma de la Esfinge:

> ¿Qué camina a cuatro patas por la mañana, a dos patas al mediodía y a tres patas al atardecer? El hombre, que gatea cuando es bebé, anda cuando es adulto y utiliza un bastón en la senectud.

El inversor también atraviesa tres edades, si bien más prosaicas: inicial, intermedia y final, cada una con su propia teoría y estrategia. No las trataré en orden, pues abordaré la edad intermedia —los años previos a la jubilación— en último lugar, al ser la más espinosa.

Sin un fideicomiso, un joven es un bono gigante

Una broma recurrente en el mundo académico presenta a un físico que acomete un abstruso problema con la frase: «Consideremos una vaca esférica». La versión financiera de este absurdo sería la teoría clásica del ciclo vital de Samuelson/Merton. Hace más de medio siglo, Robert Merton y Paul Samuelson redactaron dos densos ensayos matemáticos. Traducidos al román paladino, en ellos se concluía que un inversor que mantuviese la misma tolerancia al riesgo durante toda su vida también habría de mantener la misma asignación de activos.

Se trata de una típica asunción del tipo «vaca esférica». La experiencia cotidiana demuestra que el comportamiento del mercado influye en la tolerancia al riesgo percibida de los participantes, pues bastan unos pocos días o semanas de pánico financiero para quebrantarla. Resulta incluso más descabellado suponer que la tolerancia al riesgo de un inversor no varía a lo largo de su ciclo vital.

Merton y un estudiante de Samuelson, Zvi Bodie, junto con el hijo de Samuelson, William, mejoraron el supuesto Merton/Samuelson ampliándolo para incluir el capital humano de un inversor.[80]

Consideremos una joven llamada Frida con un empleo seguro que le proporciona 50.000 dólares al año. Esto le otorga un capital humano —el valor presente de sus futuros salarios— muy superior a 1 millón de dólares.

Los activos financieros líquidos de Frida consisten en 10.000 dólares en un fondo de pensiones con una asignación del 100 % a renta variable. Puesto que su capital humano se asemeja tanto a un bono que genera un flujo de ingresos ajustados por inflación relativamente constante, su asignación total a acciones es menor al 1 % de la suma de su capital agregado (humano e invertido). Desde un punto de vista *teórico*, no tiene ningún sentido que compre bonos, ya que su capital humano eclipsa por completo su capital de inversión.

Si damos un paso más en este razonamiento, la exposición a renta variable de Frida debería superar el 100 %. Dicho de otro modo: debería apalancar al máximo las acciones de su cuenta de

80. Paul A. Samuelson, «Lifetime Portfolio Selection by Dynamic Stochastic Programming», *The Review of Economics and Statistics*, 51:3 (agosto de 1969): 237-246; Robert C. Merton, «Lifetime Portfolio Selection Under Uncertainty: The Continuous-time Case», *The Review of Economics and Statistics*, 51:3 (agosto de 1969): 247-257; Zvi Bodie, *et al.*, «Labor Supply Flexibility and Portfolio Choice in a Life-Cycle Model», NBER Working Paper Series N.o 3954, enero de 1992.

pensiones IRA, una estrategia recomendada por otros dos economistas influidos por Samuelson, Ian Ayres y Barry Nalebuff. Su recomendación consiste en adquirir opciones de compra de acciones a largo plazo (LEAPS, *long-term equity anticipation securities*) «muy dentro del dinero» para lograr una exposición a renta variable que ronde el 200 %.[81] (No es probable que Frida pudiera aplicar esta estrategia en su plan de empresa, pero quizá sí en una cuenta de corretaje IRA.)[82]

Existe otra razón *teórica* por la que Frida debería invertir agresivamente en acciones. La renta variable plantea menos riesgo a los jóvenes con capacidad de ahorro que a los inversores más mayores. De ello se desprende que cualquier persona menor de unos cuarenta y cinco años debería rezar por que se desatara un devastador mercado bajista, para poder así comprar más títulos a precio de ganga.

Por desgracia, Frida es un ser humano de carne y hueso, y no la vaca esférica de los economistas. Nadie lo ha expresado mejor que el humorista financiero Fred Schwed hace casi un siglo:

> Hay ciertas cosas que son imposibles de explicar de manera satisfactoria a un virgen ni con palabras ni con imágenes. De igual modo, nada que pueda decir se acercará siquiera a lo que uno siente al perder una suma importante de dinero.[83]

Los inversores jóvenes, que todavía no han afrontado pérdidas graves en sus carteras, son especialmente vulnerables a las caídas bursátiles y al revuelo mediático que traen consigo. Durante los inevitables y naturales mercados bajistas, Frida verá cómo una cuantía equivalente a varios meses de salario desapa-

81. Una opción de compra «muy dentro del dinero» es aquella cuyo precio de ejercicio está muy por debajo del precio de mercado real.

82. Ian Ayres y Barry J. Nalebuff, «Life-cycle Investing and Leverage: Buying Stock on Margin Can Reduce Retirement Risk», NBER Working Paper Series N.o 14094, junio de 2008; Ayres y Nalebuff, *Lifecycle Investing* (Nueva York: Basic Books, 2010).

83. Fred Schwed, *Where Are the Customers' Yachts?* (Hoboken, NJ: John Wiley & Sons, 2006), 54.

rece del informe trimestral de su plan, y es muy posible que entre en pánico. Más adelante en su carrera como inversora, es casi seguro que sufrirá pérdidas en dólares que asciendan a varios *años* de salario.

La prensa financiera se toma muy a pecho etiquetar una caída bursátil del 10 % de «corrección» y una del 20 % de «mercado bajista». Tales definiciones no son más que frívola numerología. Los precios de las acciones se comportan igual después de caer un 20,1 % o un 19,9 %. No obstante, estas distinciones dicen mucho acerca de la seriedad con que se toman los inversores las inevitables caídas del 10 o del 20 % en los precios, que se producen con una frecuencia media, respectivamente, de una vez al año y una vez cada cinco años. De hecho, en tres o cuatro ocasiones durante el último siglo (en función de cómo se cuente), los precios de las acciones bajaron más o menos a la mitad. Entre 1929 y 1932, llegaron a desplomarse casi un 90 %.

En este contexto, vale la pena recordar la famosa llamada telefónica del senador Burr a su esposa para pedirle que «saca[ra] todo nuestro dinero del banco» en otoño de 2008, cuando las acciones apenas habían bajado un 25 %. La bolsa no cae tanto sin una narrativa subyacente muy convincente, que suele implicar un pánico financiero o un desastre geopolítico, y semejantes convulsiones en el mercado parecen ocurrir alrededor de una vez por década. Si llevan el tiempo suficiente en el negocio, la mayoría de los asesores financieros se han cruzado con uno o dos veteranos del ejército que afrontaron la muerte en combate con entereza, pero vomitaron en cuanto sus carteras perdieron un 5 %. ¿200 % de exposición al mercado? En un jocoso coloquio durante una conferencia en la Universidad de Boston, incluso el propio Samuelson repudió la estrategia de apalancamiento Nalebuff/Ayres para inversores jóvenes.[84]

Los motivos por los que sentimos esa aversión al riesgo financiero tienen probablemente un origen evolutivo. En el entorno pobre en calorías que habitaron nuestros antepasados de la

84. Véase <http://www.youtube.com/watch?v=0h9tKy3NA-U%5d>, en torno al minuto 16.

Edad de Piedra, incluso un ligero déficit de recursos o una exposición marginal a depredadores, alimentos venenosos o tribus hostiles podían resultar fatales. Mejor no tentar a la suerte. Resulta evidente que la madre naturaleza no concibió a los seres humanos pensando en el riesgo asociado a la renta variable.

Para que pueda ir definiendo mejor su tolerancia al riesgo real, aconsejo a Frida que empiece por una baja exposición y vaya aumentándola poco a poco. En general, esto requiere uno o dos ciclos de mercado, por lo que haría bien en contener su asignación a renta variable durante sus primeros años. Su objetivo no debería ser tanto hacerse rica como no morir pobre, y una de las vías más seguras hacia una vejez mísera pasa por abjurar de las acciones a una edad temprana por causa de una pérdida considerable de capital inicial. Si es una de los pocos jóvenes capaces de soportar una cartera con un gran peso de renta variable, tanto mejor. Seguirá teniendo tiempo de sobra para aumentar su exposición a acciones y cosechar los beneficios de una alta tolerancia al riesgo.

CUADRO DE MATEMÁTICAS

Aversión al riesgo

Para el inversor típico, la principal limitación es la tolerancia al riesgo. Un estudio clásico del economista Robert B. Barsky y sus colegas planteó a los participantes la siguiente pregunta:

Suponga que es la única persona con ingresos en su familia, y que tiene un empleo bueno que le garantiza su renta (familiar) actual cada año de por vida. Se le presenta la oportunidad de aceptar un trabajo nuevo igual de bueno, con unas probabilidades del 50 % de doblar su renta (familiar) o reducirla en un tercio. ¿Aceptaría la oferta?[85]

Este tipo de preguntas arrojan el denominado factor de aversión relativa al riesgo (RRA, *relative risk aversion*), algo así como el nivel de

85. Robert B. Barsky, *et al.*, «Preference Parameters and Behavioral Heterogeneity: An Experimental Approach in the Health and Retirement Study», *The Quarterly Journal of Economics*, 112:2 (mayo de 1997): 540.

miedo al riesgo. Por ejemplo, si contestaras «sí» a la pregunta anterior, tu RRA sería inferior a 2; si contestaras «no», sería superior a 2, y si contestaras «no estoy seguro», estaría cerca de 2. La RRA se calcula como [(1 – *x*) / *x*], donde *x* es la pérdida de un tercio, es decir, [(1 – 0,333) / 0,333] = 2. Si sólo te sintieras cómodo con una pérdida del 10 % de tu salario, tu RRA se dispararía a 9 [(1 – 0,1) / 0,1]. En el extremo opuesto, si estuvieras dispuesto a afrontar una probabilidad del 50 % de perder el 100 % de tu salario, tu RRA sería cero. (La RRA únicamente tiene sentido cuando el rendimiento esperado de la apuesta es positivo.)

Barsky y sus colegas hallaron que, para la mayoría de las personas, la RRA obtenida a partir de este tipo de baterías de preguntas era bastante alta. Casi dos tercios de los encuestados no aceptarían ni tan siquiera una probabilidad del 50 % de perder el 20 % de sus ingresos, indicando una RRA superior a 4 [(1 – 0,2) / 0,2]. Además, descubrieron que la RRA no sólo se correlacionaba con el porcentaje de renta variable que poseían los encuestados, como cabría esperar, sino también con otras conductas de riesgo: quienes fumaban, bebían y no tenían contratados seguros presentaban en promedio una RRA más baja.[86]

No hay que perder de vista que estos datos se refieren exclusivamente a cuánto riesgo declaran las personas que pueden tolerar, así que debemos tener presente la diferencia entre vivir un accidente de avión en un simulador de vuelo y en el mundo real. Las respuestas a esta clase de cuestionarios, que con frecuencia se realizan entre estudiantes universitarios en campus de élite, pueden no decir mucho sobre cómo se comporta una persona de mediana edad cuando ve esfumarse la mitad de sus ahorros.

El número más importante para los jubilados

Volvamos ahora nuestra atención hacia la etapa de la jubilación. Comencemos con un jubilado de sesenta y cinco años llamado Fritz con una cartera valorada en 750.000 dólares,

86. Ibídem, 537-539.

gastos de manutención anuales de 50.000 dólares y cheques pendientes de la seguridad social y de planes de pensiones por un total de 20.000 dólares al año.

Así las cosas, Fritz necesita reunir 30.000 dólares más al año para poner comida sobre la mesa, pagar su alquiler o hipoteca, cubrir las primas y copagos de Medicare, invitar a su mujer a cenar y visitar a sus nietos. Llamemos a esos 30.000 dólares adicionales sus gastos residuales de manutención (GRM).

El objetivo primordial de los ahorros para la jubilación es sufragar los gastos básicos de subsistencia durante el resto de la vida del inversor. Idealmente, deberían cubrir al menos veinticinco años de GRM. Fritz se encuentra con el agua al cuello, ya que el resultado de multiplicar veinticinco años por 30.000 dólares equivale exactamente a sus ahorros de 750.000 dólares. Partiendo de estas cifras, no puede asumir demasiados riesgos. En teoría, cada pérdida del 4 % de su cartera dejaría al descubierto un año de su esperanza de vida estimada. No puede permitirse perder ninguna parte de sus ahorros en acciones, así que debería invertir el grueso de su cartera en activos de bajo riesgo con un perfil de rendimiento que se corresponda con sus necesidades de jubilación ajustadas por inflación. La palabra clave en la frase anterior es «se corresponda», si es posible, en forma de anualidad ajustada por inflación que cubra sus GRM anuales.

De lejos, la mejor manera de lograr este objetivo, a menos que tanto Fritz como su esposa tengan expectativas de vida cortas, es «comprar» la anualidad ajustada por inflación que ofrece el aplazamiento del cobro de las prestaciones de la seguridad social a los setenta años, echando mano a sus ahorros hasta ese entonces. Idealmente, debería adquirir una renta vitalicia ajustada por inflación para colmar esa brecha. Por desgracia, las aseguradoras dejaron de ofrecer este producto hace unos años.

La segunda mejor opción es una escalera de TIPS. Dado que estos títulos ofrecen una rentabilidad ajustada por inflación libre de riesgo al vencimiento, en teoría Fritz debería comprar bonos que vencieran cada año de su jubilación. En el mundo real, esto no es posible por dos razones: primera, porque a fecha de 2023 no existen TIPS que venzan entre 2034 y 2039; y, segunda, porque el plazo de vencimiento más largo para un TIPS es treinta años, por lo que si Fritz o su mujer vivieran más de noventa y cinco años, la escalera se quedaría corta. Teóricamente, una renta vitalicia comercial ofrece a Fritz un flujo de ingresos más allá de los noventa y cinco años, pero por motivos que expondré en breve no me inspiran confianza.[87]

En realidad, Fritz no tiene *necesidad* de asumir riesgos, pues ya ha adquirido los activos exactos que requiere para jubilarse. Su tolerancia al riesgo es irrelevante, puesto que su capacidad y necesidad de riesgo ya determinan la asignación de sus activos.

Pero ¿no bastaría una cartera combinada de acciones y bonos para arrostrar cualquier adversidad? No. Ten en cuenta que, durante casi dos décadas, de finales de los sesenta a principios de los ochenta, tanto las unas como los otros obtuvieron rendimientos reales negativos. Para cuando llegase la caballería en 1982, su cartera se habría evaporado casi por completo. Además, las acciones tienen ahora un precio más alto, y por tanto una rentabilidad esperada más baja, que a mediados de los sesenta.

En el pasado, carteras con una ratio acciones/bonos de entre 25/75 y 75/25 soportaban unas tasas de consumo por encima del 4 %. El análisis más citado a este respecto, el estudio Trinity, demostró que gastar al año un 5 % ajustado por inflación del valor inicial de una cartera 50/50 acciones/bonos tenía una probabilidad de éxito del 76 %, entendiendo por «éxito» morir sin deudas después de treinta años de jubilación. Más comúnmente, la conocida como regla Bengen, así bautizada en honor al asesor financiero William Bengen, defiende la seguridad de una tasa de retirada anual del 4 %.[88]

87. William J. Bernstein, *The Ages of the Investor* (Efficient Frontier Publications, Estados Unidos, 2012).

88. Philip L. Cooley, *et al.*, «Retirement Savings: Choosing a Withdrawal Rate That Is Sustainable», *AAII Journal*, 10:3 (febrero de 1998): 16-21; William P. Bengen, «Determining Withdrawal Rates Using Historical Data», *The Journal of Financial Planning*, 7:4 (octubre de 1994): 171-180.

El problema tanto del estudio Trinity como de la regla Bengen es que se basan en rendimientos pasados, que probablemente fueron muy superiores a los actuales. Los autores de ambas tesis emplearon datos históricos desde 1926 hasta mediados de los noventa, un período que agasajó a los inversores con rentabilidades reales del 7 % para las acciones y del 2 % para los bonos. La razón detrás de los elevados rendimientos de la renta variable fue la drástica revalorización de las acciones durante ese período, que no cabe esperar que se repita. En el futuro, es probable que su rentabilidad sea menor, lo que significa que incluso la horquilla Bengen/Trinity del 4-5 % para la tasa de consumo podría revelarse optimista. Mientras preparaba el primer borrador de esta edición, los rendimientos reales de los bonos —según se expresan en el tipo de interés de los TIPS— eran negativos, un problema «atajado» por la sangría de los bonos de 2022. En el momento en que escribo estas líneas, los bonos están generando una rentabilidad cercana al valor real histórico del 2 %, cabe presumir que como consecuencia de la restricción monetaria temporal impuesta por la Reserva Federal. Pero incluso después de la debacle de 2022, es improbable que las acciones se acerquen siquiera a la rentabilidad real del 7 % del período posterior a 1926 estudiado por Bengen/Trinity.

Puesto que la relación entre tasa de consumo y supervivencia de una cartera es un asunto tan capital, voy a comenzar por los elevados rendimientos históricos brutos que utilizaron Bengen/Trinity. El gráfico de la figura 6.1 muestra lo que habría sucedido con una tasa de consumo del 4 %: retiradas reales anuales de 40.000 dólares a partir de una cartera inicial de 1 millón de dólares compuesta en un 50 % por acciones del S&P 500 y un 50 % por bonos del Tesoro a cinco años, para alguien que se jubilara en 1926, 1936, 1946, 1956, 1966, 1976, 1986 y 1996.

La figura 6.1, denominada en dólares ajustados por inflación, es plenamente coherente con el estudio Trinity y la regla Bengen. Unas retiradas del 4 % resultaron bastante seguras. Elegí los años que acaban en «6» por dos motivos: primero, la base de datos comienza en 1926; y, segundo, 1966 fue el peor momento posible para jubilarse, en que los ahorros apenas sobrevivieron treinta años. Los economistas se refieren a la posibilidad de escoger un año de jubilación desfavorable como el «riesgo de secuencia de rendimientos», y no es algo que se deba tomar a la ligera, como pone de manifiesto la figura 6.1.

Figura 6.1. Volumen de cartera a una tasa de consumo real del 4 % de una combinación 50/50 de acciones/bonos del Tesoro a partir de varios años de jubilación. El eje de ordenadas muestra dólares ajustados por inflación

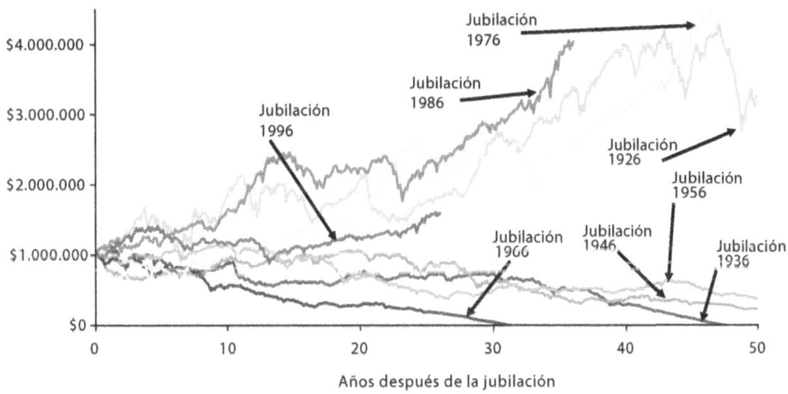

Fuente: Dimensional Fund Advisors.

No es probable que en las próximas décadas las acciones arrojen una rentabilidad real del 7 %, ni los bonos del 2 %. ¿Qué rendimientos sería razonable esperar? Repetí el ejercicio en la figura 6.2 ajustando la serie de rendimientos mensuales de las acciones para producir una rentabilidad real del 4,5 % entre 1926 y 2021, e hice lo propio con los bonos del Tesoro a cinco años para una rentabilidad real del 1,0 %.

He aquí los resultados:

Figura 6.2. Volumen de cartera a una tasa de consumo real del 4 % de una combinación 50/50 de acciones/bonos del Tesoro a partir de varios años de jubilación. El eje de ordenadas muestra dólares reales

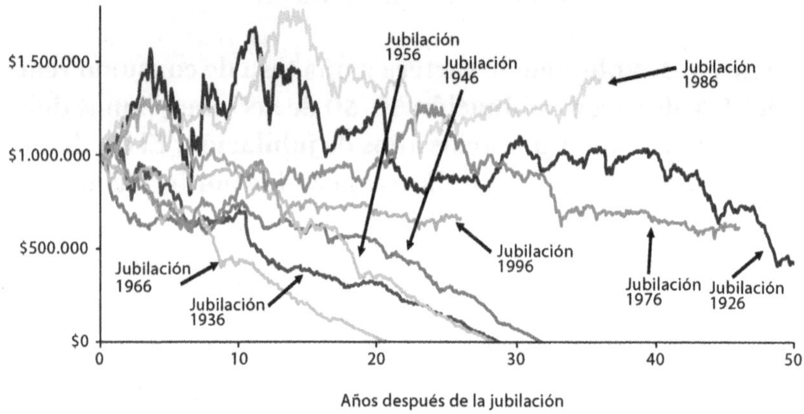

Fuente: Dimensional Fund Advisors.

Este ejercicio confirma la sospecha de muchas autoridades en la materia de que, para quienes se acercan a la jubilación, «el 3 % es el nuevo 4 %». Si tu tasa de consumo se halla muy por encima del 3,5 %, estás en la zona crítica. A menos que seas soltero y no goces de buena salud, o tanto tú como tu cónyuge tengáis problemas de salud, tu principal prioridad debería ser gastar tus ahorros con el fin de aplazar a la edad de setenta años el cobro de las prestaciones de la seguridad social, la mejor anualidad que el dinero puede comprar. Invierte lo sobrante de manera conservadora con un enfoque en protegerte contra la inflación, en particular mediante una escalera de TIPS con vencimientos que se correspondan con tu flujo de gastos. Muchos expertos también recomiendan una renta vitalicia fija inmediata, que también consideraría, aunque con las siguientes advertencias. Primera: las rentas vitalicias entrañan el riesgo crediticio de la aseguradora emisora. Si bien es cierto que éstas suelen contar con el respaldo del gobierno estatal, una crisis financiera grave arrasará las reservas de contingencia de un Estado, que son financiadas por otras aseguradoras, con la misma facilidad con que arrasa un incendio una pradera. (En 2008, el gobierno de Estados Unidos rescató a AIG, que vendía rentas vitalicias. Desde entonces, la ratio deuda pública/PIB del país ha superado el 100 %, y es dudoso que el Tío Sam volviese a salvarles el pellejo a los jubilados.) Si decides comprar una renta vitalicia, lo mejor es diversificar tus adquisiciones entre dos o tres emisores distintos. Segunda: no existen rentas vitalicias que garanticen una auténtica protección frente a la inflación, sólo productos con un aumento fijo que se demostrarán insuficientes bajo condiciones de inflación galopante y que ofrecerán unos pagos iniciales inferiores a un producto normal. Por último, no se puede insistir lo bastante en este punto: no deberías comprar una escalera de TIPS ni una renta vitalicia fija hasta haber «pagado» por diferir el cobro de los cheques de la seguridad social hasta los setenta años.

Si tu tasa de consumo se encuentra entre el 2 y el 3,5 %, es probable que goces de una buena salud financiera. Aun así, te convendría retrasar los pagos de la seguridad social hasta los setenta años y mantener una combinación acciones/bonos razonable (entre 25/75 y 75/25), lo que debería cubrir con holgura tus necesidades de jubilación.

Finalmente, si tu tasa de retirada es inferior al 2 %, la asignación de tus activos no debería importarte tanto a ti como a tus herederos y a las organizaciones benéficas de tu elección, en especial si eres uno de los pocos afortunados de vida frugal a quienes les bastan las prestaciones de la seguridad social y el plan de pensiones para cubrir sus gastos de manutención. Más allá de premiarte con tu anhelado bólido o con algún que otro billete en clase *business*, los rendimientos de tu cartera son irrelevantes para tus circunstancias materiales.

CUADRO DE MATEMÁTICAS

Análisis Montecarlo

El problema de casarse con las rentabilidades históricas del mercado es que éstas pueden revelarse despiadadas y traicioneras. En

Estados Unidos, apenas disponemos de alrededor de un siglo de datos de alta calidad, y Reino Unido y Países Bajos tan sólo cuentan con unos pocos siglos más de números fragmentarios sobre un puñado de acciones. Como veremos en el próximo capítulo, aunque tenemos milenios de datos sobre inversiones en préstamos, su pertinencia para los mercados actuales es nula.

Una forma de abordar el problema de la escasez de datos históricos es el análisis Montecarlo, que genera secuencias de rendimientos aleatorios en torno a una determinada media y desviación típica, en general utilizando rendimientos mensuales. Por ejemplo, un producto comercial, MCRetire®, puede producir en cuestión de segundos un millón de iteraciones de cualquier cartera dada. Consideremos una cartera con una rentabilidad real del 2,5 % y una desviación típica del 8 %, próximas a las esperadas para una combinación 50/50. Con una tasa de consumo del 4 %, su índice de supervivencia fue del 100 %, el 98,9 %, el 75,5 %, el 45,7 % y el 28,4 % al cabo de diez, veinte, treinta, cuarenta y cincuenta años.

Los inversores concienzudos pueden acceder a herramientas para realizar un análisis Montecarlo online. Una de las más utilizadas es <https://www.portfoliovisualizer.com/monte-carlo-simulation>. La complejidad de sus opciones de entrada vuelve su uso difícil. Por ejemplo, para introducir la rentabilidad o la desviación típica de una cartera general, selecciona «simulation model, parameterized returns».

El método Montecarlo te permite ver cómo afectan tu tasa de consumo y los rendimientos y la desviación típica de tu cartera a la supervivencia de tus ahorros. Sin embargo, presenta muchos inconvenientes. El principal es que asume un comportamiento de paseo aleatorio, que no contempla la ligera tendencia de la rentabilidad de las acciones a revertir hacia la media en el largo plazo. Puedes compensar esta falta mediante un sutil decremento del parámetro de desviación típica. Lo que es más grave, Montecarlo alimenta la falaz presunción de precisión que evoca el siguiente chiste: «¿Cómo sabes que los financieros tienen sentido del humor? Porque utilizan decimales». La planificación de la jubilación, y el análisis financiero en general, no es un perfil aerodinámico ni un circuito eléctrico cuyo comportamiento puede preverse con total exactitud. Aunque Montecarlo simula bastante bien el carácter estocástico de los rendimientos del mercado, ignora por completo los raros pero trascendentales acontecimientos personales que pueden disparar los gastos de manutención, en particular los costosos sustos médicos, sobre todo los cuidados de larga duración, que los seguros, o bien no cubren, o bien cobran a un precio prohibitivo.

Aun así, para quienes tengan una debilidad por los números, Montecarlo constituye un método útil para internalizar un enfoque estocástico de la planificación financiera.

Una visión alternativa de los ingresos para la jubilación: la cartera de correspondencia de pasivos y la cartera de riesgo

El objetivo de ahorrar e invertir para la jubilación no es hacerse rico, sino más bien minimizar el riesgo de caer en la pobreza. En jerga financiera, la mejor estrategia pasa por «amortizar tus pasivos», es decir, compensar con precisión tus gastos de manutención ajustados por inflación año tras año.

Para ello, lo óptimo es aplazar las prestaciones de la seguridad social a la edad de setenta años, puesto que sus pagos están ajustados por inflación. No obstante, para la mayoría de los jubilados estos cheques se revelarán insuficientes. La forma más precisa y segura de salvar la brecha entre tu pensión y tus gastos de manutención es por medio de una escalera de TIPS cuyos peldaños vayan venciendo a medida que envejeces, pero este enfoque también presenta inconvenientes. En primer lugar, en las últimas décadas los rendimientos de los TIPS han variado ampliamente, y en los últimos años a menudo se han adentrado en territorio negativo. Además, como ya mencionamos, en la actualidad no existen TIPS que venzan entre 2033 y 2039, aunque esta carencia se irá subsanando poco a poco hasta 2029 con las sucesivas subastas de los títulos a diez años.

Por último, la fiscalidad de los TIPS es complicada, por lo que es mejor mantenerlos en cuentas IRA. (Los bonos I, que pueden adquirirse en TreasuryDirect o en el IRS a modo de devolución tributaria, son más sencillos en este sentido, ya que difieren el pago de impuestos sobre su apreciación al momento de la venta. Su compra está limitada a 10.000 dólares al año por persona, y hasta 5.000 dólares más en concepto de devolución tributaria.) Si la rentabilidad de los TIPS cae muy por debajo de cero, como ocurrió durante buena parte del período que va de la crisis financiera de 2008 a principios de 2022, la mejor apuesta podría ser cruzar los dedos, enterrar tu dinero en letras del Tesoro a corto plazo y rezar por mayores rendimientos futuros.

¿Qué tamaño debería tener tu «cartera de correspondencia de pasivos» (CCP)? Por ejemplo, Fritz necesita veinticinco años de GRM, que arrojan una tasa de consumo del 4 % (1/25 = 4 %). ¿Por qué no es buena idea que Fritz invierta sus ahorros para la jubilación en una combinación acciones/bonos? La figura 6.2 brinda la respuesta. Si se materializa el escenario de jubilación en 1966 —en jerga financiera, «riesgo de secuencia de rendimientos»—, es posible que tu cartera no llegue ni a las dos décadas. La buena noticia es que, una vez que hayas acumulado una CCP de activos seguros, serás libre de invertir más capital en una «cartera de riesgo» (CR), que beneficiará a tus herederos y a las organizaciones benéficas de tu elección.

En realidad, la estructura CCP/CR no es más que otra manera de describir un planteamiento de «dos cajones» para separar tus inversiones en bonos y acciones en dos compartimentos mentales distintos. Se trata de un truco psicológico que nos ayuda a suplir las carencias que la madre naturaleza ha impuesto a los seres humanos a la hora de gestionar el riesgo financiero a largo plazo. Como dijo el gran estratega de las inversiones Yogi Berra: «El noventa por ciento del juego es mitad mental».[89] Dos compartimentos mentales separados ayudan a mantener el rumbo

89. Cita posiblemente apócrifa; véase Emma Span, *90 % of the Game Is Half Mental* (Nueva York: Random House, 2010), xii.

bajo condiciones difíciles, cuando no hay mejor refugio que una mullida pila de bonos.

¿Edad en bonos?

Una pauta consagrada para la asignación de activos dicta que tu proporción de bonos debería ser tu edad, y tu proporción de acciones 100 menos tu edad; es decir, deberías reducir tu carga accionaria en un 1 % anual. Así, un joven de veinte años debería tener una cartera 80/20 de acciones/bonos, que iría reduciendo de forma paulatina hasta 35/65 cuando se jubile a los sesenta y cinco años.

No es una mala estrategia, pero podría no ser apropiada para alguien como Fritz, que ha ahorrado exactamente veinticinco años de GRM y cuya jubilación podría irse al garete si sus acciones y bonos arrojaran unos malos rendimientos iniciales, como sucedió después de 1966.

Traigamos ahora a escena al primo más afortunado de Fritz, Frank, quien también necesita una CCP de 750.000 dólares (veinticinco años por 30.000 dólares / año), pero ha acumulado unos ahorros de 3 millones de dólares. Si ya ha encajado con aplomo caídas bursátiles graves, y si pretende dejar algo a sus herederos y a organizaciones benéficas, no hay motivo por el que no debería invertir su CR, los 2,25 millones de dólares que no necesita para jubilarse, en renta variable. En la actualidad, posee una cartera 75/25.

Imagina además que Frank todavía dispone de 3 millones de dólares a la edad de noventa años. Incluso si su mujer y él viviesen hasta los ciento cinco años, ahora tan sólo necesitaría una CCP de 450.000 dólares, y una cartera 85/15 debería ser segura. De hecho, es probable que también lo fuera una cartera de sólo acciones, que rendiría mucho más de 30.000 dólares en dividendos anuales. Después de todo, la tasa de consumo de Frank apenas llega al 1 % anual (30.000 dólares / 3.000.000 dólares). Si va gastando su CCP y no toca su CR, cuanto más tiempo viva *mayor* será su proporción de renta variable. Ésta es la lógica que subyace en un reputado artículo de Wade Pfau y Michael Kitces, en que recomiendan una estrategia de «pendiente inversa» consistente en *aumentar* poco a poco la proporción de acciones después de la jubilación.

Sin embargo, un examen atento de sus datos muestra que la estrategia de pendiente inversa apenas si supera las probabilidades de éxito del método clásico de la edad en bonos.[90] En cualquier caso, durante la jubilación tiene sentido: quien se acaba de jubilar necesita una CCP grande, pero ésta puede ir decreciendo a medida que se acerca la parca.

Llegamos así al riesgo definitivo de la jubilación: vivir demasiado tiempo. Por ejemplo, supón que dejas de trabajar a la edad de sesenta años con una CCP para veinticinco años. ¿Qué ocurre si tu cónyuge o tú vivís más allá de los ochenta y cinco años?

Una vez más, retrasar el cobro de las prestaciones de la seguridad social hasta los setenta años es la mejor manera de evitar pasar hambre durante la vejez. A partir de entonces, las aseguradoras ofrecen rentas vitalicias diferidas, que pueden comenzar a pagarse como tarde a los ochenta y cinco años. No obstante, hay varios motivos por los que son una mala idea. Primero y principal: no vienen con un buen antídoto contra la inflación. Si a los sesenta años compras una renta vitalicia diferida que inicia sus pagos a los ochenta años, estás asumiendo veinte años de riesgo de inflación. Durante las dos décadas que van de 1966 a 1985, el poder adquisitivo del dólar se redujo a 0,29 dólares, y no quieres que pase lo mismo con el seguro de longevidad con el que contabas a partir de los ochenta y cinco años.

Pero el riesgo crediticio al que te expones cuando entregas los frutos de una vida de esfuerzo a una aseguradora décadas antes de ver un centavo es todavía peor. La historia financiera nos enseña que en veinte o treinta años pueden suceder muchas cosas, también a la supervivencia de cualquier garantía estatal que respalde tu póliza.

90. Wade D. Pfau y Michael E. Kitces, «Reducing Retirement Risk with a Rising Equity Glide Path», *The Journal of Financial Planning*, 27:1 (enero de 2014): 38-48.

Una mejor solución para este «riesgo de longevidad» podría ser depositar en torno a un 10 % de tus activos accionarios en una cuenta mental. Aunque la renta variable entraña un riesgo incluso para horizontes tan largos, la historia económica apunta a que, para un jubilado, supone una menor amenaza que la inflación de un pago en dólares nominales por una renta vitalicia diferida. Podrías mitigar el riesgo accionario de este seguro de longevidad casero empleando su flujo de dividendos para pujar en subastas consecutivas de TIPS a treinta años, o aprovechar los picos de precios para ir canjeando por el camino algunas de tus acciones por TIPS a treinta años. Huelga decir que los jubilados dispuestos a adoptar un enfoque tan poco ortodoxo son una minoría.

Finalmente, si consigues aplazar la compra de una escalera de TIPS a la edad de setenta años, en la práctica habrás resuelto el problema de la longevidad gracias a la adquisición de una buena pila de bonos a treinta años.

Los años intermedios (previos a la jubilación): la prueba más difícil

He dejado la edad intermedia del inversor —aproximadamente la década previa a la jubilación— para el final por ser la etapa más delicada e incierta del ciclo vital de la inversión. Marca la transición entre una estrategia de inversión agresiva en los primeros años y potencialmente conservadora en los años postreros.

Al inicio de tu ciclo vital, debes centrar tu atención en acumular activos con rapidez. Un flujo constante de ingresos salariales y tu capital humano futuro atenúan los riesgos de poseer acciones, pero más adelante, cuando dicho capital humano va agotándose, el riesgo de secuencia de rendimientos que plantean tanto la renta variable como los bonos deja poco margen para el error.

¿Cuándo y cómo pasar de una estrategia de alto riesgo propia de un inversor joven a una de bajo riesgo para jubilados? Una solución perfectamente válida es una fórmula que reduzca la proporción de renta variable en función de la edad. Por ejemplo, quizá a los cuarenta años sepas que te sientes cómodo con una combinación 70/30 de acciones/bonos y decidas que a los setenta no quieres pasar de 25/75.

Ello implicaría rebajar tu carga de renta variable en un 1,5 % anual entre los cuarenta y los setenta años de edad. Otra opción sería una transición gradual de un fondo de bonos a una escalera de TIPS, según explica Michael Zwecher en su libro *Retirement Portfolios*.[91]

Los mercados fluctúan de modo imprevisible y es posible que no cooperen con estas estrategias, así que sugiero otra vía. Si en algún momento durante la década previa a la jubilación una tendencia alcista eleva tu cartera por encima del «número mágico» de la CCP de veinte o veinticinco veces tus GRM, habrás ganado el juego de la inversión. ¿Por qué seguir con un estilo agresivo? Empieza a deshacerte de acciones. Una vez que hayas depositado suficientes TIPS, bonos del Tesoro y certificados de depósito en tu CCP mental, serás libre de volver a añadir cuantas acciones quieras a tu CR.

La incertidumbre sobre cuándo —o incluso si— cambiar de estrategia es abrumadora, ya que el momento preciso depende de una multitud de factores distintos: tu tasa de ahorro (mayor significa antes, menor después), la secuencia de rendimientos de la renta variable (bajos rendimientos iniciales significa antes, altos rendimientos iniciales después) y la magnitud general de los rendimientos. Algunas personas con suerte llenarán su CCP siendo todavía bastante jóvenes; otras que apliquen la misma estrategia, pero comiencen unos años más tarde, puede que nunca lo consigan.

Si todo parece indicar que tu tasa de consumo se situará por encima del 3,5 %, adquiere suficientes activos relativamente seguros como para cubrir una CCP para al menos veinte años de GRM (la diferencia entre la suma de tus ingresos de la seguridad social y tu plan de pensiones y tus gastos de manutención). Y aunque estés cansado de oírme repetirlo, bajo la mayoría de las cir-

91. Michael Zwecher, *Retirement Portfolios* (Hoboken NJ: John Wiley & Sons, 2010).

cunstancias deberías empezar por gastar tu CCP para luego beneficiarte del excelente seguro de longevidad que proporciona diferir el cobro de los cheques de la seguridad social a la edad de setenta años.

Por otro lado, si tu tasa de consumo estimada es del 2 % o menos, incluso una cartera con un gran peso de renta variable sobrevivirá a casi cualquier condición del mercado. En ese caso, la mayoría —si no la totalidad— de tus GRM quedarán cubiertos por el flujo de dividendos de tus acciones, suponiendo que tengas la suficiente tolerancia al riesgo para encajar una cartera con casi un 100 % de renta variable.

El momento lo es todo

Quienes comenzaron a trabajar y ahorrar durante los peores tiempos —las décadas de los años treinta y setenta— obtuvieron paradójicamente los mejores resultados, gracias a que pudieron acumular acciones a bajo precio. Siempre, claro, que en esos momentos difíciles tuvieran un empleo estable —que ya es bastante suponer— y cierta capacidad de ahorro. Por otra parte, quienes se incorporaron al mundo laboral durante la bonanza de los cincuenta y sesenta tardaron mucho más en amasar una suma adecuada.

A modo de experimento, creé unas cohortes anuales imaginarias que al término de cada año invertían el 20 % de su salario total en el S&P 500 ajustado por inflación. A continuación, medí cuánto tiempo tardaba cada una en alcanzar un volumen de cartera equivalente a veinte años de salario (correspondiente a una CCP para veinticinco años, pues cabe asumir que las cohortes podían vivir con el 80 % de su salario), partiendo de la cohorte que empezó a trabajar en enero de 1925 y a invertir un año después. La figura 6.3 muestra el número de años que precisó para alcanzar ese objetivo de jubilación cada cohorte que inició su vida laboral desde 1925 hasta 1993.

Mientras que la cohorte de 1980 completó la CCP en apenas diecinueve años, la de 1949 tardó treinta y siete años. Estos resultados tienen sentido. Recuerda las acumulaciones de ahorro del

Sr. Progresivo y el Sr. Regresivo del capítulo primero. Resulta mucho más favorable experimentar bajos rendimientos al inicio de la trayectoria de ahorro. Las personas que empezaron a trabajar en la década posterior a 1945 lo hicieron al inicio de uno de los mercados alcistas más fuertes y sostenidos en la historia de Estados Unidos, y por tanto tardaron más en completar la CCP. Por el contrario, quienes se incorporaron al mundo laboral después de 1970 lo hicieron al comienzo de un prolongado mercado bajista, y en consecuencia tardaron menos.

Figura 6.3. Número de años para completar la CCP por año de inicio de la vida laboral (véase el texto)

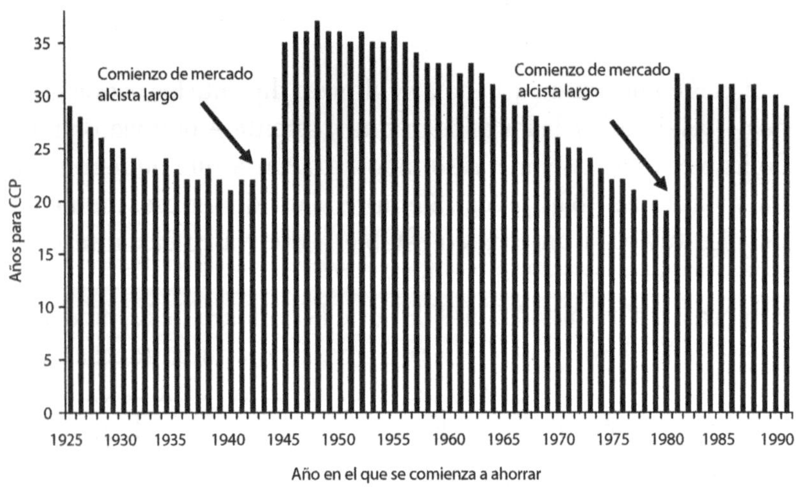

Fuente: Dimensional Fund Advisors.

Observa el fenómeno de «cascada» en la figura 6.3. A las sucesivas cohortes les llevó cada vez menos tiempo llegar al objetivo a medida que se acercaba el pico del próximo mercado alcista, hasta que una cohorte se quedó a un paso de alcanzar la marca antes de ese pico y terminó por necesitar mucho más tiempo. Puedes ver la primera cascada en las cohortes de 1943-1945, que se quedaron a las puertas de poder jubilarse con el pico bursátil de mediados de los sesenta y tuvieron que esperar otra década y media para que se recuperasen los mercados. La segunda cascada se produjo con el hiato entre las cohortes de 1980 y 1981. La primera logró el objetivo en sólo diecinueve años, mientras que la segunda, que se quedó rozando la marca en 1999, cayó víctima de los mercados bajistas de 2000-2002 y 2007-2009 antes de conseguir completar la CCP en 2013. A finales de 2021, la cohorte de 1994 se quedó a un suspiro del objetivo después de bregar durante veintiocho años, luego tropezó con el mercado bajista de 2022. Las cohortes posteriores van incluso más rezagadas.

El experimento que se muestra en la figura 6.3 es una suerte de caricatura estadística, ya que contiene muchas suposiciones fuertes (y probablemente agravantes), como la ausencia de prestaciones de la seguridad social y una inversión del 100 % en acciones. Sin embargo, encierra una lección válida: no sabes cuándo completarás tu CCP, pero en cuanto lo logres es mejor que actúes.

Esta variabilidad entre cohortes no sólo tiene grandes consecuencias personales para el inversor particular, sino que también acarrea enormes implicaciones en materia de políticas públicas. Cada vez se hace más patente que la carrera apresurada hacia los planes de pensiones de contribución definida no terminará bien. En algún momento, todo nuestro sistema de ahorro para la jubilación va a necesitar una reforma integral. Cualquiera que sea el nuevo sistema, sin importar su diseño, favorecerá a algunas cohortes demográficas por encima de otras. Tal es la naturaleza de la incertidumbre en los mercados de capitales, tanto para el individuo como para la sociedad en su conjunto.

No se presta casi ninguna atención a esta desagradable verdad: de forma inevitable, cualquier persona que esté ahorrando para la jubilación está jugando a la ruleta demográfica. Como hemos visto, se produce la paradoja de que los mercados se muestran más benevolentes con quienes comienzan a trabajar durante períodos turbulentos, como los funestos años treinta y setenta, que con quienes lo hacen en tiempos de bonanza, como a finales de los noventa. Una trayectoria profesional corta —piensa en un subespecialista quirúrgico que no comienza a trabajar hasta los treinta y cinco años— aumentará las probabilidades de un mal posicionamiento demográfico.

Como les decimos a nuestros hijos, la vida no es justa. Los hados pueden premiar al inversor afortunado pero algo imprudente con una racha favorable de bajos rendimientos iniciales y altos rendimientos posteriores y una conversión a activos más seguros justo antes de un pico del mercado. En cambio, el inversor prudente pero desafortunado puede hacer todo bien y aun así nunca completar una CCP adecuada, seguir trabajando durante la jubilación y verse abocado a una vejez austera y precaria. Pero si ahorras sin parar y planeas tu ciclo vital lo mejor que puedas, aumentarás las probabilidades a tu favor.

RESUMEN DEL CAPÍTULO SEXTO

- Debido a que su capital humano eclipsa su capital de inversión, en teoría los jóvenes deben apostar lo más fuerte posible. Ahora bien, quienes se llenan la boca con acciones no siempre son igual de capaces de llenarse la cartera. Mejor descubrirlo pronto empezando por una proporción de renta variable baja.
- En cambio, los jubilados han tenido tiempo suficiente para elucidar su tolerancia al riesgo de inversión, pero su tasa de consumo puede ser lo bastante alta como para verse afectados por el riesgo de secuencia de rendimientos. Por el contrario, si es lo bastante baja, su reparto de acciones/bonos podría no revestir demasiada importancia, puesto que la mayoría de su patrimonio irá a parar a los futuros beneficiarios.
- La transición de joven ahorrador a jubilado, que tiene lugar más o menos en la década previa a la jubilación, es la etapa más delicada. Si en algún momento en este período consigues acumular una suma suficiente para cubrir con holgura tus gastos de manutención, comienza a disminuir tu exposición al riesgo. Mejor volar en clase turista y comprar tu ropa en Primark por tener una cartera demasiado conservadora que acabar viviendo con tus hijos por seguir una estrategia demasiado agresiva.

7

Asignación de activos para inversores adultos, parte 3

Carteras modelo

Después de tratar la versión financiera de «toda la Torá» de Hillel —la asignación entre acciones y bonos a lo largo del ciclo vital del inversor—, este capítulo abordará los comentarios, que incluyen dos preguntas fundamentales:

- ¿Qué clases de acciones deberías comprar? ¿Cuál es la proporción adecuada de títulos extranjeros? ¿Deberías inclinar tu cartera hacia acciones de pequeña capitalización y de valor? ¿Tienen un lugar en tu cartera las clases de activos auxiliares, como los REIT o las acciones de energía o de metales preciosos?
- ¿Qué bonos deberías poseer?

Una vez que haya considerado estas dos cuestiones, hablaré sobre la gama de posibles carteras modelo que implica cada una.

Clases generales de activos accionarios

Comenzaré por el mercado bursátil total mundial, según se refleja en el FTSE Global All Cap Index, que en la actualidad se divide en torno a 61 %/39 % entre renta variable estadounidense y extranjera.

Para un inversor de Estados Unidos, no se trata de una mala opción, pero es posible que prefieras otro grado de exposición a valores extranjeros. Lo normal es que tus pasivos de jubilación estén en dólares, por lo que una proporción del 39 % podría antojarse excesiva. Recuerda: casi todos tus bonos estarán denominados en dólares.

Las acciones extranjeras no sólo son algo más difíciles y caras de negociar, sino que están sujetas a retenciones fiscales en el país de origen. Esta circunstancia no plantea ningún problema en las cuentas normales, dado que tales impuestos compensarán tu deuda con el IRS, pero perderás esa deducción si mantienes tus acciones extranjeras en una cuenta protegida. Pese a que ello no significa que nunca deberías mantener acciones extranjeras en una cuenta protegida, inclina ligeramente la balanza a favor de las nacionales.

Por otro lado, en este momento los valores extranjeros se están vendiendo a un precio más bajo que los estadounidenses y presentan rendimientos esperados más altos. En consecuencia, una asignación a renta variable extranjera de entre el 30 y el 50 % parece razonable. Si te gustan las cosas sencillas, un fondo indexado al mercado bursátil mundial constituye una excelente opción por defecto. Si esto te resulta demasiado insulso, o quieres tener un control más minucioso de tu asignación, puedes añadir la proporción deseada de fondos de mercado bursátil total internacional y de Estados Unidos.

Además, puedes repartir a su vez las acciones extranjeras siguiendo líneas geográficas:

- En dos fondos, uno para los mercados extranjeros desarrollados (Reino Unido, Francia, Alemania, Japón, Singapur, etcétera) y uno para los mercados emergentes (América Latina, Europa del Este, Tailandia, Indonesia, etcétera).
- En tres fondos: mercados desarrollados europeos, mercados desarrollados del Pacífico y mercados emergentes.

¿Qué grado y tipo de inclinación?

La primera pregunta es si inclinarse hacia acciones de valor y de pequeña capitalización sigue ofreciendo una prima de rentabilidad. Probablemente, la respuesta es sí. En el caso de las primeras, se trata de un ejemplo clásico del riesgo Ilmanen: malos rendimientos en malos tiempos. Dicho riesgo se materializó con contundencia durante las dos grandes crisis, en 1929-1932 y 2007-2009, cuando el factor de valor cayó incluso más que el mercado general.

En teoría, el joven ahorrador debería inclinar su cartera hacia acciones de pequeño valor, pero las primas que éstas ofrecen son bastante inconsistentes. Las últimas décadas no han sido benévolas con ninguno de los dos factores: el factor valor lleva más de *veinticinco años* arrojando rendimientos negativos. Las participaciones en pequeñas empresas son todavía más volubles y han generado una rentabilidad inferior a las acciones de gran capitalización durante los últimos *cuarenta años*.

Sin embargo, estas malas rachas resultan más preocupantes para inversiones puntuales que para un flujo de inversiones periódicas, dado que la posibilidad de comprar ocasionalmente a un precio descontado compensa las series de bajos rendimientos. En mi ensayo *The Ages of the Investor* señalé que, debido a su mayor volatilidad, incluso en los períodos en que las acciones de pequeño valor no alcanzaron la rentabilidad del S&P 500, el método de promediar el costo en dólares para esta clase de acciones solía superar a una estrategia más convencional basada en el S&P 500.[92]

A fin de cuentas, inclinarse hacia acciones de pequeña capitalización y de valor es apostar por las primas de riesgo, es decir, por los riesgos que han golpeado con tanta dureza en las últimas décadas. Por otro lado, en la actualidad las acciones de valor están cotizando con un descuento superior al habitual en compara-

92. La «ventaja de volatilidad» de las inversiones periódicas en carteras inclinadas hacia la pequeña capitalización o el valor se estudia en mucha mayor profundidad en *The Ages of the Investor.*

ción con las de crecimiento, de modo que en el futuro los inversores con un sesgo hacia el valor podrían salir recompensados.

Al igual que tu exposición a renta variable depende de tu tolerancia a caídas en los precios de las acciones, tu grado de inclinación hacia acciones de pequeña capitalización y de valor dependerá de tu capacidad para aceptar una rentabilidad inferior al mercado general, con carácter temporal o permanente. Si no te ves capaz, me decantaría por fondos de mercado bursátil total, ya sea extranjero o nacional, que suponen un nivel modesto de exposición a acciones de pequeña y mediana capitalización.

Pero si eres joven y puedes tolerar un rendimiento subóptimo durante períodos prolongados, varias compañías ofrecen actualmente fondos de pequeño valor de bajo coste que puedes añadir a tu combinación de activos. Un inversor joven y agresivo, por ejemplo, podría mantener dos tercios de su exposición a renta variable en fondos de mercado bursátil total y un tercio en fondos de pequeño valor.

Clases auxiliares de activos accionarios

Sospecho que, si estás leyendo este libro, es porque estás buscando algo un poco más detallado. Una pequeña asignación a REIT podría resultar beneficiosa, teniendo en cuenta que es posible que los fondos de mercado bursátil total de Estados Unidos e internacional de tu cartera ya los posean. Por ejemplo, los fondos indexados de Vanguard incluyen REIT, mientras que los fondos ampliamente diversificados ofrecidos por Dimensional Fund Advisors y Avantis no. Por último, un puñado de acciones de metales preciosos y recursos naturales, además de las contenidas en tus principales fondos, puede actuar de baluarte frente a la inflación y la inestabilidad geopolítica, como ya ocurrió de 2017 a 2022. La historia financiera demuestra que, en un mundo de dinero fiat (papel moneda), la inflación es el principal riesgo macroeconómico al que se enfrenta el inversor, que suele beneficiar a los productores de materias primas a través del rápido aumento de los precios.

La felicidad es una mullida pila de bonos

Los bonos son más sencillos. Son tu balsa salvavidas, tu secreto para dormir bien por las noches y tu salvoconducto para el futuro. Como vimos en la figura 1.8, es posible que tengas que soportar una quita considerable en tus bonos corporativos (o en tus bonos municipales a largo plazo) cuando los necesites para cubrir tus gastos de manutención o comprar acciones a precio de saldo. Durante los últimos mercados bajistas severos, los bonos del Tesoro a más largo plazo salieron muy bien parados, pero no bajes la guardia: cuando los tipos de interés aumentan y empujan a la baja los precios de las acciones, la duración puede ser un inmenso peligro, como ocurrió en 2022, cuando los bonos del Tesoro a largo plazo perdieron el 30 % de su valor, frente a «sólo» el 18 % para el S&P 500. Quédate con las letras del Tesoro a corto plazo, los certificados de depósito y los bonos municipales. Si no te supone demasiado engorro, mantén tus bonos del Tesoro en escaleras individuales de tres o cinco años, que es lo más lejos que yo iría. Como alternativa más simple, un fondo de bajo coste de bonos del Tesoro o soberanos a corto plazo es un buen sustituto.

Debido a la opacidad de los precios, a los diferenciales y a la necesidad de una amplia diversificación en el mercado de bonos municipales, la mejor elección es con diferencia la gama de productos de Vanguard, sin ir más allá de sus fondos «intermedios», nacionales y de los estados. Una advertencia sobre los fondos específicos de un estado: aunque sea tentador recurrir a ellos para eludir impuestos directos en ese nivel, no deberían representar más de la mitad de tus inversiones en bonos de entidades públicas locales por el riesgo sistémico de problemas fiscales.

Salvo en circunstancias excepcionales, no tiene demasiado sentido poseer bonos corporativos. Aparte de comportarse de manera similar a las acciones durante un pánico, presentan un importante inconveniente teórico: el conflicto de agencia entre tenedores de bonos y de acciones de una compañía. Los bonistas no reciben más beneficio que el valor nominal al vencimiento, así que únicamente se preocupan por la seguridad en el pago de los cupones y la cobertura del principal. Los accionistas se preocupan al menos en igual medida por el potencial ilimitado de ganancias de las participaciones, así que están dispuestos a asumir riesgos para acrecentar ese beneficio. El problema radica en que los segundos tienen derecho a voto, pero no así los primeros.

Si los precios de los valores caen a la mitad o menos, tendrás que vender una buena cantidad de vehículos de renta fija para adquirir acciones. A medida que se prolonga un mercado bajista profundo, es probable que las compres a un precio cada vez más reducido. En verano de 2008, la mayoría de los inversores disciplinados ya estaban acumulando acciones a lo que entonces parecían precios deprimidos. Luego llegó el colapso de Lehman a mediados de septiembre, seguido de ulteriores declives y compras en octubre y de nuevo en noviembre, antes de que los mercados tocaran fondo a principios de marzo de 2009. ¿Cómo te sentirás al gastar de forma recurrente tus preciadas reservas líquidas (letras del Tesoro a corto plazo, certificados de depósito y fondos monetarios) en plena recesión, después de haber convertido ya buena parte de éstas en acciones con riesgo? Más importante aún: ¿cuánta de tu disciplina de inversión sobrevivirá a un pánico bursátil real? No sabrás las respuestas a estas preguntas hasta que no suceda de verdad, pero si tu «efectivo» no es de la más alta calidad, no es probable que tu disciplina y con ella la magia del interés compuesto sobrevivan.

Algunas carteras modelo

El diseño de carteras y la planificación de comidas tienen mucho en común. Algunas personas comen para vivir. No se fijan en las calorías y no dedican demasiado tiempo ni esfuerzo a cocinar o a escoger restaurantes. Tienen mejores cosas que hacer.

Otras viven para comer. No sólo están obsesionadas con la calidad de los ingredientes, con su técnica culinaria o con elegir entre cenar en un restaurante de comida del norte de Italia o del sur de la India, sino que sus hábitos de cocina y de alimentación pueden llegar a definir su propia identidad.

Con las finanzas personales sucede lo mismo. ¿Eres un inversor básico de «filete con patatas», con prioridades más importantes que la complejidad de tu cartera de jubilación, que consideras un asunto de mera necesidad y nada más? ¿O eres un sibarita de las inversiones, obsesionado con hasta el último punto porcentual asignado a cada clase de activo?

Aunque creo que el segundo grupo *podría* beneficiarse de mayores rendimientos ajustados por riesgo a largo plazo, las dos últimas décadas, con la rentabilidad relativa superior de los fondos de mercado total, han ofrecido un relato admonitorio acerca de las ventajas que presenta una cartera básica de «filete con patatas» frente a otras soluciones más exóticas.

Una estrategia de asignación de activos perfectamente funcional puede abarcar desde un único fondo de fecha objetivo —cada vez más la opción por defecto en muchos planes empresariales de contribución definida— hasta más de una docena de fondos surtidos de acciones nacionales y extranjeras con diferentes sesgos geográficos y factoriales, además del contenido de bonos.

Algunas personas buscan la sencillez, otras medran en la complejidad. Al final, qué enfoque se revele superior no reviste ninguna importancia en comparación con la supervivencia de tu cartera, que depende a su vez de tu capacidad para mantener el rumbo bajo presión.

Una y no más

En el curso de las últimas décadas, los patrocinadores de planes de pensiones han ido haciendo de los fondos de fecha objetivo la elección por defecto de sus participantes, y el principal proveedor de tales productos es Vanguard. He elaborado una lista de sus fondos de fecha objetivo con sus respectivas asignaciones. En aras de la concisión, he incluido el año objetivo de jubilación, la edad inferida del comprador al año de publicación de este libro (2023), el código de cotización, el índice de gastos y la asignación de activos. Por ejemplo, el nombre completo del fondo para 2065 es Vanguard Target Retirement 2065 Fund, con código de cotización VLXVX. Si asumimos que se dirige a alguien que pretende jubilarse en ese año a la edad de sesenta y cinco años, entonces el participante tiene veintitrés años en 2023. (Es decir, [fecha objetivo] – [edad de jubilación] = [año nacimiento].)

Fecha	Cód. Cotización	Índice de gastos	Edad actual inferida	Acciones EE. UU.	Acciones int.	Bonos EE. UU.	Bonos int.	TIPS / efectivo
2065	VLXVX	0,08 %	23	53 %	36 %	7 %	3 %	0 %
2060	VTTSX	0,08 %	28	53 %	36 %	7 %	3 %	0 %
2055	VFFVX	0,08 %	33	53 %	36 %	7 %	3 %	0 %
2050	VFIFX	0,08 %	38	53 %	36 %	7 %	3 %	0 %
2045	VTIVX	0,08 %	43	50 %	34 %	9 %	4 %	3 %
2040	VFORX	0,08 %	48	46 %	32 %	15 %	6 %	2 %
2035	VTTHX	0,08 %	53	42 %	29 %	20 %	8 %	1 %
2030	VTHRX	0,08 %	58	38 %	26 %	25 %	11 %	1 %
2025	VTTVX	0,08 %	63	33 %	22 %	28 %	12 %	4 %
2020	VTWNX	0,08 %	68	25 %	17 %	32 %	14 %	11 %
Renta	VTINX	0,08 %	>68	17 %	12 %	37 %	16 %	18 %

A causa de su estructura implícita de «talla única», estos fondos precisan de muchas advertencias. Primera: esta serie sigue el criterio convencional de una asignación muy alta a acciones al comienzo de la trayectoria laboral y es mucho más agresiva que la estrategia tradicional de «edad en bonos». Los fondos de más arriba mantienen una proporción de renta variable cercana al 89 % hasta la edad de cuarenta y tres años, que luego va disminuyendo a razón de un 1,6 % anual. Esta carga accionaria puede rebasar con creces la tolerancia al riesgo de muchos inversores y provocar que rompan la primera regla del interés compuesto de Charlie Munger: nunca interrumpir la inversión. Una asignación subóptima que seas capaz de ejecutar es preferible a una óptima que no cumplas.

Segunda: el diseño de «talla única» tampoco tiene en cuenta las diversas tasas de consumo de los jubilados. Como caso extremo, una exposición a renta variable del 42 % para alguien que se acaba de jubilar —la asignación del fondo para 2020 para una persona que hoy tiene sesenta y ocho años— podría resultar excesiva si se gastara más del 4 % de sus ahorros al año. Una secuencia de malos rendimientos iniciales, sumada a los ya bajos rendimientos reales esperados de acciones y bonos, podría dejar sin blanca a ese inversor en menos de veinte años. La estrategia óptima para cualquiera que se halle en esa desdichada situación sería gastar los activos para la jubilación, diferir el cobro de los cheques de la seguridad social hasta los setenta años e invertir lo restante en una escalera de TIPS, o al menos pasar a una combinación de acciones/bonos mucho más conservadora.

Tercera: el componente de mercado de renta fija total de estos fondos contiene alrededor de un 30 % de bonos corporativos, cuyas desventajas ya expusimos en el capítulo primero. Además, la duración de las dimensiones nacional y extranjera del «mercado de renta fija total» es un poco más larga de lo conveniente, situándose en alrededor de siete años. Como descubrieron los inversores en 2022, en un contexto inflacionista esto lastrará la rentabilidad justo en el momento más inoportuno: los «malos rendimientos en malos tiempos» de Ilmanen, la variante de riesgo más peligrosa.

Por último, la estrategia de la familia de fondos podría fracasar. Mientras escribía este capítulo, Vanguard anunció que planeaba ir incorporando poco a poco inversiones en capital privado a su línea de productos de fecha objetivo, al tiempo que otros proveedores estudiaban la exposición a criptomonedas y materias primas. El historial de las compañías de fondos mutuos a la hora de introducir esta clase de ajustes estratégicos no es demasiado impresionante, pues a menudo llegan tarde al banquete de la asignación de activos y acaban teniendo que conformarse con las sobras.

Pese a ello, estos fondos cumplen una función útil. Incluso si sus estrategias son subóptimas, su facilidad de ejecución compensa con creces todas sus tachas, y siguen siendo una opción válida para quienes no quieren que las finanzas se inmiscuyan más de lo estrictamente necesario en sus vidas. Elige el fondo adecuado para tus aportaciones al plan 401(k) y no revises el saldo de tu cuenta más de una o dos veces al año para protegerte frente al fraude.

No tienes por qué escoger el fondo asignado a tu edad. Si eres joven y no toleras bien el riesgo de la renta variable, no hay nada malo en optar por un fondo más conservador. De igual modo, si estás jubilado y tienes una baja tasa de consumo y una alta tolerancia al riesgo, puedes decantarte por una versión más agresiva.

Vale la pena añadir que Vanguard también ofrece cuatro fondos de «estrategia de vida», similares a las opciones de fecha objetivo, pero que no rebajan su exposición con la edad. El fondo más conservador presenta una proporción de acciones del 19 %; el más agresivo, del 80 %. Los índices de gastos de los fondos de estrategia de vida, que oscilan entre el 0,11 y el 0,14 %, son algo más altos que el 0,08 % de los fondos de fecha objetivo.

La globalización de la remolonería

Con apenas una pizca más de esfuerzo, el inversor particular puede eliminar los inconvenientes de los fondos de fecha objetivo. En el momento en que escribo estas líneas, Vanguard, BlackRock y State Street (SPDR) ofrecen fondos indexados al mercado total mundial. En mis anteriores libros he evitado recomendar una cartera mundial ponderada por capitalización debido a su alto contenido de renta variable extranjera, pero con su actual distribución 61/39 de nacional/extranjera, estos fondos no constituyen una mala opción.

Imagina que tienes una cartera de 100.000 dólares y te

has decidido por una combinación 50/50 de acciones/bonos. Destinas la mitad (50.000 dólares) al fondo indexado al mercado de renta variable total mundial. ¿Qué hay de los otros 50.000 dólares? Casi cualquier fondo de mercado de renta fija total con un vencimiento relativamente corto sería una buena idea; un fondo del Tesoro a corto plazo sería una opción todavía más segura.

Debido a su exposición a bonos corporativos, los fondos indexados al mercado de renta fija total ofrecen rentabilidades algo más altas que un fondo del Tesoro de igual vencimiento. Por ejemplo, en el caso de Vanguard, el fondo indexado a bonos a corto plazo ha superado al fondo del Tesoro a corto plazo por entre un 0,3 y un 0,5 % anual, en función del período examinado.

No obstante, durante lo más crudo de la crisis financiera global en otoño de 2008, el primero perdió algunos puntos porcentuales, mientras que el segundo, que no incluye bonos corporativos, ganó unas décimas de punto porcentual. No es una gran diferencia, pero es probable que en ese período los titulares del fondo del Tesoro durmieran algo mejor que los del fondo indexado al mercado de renta fija total. Cuando llegó la hora de respirar hondo y comprar acciones a precio de saldo, los primeros se sintieron mejor al vender sus títulos sin tener que asumir ninguna pérdida.

Por último, puedes reducir un poco la brecha de rendimiento entre fondos del Tesoro y fondos indexados al mercado de renta fija total. Si quieres evitar la comisión del 0,07 % que carga Vanguard por las acciones de clase Admiral del Short-Term Treasury Index Fund, compra los bonos por tu cuenta en subastas. Puedes hacerlo sin comisiones en la mayoría de las grandes compañías de fondos, incluida Vanguard. ¿Merece la pena dedicar en torno a media hora al año a mantener una escalera de bonos del Tesoro? Depende del tamaño de tu cartera. Con 50.000 dólares en bonos, al año estás ahorrando 35 dólares; con 500.000 dólares, 350. (Los gastos de participaciones ETF en el fondo son incluso menores, un 0,04 %, pero conllevan un diferencial de compra/venta, y en ocasiones de prima/descuento.)

Ascender por la escala de complejidad

Comencemos por la asignación de acciones más simple que acabamos de describir, un fondo del mercado bursátil total mundial:

- 100 % mercado de renta variable total mundial

Luego, desagreguemos esta partida en acciones nacionales y extranjeras:

- 65 % mercado total EE. UU.
- 35 % mercado total internacional

A continuación, repartamos los valores extranjeros entre fondos desarrollados y emergentes:

- 65 % mercado total EE. UU.
- 25 % mercados desarrollados internacionales
- 10 % mercados emergentes

Después, sigamos segmentando los fondos de mercado desarrollado entre el Pacífico y Europa:

- 65 % mercado total EE. UU.
- 12,5 % mercados europeos
- 12,5 % mercados del Pacífico
- 10 % mercados emergentes

Añadamos ahora algunas clases de activos auxiliares:

- 50 % mercado total EE. UU.
- 10 % REIT
- 2,5 % acciones de energía
- 2,5 % acciones de metales preciosos
- 12,5 % mercados europeos
- 12,5 % mercados del Pacífico
- 10 % mercados emergentes

Por último, introduzcamos una cierta inclinación:

- 37,5 % mercado total EE. UU.
- 12,5 % pequeño valor EE. UU.
- 10 % REIT
- 2,5 % acciones de energía
- 2,5 % acciones de metales preciosos
- 10 % mercados europeos
- 10 % mercados del Pacífico
- 5 % mercados desarrollados pequeño valor
- 7,5 % mercados emergentes
- 2,5 % mercados emergentes pequeño valor

Estos porcentajes sólo se refieren a la parte de *renta variable* de la cartera. Si te has decidido por un reparto 60/40 de acciones/bonos, multiplica todas estas cifras por 0,6, en cuyo caso tu asignación para la última cartera (la más compleja) al mercado total de Estados Unidos sería del 22,5 % y a acciones europeas, del 6 %.

En las próximas décadas, ¿cómo se comportará cada una de estas carteras, desde la más simple hasta la más compleja, en relación con las demás? Diría que las más complejas e inclinadas obtendrán una ligera ventaja por dos motivos. Primero: el «diferencial de valor» sigue en niveles históricamente altos, de forma que las acciones de valor cotizan a precios mucho más bajos que las de crecimiento. Segundo: a mayor complejidad, mayores serán las ganancias derivadas de reequilibrar la cartera, una cuestión que abordaré en breve.

Finalmente, una peculiaridad de los índices MSCI y FTSE utilizados, respectivamente, por iShares y Vanguard, es que distribuir tus activos en cuatro componentes —Estados Unidos, Europa, Pacífico y mercados emergentes— dejará fuera las acciones canadienses, que no se incluyen en ninguno de estos cuatro índices y suponen un 3 % de la capitalización total del mercado mundial.

Siendo optimistas, la superioridad de las carteras más complejas es una apuesta 55/45. Además, la última está dividida en segmentos muy pequeños. En una combinación 60/40 de acciones/bonos, la asignación a energías, a metales preciosos y a mercados emergentes (acciones de pequeño valor) apenas asciende al 1,5 % (0,6 × 2,5 %). Para un volumen de cartera bajo de seis dígitos, el esfuerzo no vale la pena, a menos que seas un auténtico apasionado de las clases de activos.

En lo que respecta a los bonos, las cosas son más fáciles. El caballo de batalla debería ser, bien un fondo del Tesoro a corto plazo, bien una escalera de fabricación propia. A menudo se pueden obtener mejores rentabilidades de certificados de depósito bancarios, que además gozan de una garantía gubernamental hasta los 250.000 dólares. Cuando se compran individualmente al banco emisor, suelen ofrecer una «opción de retirada» para poder beneficiarse de una potencial subida de los tipos de interés a cambio de detraer un modesto porcentaje en concepto de cancelación anticipada. Muchos inversores prefieren la comodidad de comprar certificados de depósito en una cuenta de corretaje, pero vender uno antes del vencimiento acarreará una cuantiosa penalización en el precio en caso de que hayan subido los tipos.

¿Por qué REIT, renta variable y acciones de metales preciosos y energías?

Las acciones de fondos de inversión inmobiliaria (REIT, *real estate investment trusts*) proporcionan casi todo su rendimiento a largo plazo en forma de dividendos. La mayoría de ellas se gravan al tipo impositivo sobre la renta ordinario, y sólo deberían mantenerse en cuentas exentas. Tienden a comportarse bien después de que estallen burbujas tecnológicas. Durante la aciaga década de 1999-2008, por ejemplo, arrojaron una rentabilidad total del 107 %, en comparación con la pérdida del 13 % del S&P 500, que entonces presentaba una alta concentración de empresas tecnológicas. Sin embargo, ten presente que los REIT conforman en torno al 4 % de la mayoría de los índices de mercado general, y en torno al 10 % de los índices de pequeña capitalización, aunque un puñado de proveedores de fondos pasivos, como Avantis y Dimensional, los excluyen en gran medida de sus fondos orientados al mercado nacional.

Las acciones de energía y de metales preciosos solamente son aconsejables para quienes toleran una cartera compleja y buscan protección contra un inesperado recrudecimiento de la inflación, un barco que podría haber zarpado ya cuando se publique este libro. Según explicamos en el capítulo cuarto, los fondos de futuros de materias primas adolecen de un problema de saturación o contango (la pendiente ascendente de los precios de futuros), que devora sus rendimientos a largo plazo. En contraste, aunque las acciones de productores de materias primas guardan una correlación con el mercado bursátil general, presentan un buen desempeño a largo plazo durante los períodos inflacionarios, como vimos en la tabla 2.1.

Las acciones de metales preciosos son una clase de activo especialmente espinosa. Su precio ha sufrido tres caídas superiores o iguales al 70 % en las seis últimas décadas, pero es precisamente esta volatilidad lo que las hace perfectas para quienes les gusta vivir al límite, a pesar de que su rentabilidad real oscila entre el 0 y el 2 %, en función del período. Las compras relativamente grandes requeridas para reequilibrar una cartera durante las caídas severas terminan por plantar las semillas de pingües beneficios durante los repuntes. Después de las tres caídas antes mencionadas, estas acciones triplicaron rápidamente su valor respecto al precio mínimo. Huelga decir que una inversión así exige tener nervios de acero y más paciencia que Job, sólo es apta para los fanáticos más aguerridos de las clases de activos y nunca debería constituir más de un porcentaje exiguo de tu cartera. El oro, mismamente, ha generado una rentabilidad algo más alta que los metales preciosos, siendo su volatilidad mucho menor. El primero requiere una asignación mucho mayor que los segundos para proporcionar el mismo grado de diversificación, y por tanto arroja una menor «prima de reequilibrio».

Bonos/renta fija

Incluso en cuentas gravables, los bonos municipales no ofrecen demasiadas ventajas. Debido a sus riesgos y al considerable coste que supone poseer bonos individuales, deberían mantenerse en un fondo mutuo. Sólo cuentan con el respaldo de su autoridad emisora, así que en malos tiempos pueden quebrar. Basta un rumor para que su precio se desplome. En el otoño de 2008, incluso los bonos municipales a más corto plazo conocieron caídas cercanas al 3 %. En tu lugar, limitaría mi exposición a estos títulos a menos de un tercio de mi cartera de renta fija.

RESUMEN DEL CAPÍTULO SÉPTIMO

- Son muchos los caminos que llevan a la tierra prometida de la asignación de activos, pero es imposible saber de antemano cuál generará los mayores rendimientos ajustados por riesgo.
- Tu asignación a renta variable debería ser «razonable» y centrarse sobre todo en grandes mercados nacionales y extranjeros, sin escorarse demasiado hacia la pequeña capitalización, los REIT o las acciones de metales preciosos.
- Más importante que la complejidad y la distribución concreta de tu cartera es tu capacidad de mantener el rumbo en tiempos difíciles. Nunca olvides que una asignación subóptima que seas capaz de ejecutar es mejor que una óptima que no cumplas.

Segundo pilar

La historia de la inversión

Cuando los mercados se vuelven locos

En muchos campos, la comprensión de la historia no resulta indispensable. Puedes ser un excelente médico, contable o ingeniero sin saber gran cosa sobre los orígenes o la evolución de tu profesión. Por el contrario, el ejercicio de la diplomacia, el derecho o las armas exige unos sólidos conocimientos acerca del pasado de estas disciplinas. Pero no hay actividad en que la máxima de Santayana —«Quienes no pueden recordar el pasado están condenados a repetirlo»— sea más cierta que las finanzas.

Pilotar un avión es una buena analogía. Aunque se puede ser un piloto aceptable sin saber nada de la historia de la aviación, un aviador competente acostumbra a repasar informes de accidentes. En palabras del difunto almirante Hyman Rickover: «Es imprescindible aprender de los errores ajenos: no vivirás lo suficiente para cometerlos todos tú mismo».[93]

Cualquier inversor podrá encontrar en la historia financiera informes de accidentes pasados. Así como un temporal o una avería pueden precipitar a un piloto y sus pasajeros a la desgracia, de vez en cuando los mercados enloquecen y muchos inversores terminan en la ruina. Jamás olvides la primera regla del

93. *Poughkeepsie Journal*, «Learn from Mistakes by Others», 11 de abril de 1983.

interés compuesto de Charlie Munger: nunca interrumpir la inversión. Cuando los mercados pierden el norte, un conocimiento del pasado informará tu toma de decisiones y te insuflará la fortaleza necesaria para mantener el rumbo.

Solían ocurrir manías y pánicos alrededor de una vez por generación, pero en el último cuarto de siglo los estadounidenses hemos vivido no menos de tres: la fiebre de las tecnológicas e internet en los noventa; la burbuja del mercado inmobiliario a principios de la década de 2000, y la reciente euforia en torno a las criptomonedas y las acciones meme. Un inversor que conociera la historia de la burbuja de la Compañía de los Mares del Sur del siglo XVIII, la fiebre del ferrocarril del siglo XIX y el crac durante los felices años veinte habría sido mucho menos propenso a dejarse llevar por las manías de las últimas décadas.

Los mercados pueden colapsar, pero algo menos sabido es que también pueden permanecer deprimidos durante décadas. Los capítulos de esta sección tratarán los períodos de euforia y depresión que se producen con una cierta regularidad. A lo largo de su vida, el inversor típico pasará por al menos unos pocos episodios de ambas clases.

Incluso con un buen entendimiento de su desarrollo, lidiar con mercados boyantes o deprimidos es tarea difícil, y a veces ni los mejor preparados conseguirán mantener el rumbo. No obstante, si no te preparas en absoluto, estarás condenado al fracaso.

Los próximos capítulos versarán sobre qué podemos aprender de la evolución de los mercados de capitales en el transcurso de los milenios y cómo se suele comportar la bolsa cuando se desboca al alza o a la baja.

8

Una breve historia de los tiempos financieros

Desde los albores de la civilización, los agricultores, comerciantes y mercaderes han precisado de capital para poner en marcha sus negocios antes de comenzar a ganar dinero.

La primera ruta comercial de larga distancia asentada consistió en el intercambio de mercancías a granel dentro del antiguo Creciente Fértil. Las llanuras aluviales de Mesopotamia producían inmensas cantidades de grano, pero escaseaban en metales. Lo contrario ocurría a las civilizaciones del golfo Pérsico, una diferencia que propició un pujante comercio con estas dos materias primas. Tales expediciones marítimas requerían una cantidad sustancial de fondos, y los socios participantes y sus prestamistas legaron a los futuros historiadores de las finanzas un tesoro formado por las perdurables tabletas de arcilla en las que registraban sus acuerdos comerciales.[94]

En la Antigüedad, la mayor parte de la financiación se destinaba a la agricultura. Los préstamos a los agricultores a menudo se extendían sin intereses, pero llevaban aparejadas garantías draconianas, como la entrega de los hijos del deudor —o del propio deudor— como mano de obra esclava, cabe suponer

94. Steven J. Garfinkle, «Private Enterprise in Babylonia at the End of the Third Millennium BC», tesis doctoral, Universidad de Columbia, 2000.

que con la esperanza de obtener un pingüe beneficio en caso de impago.

Ya en el segundo milenio a. C., el código jurídico mesopotámico estableció unas tasas de interés máximas: 33,33 % anual para el grano y 20 % para la plata. Con el paso de los milenios, los tipos de interés tendieron a disminuir, llegando a alcanzar el 4 % en el apogeo del Imperio romano.[95]

¿Para qué asomarnos siquiera a la historia financiera remota, en particular al progresivo e irregular declive de las tasas de interés en el mundo antiguo? Primero, para demostrar que la historia de los mercados de capitales es al menos tan antigua como la escritura, y, segundo, porque reviste una relevancia directa para los bajos rendimientos esperados que caracterizan a las acciones y los bonos actuales.

A medida que las sociedades prosperan, resulta inevitable que los rendimientos de inversión decaigan. Imagina una población al borde de la inanición que lucha por sobrevivir. No cuenta con ningún superávit, pues debe destinar hasta la última cesta de grano, cabeza de ganado y pieza de plata a comida y refugio. No obstante, hasta las comunidades de subsistencia necesitan fondos para comprar semillas, aperos y viviendas, y los propietarios de tales bienes podían llegar a cobrar una fortuna por ellos. En las sociedades agrarias primitivas, el coste del capital era en efecto muy alto. El agricultor rico podía prestar su grano o ganado a un precio desorbitado, y los datos antropológicos modernos sobre sociedades aborígenes apuntan a un tipo de interés anual prehistórico cercano al 100 %: por cada cerdo o saco de arroz debían pagarse dos al cabo de un año.[96]

A medida que una economía aumenta su productividad, la riqueza va afluyendo a los bolsillos de los pocos afortunados que poseen grano, animales domésticos o dinero de sobra. El capital se vuelve más abundante, no sólo en un sentido absoluto, sino también en relación con su necesidad: de hecho, una sociedad

95. Sidney Homer y Richard Sylla, *A History of Interest Rates, Fourth Edition* (Hoboken, NJ: John Wiley & Sons, 2005), 40, 53-56, 80-83.

96. Ibídem, 21-22.

«rica» se define como una que dispone de excedentes de capital. Al mismo tiempo, las instituciones jurídicas de estas sociedades cada vez más pudientes progresaron para establecer las normas que regularían el préstamo y el crédito. Una parte importante del célebre Código de Hamurabi babilónico (*c.* 1750 a. C.) se ocupaba de la actividad comercial y las tasas de interés, lo que sin duda hizo que los préstamos fueran más seguros y abarató todavía más el crédito.

Con anterioridad a 1200 d. C., aproximadamente, los préstamos eran un asunto personal entre el prestatario y el prestamista. A finales del siglo XII, Venecia conoció el primer atisbo de mercados de deuda pública cuando la naciente república impuso préstamos forzosos, llamados *prestiti*, a los ciudadanos acaudalados. En 1262, se consolidaron en un fondo único, el *Monte Vecchio* (literalmente, «monte viejo» [de deuda]), que abonaba a sus reticentes inversores pagos semestrales del 2,5 %: un 5 % anual. Aunque la Serenísima no emitía certificados por los *prestiti*, registraba su titularidad en una oficina central de préstamos. Lo que es más importante, los *prestiti* podían transferirse a terceros. Con el tiempo, se granjearon la reputación suficiente como para extenderse mucho más allá de las fronteras del Imperio veneciano.[97]

Dado que el interés del 5 % solía situarse por debajo del tipo vigente, la compra forzosa de *prestiti* se traducía en la práctica en un impuesto sobre los ricos, según se reflejaba en el precio al que cambiaban de manos. Los *prestiti* nunca vencían: en términos financieros, eran una «perpetuidad» cuyo valor de mercado se calculaba dividiendo el importe de los intereses abonados por el tipo de interés vigente. Si este último era del 5 % y los *prestiti* generaban unos ingresos anuales de 5 ducados, entonces valían 5 ducados / 0,05, o sea, 100 ducados. Si la tasa de interés vigente aumentaba al 10 % debido a una guerra o a la inestabilidad política, el valor de los *prestiti* caía a 5 ducados / 0,10, o sea, 50 ducados. En varios momentos entre 1300 y 1500, la república se

97. Reinhold C. Mueller, *The Venetian Money Market* (Baltimore: Johns Hopkins University Press, 1997), 453-487.

vio lo bastante amenazada como para que el precio de los *prestiti* se hundiera muy por debajo del 50 % de su valor nominal y éstos supusieran un gravoso impuesto efectivo sobre los opulentos aristócratas y mercaderes obligados a comprarlos (véase la figura 8.1.)

Dado que la oficina de préstamos veneciana registraba los precios a los que se trasferían los *prestiti*, podemos observar por primera vez cómo responde el precio de un título para el que existe un mercado operativo a las condiciones sociales y económicas.[98]

Figura 8.1. Precios de los *prestiti*, 1300-1500

Fuente: Homer y Sylla, *A History of Interest Rates.*

Después de que los *prestiti* comenzaran a emitirse, los tipos de interés vigentes se mantuvieron durante varias décadas en torno al 5 %. Por ejemplo, en el año relativamente tranquilo de 1375, se vendieron a un precio del 92,5 % de su valor nominal, a una rentabilidad del 5,41 % (5 % / 0,925).

98. J. H. Munro, «Rentes and the European "Financial Revolution"», en Gerardo Caprio, ed., *Handbook of Key Global Financial Markets, Institutions, and Infrastructure* (Boston: Elsevier, 2013), 241; Homer y Sylla, *History of Interest Rates*, 93, 99, 107.

Entre 1377 y 1380, Venecia libró una devastadora guerra contra Génova. Las necesidades iniciales de financiación hicieron que los precios se desplomaran hasta el 19 % de su valor nominal, se recuperaran brevemente, y volvieran a caer hasta casi el mismo nivel, cuando en 1379 los genoveses irrumpieron en la laguna veneciana, capturaron la ciudad de Chioggia por su extremo sur e impusieron un bloqueo sobre la propia Venecia. En 1380, justo cuando parecían a punto de capitular, los venecianos lanzaron una audaz contraofensiva en Chioggia, forzaron a los genoveses a retirarse y —lo más importante para el tema que nos ocupa— impulsaron una fuerte recuperación de los precios de los *prestiti*.[99]

La historia de los *prestiti* en una época de gran agitación geopolítica y económica ilustra la relación íntima entre riesgo y rentabilidad. Los inversores que adquirieron *prestiti* cuando las cosas pintaban peor no tuvieron ninguna dificultad en doblar su dinero, pero en esos momentos todo el mundo creía que había llegado el final de Venecia, y la consiguiente pérdida financiera habría sido el menor de sus problemas.

Algo similar ocurrió en Gran Bretaña entre 1789 y 1814, cuando la revolución, la anarquía y la guerra asolaron sus costas y elevaron el tipo de interés de los bonos a corto y largo plazo por encima del 5 % en moneda respaldada por oro. Tanto en 1931-1932 como en 2008-2009, la economía de Estados Unidos implosionó y amenazó la viabilidad misma de la sociedad americana, con la consecuente depreciación de las acciones. Si las cosas hubieran acabado de otra forma, el inversor que compró acciones en cualquiera de estos dos períodos podría haber perdido todo. Pero en estas tres ocasiones, al igual que en Venecia en 1380, la fortuna sonrió a los mercados de capitales. A efectos ilustrativos, cada dólar invertido en el S&P 500 cuando el mercado tocó fondo el 9 de marzo de 2009 creció hasta los 7,33 dólares a finales de 2022. Invertir en esos momentos es como jugar a la ruleta rusa financiera a un millón de dólares la tirada: cinco

99. John Julius Norwich, *A History of Venice* (Nueva York: Alfred A. Knopf, 1982), 243-256.

de cada seis veces serás recompensado. Pero apuesta sólo dinero que no necesites. En ocasiones, la historia juega malas pasadas, como les ocurrió a los inversores británicos que compraron bonos con una rentabilidad del 2 % en el punto álgido del dominio inglés, justo antes de la Primera Guerra Mundial, sólo para ver cómo la libra se desligaba del oro y la inflación iba devorando el valor real de sus títulos. Dicho de otro modo: la mayoría de las veces, invertir durante los peores momentos compensa, pero en ocasiones hay una bala en la recámara.

El comportamiento de los valores en tiempos difíciles, como 1380 y 2009, enseña al inversor versado en historia que *habitualmente* las mejores ganancias se obtienen en aguas revueltas, y a menudo esperar a que el panorama geopolítico, financiero o epidemiológico mejore es una necedad, puesto que los mayores rendimientos ya se habrán materializado para cuando empiece a clarear. A menos, claro, que no sea así.

A partir del año 1200, los rendimientos reales de bonos y préstamos han ido disminuyendo, aunque el proceso ha sido irregular. Recientemente, Paul Schmelzing, doctorando en Harvard, elaboró una serie muy detallada de tasas de préstamo en ocho países con economías grandes y registros históricos extensos: Italia, Países Bajos, Alemania, Francia, España, Reino Unido, Japón y Estados Unidos. La figura 8.2 resume sus datos en forma de gráfico.[100]

Partiendo de 1311, ajusté el tipo nominal anual para cada país según la inflación correspondiente, promedié los datos sobre préstamos de los Estados nación existentes en ese entonces, y luego suavicé esos puntos de datos tomando como referencia la década anterior.

100. Paul Ferdinand Schmelzing, «Essays on Long-Term Real Rate and Safe Asset Trends, 1311-2018», tesis doctoral, Universidad de Harvard, agosto de 2019.

Figura 8.2. El paulatino declive de los tipos de interés libres de riesgo a lo largo de los últimos siete siglos

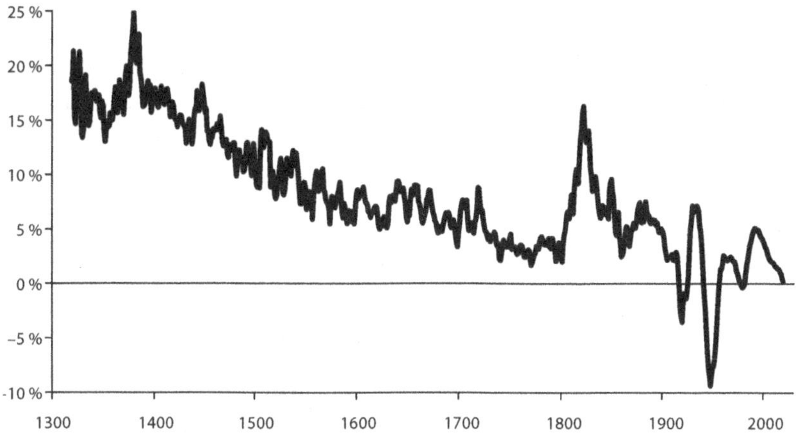

Fuente: <https://scholar.harvard.edu/pfschmelzing/data-0>.

Durante los últimos siete siglos, los tipos han caído desde en torno al 17 % hasta cerca de cero, un decremento superior al 2 % secular. La estimación más minuciosa de Schmelzing de esta lenta disminución de la tasa libre de riesgo es del 0,6-1,8 % por siglo. Cabe suponer que la amplitud de esta horquilla se debe a la volatilidad del tipo real durante los últimos dos siglos, a consecuencia de las guerras napoleónicas y del abandono del patrón oro después de los años treinta. Durante una temporada en los ochenta, a medida que los bancos centrales elevaban los tipos de interés para contener la inflación, la tasa libre de riesgo obsequió a los inversores conservadores en renta fija con un alto nivel de rentabilidad. Para 2021, esa bicoca era cosa del pasado, y la secular marcha a la baja de los rendimientos reales de los bonos se había reanudado, llegando a cero, quizá incluso por debajo. En la árida prosa de la tesis doctoral de Schmelzing: «Cabe esperar que el límite inferior de cero se consolide como un problema latente y permanente de política monetaria. [Mis datos] no respaldan a quienes creen en un posible retorno a "niveles normalizados"».[101]

101. Ibídem, 87.

Traducción: no te hagas ilusiones acerca de volver para siempre a un mundo en que las letras del Tesoro arrojan una rentabilidad igual a la inflación y los bonos la superan por un holgado margen.

No obstante, en el verano de 2022, la Reserva Federal subió los tipos de interés hasta el punto de que los rendimientos reales —según se reflejan en los títulos del Tesoro protegidos contra la inflación (TIPS, *Treasury Inflation-Protected Securities*)— alcanzaron el 2 %, coincidiendo con la rentabilidad real de las letras y los bonos del Tesoro de Estados Unidos antes del siglo XXI. En el momento en que escribo estas líneas, si volverán a la predicción de rentabilidad real cero de Schmelzing, y en tal caso cuándo lo harán, es un misterio.

En resumen: en el transcurso de los últimos cinco mil años, las tasas de interés han ido descendiendo, un proceso que se ha acelerado en los últimos siglos. Como mencionamos, la principal razón detrás de la caída en los rendimientos de los bonos es que, a medida que las sociedades se enriquecen, la disponibilidad de capital crece a mayor ritmo que su demanda, un fenómeno que el antiguo presidente de la Reserva Federal Ben Bernanke bautizó como «exceso de ahorro» [*savings glut*].[102]

Existe una segunda razón para esta tendencia bajista de los rendimientos: el aumento de la esperanza de vida. Irving Fisher sintetizó esta relación en una única palabra: impaciencia.[103] ¿Una hamburguesa ahora o dos en diez años? Cuántas hamburguesas demandas por diferir su entrega al futuro depende en gran medida de cuánta hambre tengas y, en menor grado, de tu estado de salud y la calidad de tu alojamiento: en resumidas cuentas, de cómo de impaciente estás por comer una hamburguesa. Cuanto mejor alimentado estés, menos futuras hamburguesas (léase: menor tipo de interés por tus ahorros) exigirás.

En la Antigüedad y la Edad Media, las poblaciones solían pasar hambre y estar mal cobijadas, en consecuencia su espe-

102. Josh Barro, «Bernanke Says Global Imbalances Bedevil the World Economy», *The New York Times*, 2 de abril de 2015.

103. Irving Fisher, *The Theory of Interest* (Filadelfia: Porcupine Press, 1977), 61-97.

ranza de vida era baja y no podían permitirse aplazar mucho el consumo. Por consiguiente, exigían tasas de interés más altas por su capital que las poblaciones mejor alimentadas y alojadas y más longevas de la era moderna, que han de acumular provisiones suficientes para una jubilación que puede llegar a alargarse más que su carrera profesional. Parafraseando a Samuel Johnson, cuando un hombre sabe que va a ser ahorcado en quince días, exige una alta rentabilidad por sus ahorros.[104]

Pero hay todavía una tercera razón para los bajos tipos de interés modernos: los menores costes de transacción. Antes de los *prestiti*, no existía nada que se pareciera ni remotamente a los mercados de bonos actuales. En ocasiones, acreedores particulares podían transferir un contrato de deuda en vigor a un tercero, pero no había ningún mecanismo para negociar con ellos. Las sociedades antiguas ofrecían a sus contados capitalistas —el puñado de afortunados con excedentes de grano, ganado, o plata— altos rendimientos no sólo porque el capital fuera escaso, sino también por lo que hoy llamamos costes de intermediación: los inversores de la época tenían que salir a la calle a buscar sus propios prestatarios. Acometer esta tarea sin las ventajas de la tecnología de comunicación moderna requería un gran esfuerzo, y sólo una alta tasa de rentabilidad justificaba el trabajo necesario. Los inversores modernos pueden adquirir sus propias diminutas fracciones de los mercados bursátiles de todo el mundo con unos pocos clics, y por tanto no deberían esperar recibir la misma recompensa por un esfuerzo tan nimio.

Hasta ahora, nos hemos centrado sobre todo en la rentabilidad de la deuda. ¿Qué hay de las acciones? Aunque las asociaciones comerciales, en particular familiares, eran algo habitual en la antigua Grecia, y en especial en la antigua Roma, cuyas leyes definían varias clases de organizaciones empresariales, denominadas de forma vaga *societates*, apenas se han encontrado indicios

104. «Cuando un hombre sabe que va a ser ahorcado en quince días, concentra su mente maravillosamente.» *(N. del t.)*

de que se negociara con sus participaciones. (Un mito muy recurrente sostiene que en el Templo de Cástor y Pólux, situado en el Foro Romano, se negociaba con acciones de empresas de recaudación de impuestos, pero no disponemos de pruebas documentales que avalen la existencia de este antiguo mercado de valores.)[105] Si los inversores antiguos buscaban exposición a capital social, tenían que asociarse en un negocio.

Los mercados de acciones surgieron más o menos al mismo tiempo que los mercados de deuda de Venecia. Un siglo antes de que los burócratas venecianos comenzaran a rastrear la titularidad de los *prestiti*, la ciudad francesa de Toulouse levantó una serie de molinos de agua —conocidos como molinos de Bazacle— para aprovechar la energía del vasto río Garona. El sistema constaba de varias docenas de molinos flotantes, construidos originalmente en torno a 1071, que fueron transformados en molinos terrestres hacia 1190. Eran una de las maravillas tecnológicas de su época, el equivalente a Apple o Tesla en la actualidad.

Durante los siguientes dos siglos se construyeron muchos molinos competidores, cuyos flujos interferían entre sí. En 1372, estas compañías se fusionaron en Honor del Bazacle, y sus participaciones comenzaron a cotizarse. Un aspecto crucial es que la venta de acciones no requería la aprobación de la dirección, aunque se exigía a los accionistas que sirvieran de tanto en cuanto en su junta directiva. En 1888, la compañía se reconvirtió a la producción de energía hidráulica. En el curso de los siglos, el valor de las participaciones se mantuvo más o menos parejo con la tasa de inflación, generando un dividendo promedio del 5 %. En 1946, el gobierno francés, en apariencia no demasiado preocupado por la historia económica, nacionalizó la empresa y extinguió sus acciones.[106]

105. Geoffrey Poitras y Manuela Geranio, «Trading of Shares in the Societates Publicanorum?», *Explorations in Economic History*, 61 (2016): 95-118.

106. David le Bris, *et al.*, «The Present Value Relation over Six Centuries: The Case of the Bazacle Company», *Journal of Financial Economics*, 132 (2019): 248-265.

Por tanto, en plena Edad Media, los europeos ya negociaban con deuda (*prestiti*) y participaciones (Honor del Bazacle). Lo único que faltaba era un espacio formal dedicado al intercambio de tales títulos, carencia que se colmó en 1602 cuando la Compañía Holandesa de las Indias Orientales fundó la Bolsa de Ámsterdam en la sede de una *bourse* (mercado de materias primas) del siglo XVI para negociar con sus acciones.[107]

¿Acusan los rendimientos reales esperados de las acciones una tendencia a la baja, como ocurre con los bonos? No lo sabemos, por al menos dos motivos. En primer lugar, los mercados de renta variable proporcionan al historiador económico muchos menos datos que la deuda. Por ejemplo, hasta alrededor de 1800, en Ámsterdam tan sólo se negociaba con regularidad con dos valores: las Compañías Holandesas de las Indias Orientales y Occidentales. (Una tercera compañía comercial, la Sociedad de Berbice, cotizó entre 1734 y 1752.)[108] Además, para el Londres previo a 1823, sólo disponemos de series de precios de alta calidad para tres compañías: la Compañía de los Mares del Sur, la Compañía Británica de las Indias Orientales y el Banco de Inglaterra.[109]

La recogida sistemática de datos sobre rendimientos de acciones en varios países no empezó hasta 1900, y de ellos se desprende una prima de riesgo de capital muy uniforme que ronda el 4-5 %. El problema con esta estimación estriba en que, en casi todos los casos, alrededor de un 1 % de ese 4-5 % provino de una revalorización que no cabe esperar que se repita. En consecuencia, es probable que la prima de riesgo esperada se sitúe en el 3-4 %, coincidiendo con mi cálculo del capítulo primero a partir de los dividendos y su crecimiento.

Siendo optimistas, este tipo de estimación ofrece una visión

107. Ad van der Woude y Jan de Vries, *The First Modern Economy* (Cambridge: Cambridge University Press, 1997), 142, 145, 147, 151.

108. Global Financial Data, <https://globalfinancialdata.com/data-for-amsterdam-stocks-from-the-1600s-and-1700s-added-to-gfd>.

109. Larry Neal, *The Rise of Financial Capitalism* (Cambridge, Reino Unido: Cambridge University Press, 1990), 232-257.

muy aproximativa. Si la desviación típica de las acciones de Estados Unidos ronda el 16 %, entonces en el curso de los próximos treinta años los límites de confianza del 95 % en torno a una estimación central de un 3,5 % anual ajustado por inflación corresponden a entre un −2,3 y un +9,3 % al año.[110]

RESUMEN DEL CAPÍTULO OCTAVO

Aunque las historias de financiación de deuda y de participación en capital social en asociaciones empresariales abarcan milenios, los mercados secundarios para estos títulos tan sólo se remontan a varios siglos. A lo largo de la historia registrada, los rendimientos de las inversiones han caído por tres razones:

- El rápido aumento de la riqueza propiciado por la innovación tecnológica provoca una asimetría entre la oferta y la demanda de capital —el «exceso de ahorro» de Benjamin Bernanke— que presiona a la baja los tipos de interés.
- Las personas cada vez viven más. Los ciudadanos de las sociedades modernas esperan disfrutar de una larga jubilación, un concepto inaudito hasta los siglos XIX y XX. A escala global, este fenómeno ha producido un inmenso cúmulo de ahorros para la jubilación que contribuye a empujar a la baja las tasas de interés.
- Por último, durante los últimos siglos, los costes de transacción para todos los productos de inversión se han desplomado, un proceso que se ha acelerado de forma drástica en las últimas décadas, hasta el punto de que casi han desaparecido. En un mundo en que una cartera muy diversificada formada por una agregación de las acciones y los bonos de todo el planeta puede comprarse en menos de un minuto por un coste de unas pocas

110. Si la desviación típica de las rentabilidades anualizadas es del 16 %, entonces la desviación típica de las rentabilidades anualizadas a treinta años es del 2,9 % (16 % / $\sqrt{30}$). Dado que los límites de confianza del 95 % se sitúan entre −2DT y +2DT, esto equivale a 3,5 % ± 5,8 %.

centésimas de punto porcentual, la disponibilidad de tales títulos se dispara, impulsando así sus precios al alza y sus rendimientos esperados a la baja.

El inversor moderno debería tomarse con filosofía esta conclusión en apariencia sombría. A primera vista, uno podría envidiar al capitalista mesopotámico que obtenía una rentabilidad del 20 % por un préstamo de plata o al accionista de los años veinte bendecido con una secuencia de altos rendimientos.

Pero ambos mundos eran, desde la óptica actual, lugares peligrosos y miserables en los que vivir, llenos de bandidos, enfermedades y otras penurias que no tolerarían ni los habitantes más pobres de las naciones desarrolladas contemporáneas. Mejor un mundo con bajos rendimientos de inversión, pero donde el hambre ha sido en buena medida erradicada, el transporte tan sólo presenta un leve riesgo mortal y los jóvenes no sucumben en la flor de la vida a enfermedades bacterianas de fácil tratamiento, que uno con altos rendimientos plagado de calamidades.

9

Auges...

Historia, fisiopatología y diagnosis de las manías

Hace tres décadas, tuve un día de suerte. Me topé con un libro escrito originalmente en 1841 por un periodista escocés de nombre Charles Mackay, *Memoirs of Extraordinary Popular Delusions and the Madness of Crowds*. Sus primeros tres capítulos, que relataban lo sucedido con la Compañía del Misisipi, la Compañía de los Mares del Sur y los tulipanes neerlandeses, me dejaron fascinado. Pese a que todavía no consideraba las narrativas de Mackay de ninguna relevancia para los saludables mercados de capitales de inicios de los noventa, me preguntaba cómo debió de ser vivir aquellos tiempos. Como sentenció Harry Truman: «Lo único nuevo en el mundo es la historia que no conoces». En el curso de los siguientes años, fui testigo de cómo las descripciones de Mackay de la locura financiera cobraban vida ante mis incrédulos ojos.[111]

La compra de esa obra resultó ser la mejor inversión que hice en mi vida. Cuando cundió la obsesión por las puntocom, yo ya había leído el guion y sabía cómo acababa la película. Sospecho que el libro, que desde su primera edición nunca ha dejado de imprimirse, se ha demostrado igual de salvífico para muchos otros miles de lectores. El financiero de inicios del siglo XX Ber-

111. Merle Miller, *Plain Speaking* (Nueva York: Berkley Publishing Corporation, 1974), 147.

nard Baruch afirmaba que había ahorrado millones gracias a Mackay, y quedó tan impresionado por su trabajo que redactó el prólogo de la edición de 1932.[112]

En la primera edición del presente libro (2002), escribí acerca de las puntocom: «Si nosotros no nos vimos afectados personalmente por estas estrellas fugaces, todos conocimos a alguien que sí lo estuvo». A principios de la década de 2000, el auge y posterior caída de estos títulos calaron en la conciencia financiera del público, de modo que no precisaban de más presentación por mi parte.

Hoy en día, aludir a este episodio suele suscitar expresiones de desconcierto entre el público menor de cuarenta años. Incluso la memoria de las personas más mayores se ha desvanecido. Aunque la famosa cita de Einstein sobre que el interés compuesto es la fuerza más poderosa del universo es apócrifa, podría haber dicho lo mismo sobre el olvido. La amnesia financiera erosiona nuestra comprensión de los mercados. Una consecuencia lógica de lo anterior es que combatir la entropía a través de un interés profundo y perdurable por la historia financiera debería recompensar con un rico flujo de dividendos.

Este capítulo resumirá los más importantes y conocidos episodios históricos de manías especulativas, abordándolas desde la perspectiva de la psicología evolutiva, la psicología social y la fisiopatología financiera, así como de su sintomatología. Te ayudará a esquivar trampas durante las burbujas que sin duda encontrarás en tu carrera como inversor.

Al principio fueron los tulipanes

Paradójicamente, el libro de Mackay es famoso sobre todo por su estudio de la fiebre neerlandesa por los tulipanes de la década de 1630. Sin embargo, este capítulo ha sido acogido con desdén por

112. Bernard Mannes Baruch, *My Own Story* (Ann Arbor: University of Michigan Press, 1957), 242-244; para una evaluación crítica de hasta qué punto evitó Baruch el crac de 1929, véase James Grant, *Bernard Baruch* (Hoboken, NJ: John Wiley & Sons, Inc., 1997), 209-239.

los historiadores modernos, quienes sostienen que, aunque se trató de una auténtica burbuja, no tuvo en absoluto la envergadura que refirió Mackay.[113]

La in(m)ersión más rentable

En 1687, un capitán de barco de Nueva Inglaterra llamado William Phips arribó a Inglaterra con 32 toneladas de plata reflotadas de un pecio pirata español, un tesoro mayor del que nunca habían soñado ni sus patrocinadores ni su tripulación ni él mismo. Muy pronto, los empresarios se lanzaron a solicitar y obtener patentes para una gama de «ingenios de buceo» y a vender participaciones en empresas de este sector. Casi todas estas patentes carecían de valor y se tramitaron con el propósito expreso de despertar interés entre el público. Podríamos decir que los posteriores auge y colapso de sus acciones, que culminaron en torno a 1689, constituyen el primer ejemplo de burbuja tecnológica. Daniel Defoe, célebre por su *Robinson Crusoe*, fue cazador de tesoros en una de estas empresas. Su profundo conocimiento de cómo funcionaban no lo salvó de la bancarrota, una de las más sonadas de su época.

Las empresas de buceo nunca desplegaron ninguna operación creíble, y menos aún generaron beneficios. Los inversores no tardaron en darse cuenta del engaño y la manía pronto tocó a su fin. No disponemos de ningún registro de precios y rendimientos exactos, pero es seguro que el resultado final de cualquier inversión en estas compañías fue una pérdida irreparable. Aparte de la empresa de Phips, ninguna otra generó ganancias, y tampoco está siquiera claro cómo habrían hecho para acceder a naufragios cargados de tesoros. En términos modernos, todo cuanto tenían era un modelo de negocio dudoso.[114]

113. Ann Goldgar, *Tulipmania* (Chicago: University of Chicago Press, 2007), 5-6.

114. Edward Chancellor, *Devil Take the Hindmost* (Nueva York: Penguin Group, 2000), 36-38.

¿Qué sucedió después de 1600?

No escogí estas historias al azar. El apéndice de la magistral obra *Manias, Panics, and Crashes* del economista financiero Charles Kindleberger enumera treinta y ocho ciclos de auge y caída a partir de 1618: tres en el siglo XVII, siete en el siglo XVIII, diecisiete en el siglo XIX y once en el siglo XX.[115]

¿Por qué comenzaron las burbujas a principios del siglo XVII? Por dos motivos. En primer lugar, el nacimiento de la «banca de reserva fraccionaria» moderna se produjo cuando los mercaderes de las Indias Orientales llegaron a Londres poco después de 1600 cargados de oro y plata, pero sin ningún lugar seguro en donde guardarlos. Por aquel entonces, Inglaterra no contaba con un sistema bancario, pero Londres acogía a varios orfebres, cuyo oficio exigía guardar a buen recaudo bienes preciados. Los comerciantes comenzaron a encomendar sus cargamentos a estos artesanos, quienes emitían certificados de depósito, que luego comenzaron a circular a modo de dinero. Muy pronto, los orfebres se percataron de que podían emitir títulos por cuantías superiores a los metales preciosos que poseían.

En otras palabras: podían imprimir dinero.

Puesto que el tipo de interés vigente se situaba muy por encima del 10 % anual, los custodios se sacaban un buen pellizco de la emisión de certificados, un proceso que perduraría mientras no los reclamaran al unísono un gran número de depositarios. Imagina un orfebre que poseía 10.000 libras en plata en su caja fuerte, pero había emitido certificados por valor de 30.000 libras, un tercio a los propietarios de los bienes y dos tercios a prestatarios. Si los titulares de certificados por valor de 10.001 libras exigían su pago en plata, se sumiría en la bancarrota. De hecho, bastaba que estos últimos *sospecharan* siquiera que el custodio se encontraba en un aprieto para precipitar esta desastrosa cadena de acontecimientos.

La ratio de apalancamiento de este ejemplo es 3:1. Cuanto

115. Charles P. Kindleberger, *Manias, Panics, and Crashes* (Nueva York: John Wiley & Sons, Inc., 2000), 121, 223-232.

más elevada sea, más probable será una fuga masiva de depósitos, como ocurrió en al menos cuatro ocasiones entre 1674 y 1688. Desde 1677 hasta la fundación del Banco de Inglaterra en 1694, el número de banqueros-orfebres de Londres decayó de cuarenta y cuatro a una docena. (De allí el adjetivo «fraccionaria» en «banca de reserva fraccionaria»: la proporción de certificados emitidos realmente respaldados por plata.)

Con el paso de las décadas, los banqueros-orfebres de Londres concluyeron que una ratio 2:1 o menor era bastante segura. El sistema marcó el nacimiento de una oferta monetaria flexible que podría ajustarse en función de la demanda de préstamos y de la disposición a conceder créditos. En los períodos de euforia de prestatarios y prestamistas, la oferta de dinero se expandía; cuando cundía el miedo, se contraía. El término financiero moderno para el grado de expansión del papel moneda es *apalancamiento*: la relación entre activos en papel y activos tangibles.[116]

La proliferación de manías durante el siglo XIX espoleó la creación de la banca central moderna. Pese al drástico crecimiento de la economía mundial, el dinero fiat y la banca de reserva fraccionaria durante el siglo XX, cabe señalar que Kindleberger tan sólo registró once ciclos en el curso de su período de cien años, es probable que debido a la creciente intervención del banco central en la economía. Publicó *Manias, Panics, and Crashes* en 2000, justo antes del estallido de la burbuja de las puntocom con la que se estrenó el siglo XXI. A ella la siguieron la obsesión con los bienes raíces y la crisis financiera global de 2007-2009, y por último vino la reciente fiebre de las criptomonedas, cumpliendo así con el patrón aproximado de una burbuja por década.

116. Durante la Baja Edad Media, las letras de cambio también expandieron el crédito. Para una lúcida descripción de cómo funciona el sistema moderno, véanse Frederick Lewis Allen, *The Lords of Creation* (Chicago: Quadrangle Paperbacks, 1966), 305-306; y Antoin Murphy, *John Law* (Oxford: Clarendon Press, 1997), 14-16.

La segunda razón de la aparición de burbujas financieras después de 1600 fue la invención del método científico y la revolución tecnológica que trajo consigo, a raíz de la publicación de la obra de Francis Bacon *Novum Organum Scientiarum* ['Nuevos instrumentos de la ciencia']. Antes del siglo XVII, los científicos (conocidos entonces como «filósofos de la naturaleza») aplicaban el milenario método deductivo aristotélico que partía de axiomas o principios incuestionables. Este marco intelectual no reservaba ningún papel a la observación empírica y, por consiguiente, no resultaba demasiado eficaz a la hora de desvelar y aprovechar los misterios de la naturaleza.

En un giro copernicano respecto al antiguo método deductivo, *Novum Organum* describía un proceso inductivo basado en la recopilación compulsiva de datos, que luego se utilizaban para contrastar una tesis: el método científico moderno. Unas décadas más tarde, los seguidores de Bacon, muy en especial Robert Hooke, Robert Boyle e Isaac Newton, fundaron la Real Sociedad de Londres para el Avance de la Ciencia Natural (hoy conocida sencillamente como la Real Sociedad). La teoría de Bacon se propagó por toda Europa y resultó en una espectacular aceleración de los descubrimientos científicos.[117]

En los años sesenta, el historiador económico Hyman Minsky conjugó estos dos fenómenos posteriores a 1600 —el crédito flexible y la revolución tecnológica impulsada por Bacon y sus discípulos— en un modelo teórico convincente que explicaba las burbujas financieras.

Minsky no era un economista al uso, sino un iconoclasta melenudo que creía que el capitalismo adolecía de una fundamental inestabilidad y de una propensión a auges y crisis. En su opinión, dicha inestabilidad respondía a la concurrencia de dos factores: la flexibilización del crédito —con la consecuente caída de los tipos de interés— y lo que denominó «desplazamiento», una innovación rompedora que podía ser de índole tecnológica o financiera.

117. William J. Bernstein, *The Birth of Plenty* (Nueva York: McGraw-Hill, 2004), 101-106.

Fue precisamente esto lo que ocurrió durante la tulipomanía. A partir del siglo XVI, los Países Bajos desarrollaron la que según los historiadores fue «la primera economía moderna», caracterizada por bancos sofisticados, mercados de crédito y un rápido descenso de los tipos de interés.[118] El «desplazamiento» en cuestión presenta dos vertientes. Primera: los neerlandeses cultivaron variantes de tulipán infectadas con virus que generaban patrones de pétalos de una singular belleza, cuya rareza los hacía valiosos. Segunda: surgieron complejos mercados de futuros para los bulbos de tulipanes, que se convirtieron en el auténtico foco de la especulación.

El mismo proceder caracterizó a la burbuja de las compañías de buceo. No es casualidad que el «desplazamiento» causado por la tremenda suerte de Phips y las patentes de buceo se produjera al mismo tiempo que la Revolución Gloriosa de 1688, en la que el estatúder neerlandés Guillermo de Orange invadió el país y se proclamó rey a instancias de los protestantes ingleses. En una de las cesiones más felices de la historia, Guillermo renunció al derecho divino de los reyes a cambio de una base fiscal estable, lo que hizo que la deuda del gobierno inglés fuera más segura y redujo de forma drástica los tipos de interés.

Yo añadiría dos factores más a los de Minsky. El primero es la amnesia, «la fuerza más poderosa en el universo de la inversión», respecto a la última burbuja. Como cualquiera con un padre o abuelo que vivió la Gran Depresión de los años treinta podrá corroborar, la cautela financiera resultante de los pánicos bursátiles y los tiempos difíciles persiste durante décadas. Cualquier posterior burbuja requerirá una nueva remesa de ingenuos que no recuerden esos desastres financieros. En consecuencia, las burbujas tienden a cebarse con los jóvenes, quienes tienen por mal hábito considerar que sus mayores más escépticos «sencillamente no lo pillan».

El segundo es el abandono de los métodos de valoración tradicionales basados en los sólidos fundamentos teóricos que des-

118. De Vries y Van der Woude, *The First Modern Economy*.

cribimos en el capítulo primero, que deben dejarse a un lado para permitir los exorbitantes precios de las burbujas.

En resumen, el desarrollo de una burbuja requiere:

- bajos tipos de interés;
- una innovación tecnológica o financiera;
- que transcurran al menos unas décadas desde la última manía;
- abandonar las métricas financieras tradicionales.

Historia (financiera) de dos ciudades

La burbuja de las empresas de buceo no resultó ser más que los preliminares de la primera orgía especulativa global de una generación después.

Durante los cerca de veinticinco años que median entre ambos episodios, el sistema bancario de Inglaterra se expandió con rapidez, y consigo el principal combustible de las burbujas: la disponibilidad de crédito. Una vez que los belicosos Estados nación de finales de la Edad Media hubieron saboreado los copiosos fondos militares que se podían recaudar mediante la emisión de bonos, no hubo forma de pararlos. La guerra de sucesión española, que tuvo lugar entre 1701 y 1714, dejó a España y Francia, y en menor medida a Inglaterra, con una ruinosa deuda. Para principios del siglo XVIII, España arrastraba un tremendo retraso en el pago de sus intereses, y Francia también seguía muy endeudada.

En medio de este caos financiero, hizo su irrupción un extraordinario caballero escocés: John Law. Vástago de una familia local de orfebres, se familiarizó con la banca de reserva fraccionaria a una edad temprana. Tras escapar del cadalso por matar a un hombre en un duelo en 1694, estudió el sistema bancario de Ámsterdam y fue a parar a Francia, donde le cayó en gracia al duque de Orleans y fundó la Compañía del Misisipi.

En 1719, el duque concedió a la compañía dos impresionantes franquicias: un monopolio sobre el comercio con toda la

Norteamérica francesa y el derecho a comprar *rentes* (anualidades del gobierno francés, es decir, bonos) a cambio de participaciones en la compañía. El canje de *rentes* por acciones revestía un especial interés para la corte real, ya que aliviaba la aplastante deuda de guerra del gobierno.

El sistema de Law presentaba una característica notable: la Compañía del Misisipi emitía dinero a medida que aumentaba el precio de sus acciones. La empresa creó su propia moneda, como hacían todos los bancos en esa época. Su modelo aportó el primero de los ingredientes necesarios para una burbuja: un cambio disruptivo en el sistema financiero causado por la liquidez de los nuevos billetes. En 1720, a medida que subían sus acciones, la Compañía del Misisipi mandó imprimir más billetes, que compraron más acciones, que siguieron inflando su precio. Algunos inversores amasaron vastas fortunas de papel y la prensa acuñó el término *millonario*. El frenesí se apoderó de todo el continente, donde otros inversores lanzaron nuevas empresas con la ingente cantidad de capital entonces disponible.[119]

Una nueva tecnología de moda desempeñó un papel destacado: las leyes de la probabilidad. Pierre de Fermat y Blaise Pascal acababan de inventar esta rama de las matemáticas, y en 1693, el astrónomo real Edmond Halley (célebre por el cometa que lleva su nombre) elaboró las primeras tablas de mortalidad. Las aseguradoras se pusieron en boga y ocuparían un lugar central cuando la actividad especulativa se trasladó a Londres.

Los ingleses, deslumbrados por las fortunas que se amasaban al otro lado del canal y muriéndose de envidia por el maravilloso nuevo sistema financiero de Law, se subieron al carro. Una década antes, en 1710, la Compañía de los Mares del Sur había intercambiado deuda soberana en propiedad de inversores por sus

119. Chancellor, *Devil Take the Hindmost*, 30-95; y William J. Bernstein, *The Delusions of Crowds* (Nueva York: Atlantic Monthly Press, 2021), 71-98. Para la obsesión que se propagó por todo el continente, véase Stefano Condorelli, «The 1719 Stock Euphoria: A Pan-European Perspective», documento de trabajo, 2016, <https://mpra.ub.uni-muenchen.de/68652/>, disponible el 27 de abril de 2016.

acciones y obtenido el derecho a un monopolio comercial con el Imperio español en América. Para 1720, había pasado una generación desde la debacle de las compañías de buceo.

A cambio de asumir su deuda, el gobierno también pagaba una renta a la Compañía de los Mares del Sur, pero ni ésta ni la Compañía del Misisipi generaron nunca demasiadas ganancias a partir de sus franquicias. En realidad, la francesa nunca llegó siquiera a intentarlo y no era más que una fachada para la especulación. Por otro lado, la guerra y la intransigencia española bloquearon el comercio británico con América del Sur, aunque en cualquier caso ninguno de sus directores tenía la más mínima experiencia en tratar con estos territorios. Sin embargo, la situación de la Compañía de los Mares del Sur era algo más delicada, ya que recibía un flujo de ingresos procedente del gobierno.

El acuerdo entre ambos tenía una estructura muy peculiar: permitía a la compañía emitir un número fijo de acciones que podían intercambiarse por la deuda pública que adquiría de los inversores. Dicho de otro modo: estos últimos podían canjear sus bonos, letras y rentas por participaciones en la empresa. Cuanto más alto era el precio de las acciones, menos necesitaba la compañía para pagar a los inversores y más quedaban disponibles para la venta en el mercado abierto.

Por consiguiente, la Compañía de los Mares del Sur salía beneficiada de inflar el precio de sus acciones, y la liquidez que lubricaba el sistema financiero europeo en 1720 facilitó esta dinámica. Llegó un punto en que el precio de los títulos cobró vida propia, y los inversores estaban encantados de canjear sus insípidos bonos, rentas y letras por participaciones en una empresa en rápido crecimiento. En el verano de 1720, las acciones alcanzaron su valor máximo a ambos lados del canal. La última suscripción de la Compañía de los Mares del Sur se fijó en 1.000 libras y se agotó en menos de un día. (El precio de las acciones, con un valor nominal de 100 libras, ascendía a alrededor de 130 libras al inicio de la burbuja.)

En el gobierno cundió la alarma por esta escalada, en un tiempo en que todavía seguían con vida algunos ancianos que habían sido testigos del episodio de las empresas de buceo. El Parlamento propuso restringir el precio de las acciones, pero la compañía sobornó con un puñado de ellas a varias figuras destacadas, incluida la amante del rey, y el proyecto de ley no prosperó. Los títulos resultaron ser falsos.

La manifestación más surrealista de la especulación fue la aparición de «compañías burbuja». El excedente de capital propiciado por el crecimiento económico permitió que todo tipo de empresas dudosas emitieran acciones a un público ingenuo. La mayoría de ellas abrigaban proyectos legítimos pero adelantados a su tiempo, como colonizar Australia y sus alrededores (medio siglo antes de que el capitán James Cook desembarcara por primera vez en el continente), fabricar ametralladoras o construir barcos para transportar peces vivos a Londres. Otras eran burdas estafas, y aun otras existieron sólo en leyendas posteriores, incluida una mítica compañía fundada «para llevar a cabo una empresa de gran provecho, pero que nadie sabe en qué consiste».[120] Apenas dos de las ciento noventa compañías burbuja registradas tuvieron éxito: los gigantes de los seguros Royal Exchange Assurance y London Assurance.

Ambas burbujas estallaron en 1720. En las célebres palabras de Ernest Hemingway, las bancarrotas ocurren «de dos formas: gradualmente y, luego, de repente».[121] A inicios de 1720, el príncipe de Conti, ofendido por no haber recibido suficientes acciones de la Compañía del Misisipi, exigió a la Banque Royale de Law que canjeara sus nuevos billetes por tres vagones llenos de las monedas de oro y plata que supuestamente los respaldaban. Law reconoció el sonido de la fatalidad llamando a la puerta y urgió al regente a que forzara al impopular príncipe a echarse atrás. Era demasiado tarde. Los inversores perspicaces se percataron de que se había destapado un farol y provocaron una fuga de depósitos.[122]

120. Chancellor, *Devil Take the Hindmost*, 72.

121. Cita extraída de la novela *The Sun Also Rises*, traducida al español con el título de *Fiesta*. *(N. del t.)*

122. Helen Paul, *The South Sea Bubble* (Abingdon, Reino Unido: Routled-

El estallido de la burbuja inglesa fue más complejo. En junio de 1720, la Compañía de los Mares del Sur, airada por tener que competir por el capital con las compañías burbuja, hizo que el Parlamento aprobara la Ley sobre Burbujas. Este acto legislativo requería que todas las nuevas empresas obtuvieran licencias del Parlamento y prohibía a las existentes operar más allá de sus licencias. Muchas aseguradoras, que habían contribuido a sostener la fiebre especulativa prestando cuantiosas sumas a los accionistas de la Compañía de los Mares del Sur, habían comenzado su andadura en otros sectores, y la Ley sobre Burbujas cortó los flujos de financiación procedentes de ellas. Entre las empresas que concedían créditos a la Compañía de los Mares del Sur y sus accionistas, destacaba Sword Blade ['Hoja de espada'], que como cabría esperar de su nombre sólo estaba autorizada a fabricar espadas. La legislación pinchó la burbuja al forzar la retirada de Sword Blade de los mercados financieros. Para octubre, todo había terminado. Se cuenta que, tras acumular y luego perder una fortuna en acciones de la Compañía de los Mares del Sur, Isaac Newton declaró que, aunque podía calcular «las evoluciones de los cuerpos celestes», no podía «calcular la locura de la gente».[123]

Inglaterra es engañada

Uno de los ejemplos históricos más espectaculares de «desplazamiento» de Minsky fue el ferrocarril, una maravilla tecnológica de gran impacto figurado y visual. Hasta que llegó la máquina de vapor en el siglo XIX, los viajes terrestres de larga distancia eran casi una prerrogativa de las clases pudientes. Sólo ellos podían costearse, o bien las exorbitantes tarifas de las

---

ge, 2011), 1, 39-42, 59-65; John Carswell, *The South Sea Bubble* (Gloucestershire, Reino Unido: Sutton Publishing, Ltd., 2001), 19, 55-57, 240; Paul Harrison, «Rational Equity Valuation at the Time of the South Sea Bubble», *History of Political Economy*, 33:2 (verano de 2001): 269-281.

123. Andrew Odlyzko, «Newton's Financial Misadventures in the South Sea Bubble», *Notes and Records of the Royal Society Journal of the History of Science*, 73:1 (20 de marzo de 2019): 29-59.

compañías de diligencias, o bien —si eran lo bastante ricos— su propio carruaje de seis caballos. Incluso en ese caso, el mal estado de las carreteras y los problemas de seguridad pública hacían que viajar fuera algo peligroso, lento y extremadamente incómodo.

El historiador del ferrocarril inglés John Francis describía la situación del transporte premoderno como sigue:

> Las máquinas que se utilizaban para transportar mercancías, de construcción tosca y rudimentaria, eran tan pesadas como torpes. Incluso cuando los caminos eran aceptables, moverlas era difícil, pero cuando eran malos, bien se atascaban en pantanos, bien se precipitaban en zanjas: en ocasiones, de hecho, se hundían en el lodo tan profundo que no quedaba otra posibilidad que esperar a que las temperaturas y el sol del estío facilitaran su rescate. Los mercados permanecían inaccesibles durante meses enteros, y los frutos de la tierra se pudrían en un rincón mientras a pocas millas la oferta no alcanzaba a cubrir la demanda... Salía más barato exportar al extranjero que desplazar productos del norte al sur de Inglaterra. Era más fácil enviar mercancías de la capital a Portugal que trasladarlas de Norwich a Londres.[124]

De repente, el ferrocarril volvió los viajes por tierra baratos, seguros, rápidos y relativamente cómodos. Más importante aún: la máquina de vapor fue sin lugar a duda el invento más impactante, romántico y estético de todos los tiempos (con la salvedad, quizá, del clíper).[125] Fanny Kemble, una actriz famosa de la época, captó muy bien las pasiones que despertaba nada más finalizar su primer trayecto en la Rocket de George Stephenson. Le pareció:

124. John Francis, *A History of the English Railway* (Londres: Longman, Brown, Green, & Longmans, 1851), I: 4-5.

125. Los clíperes fueron el canto del cisne de la navegación mercantil a vela, embarcaciones de gran eslora que rivalizaron con las primeras líneas de barcos de vapor en las principales rutas comerciales de larga distancia. *(N. del t.)*

... un animalillo resoplón que me dieron ganas de acariciar. Se lanzó a toda velocidad, 35 millas por hora, más rápido que un pájaro alzando el vuelo. No podéis imaginar la sensación de cortar el aire con el movimiento más suave concebible. Podría haber leído o escrito, y de hecho me puse en pie y me quité el tocado para beber el aire que avanzaba hacia mí. Cuando cerraba los ojos, la sensación de volar era muy placentera y extraña, inefable. Pero, por extraña que fuera, siempre tuve un inequívoco sentimiento de seguridad, y no pasé el más mínimo miedo.[126]

El lector moderno no alcanza a imaginarse la exaltación pública que suscitaron los viajes en tren: era el avión de reacción, el ordenador personal, internet y la máquina de café instantáneo todo en uno. La primera línea ferroviaria de vapor se estableció entre Darlington y Stockton en 1825; en 1831, la línea entre Liverpool y Mánchester comenzó a generar un saludable flujo de dividendos, y el precio de sus acciones se disparó. Esta euforia propició un mercado alcista para las acciones ferroviarias, seguido de un desplome de los precios tras el estallido de 1837.

Una posterior fiebre bursátil, de una magnitud que nunca antes se había visto ni volvió a verse en Gran Bretaña, se desencadenó cuando la reina Victoria culminó su primer trayecto en ferrocarril en 1842. Su viaje desató un entusiasmo popular por los viajes en tren que incluso los entusiastas de las tecnologías modernas podrían encontrar difícil entender. Al igual que a finales de los años noventa se hablaba con solemnidad de los «tiempos de internet», en la década de 1840 la expresión de moda era los «tiempos del ferrocarril». Por primera vez, las personas comenzaron a referirse a las distancias en horas y minutos, en lugar de en días y millas. Se adoptó la expresión *get up a head of steam* [acumular vapor][127] para decir de alguien que estaba reuniendo las fuerzas necesarias para acometer una tarea.

126. Paul Johnson, *The Birth of the Modern* (Nueva York: HarperCollins Publishers, 1991), 191.

127. La expresión *a head of steam* ['una cabeza de vapor'] denota la presión necesaria para poder arrancar una locomotora. Por analogía, cuando se

A finales de 1844, las tres mayores compañías ferroviarias estaban pagando dividendos del 10 %; para inicios de 1845, había planeadas dieciséis nuevas líneas y se habían concedido licencias para cincuenta nuevas compañías. Estas propuestas solían garantizar unos dividendos del 10 % e incorporaban a parlamentarios y aristócratas en sus juntas directivas, que a menudo recibían una generosa retribución en forma de acciones bajo mano. Se dedicaron docenas de revistas y periódicos a los viajes en ferrocarril, apoyadas por cientos de miles de libras en publicidad de las suscripciones de las nuevas compañías. En Inglaterra se proyectaron casi 8.000 millas de nuevas líneas ferroviarias, cuatro veces el trazado existente en el país.

Para finales de verano de 1845, con una subida de las acciones existentes del 500 %, los promotores registraron al menos 450 nuevas empresas. Surgían empresarios de la nada para diseñar ferrovías por todo el mundo, desde Bengala hasta Guyana, con más de cien nuevas líneas solamente en Irlanda. Hacia el final de la burbuja, se planearon líneas que iban literalmente de ningún lugar a ningún lugar, sin pasar por ningún pueblo entre medias. Resulta obvio el papel que desempeñaron los bajos tipos de interés en esta orgía especulativa. Como escribiría más tarde Walter Bagehot: «John Bull[128] puede aguantar muchas cosas, pero no un dos por ciento»; en otras palabras: los bajos tipos de interés sobre los activos seguros hacen que el capital huya hacia inversiones especulativas.[129]

El «desplazamiento» de Minsky era obvio. Abundaba el crédito. En la década de 1840, adoptó la forma del mecanismo de compra por suscripción, en la cual un inversor se «suscribía» a la emisión pagando una pequeña fracción del precio de compra y quedaba sujeto a «llamadas» para abonar el resto conforme se

---

aplica a personas se refiere a reunir las energías necesarias para emprender un cometido. *(N. del t.)*

128. Nombre genérico utilizado para designar al ciudadano británico típico. *(N. del t.)*

129. Walter Bagehot, *Lombard Street* (Nueva York: Scribner, Armstrong & Co., 1873), 138.

iba necesitando capital para el proyecto. Como sucede siempre, la burbuja se pinchó debido a una contracción súbita del crédito. Para 1845, habiéndose iniciado ya la construcción, los inversores vendieron las acciones existentes para satisfacer las llamadas de capital. Para mediados de octubre de 1845, todo había terminado. En un reportaje sobre el fiasco, *The Times of London* incorporó la palabra *burbuja* al vocabulario financiero popular cuando proclamó: «Una portentosa burbuja de riqueza revienta ante nuestros ojos».[130]

Los locos años veinte

La burbuja bursátil de los años veinte fue Minsky en estado puro. Primero: había «desplazamiento» a raudales. Los inicios del siglo XX conocieron un ritmo de innovación sólo superado en el período posnapoleónico. La aeronave, el automóvil, la radio, el generador eléctrico y los aparatos que alimentaba —*in primis*, la bombilla de Edison— entraron en escena en el espacio de pocas décadas. Segundo: una expansión del crédito abrió las esclusas de la inversión.

Si tuviéramos que asignar una culpa personal por la burbuja bursátil de los años veinte, es probable que recayera en Winston Churchill. Como canciller de Hacienda, reinstauró el patrón oro y fijó la libra esterlina a su valor previo a la contienda de 4,86 dólares. A causa de la inflación de guerra británica, se trataba de una supervaloración que encareció los bienes británicos en el extranjero y abarató los bienes extranjeros en el Reino Unido. El resultado fue un enorme desequilibrio entre importaciones y exportaciones que no tardó en agotar las reservas de oro del Tesoro británico. La solución tradicional para una balanza comercial negativa es que tus socios comerciales extranjeros reduzcan sus tipos. Dado que unas tasas de interés bajas hacen que invertir en

130. Bernstein, *The Delusions of Crowds*, 99-121; Chancellor, *Devil Take the Hindmost*, 151-122, cita, 140. Para la descripción contemporánea definitiva de este episodio, véase Francis, *History of the English Railway*.

tus socios no resulte atractivo, el dinero sale de esos países y vuelve al tuyo, restaurando así el equilibrio comercial.

Por desgracia, los bajos tipos de interés en Estados Unidos también expandieron el crédito. En 1927, el país se hallaba en pleno auge económico, y lo último que su sobrecalentada economía necesitaba era el abaratamiento del crédito que traería consigo la reducción de los tipos de interés que solicitaban los británicos. La mayoría de las autoridades financieras estadounidenses se dieron cuenta de que era una idea nefasta. Desafortunadamente, Benjamin Strong, presidente del Banco de la Reserva Federal, y Montagu Norman, gobernador del Banco de Inglaterra, eran amigos íntimos. El primero atizó el fuego rebajando los tipos de interés.[131]

El tercer ingrediente de las burbujas también estaba presente. Habían pasado más de veinte años desde el último crac bursátil en 1907, en el cual los precios de las acciones cayeron un 48 %, y no quedaban suficientes testigos vivos para advertir sobre los riesgos de la especulación en bolsa. Casi al mismo tiempo, se añadió el ingrediente final cuando millones de ciudadanos corrientes, ignorando por completo los principios de la valoración de activos, fueron arrastrados al mercado por la tentación al ver cómo sus amigos y vecinos se enriquecían sin ningún esfuerzo. Se les sumaron decenas de miles de profesionales que tendrían que haberse mostrado más prudentes. A lo largo de los posteriores dos años y medio, los precios de las acciones aumentaron más de un 150 % antes de los infaustos «días negros» de octubre de 1929, cuando volvieron a caer un 48 % respecto a su máximo de finales de verano, para luego seguir hundiéndose hasta el 10 % menos de tres años más tarde.

¿Por qué manías?

A estas alturas, deberías tener perfectamente claro que las burbujas y los colapsos son una característica ineludible de los mer-

131. John K. Galbraith, *The Great Crash* (Nueva York: Houghton Mifflin, 1988), 1-42.

cados financieros desde el siglo XVII, cuando los orfebres ingleses inventaron la banca de reserva fraccionaria.[132] Al mismo tiempo, Bacon inventó el método científico, que trajo consigo un flujo estable de «desplazamiento» de Minsky y, por ende, la riqueza del mundo moderno.

Minsky, quien falleció en 1996, nos enseñó que este ciclo es el resultado inevitable de una moneda elástica con la que los bancos, tanto el banco central del gobierno (la Reserva Federal) como los privados, pueden expandir y contraer la oferta monetaria. Además, comprendió que dicha expansión y contracción se produce en todos los ámbitos de la economía de mercado, no sólo en la vivienda, sino también en la administración corporativa y en los mercados de renta variable y fija.

La famosa «hipótesis de inestabilidad» de Minsky postula que, en un entorno financiero seguro y estable, los banqueros conservadores, sabedores de los beneficios obtenidos por sus colegas menos cautelosos, comienzan a aceptar a prestatarios más arriesgados e inician así un proceso de continua rebaja de los criterios de préstamo.

Al final, el riesgo crediticio se desboca y se produce un estallido, los prestamistas e inversores redescubren la prudencia y el ciclo comienza de nuevo. Más o menos, este proceso parece ocurrir una vez por década. En resumidas cuentas: la estabilidad entraña inestabilidad, y la inestabilidad entraña estabilidad, en una danza conjunta entre prestamistas y prestatarios que pasa por avariciosos *swings* y temerosos tangos.[133]

Lo que vuelve los mercados financieros susceptibles a manías y crisis no es sólo su naturaleza intrínseca, sino también la propia naturaleza humana. Pese a que es posible que la banca central moderna haya amortiguado estos ciclos, también podría ser

132. Algunos historiadores de las finanzas atribuyen la invención de la banca de reserva fraccionaria a la fundación del Riksbank sueco en 1668, pese a que los depósitos efectuados por los primeros comerciantes ingleses son anteriores.

133. Hyman Minsky, *Stabilizing an Unstable Economy* (New Haven, CT: Yale University Press, 1986), 197-220.

que la reciente proclividad de los banqueros centrales a responder heroicamente a las recesiones económicas con herramientas monetarias novedosas, como la expansión cuantitativa, haya aumentado la frecuencia de las burbujas en las últimas décadas.

El famoso libro de Mackay relataba delirios colectivos en ámbitos que iban mucho más allá de las finanzas, como la religión, la vestimenta, la salud, el vello facial e incluso los asesinatos por envenenamiento. Como el reciente sistema de creencias QAnon —una teoría de la conspiración en que creería hasta un 20 % de la población de Estados Unidos— muestra, no se puede decir que hayamos superado esta alarmante tendencia.

¿Qué hay exactamente en la naturaleza humana que nos predispone a los delirios colectivos? A riesgo de pecar de simplista, podríamos decir que la especie humana es el simio que imita y el simio que cuenta historias.

Hace entre 50.000 y 100.000 años, los humanos modernos partieron del norte de África para poblar todos los continentes salvo la Antártida. Algo más notable aún: a partir de hacia 10.000 a. C., la humanidad se extendió por todo el Nuevo Mundo, desde el océano Ártico hasta la Tierra del Fuego, en apenas unos miles de años.

Por el camino, los seres humanos tuvieron que aprender cómo construir kayaks en el Ártico, cazar búfalos en las Grandes Llanuras y fabricar cerbatanas venenosas en el Amazonas. No es probable que la evolución humana se desarrollara tan rápido como para adquirir estas diversas habilidades de manera innata del mismo modo en que, por ejemplo, las aves construyen nidos o las termitas colonias.

En lugar de codificar en nuestros genes una habilidad específica para construir kayaks, cazar búfalos o fabricar cerbatanas venenosas, la evolución nos dotó de la capacidad genérica de imitar. Dada una población lo bastante grande y una dosis suficiente de ensayo y error, los miembros de una tribu terminarán por averiguar cómo construir un kayak fiable, y el resto pueden limitarse a imitar con precisión el procedimiento.[134]

134. Robert Boyd y Peter J. Richerson, «Culture and the Evolution of Hu-

Imitamos más que casi cualquier otra especie animal. Tan pronto como alguien crea una innovación útil, los demás la adoptan con rapidez. No obstante, esta propensión también nos lleva a amplificar conductas desadaptativas, en especial delirios colectivos de toda índole, como la tendencia de las sociedades modernas a participar en manías financieras.

También somos el simio que cuenta historias. Cuando nuestros antepasados necesitaban comunicarse entre sí para sobrevivir, desde luego no lo hacían con el tipo de herramientas matemáticas utilizadas por un inversor competente. La modalidad comunicativa principal era —y sigue siendo— la narración: «Tú vas por la derecha, yo voy por la izquierda y acosaremos al mastodonte desde ambos lados».

Somos animales narradores, y un relato convincente, no importa cuán engañoso sea, se impondrá en la mayoría de las ocasiones a la realidad de los hechos. No es sólo que las personas respondan más a las narrativas que a los datos, sino que estudios preliminares demuestran que, cuanto más sugestiva resulta la historia, más menoscaba nuestras aptitudes para el pensamiento crítico.[135] Dicha investigación también apunta a un conflicto de intereses intrínseco entre proveedores y consumidores de opinión. Los primeros —quizá tu agente de bolsa o un comentarista en la CNBC— buscan persuadir, y para ello urdirán narrativas lo más convincentes posible, mientras que un inversor debería esforzarse por evitar tales cuentos y atenerse a los datos y a su disciplina analítica.

Cómo detectar una burbuja

Los defensores de la hipótesis del mercado eficiente (HME, descrita en el capítulo tercero) reculan ante la idea misma de

man Cooperation», *Philosophical Transactions of the Royal Society*, 364:1533 (12 de noviembre de 2009): 3281-3288.

135. Melanie C. Green y Timothy C. Brock, «The Role of Transportation in the Persuasiveness of Public Narratives», *Journal of Personality and Social Psychology*, 79:5 (2000): 701-721.

las burbujas de acciones. Según afirmó el inventor de la HME, Eugene Fama: «La palabra *burbuja* me produce escalofríos, en serio».[136]

La aversión de los entusiastas de la HME hacia la existencia de burbujas resulta comprensible. El núcleo de las finanzas modernas elabora y pone a prueba modelos matemáticos del comportamiento del mercado. La afirmación de Isaac Newton de que podía calcular las evoluciones de los cuerpos celestes, pero no la locura de los hombres es con toda probabilidad apócrifa, pero evoca una verdad más profunda. Si el padre de la mecánica clásica no pudo describir una burbuja en términos matemáticos, quizá nadie nunca lo haga.

Desde tiempos de Newton, los economistas han tratado de predecir el surgimiento de burbujas en función de la velocidad y la magnitud de las subidas de los precios. El académico William Goetzmann, por ejemplo, descubrió que los mercados que doblaban de precio en un año tan sólo tenían una probabilidad del 7 % de reducirse a la mitad en el próximo y del 17 % en los cinco años siguientes. Dicho de otro modo: las burbujas son raras, y la mayoría de los mercados boyantes no terminan en un precipicio.[137]

El juez del Tribunal Supremo Potter Stewart abordó la definición objetiva de un fenómeno social complejo desde una perspectiva distinta en el caso Jacobellis contra Ohio:

> En virtud de la primera y la decimocuarta enmiendas, la Constitución limita el código penal en este ámbito a la pornografía *hardcore*. No trataré hoy de ahondar en los tipos de materiales que entiendo cubiertos por esta descripción taquigráfica, quizá nunca lograra hacerlo de manera inteligible. *Pero la reconozco cuando la veo* [cursivas añadidas].[138]

136. David Kestenbaum, «What's a Bubble?» <http://www.npr.org/sections/money/2013/11/15/245251539/whats-a-bubble>, disponible el 1 de agosto de 2016.

137. William N. Goetzmann, «Bubble Investing: Learning from History», NBER Working Paper N.o 21693, octubre de 2015.

138. <https://www.law.cornell.edu/supremecourt/text/378/184>, disponible el 1 de agosto de 2016.

Así como Newton no podía modelizar la locura de los hombres y Fama se arredra ante la sola mención de la palabra *burbuja*, la famosa alocución de Stewart transmite que, aunque no podía proporcionar un modelo lingüístico para la pornografía *hardcore*, sabía a qué se refería. Lo mismo cabe decir de las burbujas. A pesar de que no podemos elaborar un modelo matemático para ellas, sin duda sabemos reconocer una cuando la vemos.

Las manías financieras tratadas hasta ahora —la Compañía del Misisipi, la Compañía de los Mares del Sur, los ferrocarriles ingleses y el mercado bursátil de los años veinte— exhibieron todas cuatro rasgos muy característicos.

En primer lugar, la especulación financiera se convierte en el principal tema de conversación cotidiana e interacción social, llegando a degenerar en desorden público, como en el episodio que describió Mackay frente a la casa de John Law: «Duques, marqueses y condes, con sus duquesas, marquesas y condesas, aguardaban en la calle durante horas cada día ante la puerta del Sr. Law [...] para estar cerca del templo desde donde el nuevo Plutón estaba esparciendo la riqueza».[139]

Las calles de los cafés donde se negociaban acciones se volvieron intransitables. Un historiador dejó escrito:

> A lo largo y ancho del país, las mentes de los hombres estaban absortas en el mismo tema. Las políticas de partido no se ocupaban de otra cosa. *Whigs* y *tories* dejaron de reñir, y los jacobitas dejaron de maquinar. En cada taberna, en cada camino, por todo el país, se hablaba de lo mismo. En Aberystwith y Berwick-on-Tweed, en Bristol y St. David's, en Harwich y Portsmouth, en Chester y York, en Exeter y Truro —casi donde acaba la tierra— las conversaciones sólo giraban en torno a las acciones de la Compañía de los Mares del Sur, nada más.[140]

139. Charles Mackay, *Memoirs of Extraordinary Popular Delusions* (Londres: Office of the National Illustrated Library, 1852), I:84.55; Andrew Odlyzko, «Charles Mackay's Own Extraordinary Delusions and the Railway Mania», <https://papers.ssrn.com/sol3/papers.cfm?abstract_id=1927396>.

140. William Harrison Ainsworth, *The South Sea Bubble* (Leipzig: Bernhard Tauchnitz, 1868), 48-49.

Durante los años veinte, las personas se hacinaban en las salas públicas de las corredurías, esperando con ansia que se anunciaran los precios de los títulos. Frederick Lewis Allen evoca cómo en aquella época:

> Las historias de fortunas amasadas en el transcurso de una sola noche andaban en boca de todo el mundo. Un comentarista financiero refería que su médico se quejaba de que sus pacientes no hablaban de otra cosa que del mercado, de manera compulsiva, y que su barbero interrumpía con la toalla caliente más de una perorata sobre las perspectivas de Montgomery Ward. Las mujeres espoleaban a sus maridos preguntándoles por qué eran tan lentos, por qué no trataban de subirse al carro, para escuchar que acababan de comprar cien acciones de American Linseed esa misma mañana.[141]

Los noventa conocieron una obsesión casi idéntica con la inversión en bolsa: eran tantas las historias de las riquezas que podían acumularse sin esfuerzo con acciones de puntocom que uno no podía asistir a un acto social o coger un taxi sin oír hablar de Juniper Networks o Cisco. Uno de los acontecimientos inaugurales de esa época fue la tumultuosa oferta pública de venta (OPV) de Netscape, que desarrolló el primer navegador de internet de uso generalizado. El día de la OPV, el 9 de agosto de 1995, en la oficina de Morgan Stanley, más de doscientos agentes atendieron las llamadas de clientes ansiosos por acciones de Netscape, en una ensordecedora algarabía de timbres. Jerry Garcia, de la banda Grateful Dead, falleció aquel día de un infarto masivo. Según se cuenta, sus últimas palabras fueron: «¿A *cuánto* abrió Netscape?».[142]

El segundo rasgo característico de las burbujas es que un número considerable de personas corrientes abandonan empleos seguros y bien remunerados por la especulación financiera a jornada completa. Frederick Lewis Allen describió a una actriz que,

141. Allen, *Only Yesterday*, 288.
142. Richard Karlgaard, «The Ghost of Netscape», *The Wall Street Journal*, 9 de agosto de 2005, A10.

durante los años veinte, convirtió su residencia en Park Avenue en una pequeña correduría y «se rodeó de gráficos, tablas e informes financieros, jugando en bolsa por teléfono a una escala y con un desenfreno cada vez mayores», y a un artista «que antes sólo sabía hablar de Gauguin [y que] dejó a un lado sus pinceles para proclamar las virtudes de National Bellas Hess [una casa de venta por correo ya desaparecida]».[143]

Durante la manía de las puntocom, fueron muchos los que abandonaron sus aburridos y estables puestos de trabajo para pasarse el día invirtiendo en bolsa. Los aspirantes a magnate dilapidaban varios miles de dólares en cursos de formación sobre negociación intradía, en los que los «estudiantes» solían recibir tres días de orientación seguidos por una semana de ejercicios sobre papel. Los «profesores» rezumaban optimismo: cualquiera podía tener éxito si se ceñía a las normas. En palabras de uno de ellos: «Es como el golf. Si tienes cuidado en cómo colocas tus pies, cómo levantas el palo y cómo acompañas el tiro, tendrás más probabilidades de golpear la pelota recta en lugar de hacer un *hook*. Lo mismo ocurre con las operaciones intradía».[144] Mientras los mercados creciesen, los operadores intradía tendrían un 50 % de probabilidades de éxito, pero al igual que sucedió con las empresas de buceo en los años veinte y con la burbuja del ferrocarril, apenas el cielo se oscureció, la mayoría se arruinó.

La tercera y más constante característica de toda burbuja es la vehemencia con que los creyentes arremeten contra los escépticos. A finales de los años veinte, Paul Warburg, cuya familia acumulaba siglos de experiencia en la banca, advirtió que la inflación de las valoraciones y la explosiva proliferación de los préstamos con margen habían provocado una «orgía de especulación desenfrenada» que no sólo terminaría por arruinar a los especuladores, sino que «traería una depresión generalizada que arrastraría a todo el país».[145]

143. Allen, *Only Yesterday*, 273-274.

144. Mike Snow, «Day-Trade Believers Teach High-Risk Investing», *The Washington Post*, 6 de julio de 1998.

145. Chancellor, *Devil Take the Hindmost*, 210.

El público respondió a este certero pronóstico con desdén y velados insultos antisemitas. El calificativo más suave que dedicaron a Warburg fue *rancio*; otros observadores más furibundos lo acusaron de «sabotear la prosperidad americana».[146]

Setenta años más tarde, se lanzarían casi las mismas invectivas contra los escépticos de la burbuja de internet. Recuerdo a colegas que me decían que yo no entendía que «internet lo cambia todo». Escuché más de una vez la frase de cuatro palabras característica de cualquier burbuja moderna: «Sencillamente no lo pillas».

El cuarto y último síntoma de una burbuja es la aparición de predicciones extremas. La crisis de la Compañía de los Mares del Sur vino precedida de vaticinios de que España cedería como por milagro su monopolio comercial con el Nuevo Mundo a Inglaterra. En el capítulo tercero, aludimos a la desafortunada proclamación de Irving Fisher de octubre de 1929 de que «las acciones han alcanzado lo que parece ser un perpetuo altiplano». Un ejemplo incluso más grotesco de esta clase de hiperoptimismo vino del difunto empresario de los antivirus, John McAfee, quien en 2017 declaró que si el precio de Bitcoin no llegaba a 500.000 dólares en tres años, «Me comeré mi propia polla en la televisión nacional», una apuesta perdida de la que por suerte abjuró.[147]

¿Te estoy aconsejando que anticipes el mercado?

Rotundamente *no*: no sugiero que anticipes el mercado. En primer lugar, como concluyó el profesor Goetzmann, las burbujas son raras, y la mayoría de los aumentos drásticos en los precios no van seguidos de un súbito hundimiento. Por el contrario, el

146. Alexander Dana Noyes, *The Market Place* (Boston: Little, Brown and Company, 1938), 323-324.

147. Lionel Laurent, «What Bitcoin Is Really Worth May No Longer Be Such a Mystery», <https://www.bloomberg.com/news/features/2018-04-19/what-bitcoin-is-really-worth-may-no-longer-be-such-a-mystery>, disponible el 25 de julio de 2018.

enfoque más sensato consiste en ignorarlas y mantener el rumbo con una combinación prudente de fondos indexados a acciones y bonos del Tesoro (o certificados de depósito, o un fondo indexado a bonos de alta calidad), que requerirá de unos ciertos ajustes durante las manías.

Lo mismo ocurre con el tema del próximo capítulo, «pánicos y cracs», que también exigirá comprar acciones por idéntico motivo. En ambos casos, haz oídos sordos a las habladurías de tus vecinos, apaga la CNBC, cierra el navegador y aferra con fuerza el timón.

RESUMEN DEL CAPÍTULO NOVENO

- Desde el advenimiento de la banca de reserva fraccionaria y el racionalismo científico hace cuatro siglos, las oleadas de auges y caídas económicos han barrido el sistema financiero mundial y expuesto a los inversores tanto a burbujas como a pánicos. Además, navegamos en mercados financieros de la era espacial con cerebros de la Edad de Piedra.
- El inversor debe mantenerse especialmente avizor ante los indicios típicos de una manía financiera: narrativas de inversión optimistas que calan en toda la sociedad, una avalancha de inversores legos que pasan a dedicarse a tiempo completo a jugar en bolsa, una abierta hostilidad contra los escépticos y predicciones de revalorizaciones que no conocen límites.

10

Y caídas

Cómo los ricos se hacen todavía más ricos

En la edición de *The Wall Street Journal* del 29 de marzo de 2013, el periodista Jonathan Cheng publicó una descripción ya clásica de la costosa psicología del mercado bajista. Sus protagonistas eran un matrimonio de galenos afables y atractivos, Lucie White y Mark Villa:

> Cuando los precios de las acciones se desplomaron en 2008, la mitad de los ahorros de Lucie White y su marido, ambos médicos en Houston, se evaporaron de un plumazo. Sintiendo que habían recibido un «golpe bajo», dice ella, renegaron de la bolsa y depositaron su dinero restante en un banco.[148]

En abril de 2013, a medida que los precios de las acciones aumentaban por encima de sus niveles previos a 2008, la pareja contrató a un asesor financiero y volvió a invertir en renta variable. «Lo que en realidad nos hizo reaccionar fue ver nuestro dinero quieto mientras el S&P subía —dice White, una dermatóloga de treinta y nueve años—. No queríamos quedarnos fuera.»[149]

148. Jonathan Cheng, «Mom and Pop Run with the Bulls», *The Wall Street Journal,* 29 de marzo de 2013.
149. Ibídem.

Las cosas podrían haberles ido bien, suponiendo que hayan permanecido en el mercado desde entonces, pero quedarse fuera entre noviembre de 2008 y abril de 2013 les habrá pasado factura. Durante esa ventana de cuatro años y medio, cualquier inversión en el S&P 500 multiplicó su valor por más de dos.

Es muy fácil chasquear la lengua con reprobación ante la estrategia de comprar alto y vender bajo del matrimonio Villa/White. Todos experimentamos las mismas reacciones psicológicas a los mercados financieros. Nos invade el miedo durante los hundimientos y la euforia o el terror de quedarnos al margen durante los auges, dependiendo de cómo de agresivo sea nuestro estilo de inversión.

La experiencia de Villa y White ilustra lo que los financieros llaman la brecha ponderada por dólar-tiempo, siendo el mejor ejemplo las decisiones inoportunas de los inversores en fondos mutualistas, quienes obtienen en promedio una rentabilidad anualizada entre un 1,0 y un 1,5 % más baja que los fondos subyacentes que poseen.[150]

Esta brecha ponderada por dólar-tiempo lleva a una pregunta que no se plantea muy a menudo. Las acciones que el matrimonio Villa/White vendió no desaparecieron por obra de magia. *Alguien* debió comprárselas, y más tarde *alguien* debió venderlas de nuevo con un sustancioso margen de beneficio. ¿Quién exactamente compró estos títulos a bajo precio en 2008 y los vendió más caros en 2013?

El problema radica en que ni los investigadores más acreditados pueden identificar con precisión a esos *álguienes*, aunque los principales sospechosos son fondos de cobertura, fondos de dotación, inversores particulares de inmensa riqueza y las corporaciones cuyas acciones se negocian.

150. Ilia D. Dichev, «What Are Stock Investors' Actual Historical Returns? Evidence from Dollar-Weighted Returns», *American Economic Review*, 97:1 (marzo de 2007): 384-401; Thomas Dvorak, «Timing of Retirement Plan Contributions and Investment Returns: The Case of Defined Benefit Versus Defined Contribution», *The BE Journal of Economic Analysis & Policy*, 12:1 (2012): 1-24.

Estas últimas destacan como las contrapartes más probables. Las OPV tienden a concentrarse en los mercados boyantes, por lo que los inversores suelen pagar de más por tales títulos y terminan obteniendo rendimientos inferiores al mercado. Piensa en lo que ocurre cuando una *start-up* tecnológica de propiedad privada con activos desdeñables vende la mitad de sus acciones al público a un precio inflado. Los antiguos propietarios poseen ahora una gran cantidad de efectivo con la que antes no contaban, mientras que los nuevos titulares de acciones, quienes sólo poseen la mitad de las acciones, a menudo pagan un precio excesivo por ellas.[151] (Los bancos de inversión aplican esta metáfora a los compradores de OPV: «Los patos están graznando. Dales de comer».)

¿Quién, entonces, compra acciones cuando el mercado atraviesa horas bajas? Podemos hallar una pista en el diario de 1931 de Benjamin Roth, un abogado de Ohio que, sabedor de estar viviendo tiempos trascendentales, registró sus observaciones profesionales y personales. Cuando más tarde su hijo Daniel comenzó a ejercer la abogacía, su padre hizo que leyera esas notas escritas en los años de la Depresión para que pudiera entender mejor los traumas psicológicos que sufrían sus clientes. En 2008, en lo más crudo de la reciente crisis financiera global, el nieto de Benjamin, Bill Roth, remitió las notas al periodista financiero James Ledbetter, quien reconoció de inmediato su pertinencia actual y, junto con Daniel Roth, las publicó bajo el título *The Great Depression: A Diary*.[152]

Sin duda el pasaje que más resuena en un inversor es la entrada del 11 de diciembre de 1931, siete meses antes de julio de 1932, cuando el Dow finalmente tocó fondo casi un 90 % por debajo de su pico de 1929:

151. Jay Ritter, «The Long-Run Performance of Initial Public Offerings», *The Journal of Finance*, 46:1 (marzo de 1991): 3-27; y Ilia Dichev, comunicación personal.

152. Benjamin Roth, *The Great Depression: A Diary* (Nueva York: Public Affairs, 2009), vii-xxiv.

> Un joven hombre casado, muy conservador y con una gran familia a la que mantener, me dice que [...] pidió una nueva hipoteca [sobre su casa ya pagada] por 5.000 dólares e invirtió ese dinero en acciones para una inversión a largo plazo. Creo que en dos o tres años obtendrá un pingüe beneficio. La percepción general es que es un buen momento para adquirir acciones y bonos de calidad a precios muy atractivos. *El problema es que nadie cuenta con el efectivo para comprar* [cursivas añadidas].[153]

Resulta obvio, como Roth documentó, que *alguien* disponía de la liquidez para comprarlas, al igual que sucedió con el matrimonio Villa/White en 2008. En este caso, el audaz joven Roth probablemente no fuera representativo de los compradores de renta variable en mercados bajistas. Se cuenta que J. P. Morgan afirmó que, «en los mercados bajistas, las acciones vuelven a sus legítimos dueños». El académico, periodista y biógrafo Matthew Josephson parafraseó a Morgan:

> [Durante un pánico bursátil] se producen muchas víctimas, crueles trasvases de fortunas particulares. No obstante, quien posee siquiera una pizca de capital no afectado se asemeja a quien ve correr el tiempo en un reloj de arena, sabiendo que, llegado el momento, podrá darle la vuelta y comenzar el proceso de nuevo.[154]

Pero ¿quién dispone del «capital no afectado» para comprar títulos a quienes están pasando apuros o han entrado en pánico? Los más ricos de la sociedad, que cuentan con suficientes activos seguros para cubrir con creces sus gastos de manutención y comprar acciones a precio de saldo. Pensemos en un jubilado o heredero con una tasa de consumo del 1 %; o en Warren Buffett, cuya participación del 20 % de Berkshire Hathaway en letras del Tesoro basta por sí sola para mantener a muchas futuras generaciones de Buffett; o, a efectos de este libro, en el joven con una

153. Ibídem, 44.

154. Matthew Josephson, *The Robber Barons* (Nueva York: Harcourt, Inc., 1934), 177. Gracias al profesor Richard Sylla por señalarme esta cita.

pequeña cartera de inversión y un empleo seguro que comprende que su potencial profesional equivale a una gran suma de capital *humano* no afectado.

No es posible exagerar la importancia de poseer una gran cantidad del «capital no afectado» de Josephson. Cuenta cualquier cosa con una garantía gubernamental: bonos del Tesoro a corto plazo, certificados de depósito, depósitos garantizados por la FDIC e incluso esos títulos verdes. Aunque los intereses sobre el efectivo pueden en ocasiones ser escuálidos, su rendimiento psicológico es inmenso. Se trata de un elixir de serenidad que mantiene a raya las asechanzas shakespearianas de la inversión, según se manifiestan en el temor y la codicia que nos invaden y en los desastres que jalonan la historia financiera, para que los fundamentos matemáticos puedan cumplir su cometido.

En lo que queda de capítulo, veremos a qué se parecen sobre el terreno los peores tiempos, qué lleva a tanta gente a la ruina en esos períodos, y cómo gestionar tu «capital no afectado» para que el resto de tus ahorros puedan seguir disfrutando de la magia ininterrumpida del interés compuesto.

El volumen clásico de Edward Chancellor sobre los auges y caídas, *Devil Take the Hindmost*, señala que las manías financieras representan un sueño colectivo a escala social de riqueza sin límites. Al principio, el despertar produce una sensación de zozobra, luego quiebras masivas y, por último, la persecución y el castigo de los promotores de la euforia. Cita una carta redactada justo después del estallido de la burbuja de la Compañía de los Mares del Sur por el poeta Alexander Pope para Francis Atterbury, obispo de Rochester. Éste había advertido a aquél sobre la manía, y la misiva de Pope admite no sin cierto reparo que Atterbury estaba en lo cierto. El texto describe con hermosura el brusco despertar de Inglaterra de su estado onírico:

> El final del plan de la Compañía de los Mares del Sur ha confirmado cuanto me dijo mucho antes de lo que esperaba. La mayo-

> ría de las personas pensaron que llegaría ese momento, pero nadie se preparó para ello; nadie pensó que llegaría como *un ladrón en la noche*, exactamente igual que llega la muerte [cursiva original].[155]

Así como la abundancia de crédito a comienzos del siglo XVIII impulsó el auge de los precios, el colapso que se muestra en la figura 10.1 secó casi de inmediato todas las líneas crediticias. John Carswell, el más destacado historiador moderno del episodio del ferrocarril del siglo XVIII, relató la desaparición del crédito que sume a toda una sociedad en el pánico y atrofia su sistema financiero tras el estallido de una burbuja:

> Una maraña de líneas crediticias arruinadas se extendía por todo el país como una vasta enredadera que se marchita. El caballero en Exchange Alley que se excusó de haber estafado a su cochero aduciendo que «él también había sido estafado» ofrece una imagen universal de impago... Todo el sistema de crédito que se había ido desarrollando poco a poco con la expansión de la economía desde mediados del siglo anterior se vino abajo de improviso.[156]

El efectivo antes abundante se esfuma y se convierte en el bien más preciado de una sociedad: recuerda el «capital no afectado» de Josephson y la pila de letras del Tesoro de Buffett. Al verse de pronto privadas de crédito para comprar suministros y pagar a sus empleados, las empresas sucumben en una reacción en cadena que se propaga como la pólvora a los proveedores y acaba con un desempleo masivo. Los bancos se sumen en un círculo vicioso entre la evaporación crediticia y la destrucción del tejido comercial, y terminan por quebrar.

155. Alexander Pope, *The Works of Alexander Pope Vol. IX* (Londres: John Murray, Ablemarle St., 1866), 20.

156. John Carswell, *The South Sea Bubble* (Londres: The Crescent Press, 1961), 191.

Figura 10.1. Precio de las acciones de la Compañía de los Mares del Sur, 1719-1722

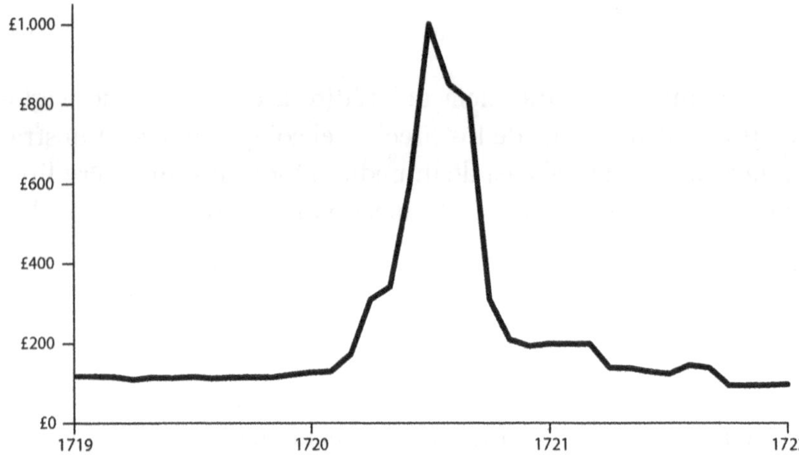

Fuente: Neal, *The Rise of Financial Capitalism.*

Según cuenta Carswell, la situación en la Inglaterra de 1720 era especialmente funesta. Su sofisticado sistema financiero, nacido al calor del acuerdo de la Revolución de 1689 y de la fundación del Banco de Inglaterra en 1694, apenas existía desde hacía una generación. Muchos temían un retroceso permanente a la pobreza medieval y la guerra civil. La encarnación más reciente de este miedo fue el meme sobre la «nueva normalidad» que siguió a la crisis financiera de 2007-2009.

Sin embargo, los criterios de Minsky para las burbujas funcionan igual de bien al revés. Una pérdida generalizada de fe en que las nuevas tecnologías, antes de moda, puedan curar los males que aquejan al sistema se combina con una contracción de la liquidez para precipitar una catástrofe económica. A esas alturas, la conciencia de que a los colapsos los siguen recuperaciones ha caído víctima de la amnesia, como también el recuerdo de las anteriores burbujas. Finalmente, los inversores incapaces de echar números en la tendencia alcista no adquirirán por ciencia infusa la capacidad de reconocer gangas en la tendencia bajista.

Encontrar la piñata

El humorista financiero Fred Schwed observó: «El cliente afectado prefiere creer que ha sido robado antes que reconocer que ha sido un idiota aconsejado por otros idiotas», una dinámica muy común después de que reviente una burbuja.[157]

En 1721, a instancias no sólo de los electores agraviados, sino también de sus propios diputados estafados, el Parlamento investigó la caída de los precios de las acciones y la inmensa fortuna acumulada por el arrogante presidente de la Compañía de los Mares del Sur, John Blunt, sus colegas y, en particular, el miembro del gobierno y canciller de Hacienda John Aislabie. El Parlamento forzó a este último a dimitir, lo encerró en la Torre de Londres y expulsó a otros seis diputados. El rey Jorge I, beneficiario del grueso de la compañía en forma de acciones depreciadas, se convirtió en el hazmerreír del público y evitó por poco las sanciones.

Hubo quienes hablaron de encarcelar e incluso ahorcar a los directores de la compañía, un destino del que se libraron por los pelos abonando una fianza tras un breve paso por prisión. En su lugar, el Parlamento confiscó sus inmuebles para compensar a los afectados, lo que permitió a Blunt conservar 5.000 de sus 187.000 libras en activos.[158]

La Ley sobre Burbujas, que se promulgó en el clímax de la manía, no sólo puso coto a las empresas especulativas, sino que también contribuyó inadvertidamente a hundir la Compañía de los Mares del Sur. Permaneció en vigor durante más de un siglo. Como no podía ser de otro modo, la amnesia obraría su entrópica magia para permitir el resurgimiento del espíritu animal del mercado en las burbujas ferroviarias del siguiente siglo.

A diferencia del abrupto reventón de las dos burbujas del siglo anterior, la deflación de las acciones de la compañía del ferroca-

157. Schwed, *Where Are the Customers' Yachts?*, 155.

158. Carswell, *South Sea Bubble*, 221-259. Acerca de las breves estancias en prisión, Andrew Odlyzko, comunicación personal.

rril se desarrolló a cámara lenta. La figura central en esta historia fue un carismático empresario de nombre George Hudson, quien durante las décadas de 1830 y 1840 emitió títulos que repartían generosos dividendos mucho antes de que se construyeran sus líneas ferroviarias, financiando los pagos con la venta de ulteriores acciones, en lo que hoy llamaríamos un esquema Ponzi. Para finales de la década de 1840, el proyecto de Hudson se encontraba acorralado por líneas competidoras. En un intento desesperado por romper el cerco de sus adversarios, anunció más extensiones de sus líneas y emitió un número todavía mayor de títulos. Finalmente, en 1847, el Parlamento ilegalizó los pagos con capital obtenido a partir de la venta de acciones recién emitidas y el castillo de naipes se vino abajo.[159] Ese mismo año, el Banco de Inglaterra asestó el golpe de gracia con un aumento de la tasa de descuento del 3,5 al 5,0 %.

Las acciones del ferrocarril no cayeron tanto como durante la burbuja de la Compañía de los Mares del Sur, ni siquiera como durante los grandes mercados bajistas del siglo XX. Por el contrario, el apalancamiento inherente a su mecanismo de compra por suscripción, en la cual los compradores sólo tenían que adelantar una fracción del precio completo de la acción, resultó en una devastación total:

> Familias enteras se arruinaron. Habría sido difícil encontrar una sola ciudad importante en Inglaterra en que no se cometiera algún trágico suicidio. Hijas de buenas familias se veían forzadas a salir a ganarse el sustento. Se sacaba a los hijos de las academias, se rompían las familias, y los representantes de la ley profanaban los hogares. Todos los lazos sociales se vieron afectados... Hombres que habían llevado una vida confortable e independiente contrajeron de golpe una deuda que en modo alguno podían pagar. En algunos casos, entregaron todo cuanto poseían y comenzaron de nuevo; en otros, dejaron el país para huir al continente, se rieron de sus acreedores y retaron a sus perseguidores. Se emitieron cuatrocientas ór-

159. Richard S. Lambert, *The Railway King* (Londres: George Allen & Unwin Ltd., 1964), 207.

> denes judiciales contra un caballero. A otro en similar coyuntura se le ofreció saldar todas sus deudas si pagaba 15.000 libras, a lo que respondió zarpando en su yate para olvidar todos sus apuros en los bellos paisajes del Mediterráneo.[160]

A diferencia de las dos burbujas de 1720 en París y Londres, la fiebre del ferrocarril legó a Inglaterra una valiosa infraestructura que se conjugó con el buque de vapor para sustentar el dominio militar y económico británico en todo el mundo en el siglo XIX. Sin darse cuenta, los arruinados inversores se convirtieron así en capitalistas filántropos, cuyos sacrificios de inversión beneficiaron a las generaciones venideras.

Lo mismo sucedería en los años veinte, cuando los inversores perdieron sus ahorros en las acciones de las compañías eléctricas de Samuel Insull, que hicieron funcionar miles de fábricas y alumbraron millones de hogares. Y también en los noventa, cuando la empresa Global Crossing de Gary Winnick desplumó a sus accionistas, pero también construyó una parte considerable de la actual red de cables submarinos.

Wall Street mete la pata

El número de finales de octubre de 1929 de la revista de entretenimiento *Variety* abrió con el mordaz titular «Wall Street Lays an Egg» ['Wall Street mete la pata'].

Primero llegó el terror. En los menguantes días del verano de 1929, nadie se preocupó demasiado por el precio de cierre del Dow del 3 de septiembre, que alcanzó un mínimo histórico de 381 puntos, ni tampoco por su posterior declive del 10 % hasta finales de ese mes. A lo largo de la década anterior, breves correcciones habían jalonado la marcha constante hacia nuevos picos.

Octubre de 1929, en cambio, sería recordado por mucho tiempo, no sólo por los historiadores de las finanzas, sino por el

160. Francis, *History of the English Railway*, II:195-196.

público general. En las tres jornadas de negociación entre el viernes 18 y el lunes 21 de octubre, la bolsa cayó otro 6 %. (En aquel entonces, también abría los sábados.) El 21 de octubre fue especialmente turbulento, con una bajada del Dow de alrededor del 3 % al mediodía, antes de repuntar y terminar cerrando con una pérdida del 1 %. Lo que resultó más alarmante fue el volumen récord de operaciones del día, que causó que el teletipo se retrasara: los ansiosos participantes no supieron cuánto habían perdido hasta 40 minutos después del cierre.

El miércoles 23 de octubre fue incluso peor, con una caída de los precios del 6,3 %. Algunos especuladores se retiraron para salvar las pocas ganancias que les quedaban, mientras que otros recibieron llamadas de margen. El siguiente día, el «jueves negro», registró una caída bursátil del 11 % para mediodía. John Kenneth Galbraith describió la escena como sigue:

> Fuera de la Bolsa, en Broad Street, podía oírse un extraño rumor. Se formó una muchedumbre. El comisario de policía Grover Whalen envió un destacamento especial a mantener el orden en Wall Street. Acudió más gente a esperar, pese a que en apariencia nadie sabía a qué. Un obrero había aparecido en la azotea de un edificio para realizar algunas reparaciones, y la multitud asumió que se trataba de un suicida y aguardaba con impaciencia a que saltara.[161]

Entre los testigos no se encontraba otro que Winston Churchill, quien por aquel entonces arrastraba el estigma de ser el autor del desastroso desembarco en Galípoli y el incompetente ministro de Hacienda que tanto había contribuido a la debacle que presenciaba ese día desde la galería de la Bolsa. (Él mismo describió sus interacciones con sus asesores como sigue: «Si hubieran sido soldados o generales, habría entendido de qué estaban hablando. Utilizaban una jerigonza incomprensible».)[162]

161. John Kenneth Galbraith, *The Great Crash 1929* (Boston: Houghton Mifflin Company, 1988), 99.

162. Liaquat Ahamed, *Lords of Finance* (Nueva York: Penguin, 2009), 231.

Aportó el siguiente testimonio de un asistente:

> Esperaba ver cómo se desataba el caos, pero para mi sorpresa el espectáculo que presencié estuvo marcado por el sosiego y el orden. [Los agentes bursátiles] tienen terminantemente prohibido correr o alzar la voz de manera indebida. Así que allí estaban, yendo y viniendo como una película a cámara lenta de un hormiguero agitado, ofreciéndose unos a otros inmensos lotes de títulos a un tercio de sus antiguos precios y la mitad de su valor actual.[163]

Las observaciones de Churchill desde la galería no fueron más que el preludio de ulteriores dramas. Hacia mediodía, las fuerzas vivas de Wall Street —Charles Mitchell, Albert Wiggin y Thomas Lamont, presidentes, respectivamente, del National City Bank, el Chase National Bank y el J. P. Morgan Bank, entre otros— se reunieron para rescatar el mercado. Designaron al alto y carismático Richard Whitney, director *de facto* de la Bolsa, como apoderado. Poco después, éste entró con paso firme al parqué y cerró la que posiblemente sea la operación bursátil más famosa de la historia financiera, ofreciendo 205 dólares por 10.000 acciones de U. S. Steel —muy por encima de su precio de mercado— y otras sumas similares por más de una docena de valores. Funcionó: el mercado se recuperó y cerró con una bajada de sólo el 2 %.

Whitney logró salvar ese día, pero no mucho más. En el lunes negro, el 28 de octubre, la bolsa cayó un 13 %, y en el martes negro, el 29 de octubre, otro 12 %. La camarilla que había capeado el temporal el 24 de octubre decidió salvar su propio pellejo los días 28 y 29, dejando el mercado casi un 40 % por debajo de su pico de septiembre.

Octubre de 1929 no fue más que el primer acto del episodio más largo y doloroso en la historia de las finanzas en Estados Unidos. Poco después del crac, el mercado repuntó con opti-

163. Martin Gilbert, *Winston S. Churchill* (Boston: Houghton Mifflin Company, 1977), V:333-351, cita 350.

mismo, y a inicios de 1930 se situaba a un nivel más elevado que a inicios de 1929. En el transcurso de los dos años siguientes, el Dow Jones Industrial Average siguió desplomándose, hasta tocar fondo en 41 puntos el 8 de julio de 1932, un 89 % por debajo de su máximo de 1929.[164]

El diario de Roth deja constancia de la profunda desesperación que se apoderó de su ciudad natal, Youngstown (Ohio). Se quedó atónito cuando su dentista se presentó en su puerta para pedirle que mandase a su familia a recibir tratamiento, incluso si no podían pagar de inmediato, y le contó que venían pacientes con dolor de muelas que sólo podían permitirse una extracción.

Los clientes de Roth dueños de tabernas, que por lo visto eran varios, se habían arruinado a manos de corredores de bolsa agresivos. Cuando preguntó a uno de ellos qué haría si algún día volviese a disponer de ahorros, contestó compungido que aceptaría de grado una rentabilidad del 4-5 % en bonos de calidad, un sentimiento que compartiría con las próximas generaciones de ahorradores estadounidenses.[165]

Lo que muchos historiadores no suelen mencionar es que ese enfermizo declive, que se dilató durante casi tres años, vio muchos días de ganancias igual de drásticas. Por ejemplo, el 30 de octubre, el día después del martes negro, la bolsa *subió* un 12,3 %, casi tanto como había caído el día anterior.

Durante los mercados bajistas severos, se producen subidas y bajadas de amplitud inusitada casi con igual frecuencia. De hecho, constituyen un rasgo distintivo de tales declives. Lo mismo sucedió en octubre de 2008, cuando el mercado subió en dos ocasiones más de un 10 %; a efectos comparativos, el peor día en toda la serie 2007-2009 correspondió a una caída de menos del 8 %. Volatilidad es volatilidad, ya sea al alza o a la baja, como se puede constatar en la figura 10.2.

164. Galbraith, *Great Crash 1929*, 99-119.
165. Roth, *The Great Depression: A Diary*, 15,17.

Figura 10.2. Días en los que el Dow Jones Industrial Average subió o bajó más de un 5 %. Una característica que se suele pasar por alto de los mercados bajistas es que exhiben subidas diarias drásticas de los precios en casi igual número que bajadas diarias drásticas

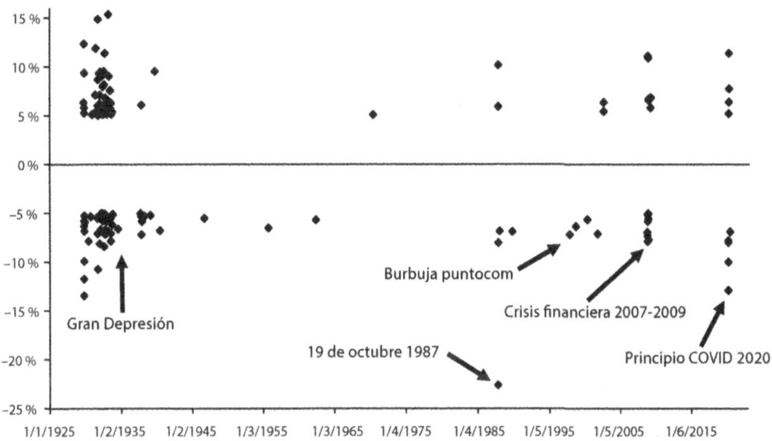

Benjamin Graham se la juega

Los años veinte y el período posterior dejaron perplejo a Benjamin Graham: ¿cómo era posible que tantas personas estuvieran tan equivocadas durante tanto tiempo? Después del cataclismo bursátil, ¿por qué debería un inversor cabal volver a comprar acciones? Si lo hiciera, ¿qué criterios debería utilizar para su selección? El fruto de esta reflexión fue su manuscrito escrito al alimón con David Dodd, *Security Analysis*, un tomo denso y de bella prosa que se publicó por primera vez durante los peores momentos de la Depresión.

Graham señaló qué había salido mal y cómo debería pensar en las acciones y los bonos una persona razonable. El libro sigue considerándose un clásico y ha agotado muchas ediciones desde entonces.

Para cuando Graham escribió *Security Analysis*, el público inversor había abandonado la renta variable casi por completo.

La opinión común coincidía con uno de los más destacados economistas del momento, Lawrence Chamberlain, quien en su popular libro *Investment and Speculation* afirmó con llaneza que sólo los bonos eran aptos para la inversión. Una encuesta realizada en 1940 por la junta de la Reserva Federal reveló que el 90 % del público renegaba de la compra de acciones ordinarias, una actitud que perduraría durante toda una generación.

Como siempre hacía, Graham abordó esta cuestión partiendo de los principios fundamentales. ¿Qué era invertir? Escribió que una inversión, tras un análisis exhaustivo, promete la seguridad del principal más una rentabilidad adecuada, definiendo aquellas que no cumplen tales requisitos como especulativas.

En 1934, Graham identificó una multitud de inversiones en renta variable que satisfacían estas condiciones. Introdujo un maravilloso relativismo amoral en las finanzas. No había acciones intrínsecamente «buenas» o «malas»: a un precio lo bastante elevado, incluso las mejores empresas eran especulativas; a un precio lo bastante reducido, incluso las peores empresas podían ser una buena opción.

Graham recomendaba que los inversores más conservadores tuvieran al menos un 25 % de acciones ordinarias en sus carteras, y que ni siquiera los más osados sobrepasaran el 75 %. De ello se desprendía que el inversor promedio debía poseer una combinación 50/50 de acciones/bonos. Aunque desde la perspectiva actual puede parecer pacato, en plena Depresión aconsejar cualquier tipo de inversión en renta variable causaba estupor.

En 1932, los precios eran tan bajos que el mercado bursátil total arrojaba dividendos cercanos al 10 %, manteniéndose por encima del 6 % por más de una década. Casi todas las acciones se vendían por menos de su valor contable (el valor total aproximado de sus activos), un tercio de ellas se vendían por menos de una décima parte de su valor contable, y algunas llegaban a cotizarse por debajo de su valor en efectivo disponible. Incluso a estos precios, apenas había compradores. Quienquiera que pagase dinero por acciones pasaba por chiflado.

Encontrar la piñata: edición de los años treinta

Tras el desastre bursátil de 1929-1932, los ciudadanos arruinados dirigieron su furia contra Charlie Mitchell, el presidente del National City Bank, cuyos corredores habían endosado a los confiados clientes bonos dudosos y acciones especulativas. Mitchell contó a un periodista cómo, cuando uno de sus jóvenes comerciales se enfrentaba a una pérdida de interés por parte de los clientes, solía llevar al neófito a la azotea del Bankers' Club para observar a las multitudes desde lo alto: «Mira abajo. Hay seis millones de personas con rentas que suman miles de millones de dólares. Están esperando que venga alguien a decirles qué hacer con sus ahorros. Echa un vistazo, come algo rico, baja allí y díselo».[166]

Y sus agentes vendieron, entre otras muchas cosas la impresionante cifra de 1.500 millones de dólares sólo en acciones y bonos emitidos por la rama de inversiones del National City Bank, una operación tan exitosa que a menudo se quedaban sin títulos para satisfacer la demanda de sus clientes.

Mitchell encontraría un digno rival en Ferdinand Pecora, asesor en jefe del Comité sobre Banca y Moneda del Senado. Pecora, un italoamericano de origen humilde, era un experto en conductas delictivas, y pronto entendió que Mitchell, un típico exponente de los estamentos privilegiados de las élites corporativas, no veía nada reprochable en un plano legal ni ético en las tácticas de presión del National City Bank. Todo cuanto tenía que hacer era preguntar al altivo presidente del banco cómo operaba su equipo de vendedores. En el curso de ocho días de testimonios, Pecora sentenció a Mitchell guiándolo con pulso firme y guante de seda por el pozo de inmoralidad que era el departamento de ventas del National City Bank.

¿Cuánto tenía que pagar Mitchell a sus comerciales para in-

166. Bruce Barton, «Is There Anything Here that Other Men Couldn't Do?», *American Magazine*, 95 (febrero de 1923): 128, citado en Susan Estabrook Kennedy, *The Banking Crisis of 1933* (Lexington KY: The University Press of Kentucky, 1973), 113-114.

centivarlos a vender acciones y bonos a sus clientes? No mucho, contestó Mitchell, sobre 25.000 dólares al año, alrededor de treinta veces el salario medio de un estadounidense. ¿Cuánto cobraba Mitchell del banco? Más de un millón de dólares al año, un salario inaudito incluso para los ejecutivos mejor remunerados de la época.

Había mucho más, incluidos delitos de evasión fiscal y abuso de los empleados de bajo rango del banco, quienes compraban títulos a precios inflados que se deducían de sus nóminas y eran despedidos una vez que terminaban de pagarlos. Por desgracia para los fiscales, en la práctica Mitchell no había violado la laxa legislación sobre renta variable entonces vigente. Pero un público sediento de represalias legales forzó un juicio por fraude, y Mitchell fue debidamente absuelto de todos los cargos.

Como punto positivo, de las audiencias de Pecora surgieron cuatro importantes leyes federales. A diferencia de la experiencia inglesa después de la burbuja, el impacto del comité en el sistema financiero fue beneficioso. Tres de esas cuatro leyes todavía conforman la estructura de nuestro mercado moderno. La Ley sobre Valores de 1933 hizo que la emisión de acciones y bonos fuera un proceso más transparente y justo; la Ley sobre Valores de 1934 reguló las operaciones con acciones y bonos y estableció la Comisión de Bolsa y Valores; y la Ley sobre Sociedades de Inversión de 1940, aprobada como reacción a la debacle de los fondos de inversión, permitió el desarrollo de la industria moderna de fondos mutualistas. Este entramado legislativo convirtió Estados Unidos en el país con una regulación más estricta de sus mercados bursátiles. Si buscas un ámbito en que una rigurosa supervisión gubernamental contribuya al bien público, no hace falta que mires más allá de los mercados financieros estadounidenses, los más transparentes y equitativos del planeta.

El cuarto acto legislativo, la Ley Glass-Steagall de 1933, que separó la banca comercial de la banca de inversión, fue torpedeado después de los ochenta, en un período donde reinaba el fundamentalismo del libre mercado, antes de su derogación definitiva en 1999. Para colmo de males, la crisis financiera global no dio lugar a una reescenificación de los juicios de Pecora, ni a ninguna acción contra quienes estuvieron detrás de las prácticas fraudulentas de préstamo que precipitaron ese descalabro financiero y económico.

Sin embargo, la historia financiera no ha terminado, y cabe esperar que el fantasma de Ferdinand Pecora regrese en algún futuro para hacer justicia contra los estafadores y granujas que inevitablemente acompañan y promueven las manías financieras.

El período entre 1966 y 1982 conoció la racha más larga de rendimientos reales negativos en la historia de la bolsa de Estados Unidos, que se vio agravada por la alta tasa de inflación, fruto de sucesivas crisis del petróleo y de la reticencia de la Reserva Federal a aumentar los tipos de interés. En 1979, esta negligencia se subsanó con el sonado nombramiento de Paul Volcker como presidente.

No todas las crisis son consecuencia de burbujas consolidadas. Por ejemplo, en los sesenta se despertó un cierto entusiasmo por las «Nifty Fifty» ['Las cincuenta fantásticas'], compañías sofisticadas con productos disruptivos que se consideraban las imprescindibles joyas de la corona del capitalismo americano: McDonald's, Disney, Polaroid, Hewlett-Packard y Xerox, que solían venderse a ratios precio-beneficio (P/B) próximas a los tres dígitos.

Durante los primeros años del mercado bajista, las participaciones en estas empresas mantuvieron su nivel, pero con el tiempo terminaron por hundirse a su vez. La ratio P/B de Disney cayó de 76 a 11; de Polaroid, de 90 a 16, y de Hewlett-Packard, de 65 a 18. Todavía en 1980, McDonald's se cotizaba a una ratio P/B de 9. Más adelante, los daños fueron incluso mayores. Para finales de 1974, la acción promedio se vendía a siete veces sus ganancias, y un tercio de esas compañías podían comprarse por menos de cinco veces sus ganancias.

La muerte de la renta variable

En agosto de 1979, *BusinessWeek* publicó una historia en portada bajo el titular «The Death of Equities» ['La muerte de la renta variable'], y fueron pocos quienes no lo creyeron. El Dow Jones Industrial Average, que había rozado los 1.000 puntos en enero de 1973, cotizaba ahora, seis años y medio más tarde, a 875 puntos. Lo que es peor, la inflación ascendía a casi el 9 %. Un dólar invertido en el mercado de valores en 1973 apenas compraba 71 centavos de bienes de consumo, incluso después de tener en cuenta los dividendos reinvertidos. Según el artículo:

> Hace mucho tiempo que las masas se pasaron de las acciones a las inversiones con una mayor rentabilidad y protección frente a la inflación. Ahora los fondos de pensiones —la última esperanza del mercado— han obtenido permiso para abandonar las acciones y bonos por los bienes raíces, los futuros, el oro e incluso los diamantes. La muerte de la renta variable parece una condición casi permanente, que quizá pueda revertirse algún día, pero no pronto.

Compara la aceptación universal de las acciones de hoy en día con el sentimiento descrito en este pasaje, cuando lo que se llevaba eran los diamantes, el oro y los bienes raíces. El precio del metal amarillo había aumentado de 35 dólares por onza en 1968 a más de 500 dólares en 1979, y alcanzaría un máximo de 800 dólares al año siguiente (en torno a 3.000 dólares en dólares actuales). Aun así, existen paralelismos entre los años setenta y el presente. Ahora, los avispados y afortunados poseen propiedades inmobiliarias en ciudades con una alta demanda de viviendas. De la misma forma, quienes en los cincuenta y sesenta compraron sus casas a precio de ganga descansaban en los ochenta sobre una fortuna de capital real que superaba todas sus fantasías. ¿Acciones y bonos? «Activos en papel», se mofaba con desdén la sabiduría popular. El artículo proseguía:

> Al menos siete millones de accionistas han desertado de la bolsa desde 1970, de suerte que los valores se hallan más que nunca en manos

de gigantes institucionales. Recientemente, las instituciones han recibido autorización para desviar más dinero de las acciones —y los bonos— hacia otras inversiones. Si dichas entidades, que controlan el grueso de la riqueza del país, retiran ahora miles de millones de dólares de los mercados de renta variable y fija, las repercusiones para la economía de Estados Unidos no podrían ser peores. En palabras de Robert S. Salomon Jr., socio general de Salomon Brothers: «Corremos el riesgo de inmovilizar una porción sustancial de la riqueza mundial en la colección de sellos de algún particular».

A finales de los años sesenta, más del 30 % de los hogares poseían acciones. En los setenta y principios de los ochenta, esa proporción se había reducido al 15 %.[167]

A continuación, el artículo arremetía contra la idea misma de que las acciones pudieran ser una buena inversión:

> Además, esta «muerte de la renta variable» ya no puede verse como algo que una recuperación del mercado de valores —por vigorosa que sea— pueda evitar. Ha persistido durante más de diez años a través de repuntes del mercado, ciclos económicos, una recesión, recuperaciones y bonanzas. El problema no es sólo que haya siete millones de accionistas menos que en 1970. Los inversores más jóvenes, en particular, están rehuyendo de las acciones. Entre 1970 y 1975, el número de inversores disminuyó en todos los grupos etarios salvo uno: individuos de sesenta y cinco años o más. Mientras que entre los menores de esa edad esta proporción disminuyó alrededor de un 25 %, entre los mayores aumentó más de un 30 %. Tan sólo las personas ancianas que no han entendido los cambios en los mercados financieros nacionales, o que son incapaces de adaptarse a ellos, se siguen aferrando a las acciones.

Después de leer este capítulo y el anterior, comprenderás la sublime ironía de este pasaje. ¿El motivo por el que en 1979 los

167. La proporción comenzó a aumentar de nuevo, al principio lentamente, luego, a medida que el mercado de valores cobraba popularidad, con más rapidez. En la actualidad, se sitúa en el 52 % de todos los hogares.

ancianos se aferraban a la renta variable era que se habían quedado desfasados, no prestaban atención o estaban seniles? Al contrario: eran los únicos que todavía recordaban cómo valorar las acciones según los criterios tradicionales, que indicaban que estaban baratísimas. Eran los únicos con la suficiente experiencia para saber que los mercados bajistas severos suelen ir seguidos de mercados alcistas robustos. Unos pocos, como mi padre, incluso recordaban los peores momentos de 1932, cuando el propio sistema capitalista pareció tambalearse y algunos títulos ofrecían un flujo estable de dividendos del 10 %.

El artículo de *BusinessWeek* terminaba echando sal en la herida:

> Hoy en día, la antigua estrategia de comprar acciones sólidas como piedra angular de los ahorros para la jubilación sencillamente ha desaparecido. En palabras de un joven ejecutivo: «¿Has asistido a alguna reunión de accionistas americanos últimamente? Está lleno de carrozas. La bolsa ya no es donde suceden las cosas».[168]

Este texto ilustra cómo los mercados pueden irse a los extremos, una lección valiosa en sí misma que además apunta a varias consideraciones de mayor calado. Primera: forma parte de la naturaleza humana dejarse influir indebidamente por los rendimientos de los últimos diez o incluso veinte años. Resultaba igual de difícil imaginar que las acciones de Estados Unidos fueran una buena inversión en 1979 que pensar que no lo sean en la actualidad.

En el caso de la renta fija, esto es todavía más cierto. Antes de la sangría de 2022, los inversores se habían acostumbrado a cuatro décadas de caída casi ininterrumpida de los tipos y pensaban en los precios de los bonos como una apuesta unidireccional. Olvidaron que las cuatro décadas de 1941 a 1980 presenciaron, en la famosa expresión de Keynes, «la eutanasia del *rentista*». (*Rentista* es un arcaísmo para bonista.)

168. «The Death of Equities: How Inflation Is Destroying the Stock Market», *BusinessWeek*, 13 de agosto de 1979; citas extensas con el generoso permiso de Bloomberg Inc.

Segunda: cuando los rendimientos recientes de una determinada clase de activo han sido muy altos o muy bajos, deposita tu fe en la serie de datos más larga que puedas encontrar, no te limites a esas últimas cifras. Por ejemplo, si el articulista de *BusinessWeek* hubiera revisado el registro histórico, habría encontrado que entre 1900 y 1979 las acciones generaron una rentabilidad ajustada por inflación del 6 %.

Además, coge el hábito de estimar los rendimientos futuros esperados. En el momento en que se redactó este artículo, la rentabilidad de las acciones superaba el 5 % y las ganancias seguían creciendo a una tasa real del 2 % anual. A partir de estos dos datos, cualquiera que supiera sumar podría haber calculado un rendimiento real esperado del 7 %. De hecho, entre la publicación del artículo y finales de 2022, el S&P 500 generó un rendimiento ajustado por inflación del 8 %, proviniendo el 1 % adicional de la revalorización típica de las recuperaciones de mercados bajistas.

Aunque es fácil imaginarse a uno mismo comprando en el punto más bajo del mercado, cuando llegue el momento te enfrentarás a tres imponentes escollos. Primero: la empatía humana, que constituye una emoción costosa, al menos en términos financieros, puesto que a menudo canalizar el temor y la codicia ajenos sale caro. De ella deriva nuestra tendencia evolutiva a imitar a quienes nos rodean, en especial cuando todos parecen estar enriqueciéndose con acciones tecnológicas y criptomonedas.

Mi propio —y poco científico— sondeo entre amigos y colegas apunta a que los más empáticos tienden a ser los peores inversores. La empatía es una cualidad extremadamente difícil de autoevaluar, por lo que puede merecer la pena preguntar a tus parientes y amigos más cercanos dónde te colocarían en una escala. Recurriendo a una palabra yidis, cuanto más *mensch*[169]

169. En la cultura asquenazí, el término *mensch* designa un hombre íntegro, honorable y digno. *(N. del t.)*

seas, más probable será que pierdas tu sentido crítico durante una burbuja y tu disciplina durante un mercado bajista.

Segundo: el «problema de la madriguera». No es posible saber dónde se halla en verdad el «fondo» hasta que no ha pasado bastante tiempo. Supongamos que tu estrategia para un mercado bajista consiste en comprar más acciones cada vez que el S&P 500 baja un 20 %. Dicho índice cerró en 1.565 puntos el 9 de octubre de 2007, así que habrías comprado títulos a 1.253 puntos, de nuevo a 1.002 puntos y una tercera vez a 802 puntos (1.002 × 0,8). ¿Seguro que habrías tenido agallas de hacer esa última compra, después de haber sufrido grandes pérdidas con las dos primeras? El S&P 500 siguió hundiéndose todavía más, tocando fondo finalmente el 9 de marzo de 2009 en 677 puntos.

Realizar el mismo ejercicio con el Dow Jones Industrial Average a partir del pico bursátil de septiembre de 1929 de 378 puntos arroja no menos de nueve compras sucesivas, rozando la décima en el mínimo de 42 puntos del 9 de julio de 1932.

Retomando la lastimosa reacción de Benjamin Roth ante el abaratamiento de las acciones: «El problema es que nadie cuenta con el efectivo para comprar». O como dijo Benjamin Graham: «Quienes tienen los arrestos no disponen del dinero, y quienes disponen del dinero no tienen los arrestos para comprar acciones cuando están baratas».[170]

Tercero: las acciones no se deprecian en el vacío. Las caídas drásticas de precios siempre van acompañadas de narrativas alarmistas. Tanto en los años treinta como en 2008-2009, toda la economía se anquilosó y pareció precipitarse por un abismo, como cuando el senador Burr pidió a su mujer que sacara la mayor cantidad posible de efectivo del banco.

Durante los años setenta, los ciudadanos estadounidenses vieron cómo sus ahorros menguaban casi a diario debido a la inflación. El artículo de *BusinessWeek* de 1979 describía cómo

170. Jason Zweig, «Lessons and Ideas from Benjamin Graham», <https://jasonzweig.com/lessons-and-ideas-from-benjamin-graham-2/>, disponible el 19 de marzo de 2022.

los únicos en poseer acciones eran un puñado de ancianos desquiciados, y la idea que el público general tenía de los bonos era que se trataba de «certificados de confiscación». En marzo de 2020, no costaba imaginar una economía mundial devastada por una pandemia letal para la que una vacuna parecía algo entre distante e imposible.

No subestimes el valor que hace falta para mantener acciones en los peores momentos, y mucho menos para comprarlas. Conservar y adquirir activos de los que todo el mundo huye requiere más aplomo del que pueden reunir muchos inversores.

Ayuda tener presente que los seres humanos no somos sólo los simios que imitan, sino también los simios que cuentan historias. Aprehendemos el mundo sobre todo a través de narrativas, no de datos y hechos. Como hemos visto en los dos capítulos anteriores, los relatos a menudo evolucionan hasta llegar a contagiar a toda una sociedad, un fenómeno que se puede revelar ruinoso para el inversor desprevenido.

Según demostraron el artículo de *BusinessWeek* y la historia posterior, las acciones baratas sólo consiguen enardecer a los templados, los analíticos y los longevos. Si logras reunir dos de estas tres características, debería aguardarte una jugosa recompensa.

RESUMEN DEL CAPÍTULO DÉCIMO

- El sistema capitalista moderno, que reposa en el crédito flexible que ofrecen los bancos públicos y privados, adolece de una fundamental inestabilidad. Por consiguiente, el inversor típico vivirá al menos unas pocas burbujas y unos pocos pánicos.
- Los mercados no se revalorizan ni se devalúan sin un buen motivo. Así como las manías bursátiles se sustentan en relatos eufóricos, las historias pesimistas inundan los valles del mercado. Ignora ambos géneros de narrativas.
- Cíñete a las matemáticas de la inversión y gestiona tus emociones apoyándote en una buena pila de activos seguros. Para sobrevivir

a los batacazos bursátiles —los principales peligros en la autopista hacia la riqueza— necesitarás paciencia, efectivo y audacia, en ese orden. Puedes considerar los activos seguros como una reserva de audacia. A pesar de su bajo rendimiento, a largo plazo te inspirarán tanto aplomo que no sería exagerado decir que se trata de los activos de mayor rendimiento de tu cartera.

Tercer pilar

La psicología de la inversión

La venganza de la evolución

El mayor obstáculo en tu carrera como inversor te observa desde el otro lado del espejo.

Nuestro pasado evolutivo nos dotó de conductas que favorecían nuestra supervivencia en las llanuras y sabanas africanas, pero que en la era moderna postindustrial te dejarán sin blanca más rápido que un giro inoportuno a medianoche en Central Park.

En el capítulo noveno descubrimos que la capacidad intelectual no garantiza por sí sola el éxito como inversor, como demuestra el caso de sir Isaac Newton. Pese a que William Shakespeare poseía participaciones en un teatro, no contamos con ningún registro histórico de sus rendimientos de inversión, pero dado su agudo sentido para las debilidades humanas, bien podrían haber superado a los de sir Isaac.

En el capítulo undécimo, identificaremos los principales enemigos psicológicos del éxito en finanzas. Te aseguro que reconocerás a la mayoría de ellos en la imagen que te devuelve el espejo. En el capítulo duodécimo, idearemos estrategias para hacerles frente.

11

Mal comportamiento

Un elemento fundamental de la instrucción básica de vuelo son las operaciones sobre terreno blando: aprender a aterrizar y despegar en pistas cortas de hierba.

Operar en un campo irregular requiere mantener la frágil rueda de morro alejada del suelo durante el mayor tiempo posible. El aterrizaje inicial es bastante sencillo: el alumno se limita a tirar hacia atrás del yugo hasta que la nariz toma tierra cuando el avión pierde velocidad.

El despegue es harina de otro costal. Después de aplicar la potencia máxima, el instructor pide de nuevo al alumno que tire hacia atrás del mando, y a medida que el fuselaje rebota cada vez con más violencia sobre el terreno, la nariz se va elevando hasta que la avioneta termina por alzar vuelo. El alumno se enfrenta ahora a un muro de árboles que se aproxima con rapidez al final de la pista, una circunstancia deliberadamente escogida por el instructor.

De manera instintiva, en un esfuerzo por librar esta barrera, sigue tirando hacia atrás del yugo. Se trata de justo lo contrario que hay que hacer, pues la avioneta vuela demasiado despacio para escapar del «efecto suelo». Llegados a este punto, el instructor dice «mía» y hunde la nariz hacia abajo *directamente* contra los árboles, lo que permite a la aeronave ganar la velocidad suficiente como para ascender sin problemas.

Formarse para cualquier vocación o afición compleja, ya sea pilotar aviones, ejercer derecho o medicina o prestar servicio en el ejército o la policía, se reduce a aprender cómo reemplazar nuestras respuestas instintivas por alternativas más eficaces (y en ocasiones mejores para la supervivencia).

Ello reviste particular importancia en el mundo de las inversiones. La analogía con los despegues en pista blanda resulta especialmente adecuada. Cuando nos enfrentamos a la amenaza de un mercado bajista, la mejor respuesta suele ser tomar el toro por los cuernos.

Como dijo Benjamin Graham: «El problema cardinal del inversor —e incluso su peor enemigo— es probablemente él mismo».[171] La neurociencia moderna describe dos sistemas cerebrales distintos que subyacen tras este truismo: uno que media las respuestas emocionales rápidas situado en nuestros antiguos sistemas límbicos —nuestro «cerebro reptiliano»— y el aparato de pensamiento consciente, más lento y reciente en términos evolutivos y de mucho mayor tamaño, situado en el neocórtex externo. En el año 2000, los psicólogos Keith Stanovich y Richard West los bautizaron como sistema 1 y sistema 2, una taxonomía banal que arrastramos desde entonces.[172]

Hasta hace poco, la principal premisa de la economía era que los inversores son racionales y actúan en su propio interés. Sólo hay una pega: no es cierto. Como todo el mundo, los inversores recurren demasiado a su sistema límbico y no lo bastante a su neocórtex. Parafraseando a Graham, Stanovich y West, nuestro sistema 1 es nuestro peor enemigo financiero.

Seguramente habrás oído alguna vez el cliché de que los mercados están dominados por el miedo y la codicia. Tales emocio-

171. Benjamin Graham y Jason Zweig, *The Intelligent Investor* (Nueva York: HarperBusiness Essentials, 2003), 8.

172. Keith E. Stanovich y Richard F. West, «Individual Differences in Reasoning: Implications for the Rationality Debate?», *Behavioral and Brain Sciences*, 23 (2000): 645-726.

nes emanan de sendas estructuras del sistema 1: las amígdalas y los núcleos *accumbens*, respectivamente. (Se trata de dos estructuras pareadas, con una mitad en cada hemisferio cerebral, así que me referiré a ellas en plural. Las encontrarás más mencionadas en singular.)

Las amígdalas se ubican un poco por debajo de las sienes, y su nombre proviene de la palabra griega para «nuez», con la que guardan un cierto parecido. Responden tanto al miedo como al asco, así que, cuando te asalte la angustia durante un mercado bajista, puedes culparlas a ellas. A muy grandes rasgos, podemos considerar nuestros núcleos *accumbens* como nuestros centros de placer. Más en concreto, se activan en anticipación del placer, siendo su manifestación financiera la codicia.

Nuestro sistema 1 reptiliano domina nuestro sistema 2 analítico. Normalmente usamos el segundo para racionalizar las conclusiones emocionales del primero. En palabras del psicólogo Daniel Kahneman, el sistema 2 actúa sobre todo como agente de prensa del sistema 1. Este capítulo describe los comportamientos de inversión más costosos que resultan de la primacía del sistema 1. Es probable que sufras de todas estas fallas conductuales.

Cuando escribí la primera edición de este libro hace veinte años, el campo de la economía conductual o de comportamiento, que ya existía desde hacía una generación, todavía no había calado en la conciencia pública. El trabajo de los gigantes de la disciplina —Daniel Kahneman, su colega Amos Tversky y el economista Richard Thaler, quien al igual que Eugene Fama fue galardonado con el Premio Nobel de Economía, en su caso en 2017— requería un cierto tiempo de asimilación.

Dos décadas después, la obra de Tversky y Kahneman finalmente ha recibido la atención que merece, en especial después de que el segundo publicara *Thinking, Fast and Slow*, un éxito de ventas. (Thaler tuvo su momento de fama en la cultura pop cuando explicó junto con la actriz Selena Gomez la mecánica de las obligaciones garantizadas por deuda y la falacia de la «mano caliente» en la película *La gran apuesta*, ganadora del Premio Óscar.)

Hoy en día, parece que todo el mundo es neuroeconomista. Resulta imprescindible identificar qué aspectos de la economía conductual son útiles para los inversores y descartar aquellos que no lo son.

Antes de seguir, añadiré un psicólogo más a nuestra lista: Philip Tetlock, cuyo trabajo considero al menos tan relevante para los inversores como la obra de Tversky, Kahneman y Thaler. A partir de finales de los ochenta, Tetlock estudió las capacidades predictivas de autoridades en diversas materias recopilando el desempeño de 28.000 pronósticos elaborados por 284 expertos en política, economía y estudios nacionales y estratégicos. ¿Que cómo les fue? No demasiado bien.

Tetlock halló que casi todas las predicciones presentaban un menor índice de acierto que reglas estadísticas simples basadas en la «tasa base», la frecuencia de eventos pasados. No se trataba de una novedad: Tetlock se inspiró en un estudio muy anterior del psicólogo Paul Meehl, quien evaluó la capacidad de sus colegas de predecir resultados como la frecuencia de violaciones de la libertad condicional o el desempeño de un piloto. Meehl descubrió que la combinación de la tasa base y algoritmos simples arrojaba predicciones mucho mejores que las de la mayoría de sus avezados colegas, un hallazgo que desde entonces se ha replicado en muchas otras disciplinas.[173] (Los meteorólogos hacen pronósticos muy atinados, gracias a que reciben un *feedback* casi inmediato, mientras que los radiólogos fallan mucho, ya que sólo reciben *feedback* intermitente.)

Las implicaciones de los trabajos de Tetlock y Meehl para la inversión resultan obvias. Si preguntas a un «estratega bursátil» sobre la probabilidad de un mercado bajista, según la definición arbitraria de un declive del 20 % o más, te contestará con un discurso erudito sobre la política de la Reserva Federal, la productividad industrial, el crecimiento de las ganancias, la ratio deuda/PIB, etcétera.

Tetlock y Meehl descubrieron que lo mejor es ignorar este

173. Paul Meehl, *Clinical Versus Statistical Prediction* (Northvale, NJ: Jason Aronson, Inc., 1996).

tipo de razonamientos narrativos y limitarse a examinar la frecuencia histórica de tales eventos. Por ejemplo: se han producido caídas de más del 20 % en un mes natural en un 3 % de los años desde 1926. Esta modalidad de análisis de tasa base se revela más precisa a la hora de estimar la probabilidad de un colapso que las opiniones de expertos basadas en narrativas.

Hubo un perfil de personalidad cuyos resultados fueron especialmente malos. Tetlock se refirió a este grupo como los «erizos»: ideólogos que ven el mundo a través de una teoría coherente y omnicomprensiva. Piensa en un marxista, un libertario favorable al libre mercado o un teórico financiero que explica todos los movimientos de precios en términos de ciclos de diversas duraciones. Una segunda categoría de expertos, los «zorros», desarrollan un razonamiento matizado desde múltiples puntos de vista. Obtuvieron mejores resultados que el promedio, pero aun así peores al pronóstico de la tasa base.

Tetlock también puso a prueba el efecto de los conocimientos sobre las predicciones, distinguiendo tres categorías: estudiantes universitarios, autoridades reconocidas en la materia y diletantes que conocían dicha disciplina pero no pertenecían al mundo académico. Como cabía esperar, los estudiantes quedaron en último puesto, pero en promedio los expertos no lo hicieron mejor que los aficionados. Los conocimientos especializados mejoraron los pronósticos de los zorros, pero empeoraron los de los erizos.[174]

Como suele decirse, pronosticar es difícil, sobre todo el futuro. Empecemos por un problema en apariencia sencillo: predecir la trayectoria de una bola blanca en una mesa de billar. Resulta fácil calcular el movimiento para las primeras carambolas, pero a partir de la sexta hay que tener en cuenta el efecto gravitatorio de las personas en torno a la mesa. La mayoría de las decisiones que tomamos en el día a día implican muchísimos más datos y un análisis muchísimo más complejo que los necesarios para calcular la trayectoria de una bola de billar.

174. Philip E. Tetlock, *Expert Political Judgment* (Princeton, NJ: Princeton University Press, 2005), 15.

En los años setenta, Kahneman y Tversky comenzaron su colaboración estudiando cómo afrontan los seres humanos esta abrumadora complejidad. Publicaron un magistral artículo en la prestigiosa revista *Science*, en el que exponían los errores más básicos a la hora de tomar decisiones y formular pronósticos.[175]

Un paradigma típico presentado en este artículo dice así: «Steve es muy tímido e introvertido, siempre servicial, pero con poco interés por las personas o el mundo que lo rodea. Un alma dócil y pulcra, que busca el orden y la estructura, y con una pasión por los detalles». ¿Es bibliotecario o agricultor? La mayoría se inclinaría por lo primero, pero no: hay muchos más agricultores que bibliotecarios, y de ellos muchos son retraídos. En lugar de abordar el problema Steve/bibliotecario/agricultor en términos cuantitativos, muchas personas aventuran de inmediato una respuesta cualitativa y, a menudo, equivocada.[176]

Kahneman y Tversky descubrieron que respondemos a la infinita complejidad de las decisiones cotidianas ignorándola. En su lugar, recurrimos a la heurística: atajos mentales que nos ahorran las arduas tareas de adquirir y analizar datos. En su artículo en *Science*, identificaron tres clases de atajos:

- **Representatividad**: la sustitución de un análisis cuantitativo por similitudes cualitativas simplonas, como en el enigma del tímido Steve. Quizá la heurística financiera más común es la falacia empresa grande/gran acción descrita en el capítulo segundo.
- **Anclaje**: el énfasis en el primer elemento de información que vemos, que las compañías y los vendedores explotan con el precio de venta recomendado, y los negociadores con escandalosas ofertas iniciales.
- **Disponibilidad**: cuán convincente es una narrativa o un evento, lo que determina cuánta credibilidad le atribuimos.

175. Amos Tversky y Daniel Kahneman, «Judgment Under Uncertainty: Heuristics and Biases», *Science*, 185:4157 (27 de septiembre de 1974): 1124-1131.

176. Ibídem, 1124.

Se trata de lejos del más decisivo de los tres, con un papel tan central que Kahneman y Tversky le asignaron un acrónimo: WYSIATI, o *what you see is all there is* ['lo que ves es todo lo que hay']. La recencia es la forma más común de heurística de la disponibilidad. Por ejemplo, las personas son mucho más proclives a contratar un seguro contra seísmos inmediatamente después de un temblor importante. Las finanzas están plagadas de ejemplos, muy en particular el optimismo o pesimismo generalizado respecto a una clase de activo concreta después de una larga racha de altos o bajos rendimientos.

Anhelamos narrativas

Estos tres atajos heurísticos explican en gran medida los errores de inversión más comunes, dado que son el origen de nuestro apego a las narrativas. Los seres humanos no somos sólo el simio que imita, sino también el simio que cuenta historias. Nuestros antepasados remotos no tenían ni garras ni dientes afilados, no corrían demasiado y no podían volar. De no haber sido por su capacidad para comunicarse entre sí, hoy no estaríamos aquí. Además, su comunicación no implicaba ni datos numéricos ni fórmulas matemáticas: contaban historias sobre cómo evitar convertirse en la merienda de un depredador y cómo ser mejores depredadores ellos mismos.

Como dijo el difunto Kurt Vonnegut: «El tigre necesita cazar, el ave volar, el hombre preguntar "por qué, por qué, por qué". El tigre necesita descansar, el ave aterrizar, el hombre decirse "lo sé, lo sé, lo sé"».[177][178] Cuando un problema cobra demasiada complejidad lógica o matemática para que sea fácil de entender, los se-

177. La cita original en inglés, extraída de la obra *Cat's Cradle* de Kurt Vonnegut, dice así: «*Tiger got to hunt, Bird got to fly, Man have to ask, "Why, why, why?" / Tiger got to sleep, Bird got to land, Man have to say he understand*». *(N. del t.)*

178. Kurt Vonnegut, *Cat's Cradle* (Nueva York: Delta Trade Paperbacks, 1998), 182.

res humanos pasamos al modo cuentacuentos, que nos induce a creer que comprendemos cosas de las que en realidad no tenemos ni idea.

Por estos motivos, preferimos las narrativas a los hechos. Como hemos visto en los capítulos anteriores, esta disposición del ser humano puede pasarle factura. La divergencia entre datos y relato plantea un conflicto entre quienes venden opiniones —en este caso, la industria de inversión— y quienes las consumen —en este libro, los inversores—. En general, los primeros deberían ofrecer narrativas, y los segundos (tú y yo), ignorarlas y centrarnos exclusivamente en los números: la ecuación de Gordon, las estadísticas básicas de las clases de inversión y las indefectibles matemáticas de la acumulación y el gasto de las carteras. Del mismo modo, el inversor prudente hace oídos sordos a las habladurías sobre la política de la Reserva Federal, las cifras de desempleo y los acontecimientos geopolíticos por la sencilla razón de que, si algo aparece en los titulares, ya ha sido incorporado a los precios.

Los libros populares sobre finanzas son un excelente barómetro del sentir del público desinformado y condicionado por narrativas. Un grupo de investigadores descubrió que, cuando en los estantes de las librerías cundía el pesimismo (*The Crash of 1979*), las acciones ofrecían rendimientos futuros superiores a la media, mientras que cuando reinaba el optimismo (*Dow 36,000*) sucedía lo contrario.[179]

Buscamos entretenimiento

A los seres humanos no sólo nos gusta contar historias, sino que además queremos que nos diviertan. Hasta hace poco, al menos, era mucho más agradable poseer participaciones en Netflix que en John Deere o Procter & Gamble.

Muchas, si no la mayoría, de nuestras elecciones de bienes

179. Andrew Coors y Lawrence Speidell, «Exuberant Irrationality: Judging Financial Books by Their Covers», *Journal of Behavioral Finance*, 7:4 (2006): 186-192.

de consumo y vehículos de inversión constan de dos componentes: entretenimiento e inversión. Puedes pensar en la compra de un billete de lotería como una «inversión» con un rendimiento esperado a una semana del -50 %. La gente los compra porque su aportación de entretenimiento compensa su rendimiento financiero negativo y les permiten soñar con pasarse el resto de sus días bebiendo daiquiris en alguna playa de Hawái.

Algunas inversiones se comportan igual que un boleto de lotería, en particular las ofertas públicas de venta (OPV) de compañías tecnológicas sofisticadas. Décadas de investigación han confirmado que las OPV combinan una baja rentabilidad con un alto riesgo. Un popular artículo demuestra que, en los tres años posteriores a su emisión, las acciones así adquiridas presentan un 27 % menos de rendimiento que el mercado.[180]

Incluso antes del surgimiento de la investigación econométrica moderna, Benjamin Graham se preguntaba en su seminal *Security Analysis* por qué las personas compraban OPV. He aquí la razón: es mucho más divertido jugársela a encontrar la próxima Apple o Tesla que ser propietario de una empresa que fabrica tractores o papel higiénico.[181]

Hace unas tres décadas, disfruté de una cena en el nuevo local de una popular cadena de restaurantes mexicanos. Tras quedar impresionado con la calidad de la comida y del servicio, hice algunas pesquisas acerca de sus acciones. Resultó que en ese momento las franquicias de cocina étnica estaban muy en boga en la bolsa, y un ejército de clientes satisfechos ya había empujado al alza el precio de la cadena mexicana hasta una ratio P/B de tres dígitos, por lo que decidí no comprar.

Cuanta más visibilidad pública tiene una empresa y más conocida y sugerente sea su historia, más probable será que sus

180. Jay R. Ritter, «The Long-Run Performance of Initial Public Offerings», *The Journal of Finance*, 46:1 (marzo de 1991): 3-27.

181. En rigor, cuando adquieres acciones de una compañía, generalmente no estás invirtiendo en la compañía misma. Más bien, tu dinero va a parar a los anteriores propietarios de los títulos. Comprar una OPV, en cambio, transmite la dulce sensación de estar invirtiendo en la economía real, pero a costa de una baja rentabilidad.

rendimientos futuros sean bajos. Por el contrario, las compañías más desconocidas en los sectores menos glamurosos —las empresas de valor— a menudo ofrecen los mayores rendimientos. Una de las mejores apuestas del Magellan Fund de Peter Lynch fue una compañía con un nombre banal en una industria anodina: Crown Cork & Seal.

En el famoso artículo «Unnatural Value: Or Art Investment as Floating Crap Game» ['Valor artificioso: la inversión en arte como un juego de azar caótico'], el economista William Baumol sostenía que, en promedio, los cuadros eran inversiones pésimas. No obstante, concluía, «nada de lo anterior significa que las personas deban renunciar a adquirir obras de arte. Podrían representar una opción muy razonable para quienes derivan de ellas una elevada tasa de rendimiento en forma de placer estético».[182] (Desde su publicación, los precios de las obras de arte, en especial modernas, han aumentado de forma drástica, impulsados por el secular mercado alcista de las últimas décadas.)

Huelga decir que este razonamiento no se aplica a las compañías sofisticadas. Si lo que buscas es entretenimiento, es probable que perseguir la última OPV se revele más caro que alquilar todo el teatro para disfrutar de una función privada de *Hamilton* y más arriesgado que saltar en paracaídas.

Nos asustamos con facilidad

Si tienes dificultades para mantener el rumbo cuando las cosas se tuercen, puedes culpar de nuevo a tus amígdalas. Hace diez mil años, cuando se activaban al oír el siseo de una serpiente, detectar rayas amarillas y negras en la visión periférica o avistar un destacamento de una tribu vecina, nuestras amígdalas eran de gran ayuda para sobrevivir. (Y no sólo para los seres humanos: cuando se les extirpan, los monos pierden el miedo a sus adiestradores y los ratones no tendrán ningún reparo en juguetear con gatos.)

182. William J. Baumol, «Unnatural Value: Or Art Investment as Floating Crap Game», *American Economic Review*, 76:2 (mayo de 1986): 10-14, cita 14.

En el mundo postindustrial, obsesionado con la seguridad, nuestras amígdalas envían una falsa alarma tras otra: flúor en el agua, alérgenos en la atmósfera, abejas asesinas que se dirigen hacia el norte desde México y pedófilos en las pizzerías. Más importante aún: estas estructuras cerebrales pareadas son propensas a activarse al primer indicio de una caída del Dow Jones, truncando con ello la esperanza de vida de tu cartera de jubilación.

Una serie de experimentos realizados por un grupo de economistas y neurocientíficos en las Universidades de Stanford, de Carnegie Mellon y de Iowa pusieron de manifiesto cómo el sistema 1 se rebela contra la disciplina de inversión. El estudio analizó el comportamiento de los participantes en el siguiente juego financiero: los sujetos recibían 20 dólares y elegían si apostar un dólar a cada lanzamiento de moneda, por un total de veinte rondas; cada cara otorgaba 2,50 dólares, y cada cruz costaba 1,00 dólares de la dotación inicial de 20 dólares.

El rendimiento esperado de cada tirada era del 25 %, así que la estrategia óptima consistía en apostar en todas las rondas, por un rendimiento esperado total de 5,00 dólares. (En promedio, un sujeto obtenía 2,50 dólares por cada dos apuestas, pero conservaba 2,00 dólares de su pila por cada dos tiradas sin jugar, por una rentabilidad de [2,50 dólares – 2,00 dólares) / 2,00 dólares] = 25 %.)

Hubo un grupo de participantes que destacó por sus buenos resultados: pacientes con daños en sus amígdalas y otras partes de su circuitería emocional. Apostaron en el 84 % de las rondas, mientras que los sujetos neurológicamente ilesos (normales) sólo en el 58 %. Además, los segundos reducían su frecuencia de apuestas al 41 % tras perder una tirada, mientras que los primeros se comportaron de manera más racional, apostando en el 85 % de las rondas incluso después de una cruz. Los autores concluían que los daños en la circuitería emocional del cerebro permitieron a los pacientes «tomar decisiones más ventajosas que los sujetos normales».[183]

183. Baba Shiv, *et al.*, «Investment Behavior and the Negative Side of Emotion», *Psychological Science*, 16 (junio de 2005): 435-439.

En este caso, los inversores con lesiones cerebrales exhibieron una respuesta más racional que los ilesos. Sin embargo, vale la pena señalar que apostar en las veinte rondas conlleva una probabilidad del 13 % de acabar con menos de los 20 dólares asegurados que un jugador obtiene si no apuesta en ninguna tirada. Se trata de un ejemplo bastante elocuente de cómo invertir en activos arriesgados con un rendimiento esperado positivo. De hecho, es un poco extraño que los experimentadores asumieran de inmediato que era racional decantarse por una prima de riesgo de 5 dólares para las veinte rondas frente a una probabilidad del 13 % de perder dinero. En verdad, que este equilibrio riesgo/rentabilidad sea en efecto racional depende del grado de aversión al riesgo del inversor.

Este estudio revela que los individuos con daños emocionales fueron más tolerantes al riesgo que el grupo de control, y que su estrategia de inversión no se vio afectada por pérdidas esporádicas, una característica distintiva de un enfoque disciplinado.

Nuestro expedito sistema 1 genera un temor irracional a partir de la natural aleatoriedad de los mercados. No deberíamos preocuparnos por un mal día o un mal año en bolsa, siempre que obtengamos una buena rentabilidad a largo plazo. Por desgracia, nuestro sistema límbico se regodea en las pérdidas a corto plazo y no presta casi ninguna atención al mayor riesgo que afrontamos: no contar con suficientes activos para satisfacer nuestras necesidades a largo plazo.

Uno de los principios fundamentales de la economía conductual es que las pérdidas tienen en torno al doble de impacto emocional que las ganancias: una pérdida de 1 dólar compensa aproximadamente una ganancia de 2 dólares. Consideremos que, entre 1896 y 2018, el Dow Jones Industrial Average subió en un 51,9 % de los días y bajó en un 46,6 % (y se mantuvo «inalterado» en el restante 1,5 %, un subproducto de que en las primeras décadas el índice se calculara con sólo una o dos cifras decimales). Si en nuestra mente un día de pérdidas compensa dos días de ganancias, entonces en promedio tenderemos a sentir aversión por la renta variable, dado que el número de días de ganancias y de pérdidas queda muy lejos de la ratio de equilibrio 2:1.

Seguir la cobertura del mercado minuto a minuto en la CNBC tan sólo empeora las cosas.

Ampliar nuestro horizonte temporal a un mes no mejora demasiado el panorama, con un 58,2 % de meses ganadores frente a un 41,8 % de meses perdedores. Incluso con un intervalo de observación anual, con ochenta y un años ganadores y cuarenta y dos años perdedores, la ratio ganancia/pérdida se queda justo por debajo del punto de equilibrio emocional 2:1. Sólo cuando revisamos nuestras carteras cada dos o más años terminamos por lograr franquear la difícil barrera psicológica de 2:1.

Los economistas del comportamiento denominan a este tipo de hedonista cortoplacismo «miopía por aversión al riesgo». Los inversores se comportan como si su horizonte temporal fuera de alrededor de un año, que es donde se sitúa la barrera hedónica 2:1 para las acciones.[184]

Nos gustan demasiado las analogías

En términos simples, la representatividad constituye el triunfo del estereotipo sobre la tasa base, y en finanzas el pensamiento estereotípico puede costarte mucho dinero.

Ya nos hemos cruzado con un ejemplo de heurística de representatividad financiera: la falacia de buena compañía/buena acción. Cabría pensar que las participaciones de empresas de crecimiento sofisticadas arrojan rendimientos más altos, pero como vimos en el capítulo segundo no es así, al menos no a largo plazo. Las acciones de las compañías de valor obtienen mejores resultados, aunque sea porque *deben* ofrecer una mayor rentabilidad para seducir a los inversores.

La heurística de representatividad también se aplica a las economías y los mercados bursátiles de naciones enteras. La intuición nos lleva a favorecer las acciones de países cuyas econo-

184. Shlomo Benzarti y Richard H. Thaler, «Myopic Loss Aversion and the Equity Premium Puzzle», *Quarterly Journal of Economics* 110:1 (enero de 1995): 73-92.

mías crecen con más rapidez, pero a la hora de la verdad esto no tiene mucho sentido. En el capítulo segundo también vimos que, desde 1993, China ha gozado de una de las tasas de crecimiento económico más altas del mundo, superando en ocasiones el 10 % anual. No obstante, entre enero de 1993 y diciembre de 2022, su mercado de valores, según se refleja en el MSCI China Index, apenas arrojó una rentabilidad del 1,1 % anual en dólares estadounidenses, inferior al IPC de Estados Unidos del 2,4 % para ese período. Los tigres asiáticos —Corea, Singapur, Malasia, Indonesia, Taiwán y Tailandia— lo hicieron algo mejor: desde 1988, todos han obtenido rendimientos reales positivos, aunque inferiores a Estados Unidos, pese a su bajo crecimiento económico.

Por otro lado, ninguna gran nación ha visto caer tanto su posición económica y geopolítica relativa durante el siglo XX como Reino Unido. En 1900, Britania no sólo dominaba los mares,[185] sino también los mercados financieros del mundo. En 2000, en cambio, no sería exagerado decir que el país se ha convertido en un parque temático al aire libre dotado de arsenal nuclear. Una vez más, ello no tuvo ningún efecto en los rendimientos de los valores británicos, que se situaron por encima del promedio para las naciones desarrolladas de los últimos ciento veintidós años.

Las personas pagan de más por las acciones de compañías sofisticadas, y lo mismo sucede con los países. En 2007, las naciones BRIC —Brasil, Rusia, la India y China— con economías pujantes estaban muy de moda entre los inversores, pero su desempeño desde entonces ha sido mediocre. Un análisis más sistemático confirma los casos abanderados por China y Reino Unido: las buenas economías tienden a tener malos mercados bursátiles, y viceversa.[186]

185. Alusión a la canción patriótica *Rule, Britannia!*, que contiene los versos: «*Rule, Britannia! rule the waves: / Britons never shall be slaves*», que podríamos traducir como: «Britania domina las olas / Los britanos nunca serán esclavos». *(N. del t.)*

186. Jeremy Siegel, *Stocks for the Long Run* (Nueva York: McGraw-Hill, 2007), 124-125; Jay R. Ritter, «Economic Growth and Equity Returns», do-

Hay otros dos fenómenos que contribuyen a explicar por qué las bolsas de países con economías boyantes suelen ofrecer malos rendimientos. Primero: como ocurre a las personas, las compañías mueren y son reemplazadas por otras nuevas. Nunca dejan de venderse nuevas acciones, diluyendo así la reserva existente. En muchos países extranjeros, en especial en Asia, la tasa de emisión de nuevas acciones es mucho más alta que en Estados Unidos. Esto reduce las ganancias y los dividendos por título, lo que a su vez erosiona la rentabilidad general del mercado bursátil.[187]

Segundo: en las naciones desarrolladas, el marco regulatorio protege a los accionistas frente a la rapiña de la administración mucho mejor que los gobiernos de los países en vías de desarrollo, donde directivos y grandes accionistas disfrutan de una desconcertante libertad para saquear a voluntad una compañía, un grave problema que ha socavado el valor de las acciones chinas.

Desconfía de la elocuencia

No sin cierta inquietud, expondré ahora una hipótesis que no se fundamenta en nada más que en mis propias observaciones personales: la existencia de una correlación inversa (o al menos de una correlación cero) entre elocuencia y capacidad predictiva.

Sin nombrar a nadie, muchos académicos financieros destacados son oradores públicos mediocres. En cambio, todas las estrellas fugaces que mencionamos en el capítulo tercero desplegaron unas fulgurantes aptitudes retóricas en su trayectoria hacia la extinción.

Trataré de esbozar dos posibles razones para esta presunta relación inversa. En primer lugar, un pronosticador con labia puede

---

cumento de trabajo, 1 de noviembre de 2004; Elroy Dimson, *et al.*, *Triumph of the Optimists* (Princeton, NJ: Princeton University Press, 2002), 156.

187. Larry Speidell, *et al.*, «Dilution Is a Drag... the Impact of Financings in Foreign Markets», *The Journal of Investing*, 14:4 (invierno de 2005): 17-22; William J. Bernstein y Robert D. Arnott, «The Two-Percent Dilution», *Financial Analysts Journal*, 59:5 (septiembre-octubre de 2003): 47-55.

ocultar los errores heurísticos de análisis e intimidar a quienes profesan opiniones discordantes. La exposición a los medios de comunicación es el segundo mecanismo que sospecho que liga la elocuencia con la capacidad predictiva. Después de todo, la mejor respuesta que una autoridad financiera bien informada y concienzuda puede dar al presentador de la CNBC que le pregunta hacia dónde se dirige el mercado es alguna variante de: «¿Cómo diablos voy a saberlo?». Pero con una contestación así no es muy probable que lo vuelvan a invitar. ¿A quién sí invitan de nuevo? A los carismáticos profetas y agoreros que lanzan predicciones extremas en cualquier sentido, interpelando a la audiencia del programa y engrosando así la recaudación publicitaria de la cadena.

Estas dinámicas establecen un círculo vicioso de la previsión con la connivencia de los medios de comunicación. Tetlock halló que tales profetas y agoreros son pronosticadores peores que la media. Además, una excesiva exposición mediática hincha su ego y mina todavía más su juicio, llevándolos a formular predicciones más esperpénticas. A su vez, la mayor cobertura y las ulteriores predicciones atraen una audiencia aún mayor y más invitaciones a intervenir en programas. Tetlock describe la tríada resultante como sigue: «Los tres principales elementos —expertos de tono ex cátedra, medios de comunicación preocupados por los índices de audiencia y público atento— quedan así atrapados en un triángulo simbiótico».[188]

Moraleja: la próxima vez que te dejes fascinar y persuadir por un pico de oro, ten presente que es muy posible que de él salga un pronóstico errado.

Efecto WYSIATI, o por qué el pasado reciente es tu enemigo

Escribí este libro en medio de una de las peores crisis de los bonos de la historia de las finanzas. Pese a que resulta inevitable incurrir en pérdidas en los mercados tanto de renta variable como

188. Tetlock, *Expert Political Judgment*, 42-88, 98, 125-141, cita 63.

fija, no hemos de pasar por alto el error que cometieron muchos inversores en bonos en los últimos años.

Comencemos por la «curva de rendimientos» de los títulos del Tesoro de Estados Unidos, que muestra su rentabilidad en función del vencimiento. El 30 de junio de 2020, al término del mercado alcista más largo y contundente en la historia de la renta fija, las letras del Tesoro a tres meses generaban una raquítica rentabilidad del 0,16 %, mientras que los bonos a cinco años apenas ofrecían trece puntos básicos más: 0,29 %.

Analicemos qué implica extender el vencimiento de tres meses a cinco años para obtener ese margen del 0,13 %. A lo largo del último siglo, el bono a cinco años ha presentado una desviación típica —o volatilidad— del 4,3 % anual. A mediados de 2020, un inversor obtenía un extra de rentabilidad del 0,13 % asumiendo un riesgo del 4,3 %, es decir, un 0,03 % más de rendimiento por cada 1 % de riesgo adicional.[189]

Veamos cómo de exigua es esa recompensa del 0,03 % por cada 1 % de riesgo volviendo nuestra atención hacia la renta variable. Si asumimos que la prima de riesgo ronda el 4 % y que las acciones presentan una desviación típica anualizada del 16 %, entonces los valores ofrecen en torno a un 0,25 % de rendimiento por cada 1 % de riesgo asumido. Esa ratio de rentabilidad/riesgo 0,25 %:1 % sirve como referencia práctica para decidir cuánto riesgo asumir por una extensión del vencimiento de un bono. La figura 11.1 plasma la curva de rendimientos a mediados de 2020.

En ese momento, ampliar el vencimiento en busca de mayores beneficios era a todas luces una necedad, y evocaba la famosa máxima del analista financiero Raymond DeVoe Jr.: «Se ha perdido más dinero persiguiendo la rentabilidad que a punta de pistola».[190]

189. Los lectores con formación formal en finanzas notarán que la ratio de rentabilidad/riesgo descrita es casi idéntica al índice de Sharpe, definido como: (Rendimiento de cartera – Rendimiento libre de riesgo)/(Desviación típica de [Rendimiento de cartera – Rendimiento libre de riesgo]).

190. Jason Zweig, *The Devil's Financial Dictionary* (Nueva York: Public Affairs, 2015), 229.

Figura 11.1. Curva de rendimientos de títulos del Tesoro el 30 de junio de 2020

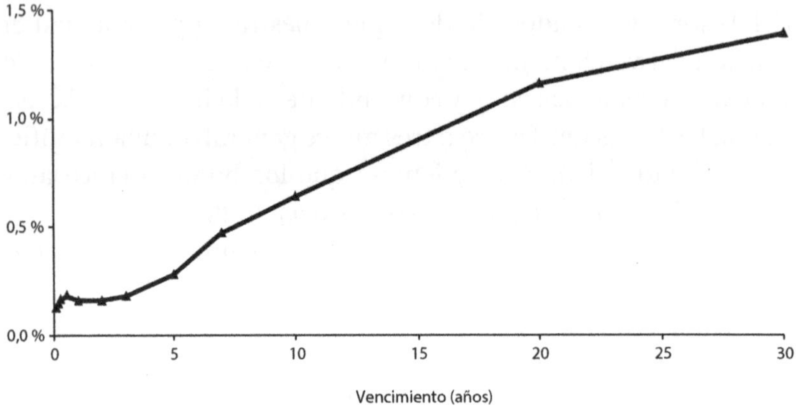

Cuando actualizo este capítulo en marzo de 2023, la curva de rendimientos se ha «invertido», ofreciendo una rentabilidad máxima cercana al 5 % a seis meses. ¿Significa ello que en la actualidad no tiene sentido extender los vencimientos más allá de ese punto, como sucedía a mediados de 2020? No necesariamente, pues el rendimiento mucho más alto de 2023 brinda un generoso colchón frente a pérdidas que no existían a mediados de 2020, cuando los tipos de interés se encontraban en su punto más bajo desde que hay registros (hace cinco mil años).

Me he permitido esta breve digresión acerca del vencimiento de los bonos porque aporta una demostración clara del pernicioso influjo de la recencia. Para 2020, los rendimientos de la renta fija llevaban cuatro décadas cayendo de forma más o menos continua, y muchos inversores no podían imaginar siquiera una subida drástica de los tipos, y mucho menos una reiteración de la «eutanasia del rentista» de Keynes.

Si bien la década que va de 1999 a 2008 registró el peor rendimiento de la renta variable a diez años en la historia de Estados Unidos, la vigorosa recuperación del mercado, que hizo que los precios se multiplicaran por siete desde el mínimo de 2009 hasta 2021, también borró de la memoria las dolorosas pérdidas accionarias y los diecisiete años de rendimientos bursátiles ajustados por inflación negativos de hace casi dos generaciones, justo a tiempo para la debacle de acciones y bonos de 2022.

CUADRO DE MATEMÁTICAS

Duración de los bonos

Si has leído algo sobre la duración de los bonos, quizá te preguntes qué relación guarda con el vencimiento. Se puede entender la duración como el vencimiento efectivo, calculado a partir del valor presente de la suma de todos los cupones y el principal, y por tanto siempre más corto que el vencimiento real, a causa de los intereses que se cobran antes de la fecha de vencimiento. Cuanto mayor sea el rendimiento, mayor será la diferencia entre ambos.

Sin embargo, la duración tiene una definición de mercado mucho más útil: la ratio entre cambios en el precio de los bonos y cambios en la rentabilidad.

Debido a su rendimiento tan bajo, a mediados de 2020 la duración del título a cinco años se acercaba mucho a cinco años. Durante los primeros cuatro meses de 2022, la rentabilidad del bono del Tesoro a cinco años subió un 1,66 %, por lo que su precio cayó casi un 8 %... Semejante batacazo hace daño.

Un aumento de los tipos de interés del 1,66 % en un espacio de sólo cuatro meses es un acontecimiento inusual, y en cualquier momento dado las probabilidades de que ocurra son escasas. Ahora bien, incluso si los tipos se hubieran mantenido al mismo nivel o hubieran bajado, a mediados de 2020 la decisión de comprar títulos del Tesoro con una duración superior a unos pocos meses no tenía mucho sentido en términos de riesgo/recompensa, sobre todo si tenemos en cuenta que en ese entonces no existía un colchón de cupones.

Más WYSIATI: la ilusión de la estacionariedad

Probablemente, la descarga más popular del sector de las finanzas es la hoja de cálculo sobre el mercado bursátil de Robert Shiller, que éste se encarga de actualizar de forma continua. Este archivo calcula y representa en forma de gráfico su métrica de valoración predilecta, la ratio P/B ajustada cíclicamente, o CAPE (*cyclically adjusted P/E*): el precio actual del S&P 500 dividido entre el promedio de sus ganancias ajustadas por inflación de los últimos diez años. Por ejemplo, a finales de 2021, la CAPE se situaba en 38,3, no demasiado lejos de su máximo histórico de 44,2 registrado a finales de 1999, cerca del pico de la burbuja puntocom, según se muestra en la figura 11.2.

Figura 11.2. Picos y valles de la ratio P/B ajustada cíclicamente (CAPE) de Shiller

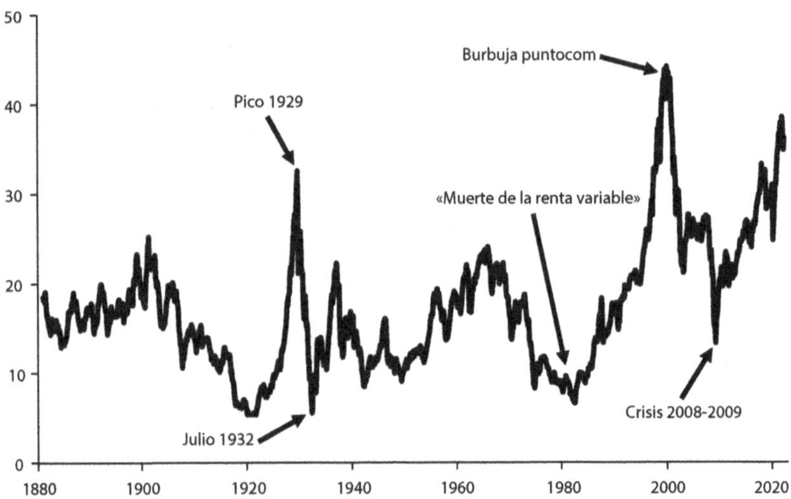

Fuente: Archivo de datos sobre CAPE de Shiller.

Este tipo de análisis lleva tentando a los inversores desde que disponemos de datos agregados sobre el mercado. ¿Qué podría ser más fácil? Compra cuando la CAPE o la métrica de valoración que prefieras —la ratio P/B de los últimos doce meses, la rentabilidad por dividendos, la ratio precio/flujo de caja o cualquier otro indicador similar— se acerque a niveles históricamente bajos, y vende cuando alcance niveles históricamente altos. En el caso de la CAPE, estas cifras podrían ser 10 y 35, respectivamente.

Una comparación entre rendimientos futuros a diez años y CAPE, según se ilustra en la figura 11.3, parece confirmar esta intuición.

Figura 11.3. CAPE de Shiller frente a rendimientos anualizados a diez años

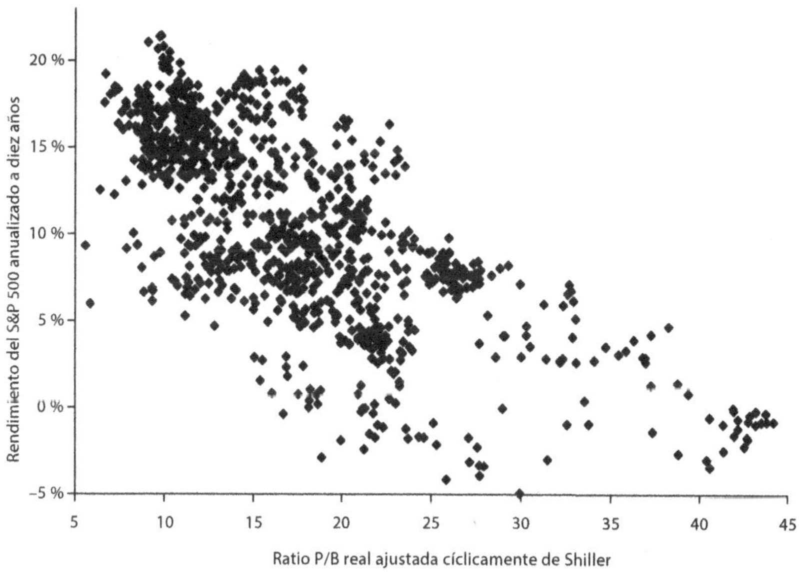

Fuente: Archivo de datos sobre CAPE de Shiller y Dimensional Fund Advisors.

Por supuesto, este método en apariencia infalible para vencer al mercado tiene un talón de Aquiles. Adolece de la «falacia de estacionariedad», una forma sutil de WYSIATI/recencia: la asunción no sólo de que los valores futuros de CAPE se parecerán a los pasados, sino también de que la relación entre rendimientos de CAPE actuales y futuros se mantendrá inalterada. Imagina una botella que contenga todos los rendimientos pasados y los valores históricos de CAPE. Si el mercado bursátil fuera un sistema estacionario, todos los valores futuros entrarían dentro de las paredes de esa botella. Lamentable, en el mundo real se desparraman por toda la mesa.

Los perfiles aerodinámicos y los circuitos eléctricos se comportarán de idéntico modo bajo idénticas condiciones, pero no así las acciones y los bonos. Los físicos e ingenieros que se sienten atraídos por las finanzas a menudo tropiezan en este equívoco. Si posees un talento innato para los diagramas de fases y resuelves ecuaciones diferenciales como quien se ata los cordones, te resultará difícil sustraerte a la vertiente matemática de la inversión y prestar atención a su dimensión shakespeariana, como ocurrió a Long-Term Capital Management. Llamémoslo el «error ingenieril».

Antes de 1955, cada vez que la rentabilidad por dividendos de la bolsa se hundía por debajo del 4 %, se producía un declive pronunciado. Ese año, el sostenido incremento secular de los precios de las acciones volvió a llevar el rendimiento por debajo del 4 %, y en adelante la regla de «vender al 4 %» mantuvo a los inversores fuera del mercado más de un 90 % del tiempo entre 1955 y 1985, y el 100 % del tiempo después de 1985. Cuando la bolsa tocó fondo en marzo de 2009, el S&P 500 seguía generando una rentabilidad de apenas el 3,6 %.

Recordemos la experiencia del joven Eugene Fama, quien halló numerosas normas para operar en bolsa que funcionaban bien con la muestra de datos facilitada por el profesor Ernst, pero no con el conjunto que este último había retenido. Los investigadores Elroy Dimson, Paul Marsh y Mike Staunton (DMS) demostraron que ocurría algo muy similar en los mercados mundiales en su anuario de 2013 para Credit Suisse.

Para cada año y cada uno de los veinte países que contaban con datos desde 1900, así como para tres índices globales/regionales, generaron estrategias bursátiles basadas en la rentabilidad por dividendos. A continuación, examinaron los resultados que arrojaban durante los siguientes cinco años, efectuando miles de simulaciones para todo el período de ciento trece años.

En promedio, desarrollar estrategias de negociación con base en valoraciones previas no aportó nada de cara al futuro. Los autores remataron el informe con esta irónica conclusión: «A partir de las ratios de valoración aprendemos mucho menos sobre cómo obtener beneficios en el futuro que sobre cómo podríamos haberlos obtenido en el pasado».[191]

La mentalidad «lake wobegon»

El 64 % de los estadounidenses creen que irán al cielo, mientras que sólo 0,5 % planean viajar en la dirección opuesta.[192]

Un estudio sobre *start-ups* halló que más de dos tercios fracasaban en menos de cuatro años, a pesar de que sus fundadores estimaban la tasa de éxito general de negocios como el suyo en alrededor del 50 %, y sus propias probabilidades de éxito en alrededor del 70 %. De hecho, algo más de un tercio se mostraban 100 % seguros de que triunfarían. Los autores del estudio conminaban a quienes se disponían a emprender a que «entablaran relaciones con terceros que puedan proporcionar evaluaciones objetivas».[193]

Durante muchos años, el economista conductual Terry Odean repartió un cuestionario a su clase de MBA en la Universidad de California en Berkeley sobre su habilidad para conducir en relación con la de sus compañeros. Como suele ocurrir, una cuarta parte se situaron en el decil superior, y casi todos se calificaron por encima de la media. Huelga decir que ambas estimaciones son matemáticamente imposibles.

En una ocasión, Odean preguntó a uno de los pocos estudiantes que se calificaron por debajo del promedio por qué lo hizo. Contestó que iba a colocarse en el cuartil superior, pero luego recordó que en los últimos doce meses lo habían multado tres

191. Elroy Dimson, *et al.*, *Credit Suisse Global Investment Returns Yearbook* (resumen), 2013, 24-27.

192. Barna Research, «Americans Describe Their Views About Life After Death», <https://www.barna.com/research/americans-describe-their-views-about-life-after-death/>, disponible el 11 de abril de 2022.

193. Arnold C. Cooper, *et al.*, «Entrepreneurs' Perceived Chances of Success», *Journal of Business Venturing*, 3:2 (primavera de 1988), 97-108, cita 107.

veces por exceso de velocidad, había tenido dos accidentes, y estaba a punto de perder el carnet. En todo ese tiempo, hubo una única persona que se clasificó en el decil inferior: un estudiante extranjero que no sabía conducir.[194]

De la misma forma, tanto los particulares como los profesionales sobrestiman su destreza financiera. Hace casi un cuarto de siglo, el columnista de *The Wall Street Journal* Greg Ip escribió un memorable artículo en que describía con hermosura cómo la combinación entre recencia y exceso de confianza distorsiona las expectativas de los inversores.

Durante el verano de 1998, los mercados bursátiles se tambalearon a medida que bonos soberanos de todo el mundo caían en impago, la misma crisis que condenó a Long-Term Capital Management. Ip analizó la evolución de las actitudes de los inversores tras el declive, recogiendo en una tabla sus expectativas.

Rendimientos esperados	Junio de 1998	Septiembre de 1998
Siguientes 12 meses, cartera propia	15,2 %	12,9 %
Siguientes 12 meses, mercado total	13,4 %	10,5 %

Llama la atención que el inversor promedio pensase que la caída de los precios anunciaba *menores* rendimientos futuros, pese a que cuanto más bajo es el precio pagado por cualquier clase de activo, mayor será su rentabilidad futura (o, al menos, menor la pérdida).

Además, de la tabla se desprende que esperaba superar al mercado por cerca de un 2 %. Dado que el inversor promedio obtiene el rendimiento del mercado menos los gastos y los costes de transacción, a la hora de la verdad recibirá menos que la rentabilidad del mercado.

194. Terry Odean, comunicación personal.

El exceso de confianza más peligroso de todos

Si el exceso de confianza sobre la propia habilidad financiera mina los rendimientos, el exceso de confianza sobre la propia tolerancia al riesgo lo hace en doble medida. La edición de 2002 de este libro ofrecía la siguiente guía para la asignación de acciones/bonos como una función de la capacidad del lector para tolerar las pérdidas de cartera referidas:

Puedo tolerar perder un % de mi cartera en el proceso de obtener mayores rendimientos:	Porcentaje de mi cartera invertido en acciones:
35 %	80 %
30 %	70 %
25 %	60 %
20 %	50 %
15 %	40 %
10 %	30 %
5 %	20 %
0 %	10 %

Olvidé preguntar a los lectores si habían llegado a perder alguna vez un 15, un 25, o un 35 % de su cartera. Consultar esta tabla o simular una cartera en una hoja de cálculo no es lo mismo que afrontar pérdidas en el mundo real. La bolsa rara vez cae sin un buen motivo, y los mercados bajistas suelen ser fruto de un incipiente colapso del sistema financiero, de la hiperinflación o de la posibilidad de holocausto nuclear. El temor a una catástrofe geopolítica y económica real convierte esos períodos en los puertos de montaña más peligrosos en la autopista hacia la riqueza.

Otra faceta de la desconexión entre tolerancia al riesgo percibida y real es nuestra tendencia otrora adaptativa a borrar el dolor físico y psicológico. Recordamos las alegrías de nuestras vacaciones en Italia de hace una década, pero a menudo olvidamos el aterrizaje movidito, el episodio de intoxicación alimentaria y el pelma que nos amargó la visita guiada al Vaticano. El equivalente financiero consiste en edulcorar tus recuerdos de la crisis de

2008-2009, escamoteando como por arte de magia la tremenda angustia que pasaste.

Los fondos de cobertura: los «Louis Vuitton» del mundo de la inversión

A riesgo de llevar demasiado lejos las metáforas simiescas de este libro, el ser humano no es sólo el simio que imita y cuenta historias. También es el simio que busca estatus.

En un entorno en que escasean los alimentos y los recursos, sólo los más capaces sobreviven y se reproducen, y la jerarquía humana señala la aptitud genética a posibles parejas. Si bien el vínculo entre estatus y facilidad para encontrar pareja se ha atenuado en el mundo moderno, los seres humanos no han escapado de la pulsión evolutiva de buscar y adquirir estatus. En palabras de Karl Marx:

> Poco importa que una casa sea grande o pequeña: mientras las aledañas sean de igual tamaño, satisfará todos los requisitos sociales en materia de vivienda. Pero si junto a una casita se levanta un palacio, la primera menguará hasta quedarse en poco más que una chabola.[195]

Un viejo chiste define la envidia en distintas culturas. En Estados Unidos, se trata del coche más grande de tu vecino; en Inglaterra, que tu vecino tome té con la reina; en Francia, la voluptuosa amante de tu vecino, y en Rusia, desear que la vaca de tu vecino muera.

Siguiendo con el chascarrillo, la versión financiera de la envidia serían las rutilantes acciones o fondos de cobertura de tu vecino. Desafortunadamente, codiciar inversiones atractivas puede dañar tus finanzas al menos tanto como codiciar una casa elegante, un coche fastuoso o una amante distinguida.

195. Karl Marx y Friedrich Engels, *Selected Works* 3:1 (Moscú: Progress Publishers, 1969), 163.

Las personas adineradas a menudo terminan por minar su propia salud, al rebotar sin ton ni son de un médico a otro, llegando en casos extremos a encomendarse a charlatanes con ínfulas. Lo mismo sucede en las finanzas, donde los ricos suelen tener acceso a gestores y vehículos de inversión que no están disponibles para la gente corriente, como fondos de cobertura, sociedades limitadas y, si no tienen suerte, artistas del fraude como Bernie Madoff, gran parte de cuyo atractivo residía en su hábito de rechazar a potenciales clientes.

La versión del mundo de las inversiones del charlatán y del Louis Vuitton es el fondo de cobertura, que hasta hace poco cargaba «dos y veinte»: un 2 % en concepto de comisión de gestión y un 20 % de los rendimientos. Si tu producto generaba un 10 % anual, sólo las comisiones ascenderían a un 4 %. Y no es más que el comienzo, dado que también incurren en considerables costes de transacción y suelen ofrecerse a través de asesores o «fondos de fondos», ambos con su capa adicional de comisiones. A la hora de la verdad, el inversor típico en fondos de cobertura se enfrenta a un viento en contra que ronda el 7 % anual, una desventaja que ni el mismísimo Warren Buffett podría remontar.

Los fondos de cobertura también sufren del mismo fenómeno de «mercado saturado» que aqueja a los fondos de futuros de materias primas. Cuantos más activos se destinan a un activo determinado, mayor será su precio y menores sus futuros rendimientos.

En el año 2000, David Swensen, gestor del fondo de dotación de la Universidad de Yale, escribió un libro brillante e influyente, *Pioneering Portfolio Management*, en el que proponía una estrategia radicalmente distinta del modelo institucional convencional de 60/40 de acciones/bonos.

Dedicó menos de la mitad de su cartera a acciones y bonos cotizados en bolsa tradicionales, tanto nacionales como extranjeros, e invirtió el resto en fondos de cobertura, capital privado, bienes raíces privados y futuros de materias primas.

Su estrategia funcionó a las mil maravillas. En los veinte años transcurridos entre julio de 1987 y junio de 2007, consiguió una rentabilidad anualizada del 15,6 %, un 4,8 % más que el S&P 500. Es más: por el camino, la dotación experimentó mucha menos volatilidad que las carteras convencionales. Las buenas noticias corren como la pólvora, y para 1997 los fondos de las Universidades de Princeton, Harvard y Stanford habían copiado la trayectoria de Yale hacia un universo de alternativas.

La mayoría de las buenas ideas de inversión terminan por agotarse. En torno a 2005, todo el mundo había adoptado el modelo de Yale. Hacia mediados de 2011, las 823 grandes dotaciones supervisadas por la Asociación Nacional de Funcionarios Administrativos de Colegios y Universidades (NACUBO, por sus siglas en inglés) destinaban en promedio el 53 % de sus fondos a inversiones alternativas.

Las cosas no acabaron demasiado bien. Durante la década que finalizó a mediados de 2011, las dotaciones universitarias apenas superaron (en promedio) los rendimientos que podrían haber cosechado con una simple cartera 60/40 S&P 500/Barclays Aggregate Bond o con el Vanguard Balanced Index Fund, que replica esta combinación.[196]

Luego, todo fue a peor. A medida que más dinero afluía al universo de alternativas, las dotaciones universitarias se quedaron todavía más rezagadas. Durante el período de veinte años que finalizó el 30 de junio de 2021, el fondo de dotación medio arrojó una rentabilidad del 6,8 %, frente al 7,5 % de una combinación estándar 60/40 de índices a acciones y bonos globales.[197]

Lo mismo ocurrió con los fondos de cobertura. Entre 1998 y 2012, los activos gestionados por estos productos crecieron de 300.000 millones de dólares a 3 billones de dólares. Una estimación aproximativa del «alfa», o excedente de rendimientos, a

196. David Swensen, *Pioneering Portfolio Management* (Nueva York: The Free Press, 2000); Rick Ferri, «The Curse of the Yale Model», Forbes.com, 16 de abril de 2012, <http://www.forbes.com/sites/rickferri/2012/04/16/the-curse-of-the-yale-model/>.

197. Una combinación 42/18/40 S&P 500/mercado total mundial excluido EE. UU./Bloomberg Aggregate Bond.

disposición de sus gestores lo sitúa en el orden de 30.000 millones de dólares. Hace un cuarto de siglo, en 1998, esto representaba un 10 % de los 300.000 millones de dólares gestionados por los fondos de cobertura, que cubriría con creces sus comisiones y gastos. Pero en 2012, esos 30.000 millones de dólares tan sólo supusieron una ganancia del 1 % respecto a los 3 billones de dólares gestionados, lo que después de deducir comisiones dejó a sus clientes en un tremendo aprieto.

La figura 11.4 muestra el rendimiento a cinco años del índice global HFR de fondos de cobertura en comparación con una cartera 25/75 de acciones/letras del Tesoro de Estados Unidos. Esta combinación reproduce con bastante exactitud el comportamiento del índice, salvo por una circunstancia: la curva de rendimientos de los fondos de cobertura está inclinada de la parte superior izquierda a la parte inferior derecha, ya que estos últimos, que se inflaron por un factor de diez entre 1998 y 2012, superaron a la combinación en los primeros años, pero se quedaron rezagados a medida que iban creciendo hasta alcanzar un tamaño elefantiásico.

Figura 11.4. Qué sucede con la rentabilidad de los fondos de cobertura cuando sus activos aumentan de 300.000 millones dólares a 3 billones de dólares

Fuente: Hedge Fund Research y Dimensional Fund Advisors.

Por consiguiente, no debería sorprenderte que los fondos de cobertura no sobrevivieran mucho más que unos conejillos de Indias: de los seiscientos fondos registrados en 1996, sólo una cuarta parte seguían operando ocho años más tarde.[198]

RESUMEN DEL CAPÍTULO UNDÉCIMO

Todos nos creemos el Sr. Spock, cuando en realidad somos George Costanza. (O, para ser más precisos, creemos que todos menos nosotros son George.)[199] Como dijo el dibujante de la revista *Pogo*, Walt Kelly: «Nos hemos topado con el enemigo, y somos nosotros mismos».

Acéptalo: no importa cuánto nos esforcemos, todos somos exasperadamente humanos.

- Somos rehenes de nuestro evolutivamente antiguo sistema 1 —nuestro cerebro reptiliano—, que exagera los peligros a corto plazo que amenazaban nuestra supervivencia hace eones, pero ignora los riesgos a largo plazo que dominan la vida moderna.
- Sobresimplificamos los imponderables del mundo real con narrativas heurísticas sencillas que ni tan siquiera se acercan a capturar la extraordinaria complejidad de la toma de decisiones cotidiana.
- Buscamos entretenimiento y estatus en un tablero financiero que penaliza ambos, y premia en cambio la disciplina férrea y constante.
- Sobrevaloramos los eventos recientes y llamativos y no prestamos la debida atención a la fundamental «tasa base», que otorga igual relevancia al pasado más remoto.

198. Niall Ferguson, *The Ascent of Money* (Nueva York: Penguin Press, 2008), 329-330.

199. Se trata de dos personajes de series. El primero, el Sr. Spock, de la serie *Star Trek*, encarna la racionalidad extrema, mientras que el segundo, George Costanza, de la serie *Seinfeld*, simboliza la impulsividad y el dominio de las emociones sobre el raciocinio. *(N. del t.)*

- Sobrestimamos nuestra habilidad, nuestras perspectivas de éxito y, sobre todo, nuestra capacidad para afrontar el riesgo en esos contados pero cruciales momentos en que nos planta cara.

En el capítulo duodécimo exploraremos estrategias para lidiar con los costes financieros que acarrea nuestra naturaleza humana.

12

Lidiar con nuestro lado shakespeariano

Como demostró la aciaga suerte de los directivos de Long-Term Capital Management, no basta con dominar las matemáticas: los inversores también deben mantener a raya su propia irracionalidad. Las dos primeras secciones de este libro trataron sobre los aspectos matemáticos de la inversión, y los tres últimos capítulos describieron su vertiente shakespeariana: las facetas de la naturaleza humana que pueden abocar a un inversor a una tragedia digna de Hamlet, Lear y lady Macbeth. Este capítulo abordará las herramientas que necesitas para lidiar con el personaje de Shakespeare más insidioso y egoísta de todos, que te acecha al otro lado del espejo.

Combatir el efecto WYSIATI

Más o menos una vez por década, el término *basura* deja de referirse a una clase concreta de bonos para tornarse un epíteto popular, a menudo proferido por alguien que acaba de caer víctima de la máxima de DeVoe sobre el peligro de perseguir la rentabilidad.

No se trata de un fenómeno nuevo. Hace casi un siglo, Benjamin Graham advirtió que los bonos de compañías de baja calificación nunca deberían comprarse a su valor nominal, pero en ocasiones podían adquirirse de manera provechosa a precios menores que aseguraban rendimientos mayores.

La experiencia de las últimas décadas confirma lo atinado de este consejo. Durante la crisis de las asociaciones de ahorro y préstamo de los años noventa, los bonos basura perdieron un 21 % de su rendimiento total; durante 2007-2008, un 40 %, y, de forma breve durante el brote de COVID-19 en 2020, en torno a un 22 %. El resultado: un rechazo generalizado del mercado que, como no puede ser de otro modo, convirtió los bonos basura en un paria de las inversiones.[200]

Al contrario de la prima de riesgo de la renta variable, que es una incógnita, la prima de riesgo de los bonos basura está a la vista de cualquiera. El «diferencial basura-Tesoro» (DBT) es la diferencia de rentabilidad entre bonos basura y títulos del Tesoro. La prima de rendimiento real equivale al DBT menos la tasa de pérdida. (Cuando una empresa quiebra, los bonistas a menudo recuperan parte de sus pérdidas embargando sus activos. La tasa de pérdida es el porcentaje del principal y los cupones impagados después de la recuperación de los bienes embargados, y su valor histórico se sitúa en torno al 4 % anual para una cartera de bonos basura.)

Normalmente, el DBT promedio ronda el 5 %, aunque durante la mayor parte de las últimas décadas, se ha acercado más al 4 %. Esta prima de rendimiento sobre los seguros títulos del Tesoro apenas supera su tasa de pérdida histórica del 4 %. Si el tenedor de un bono basura gana un 5 % más en cupones, pero a cambio pierde un 4 % debido a impagos, su rendimiento adicional resultante apenas rozará el 1 %, y a costa de recurrentes pérdidas abultadas.[201]

Cuando se producen turbulencias en el mercado, el DBT se

200. Para 1990 y 2006-2008, cifras mensuales del Bloomberg High-Yield Bond Index; para marzo de 2020, precios diarios ajustados del Fidelity High-Income Fund.

201. Estoy en deuda con Martin Fridson por nuestras discusiones por e-mail acerca de este asunto.

dispara. Durante los episodios de 1990 y 2020, subió hasta el 10 %. A finales de 2008, alcanzó casi el %. En estas tres ocasiones, es probable que Benjamin Graham hubiera aprobado la compra de bonos basura, dado que un DBT de 10 %-20 % supera con creces la tasa de pérdida histórica del 4 %. En consecuencia, como a los compradores de *prestiti* en 1379 y de acciones en 1932 y 2009, a quienes adquirieron bonos basura en 1990, 2008 y 2020 les fueron muy bien las cosas.

No pretendo que trates de anticipar el mercado de los bonos basura, sino que extraigas una enseñanza más genérica: los mayores rendimientos para una clase de activo suelen obtenerse cuando ésta concita el repudio popular.

A finales de los noventa, una cadena televisiva nacional me citó señalando la alta rentabilidad de los REIT y, por tanto, sus altos rendimientos esperados. Unos días más tarde, un conocido me llamó para decirme: «¡Con los REIT no he hecho más que palmar pasta!», y me colgó; por supuesto, yo también había perdido dinero con los REIT. Como consecuencia del mal desempeño reciente de esta clase de activo, sus rendimientos esperados habían aumentado. La respuesta racional era interpretar la decepción y el malestar resultantes como una señal para comprar más activos, o al menos para no vender los poseídos.

Para abrazar el tipo de racionalidad de inversión que compra cuando todos gritan «¡vende!», debes entender antes que el instinto popular —el sistema 1 a escala poblacional— es una fuerza social que te quiere pobre. El inversor racional trata el sentir popular acerca de una clase de activo igual que a un cuñado molesto que no para de repartir opiniones descabelladas y malos consejos. Lo mismo cabe decir, y con mayor razón, de las señales de tu propio sistema 1.

No olvides que los puertos de montaña más peligrosos en la autopista hacia la riqueza son las respuestas de nuestro sistema 1 a las largas rachas de rendimientos reales negativos de acciones y bonos. Por descontado, durante tu carrera como inversor te cruzarás con uno o dos de estos profundos valles, que pueden dilatarse por más de una década. Como afirmó con tino John Templeton:

> Los mercados alcistas nacen con el pesimismo, crecen con el escepticismo, maduran con el optimismo y mueren con la euforia. El *momento de máximo pesimismo* es el más indicado para comprar, y el momento de máximo optimismo el más indicado para vender (cursivas añadidas).[202]

Las tendencias bajistas prolongadas generan una repulsión contra la renta variable en el sistema 1 colectivo de la población, y es muy probable que también en el tuyo. Te grita: «¡Vende!». No hay nada que puedas hacer para aliviar la desagradable sensación que te invade el estómago al abrir tu estado de cuenta de corretaje en esos momentos.

Pero puedes sobrellevarla. He aquí algunas estrategias que te ayudarán a ello. En primer lugar, entrena al Sr. Spock interior de tu sistema 2 para que interprete como debe la angustia de tu sistema 1. Ejercítate en reconocer el «momento de máximo pesimismo» de Templeton como indicador de mayores rendimientos futuros, y luego echa mano a las matemáticas y la ecuación de Gordon para confirmar ese pálpito. Con los años, he aprendido que mis compras más rentables vinieron acompañadas de intensas náuseas. Como también observó Templeton, lo opuesto ocurre con el confort y la euforia que el sistema 1 emana durante las manías financieras, que deberías entender como la manera que tiene de advertir a tu sistema 2 que no se deje arrastrar por el entusiasmo popular por activos arriesgados.

Finalmente, ten siempre presentes dos cosas. La primera es que comprar las clases de activos con mejor rendimiento en los últimos cinco o diez años refleja siempre la sabiduría popular, que suele estar equivocada. La segunda es que, la mayoría de las veces, es mejor idea comprar las clases de activos con *peor* rendimiento en la última década.

202. John Templeton, «Ten Principles of Investment Success», <https://www.franklintempleton.com.sg/resources/investor-education/investing-101/ten-principles-to-investment-success>, disponible el 18 de abril de 2022.

La elocuencia y las narrativas cautivadoras son señales de alarma

Nunca olvides que el ser humano es el simio que cuenta historias y, por un muy buen motivo, resultan mucho más persuasivas que los hechos y datos. Cuando oigas a alguien pregonando una opinión, deberías considerar ante todo la tasa base de Tetlock y hacer números: la ecuación de Gordon, la curva de rendimientos de los bonos, y las rentabilidades y riesgos históricos de los activos. La estrategia óptima para los vendedores de opiniones —en este caso, los topos de la industria de inversión— pasa por ofrecer narrativas sugerentes, pero como inversor eres un *consumidor* de opiniones que debería evitar a toda costa semejantes relatos.

Incluso los más educados entre nosotros —*sobre todo* los más educados— reverencian la elocuencia y la retórica. Cuántas veces habrás oído a alguien exclamar: «¡Me encanta escuchar a X! ¡Qué mujer tan inteligente!». En la actualidad, Tetlock está llevando a cabo una investigación sobre el vínculo entre capacidad persuasiva y exactitud pronosticadora. Sospecha una correlación negativa, ya que los medios buscan «profetas exaltados y agoreros» —*boomsters and doomsters*,[203] en terminología de Tetlock— elocuentes, pese a que según sus estudios son pésimos pronosticadores.[204] Ésta también ha sido mi experiencia.

En ningún campo aflora tanto esta correlación negativa entre carisma y capacidad predictiva como en las finanzas. Todas las estrellas fugaces mencionadas en el capítulo tercero —Joseph Granville, Elaine Garzarelli y Nouriel Roubini— iluminaron salas enteras con su brillantez e inteligencia. Como explicamos antes, los medios de comunicación gravitan hacia la elocuencia y

203. *Boomster* y *doomster* son dos términos formados a partir de las palabras *boom* (auge económico) y *doom* ['perdición'] para denotar personas que realizan predicciones extremas en sentido optimista o pesimista. *(N. del t.)*

204. Véase <https://www.dropbox.com/s/m33yj3t2iis02gh/Improving_Judgments_of_Existential_Risk_16march%202022.pdf?dl=0>; también Philip Tetlock, comunicación personal.

las predicciones extremas, que en combinación representan un indicador fiable de malos pronósticos.

Los psicólogos clínicos y los psiquiatras saben desde hace tiempo que carisma y elocuencia constituyen rasgos de la psicopatía. De hecho, una de sus principales manifestaciones es una persuasiva confianza en uno mismo, que resulta ventajosa en un entorno corporativo. Este trastorno es más común entre los ejecutivos —en especial financieros— que entre la población general.

Que un psicópata vaya a parar a uno de tus despachos puede revelarse muy costoso y peligroso.[205] La historia empresarial está llena de emprendedores con labia que estafaron a sus inversores. A principios del siglo xx, Samuel Insull construyó buena parte de la red eléctrica del país, pero también perpetró un fraude masivo contra sus accionistas. Jack Welch manipulaba las ganancias de General Electric para que pareciera que crecían a un ritmo estable, cuando no era así. El megalómano Adam Neumann se hizo famoso por obligar a su compañía, WeWork, a pagarle 5,9 millones de dólares por derechos sobre la marca registrada de la palabra «*We*» ['nosotros'].[206] Cuando el inversor prudente se encuentra con un reportaje adulador acerca de un CEO carismático, lo que oye son señales de alarma.

Como siempre, la respuesta adecuada a las manías financieras es entrenar a tu sistema 2 para que ate en corto a tu sistema 1. Cuando tu cerebro reptiliano responda con aprobación a alguien con una dicción impoluta y una retórica apabullante, ponte en guardia. Las charlas TED, con sus oradores elocuentes y apasionados, amplifican las respuestas capciosas de nuestro sistema 1 con audiencias de cabezas aquiescentes, manos palmeras y risas cómplices. Si un presentador tiene un aspecto y un

205. Simon Croom, *et al.*, «Personality Differences and Buyer-Supplier Relationships: Psychopathy in Executives, Gender Differences and Implications for Future Research», *Journal of Purchasing and Supply Management*, 27:4 (octubre de 2021): 1-10.

206. Véase, por ejemplo, Reeves Wiedeman, *Billion Dollar Loser* (Nueva York: Little Brown and Company, 2020).

discurso propios de un escenario de TED, mantente especialmente alerta.

Compañías grandes no equivalen a grandes acciones

El capítulo undécimo abordó las heurísticas más comunes: engañosos atajos mentales y simplificaciones que pueden causar estragos analíticos. La heurística financiera clásica es la falacia de empresa grande/gran acción. La historia y la investigación financieras enseñan que los mayores rendimientos tienden a proceder de las compañías más insípidas. En el mundo real, el crecimiento sólido es una ilusión que se desvanece en cuanto un informe trimestral de ganancias anuncia una desagradable sorpresa, y las probabilidades de escoger acciones ganadoras entre la abrumadora mayoría de las empresas de altos vuelos que no tardarán en estamparse contra el suelo son ínfimas.

En su lugar, lo más sensato es poseer sencillamente el mercado total, según la teoría de que, si quieres encontrar todas las agujas ganadoras en un pajar, lo mejor es hacerte con todo el pajar. Como alternativa, podrías considerar conceder un mayor peso a las acciones de valor dentro tu cartera por medio de uno de los fondos pasivos de valor altamente diversificados que trataremos en la sección final del libro. Como mínimo, desconfía de los cantos de sirena de las acciones de crecimiento, sobre todo cuando la gente comience a hablar de una «nueva era» de la inversión. Citando una vez más a Harry Truman: «Lo único nuevo en el mundo es la historia que no conoces».[207]

Haz de ello una rutina

Como descubrimos en el capítulo anterior, en el mundo de la inversión el entretenimiento a menudo sale muy caro. No hay ningún otro ámbito en que la correlación entre el artificio y la

207. Miller, *Plain Speaking*, 147.

sustancia sea tan negativa. Si lo que buscas es entretenerte, es probable que los deportes extremos y los cruceros de lujo resulten más baratos que los fondos de cobertura, los bienes raíces privados, los futuros de materias primas y las superestrellas de la gestión de capital.

Si te entretienes con tus inversiones, o con las de tus amigos o familiares, algo no va bien. Una estrategia bursátil exitosa debería ser aburrida. Las inversiones sofisticadas y estimulantes tienden a atraer a demasiados compradores y a recibir cantidades excesivas de capital, que lastran los rendimientos futuros.

La estrategia más capaz de hacerte rico al instante es tener suerte en el Euromillón, siendo su equivalente de inversión encontrar la próxima Amazon, Facebook o Tesla. Al igual que ocurre si compras un gran número de boletos de lotería, una cartera llena de OPV y rutilantes acciones de tecnológicas tiene más probabilidades de arrojar rendimientos mediocres que de acertar en el premio gordo. Aunque es verdad que esta vía te brinda la mejor oportunidad de alcanzar la riqueza, también dispara la probabilidad de que acabes tus días en la indigencia. Repítete a diario que el objetivo de invertir no es maximizar las probabilidades de volverte rico, sino minimizar las probabilidades de morir pobre, y que la mejor estrategia para ello es a través de un enfoque aburrido, asequible y pasivo de la renta variable, acompañado de la tranquilidad que infunde un mullido «colchón de seguridad» de títulos respaldados por la plena fe y crédito del Tío Sam.

Saborea el azar

Toma conciencia de que casi todos los aparentes patrones bursátiles son meras coincidencias. Si escarbas lo suficiente en un conjunto de datos, encontrarás abundantes criterios de selección de acciones y normas de anticipación del mercado que te habrían hecho rico. Sin embargo, como constató Eugene Fama durante sus estudios universitarios, a menos que tengas una máquina del tiempo, no sirven de nada. El inversor avezado aprende pronto a no optimizar el pasado, pues la mayor parte del comportamiento del mercado es aleatorio, y lo que funcionó ayer rara vez funcionará mañana.

Acepta el hecho de que los patrones del mercado bursátil son una quimera, al igual que las figuras en el poso del café o la cara de tu tía Julia en las nubes que pasan sobre tu cabeza. Ignóralos. Cuando se trata de la bolsa, la asunción más segura y rentable es que no existen patrones. Pese a que hay algunos predictores estadísticos de la rentabilidad de las acciones y del mercado, son demasiado endebles para revestir alguna utilidad práctica.

Cuanto antes comprendas que ningún sistema, gurú ni patrón te ayudará, mejor te irán las cosas. Ignora a los estrategas que utilizan datos financieros y económicos para prever la dirección del mercado. Si algo hemos aprendido en los últimos noventa años de tipos como Cowles, Fama, Graham y Harvey, es que semejante pretensión es absurda. El cometido de esos charlatanes es hacer que tu pitonisa local parezca competente.

Pon en orden tus riesgos

La aversión miope al riesgo —nuestra tendencia a centrarnos en las pérdidas a corto plazo— es la manera en que el sistema 1 te empuja a la pobreza. Una historia apócrifa cuenta que una inversora metió 10.000 dólares en un fondo mutualista a mediados de los setenta y, en un descuido, se olvidó de ellos. Conmocionada por el crac del mercado del 19 de octubre de 1987, recordó sus ahorros, entró en pánico, y llamó a la compañía de fondos para consultar el estado de su cuenta: «Lo lamento, señora, pero el valor de su fondo ha caído a 179.623 dólares».

Tu sistema 1 entiende por riesgo perder dinero ahora mismo: este año, este mes, esta semana u hoy. Esta definición transitoria de riesgo nos sirvió bien cuando los principales peligros implicaban tribus vecinas, depredadores letales, enfermedades virulentas y plantas venenosas, pero no se adecúa al entorno financiero, donde el mayor riesgo consiste en no acumular suficientes activos o no gastarlos de manera sabia a lo largo de una carrera de inversión que puede durar medio siglo.

El capítulo segundo concluyó con una exposición de los riesgos financieros reales que amenazan tu consumo futuro, los cuatro jinetes del «riesgo profundo»: inflación, confiscación, devastación y deflación. No obstante, nuestro láser del sistema 1 se enfoca en el riesgo a corto plazo de declives del mercado, que casi siempre se revelan temporales.

Combatir esta aversión miope al riesgo constituye la tarea emocional más difícil a la que se enfrenta el inversor. Sólo conozco dos maneras de hacerlo. La primera es revisar tus carteras lo menos posible. Los académicos del comportamiento financiero han hallado que, tanto en el laboratorio como en el mundo real, los inversores que nunca miran sus carteras obtienen rendimientos más altos que quienes las revisan con frecuencia. (Sin embargo, deberías comprobar tu balance una o dos veces al año para protegerte contra el fraude.) Piensa en tu casa. Tienes suerte de que ni siquiera Idealista pueda ofrecer una tasación diaria precisa de su valor de mercado.

Graham observó este efecto cuando se percató de que, durante la Gran Depresión, los inversores en bonos hipotecarios poco conocidos que no aparecían en los periódicos se aferraban a ellos. Al final, conseguían buenos resultados porque no tenían que hacer frente de manera regular a sus pérdidas en las páginas de negocios. Por otra parte, los propietarios de bonos corporativos, que habían perdido menos valor real que los hipotecarios pero recibían más atención en la prensa, eran más proclives a ceder al pánico y vender.

La otra manera de evitar la aversión miope al riesgo es una buena pila de activos seguros, como bonos del Tesoro, certificados de depósito y fondos monetarios de alta calidad, que aportan una inestimable serenidad frente a las caídas del mercado.

¿Cuánto deberías tener en activos seguros? Depende de tu edad. Alguien que se acaba de jubilar, por ejemplo, debería contar con al menos cinco años de gastos residuales de manutención —los fondos requeridos después de percibir las prestaciones de la seguridad social y el plan de pensiones— en activos seguros. Diez años sería mejor, y ni siquiera veinte años son demasiados.

Por otro lado, una persona joven posee un gran «bono» en forma de décadas de ingresos futuros. La cantidad de activos seguros que debería mantener depende de dos consideraciones. El primer factor es la seguridad de su empleo. ¿Es maestro o trabaja en una *start-up* tecnológica? En el primer caso, debería acumular un fondo de contingencia suficiente para cubrir varios meses, mientras que en el segundo necesitaría uno mayor. Huelga decir que, a menos que esté esperando una jugosa herencia, convendría que contratase un seguro de incapacidad, y si tiene además a personas dependientes a su cargo, también un seguro de vida.

No importa la edad ni la profesión del inversor, debe saber que su reacción visceral ante las pérdidas a corto plazo es la forma en que su sistema 1 intenta empujarlo a la pobreza. Tendrá que aprender a aprovechar los mercados bajistas repitiéndose a sí mismo, cada vez que su cartera se resienta, que precios más bajos significan rendimientos futuros más altos, y recordando además que no va a necesitar sus activos accionarios hasta dentro de muchos años, si no décadas.

No te conviertas en una ballena

Los inversores ricos son las vacas de efectivo de la industria financiera, y la mayoría de los vehículos de inversión exclusivos a su disposición, como cuentas separadas, fondos de cobertura, sociedades limitadas, capital privado y capital riesgo, están diseñados para exprimirlos con comisiones, costes de transacción y otras tasas. Los corredores se esfuerzan en cortejar a las «ballenas» con deslumbrantes descripciones de sofisticadas investigaciones, operaciones bursátiles y estrategias fiscales, por no hablar de comidas en restaurantes de lujo y butacas de palco. No te dejes impresionar. Recuerda que, si los mayores fondos de inversión del país —los fondos de pensiones y las dotaciones— no logran vencer al mercado, tampoco lo hará un inversor con 10 millones de dólares, ni con 1.000 millones de dólares.

Puede que una cartera diversificada de fondos indexados o ETF no sea lo bastante exclusiva o excitante para tu gusto, pero es muy probable que obtenga rendimientos más altos que tus vecinos ricachones.

No te subas a la parra

El primer paso para evitar el exceso de confianza consiste en admitirlo. ¿Crees que tienes una habilidad al volante, un don de gentes y un atractivo físico por encima de la media? Lo más probable es que no sea así. Si crees que tu destreza para elegir acciones te permitirá ganar al mercado, pregúntate si en verdad eres más listo que los tipos que están al otro extremo de tus operaciones. Por supuesto, no puedes saber exactamente quiénes son, pero casi siempre se tratará de profesionales expertos cuyas motivaciones, capacidades y recursos exceden con creces a los tuyos.

O quizá pienses que puedes acertar en escoger gestores de capital que superen al mercado. Espero que los datos del capítulo tercero sobre rentabilidades de fondos te hayan sacado del engaño. Si realmente pudieses, te aguardaría una lucrativa carrera como consultor de fondos de pensiones. Las mayores corporaciones del país estarían encantadas de pagarte generosas sumas por identificar a los mejores gestores de capital para que gestionen los activos de jubilación de sus empleados.

Puedes evitar el exceso de confianza recordándote sin cesar que «el mercado es mucho más inteligente de lo que jamás seré yo. Hay millones de inversores mucho mejor preparados que yo, y todos están buscando la Fuente de la Juventud financiera. Mis probabilidades de ser el primero en encontrarla no es que sean muy altas. Si no puedo con el mercado, lo mejor que puedo hacer es unirme a él por los medios más baratos y eficientes posibles».

El aspecto más liberador de un enfoque indexado es obtener la rentabilidad del mercado, que es más de cuanto pueden decir la mayoría de los profesionales entregados a la penosa y sisífica tarea de intentar superarlo.

RESUMEN DEL CAPÍTULO DUODÉCIMO

- Ignora los rendimientos por clase de activo de la última década. En su lugar, céntrate en la «tasa base»: la serie más larga disponible de rendimientos de acciones y bonos.
- Desconfía del gurú de pico de oro. La elocuencia y la capacidad persuasiva a menudo son indicadores de malas predicciones. Los necios escuchan historias; los prudentes hacen números.
- Muéstrate especialmente escéptico hacia las «grandes» compañías, los CEO carismáticos y la enumeración de los pros y los contras de las economías nacionales.
- Ignora el artificio y busca la sustancia. Invertir de forma competente debería ser soporífero. Si encuentras tu cartera entretenida, es probable que haya algo equivocado en ella.
- Comprende que las pérdidas a corto plazo, incluso las más severas, no plantean un auténtico riesgo financiero, que resulta de fuerzas macroeconómicas y geopolíticas que escapan por completo a tu control. Aconsejo una cartera prudente compuesta por acciones del mercado mundial y vehículos de renta fija de alta calidad y corto vencimiento.
- No te dejes obnubilar por los sofisticados vehículos de inversión «exclusivos» de tus amigos acaudalados. Están diseñados para enriquecer a los intermediarios, no a los inversores.
- Recuerda que no eres un inversor tan bueno como crees. La persona que está al otro extremo de tus operaciones bursátiles no es un dentista de Teruel, sino alguien con unas aptitudes, una información y unos recursos formidables. La manera más segura de evitar que diezme tu cartera es comprar según el mercado y mantener la inversión.

Cuarto pilar

El negocio de la inversión

Pregoneros de feria

La primera edición de este libro incluía capítulos sobre la industria del corretaje, el sector de los fondos mutualistas y la prensa financiera. El mensaje de los capítulos primero y último era sencillo: mantente lejos, muy lejos, de cualquier correduría de servicio completo o agente de corretaje y haz caso omiso de los medios de comunicación financieros; ambos buscan mantenerte en la ignorancia y sin dinero.

Pasemos pues al segundo frente: el sector de los fondos mutualistas, al menos el 90 % de cuyos productos eran tóxicos. Estos fondos de gestión activa de alto coste arrojan invariablemente una rentabilidad inferior al mercado. En 2002, cuando se publicó la primera edición, el único camino sensato para la mayoría de los inversores particulares llevaba directamente al Grupo Vanguard.

Veinte años más tarde, el panorama de la inversión minorista se ha vuelto casi irreconocible, en su mayor parte para bien. Aunque todavía hay muchos corredores tradicionales con un flujo de comisiones por transacción que supone una importante merma a las ganancias, los clientes parecen haber cobrado conciencia de la importancia de los costes, forzando a muchos agentes a dejar de cobrar comisiones y, en su lugar, cargar tarifas de gestión, que suelen tener un menor impacto.

Los fondos cotizados en bolsa (ETF, *exchange-traded funds*) han revolucionado los fondos de inversión, en un buen sentido. Pero el fondo abierto indexado tradicional dista mucho de estar obsoleto. Más bien, los ETF han otorgado al cliente minorista la libertad de mantener activos en una amplia variedad de agencias de corretaje. Si así lo deseas, no hay ningún motivo por el que no debieras poseer un ETF de Vanguard (o de cualquier otra compañía) en Schwab o Fidelity. Si extremas tu cautela, incluso puedes hacerlo en una de las malvadas casas de corretaje de antaño. (En muchos casos, es posible poseer fondos abiertos de Vanguard en otras agencias, pero en general previo pago de comisiones.) Los ETF y productos de capital variable de Vanguard siguen brindando una inigualable exposición a los mercados de renta variable y fija, pero el servicio cada vez más errático de la compañía ha llevado a muchos clientes a mantener sus fondos en otros custodios.

Si las noticias sobre la industria del corretaje y los fondos mutuos son buenas, los medios de comunicación financieros no han hecho otra cosa que ir a peor. Así como han socavado el discurso político y las normas democráticas, las redes sociales también han expuesto al público inversor a un campo minado de información financiera, con el frenesí de GameStop de 2021 como caso paradigmático. Si tomas la determinación de evitar los programas financieros de la televisión por cable, las secciones de negocios de los periódicos y los contenidos relacionados con inversiones de X, antes Twitter, o Facebook, tu cartera sin duda te lo agradecerá.

13

Tu corredor (perdón, «asesor de inversión») no es tu amigo

Imagina que eres un empresario y la dirección te asigna a un pequeño país de Europa del Este llamado Rotolandia. (Situado muy al norte de la Azarlandia del capítulo tercero.)

Aunque su clima, cultura y gastronomía te agradan, te sientes intrigado por el sistema jurídico de Rotolandia, que surgió hace apenas una generación del caos que siguió al desmoronamiento del bloque soviético. Las alusiones a «derechos de propiedad» y «obligaciones contractuales» a menudo suscitan expresiones de desconcierto entre tus contactos comerciales locales.

Un buen día, sientes un fuerte pinchazo en el estómago, y para cuando te trasladan a toda prisa al hospital, el dolor se ha vuelto insoportable. Te meten corriendo al quirófano, donde te extirpan el apéndice. Te recuperas con rapidez y pronto recibes el alta médica. Pero tu pareja se percata de algo extraño: mientras duermes, de tu abdomen parece salir un tictac. Enseguida vas a una habitación silenciosa y detectas un ruido tenue y regular que procede de tu barriga.

Informas de ello a tu cirujano, quien responde con llaneza: «Ah, sí, no es raro que se oiga un tictac en la tripa después de un ataque de apendicitis».

No te tranquiliza demasiado, y tu inquietud aumenta a medida que el dolor se agudiza, acompañado ahora por una fiebre alta.

Resquebrajada ya tu fe en la medicina rotolandesa, vuelas a casa, donde los médicos te extraen un reloj de pulsera envuelto en un saco de tejido infectado. Esta vez, no te recuperas tan rápido, te administran un tratamiento a base de antibióticos y no sales del hospital en semanas. Pasan meses antes de que puedas reincorporarte al trabajo.

Te preguntas sobre posibles acciones legales y consultas a un experto en derecho internacional, pero no se muestra muy optimista: «Verás, hay una gran diferencia entre la medicina rotolandesa y la estadounidense. Para empezar, los médicos de allí no tienen que cumplir unos requisitos educativos estrictos. No es necesario ir a la Facultad de Medicina, y algunos ni siquiera tienen el bachillerato. Todo cuanto tienen que hacer es presentarse a un examen de respuesta múltiple, que pueden realizar tantas veces como necesiten hasta aprobar, y, tan pronto como lo hagan, se pueden poner a la faena».

Peor aún: los doctores rotolandeses no tienen ninguna responsabilidad profesional de cara a sus pacientes. Con frecuencia llevan a cabo cirugías innecesarias con el solo fin de lucrarse, y cuando las cosas salen mal, no se les exigen demasiadas cuentas. La guinda del pastel: al ingresar al hospital, firmaste un consentimiento para someter cualquier litigio a una junta de arbitraje cuyos miembros son elegidos por la Asociación de Médicos de Rotolandia. Tu abogado te confiesa en tono compasivo: «Sería un idiota si aceptara tu caso».

El mensaje de este capítulo no podría ser más claro: bienvenidos a Rotolandia.

Hace diez años, Sendhil Mullainathan, de la Universidad de Harvard, envió a varias corredurías una *troupe* de actores que se hicieron pasar por potenciales clientes, cada uno con una lista de sus presuntas inversiones. Una cuarta parte declararon simples carteras indexadas de bajo coste. El 97,6 % de los agentes recomendaron vender los fondos indexados y cambiar a una cartera de fondos de gestión activa de alto coste, en muchos casos con comisiones iniciales: tarifas abonadas directamente a ellos y sus compañías. (El resto de las carteras ficticias del estudio contenían una mezcolanza de certificados de depósito, fondos de gestión activa y acciones de la empresa empleadora.) Los autores del estudio concluyeron que «los datos apuntan a que el interés propio del asesor ejerce un peso preponderante a la hora de ofrecer recomendaciones que no redundan en el interés superior de los clientes».[208]

Los resultados de este experimento son bastante fáciles de entender. Consideremos que:

- La obtención de una licencia por parte de los corredores (o representantes registrados, como se los conoce en el sector) no implica ningún requisito educativo, ni ningún curso obligatorio en Finanzas, Economía o Derecho. Basta con superar el examen Series 7 de respuesta múltiple. En muchos estados de Estados Unidos, es más difícil obtener una licencia de manicurista que de agente de corretaje. Si has leído hasta aquí, sabes mucho más sobre teoría e historia financieras que la mayoría de los corredores.
- Los agentes no tienen ningún deber fiduciario hacia sus clientes. Aunque la definición jurídica de «fiduciario» es compleja, en esencia este término denota la obligación de anteponer siempre el interés del cliente. Los médicos, abogados, banqueros y contables deben actuar como fiduciarios. No así los agentes bursátiles. Durante décadas, la industria del corretaje estuvo sujeta a un débil criterio de «idoneidad» para las prácticas de ventas de sus corredores. En los últimos años, las compañías han cambiado el nombre de sus corredores a «asesores de inversión» y han engañado a la Comisión de Bolsa y Valores para que promulgara un reglamento sobre interés superior (*Reg BI*), un acto legislativo ambiguo que en poco se parece a una norma fiduciaria, al permitir que las empresas definan por sí mismas qué prácticas son y no son aceptables.[209]

208. Sendhil Mullainathan, *et al.*, «The Market for Financial Advice: An Audit Study», NBER Working Paper Series, 17929, marzo de 2012.

209. Véase, por ejemplo, la carta que envió Barbara Roper, una reputada defensora del consumidor, a Gary Gensler, presidente de la Comisión de Bolsa

- En pocas profesiones divergen tanto los intereses de proveedores y de clientes. En una relación de corretaje, los segundos buscan con razón minimizar la rotación, las tasas y las comisiones, mientras que los primeros aspiran a maximizar estos gastos. El humorista financiero Fred Schwed no exageró demasiado cuando describió el *modus operandi* de la agencia de corretaje típica como sigue: «Al cierre de la jornada de negociación, cogen todo el dinero y lo arrojan al aire. Todos los billetes que se quedan pegados al techo pertenecen a los clientes».[210]
- Casi todas las corredurías requieren que aceptes, en el momento de abrir una cuenta, dirimir cualquier posible controversia mediante arbitraje ante la Bolsa de Nueva York o la Autoridad Reguladora de la Industria Financiera (FINRA, por sus siglas en inglés), es decir, los propios colectivos profesionales de los corredores.

La traición de Charlie Merrill

Por terribles que sean estas prácticas, admito que en los últimos tiempos han ido mejorando.

A lo largo del último siglo, la industria del corretaje de Estados Unidos ha experimentado una larga y tortuosa evolución. Lo mejor es empezar por Charles Edward Merrill. Calificarlo de «tipo complicado» sería quedarse corto: fanfarrón y con una debilidad por la juerga, la bebida y las mujeres de los demás, fue además un visionario que lideró en solitario la industria de los servicios financieros en el período posterior a la Segunda Guerra

---

y Valores, <https://consumerfed.org/wp-content/uploads/2021/04/Letter-to-Chairman-Gensler-on-Advice-Standards.pdf>, que tildaba el reglamento sobre interés superior de «demasiado débil y vago para ofrecer las protecciones prometidas por un auténtico criterio de interés superior respaldado por restricciones significativas sobre incentivos perversos». Gensler quedó tan impresionado por esta carta que contrató a Roper como asesora principal.

210. Fred Schwed, *Where Are the Customers' Yachts?* (Hoboken, NJ: John Wiley & Sons, 2006), 140.

Mundial. El auge y el hundimiento de su sueño —convertir las corredurías en fiduciarios públicos— es una historia que vale la pena ser contada.

Nacido en 1885, Merrill entró en el negocio del corretaje después de marcharse de Amherst (Massachusetts) y no tardó en levantar una exitosa compañía bancaria de inversión minorista. A Merrill le repugnaba el clima financiero corrupto de finales de los años veinte, con su descarada manipulación de las acciones y sus *bucket shops*, donde los clientes apostaban sobre el precio de los títulos sin llegar a comprarlos ni venderlos. En ese entonces, Wall Street era el máximo paradigma de una partida de póquer entre privilegiados, en la que el público inversor siempre salía perdiendo.

Merrill se esforzó por ser diferente. El crac del 29 provocó una ola de indignación popular contra la industria del corretaje y resultó en la aprobación de la legislación descrita en el capítulo décimo: las Leyes sobre Valores de 1933 y 1934; la Ley sobre Sociedades de Inversión de 1940, y la ya extinta Ley Glass-Steagall. Sin embargo, décadas antes, Charlie Merrill ya sentía que algo estaba mal, y quería arreglarlo. En 1939, llegó su oportunidad y aceptó la dirección de una nueva compañía: la fusión entre Merrill, Lynch & Co. y E. A. Pierce and Cassatt, rebautizada más tarde Merrill Lynch.

Acometió la tarea con entusiasmo, asumiendo la misión de restaurar la confianza pública en la industria del corretaje. Se trataba de un desafío colosal, y sus métodos bien pueden calificarse de revolucionarios. Pagó a sus agentes un salario, no una comisión por ventas. Desde que los primeros *stock jobbers* [arcaísmo para corredor de bolsa] comenzaron a ejercer su oficio en los cafés de Change Alley en Londres a finales del siglo XVII, los agentes se habían ganado la vida «rotando» las carteras de sus clientes: alentándolos a realizar muchas operaciones, y engrosando así las tasas cargadas.

Merrill quería enviar al público inversor el mensaje de que sus corredores eran distintos de los bribones ansiosos de comisiones de la competencia. Por el contrario, sus empleados asalariados actuarían como administradores objetivos y desinteresados del capital de los clientes. No cobraría por recaudar dividendos, como hacían otras *wire houses* (o casas de corretaje telegráficas, como se conocían las corredurías que se comunicaban por líneas privadas). Las comisiones serían las mínimas que permitía el mercado bursátil. Aunque altas para los estándares actuales, los clientes de Merrill obtenían tarifas que entonces sólo se ofrecían a los mayores clientes de otras compañías. Sus corredores siempre divulgaban el interés de su empresa en una acción específica, algo que no se exigía por ley y que nunca se había siquiera planteado en la industria (y que rara vez se hace incluso en la actualidad). La investigación analítica reemplazó a los «chivatazos».

La revolución de Merrill tuvo éxito. Cuando falleció en 1956, Merrill Lynch se había convertido en la principal casa de corretaje del país, con 122 oficinas, 5.800 empleados y 440.000 clientes. Y, sin embargo, Merrill murió siendo un hombre infeliz.

Aunque su compañía había logrado acercarse a la gente común, el resto de Wall Street no había seguido sus pasos. Al anciano no le procuraba ninguna satisfacción ser el líder de una industria fallida y anticuada. Lamentablemente, Wall Street seguía tratando al cliente como siempre lo había hecho: no como merecedor de respeto y del producto de inversión más eficaz y eficiente, sino como una simple fuente de ingresos.

Lo peor estaba por venir. Donald Regan (quien más tarde sería secretario del Tesoro de Estados Unidos) asumió las riendas de Merrill en 1968. Ese año, los mercados crecían a buen ritmo. Las acciones de tecnológicas estaban muy en boga y el volumen de operaciones era elevado. Los corredores de otras compañías trabajaban bajo el régimen tradicional de comisiones y se estaban haciendo de oro, una prosperidad de la que no participaban los asalariados de Merrill. Las deserciones aumentaron y, poco después de asumir la presidencia en 1971, Regan se vio obligado a reinstaurar las malas artes de la vieja industria y ofreció a sus empleados una parte de las comisiones recaudadas.

Así es como se consumó la traición al legado de la compañía y a sus clientes. A corto plazo, Regan salvó la empresa, las deserciones cesaron y la rentabilidad regresó. En cuanto se rebajó al nivel ético del resto de la industria, el volumen de operaciones bursátiles en Merrill se disparó. En lugar de tratar los intereses de sus clientes como un deber sagrado, volvió a considerarlos vacas de efectivo que debía ordeñar metódicamente para extraer comisiones.[211]

Esto marcó el final del camino para la correduría moderna como empresa de utilidad social. Correspondería a otros abanderar la causa del acceso asequible a los mercados para el inversor promedio, en particular a Jack Bogle de Vanguard.

Cuando escribí la primera edición de este libro en 2002, la marea de corrupción en la industria de inversión había vuelto a tocar su punto álgido. La mayoría de los clientes, por ejemplo, no comprendían el ingente peaje que sus agentes extraían del diferencial entre los precios de «compra» y de «venta» de los títulos negociados. Era muy habitual que los corredores cargasen hasta varios puntos porcentuales por transacción, sobre todo para los bonos municipales y corporativos.

En este caso, el corredor actuaba como «intermediario», negociando con otro inversor, en general de otra correduría. Las compañías no pueden beneficiarse del diferencial, pero pueden cobrar una comisión por el servicio.

No obstante, las corredurías con frecuencia vendían títulos de su propio inventario, de modo que el margen de beneficio era mucho mayor que con una transacción agente/comisión. Con estas denominadas transacciones de principal, el cliente casi nunca se enteraba de que la acción o el bono adquiridos provenían de otro cliente de la misma compañía que los vendía a un precio mucho más bajo. A menudo se le decía llanamente que «no hay comisión» sobre las transacciones de principal, como si se tratara de un inesperado acto de generosidad corporativa, cuando de hecho estaba pagando un diferencial considerable. (Aunque ilegal, no era raro que se cargase una comisión sobre la transacción de principal, un fenómeno conocido como *double dipping* ['doble cobro'].)

211. Joseph Nocera, *A Piece of the Action* (Nueva York: Simon & Schuster, 1994), 34-52, 117-118.

Lo que es peor, las transacciones de principal de muchas casas de corretaje tradicionales eran «especiales»: acciones y bonos indeseables que la compañía había suscrito o comprado a espuertas y que endilgaba a los clientes a través de agentes que blandían imponentes informes de investigación de los mejores analistas. Los corredores que descargaban grandes cantidades de estos residuos tóxicos en sus desprevenidos clientes eran recompensados con bonificaciones y premios (por lo general, vacaciones exóticas).[212] Hasta hace bastante poco, los estados de cuenta de corretaje solían estar plagados de acciones y bonos de oscura procedencia y escasa liquidez con comisiones y diferenciales altos, posiciones con la palabra *especial* estampada por todas partes.

Los corredores siguen ofreciendo recomendaciones sobre acciones, lo que supone otra fuente de tejemanejes. El agente promedio es un vendedor, no un experto en finanzas. Por lo general, su selección de títulos procede directamente de la versión hodierna de la «bocina de anuncios», un altavoz que conectaba a todas las sucursales con su sede central. Varias veces al día, los analistas financieros de la compañía difunden sus conclusiones simultáneamente a miles de corredores en todo el país, quienes más tarde transmiten este «chivatazo» a sus clientes.

El cliente minorista es el último en enterarse. Los grandes actores institucionales —fondos de pensiones, capital de gestión privada y fondos mutualistas— reciben la información mucho antes que el ciudadano de a pie. Para cuando un agente llama por teléfono a un cliente con el supuesto chivatazo, los precios de las acciones ya han subido. En este juego, siempre será el mismo el último mono.

Tales recomendaciones estaban, y siguen estando, sesgadas. Los analistas están sujetos a una inmensa presión para dar salida a las acciones de empresas que sus compañías suscriben (com-

212. Para una visión general de los «malos viejos tiempos» de la industria del corretaje (es decir, antes de hacia 2010), véase Anonymous y Timothy Harper, *License to Steal* (Nueva York: HarperBusiness, 1999). En especial, 64-73 sobre transacciones de principal.

prando OPV) o quisieran suscribir. A menudo se les amenaza con el despido si formulan recomendaciones desfavorables sobre estas empresas, así que casi nunca sugieren vender sus acciones: lo más lejos que llegan es a «mantener». En 2017, por ejemplo, sólo el 6 % de las valoraciones de analistas fueron «vender». Durante la fiebre de las puntocom a finales de los noventa, las recomendaciones de venta cayeron hasta apenas un 1 % del total.[213]

Las cosas mejoran poco a poco

Hasta hace poco, el corredor que sustraía menos de un 2 % de las cuentas de sus clientes ya estaba barajando seriamente mudarse a la habitación de su infancia en casa de sus padres. En las últimas décadas, los inversores están recibiendo un trato más justo, incluso en las casas de corretaje tradicionales. Han cobrado conciencia del impacto que tienen estos gastos en la rentabilidad de una inversión. Las corredurías han respondido abandonando las comisiones y abrazando una estructura basada en tasas por las que cobran en torno a un 1-2 % de los activos gestionados. Además, han rebautizado a sus «corredores» como «asesores de inversión», pero éstos siguen sin cumplir nada parecido a la norma fiduciaria estipulada por la Ley sobre Sociedades de Inversión de 1940.

Los clientes de la actual generación de corredores/asesores de inversión, sabedores ya de los beneficios de los fondos indexados de bajo coste, esperan que sus carteras reflejen este conocimiento. Hoy en día, un inversor puede montar una estrategia perfectamente funcional con sólo uno o dos fondos nacionales y uno o dos fondos extranjeros, y muchos ahora están descontentos con tener que pagar un 1 % o más por carteras tan simples.

213. Serena Ng y Thomas Gryta, «New Wall Street Conflict: Analysts Say "Buy" to Win Special Access for Their Clients», *The Wall Street Journal*, 19 de enero de 2017; Robert Shiller, *Irrational Exuberance* (Princeton NJ: Princeton University Press, 2015), 49.

Así las cosas, la nueva hornada de profesionales de la inversión venden lo que pueden: complejidad. En la actualidad, la cuenta de corretaje típica suele consistir en un elenco rotativo de decenas de acciones, fondos mutuos y ETF individuales que se solapan entre sí. Aunque una tarifa del 1-2 % sigue siendo una forma eficaz de transferir una parte de tus activos a tu correduría, es cierto que representa una mejora respecto al antiguo modelo basado en comisiones. Si eres gafe, puede que todavía conserves uno de esos malvados corredores por comisión tan interesados en recomendarte acciones y bonos cuidadosamente seleccionados por su departamento de «investigación», así como valores inmobiliarios no cotizados, capital privado, capital riesgo o fondos de cobertura.

¿Cómo distingo las manzanas buenas de las podridas?

Hace veinte años, el panorama de inversión dejaba poco margen de maniobra al cliente particular: la única opción era mantenerse alejado de cualquier corredor o agencia de corretaje y, en su lugar, comprar fondos mutuos indexados directamente de un proveedor de bajo coste, siendo el Grupo Vanguard la elección por defecto.

Como ya hemos señalado, hoy en día las cosas han mejorado. Para quienes necesitan un asesor, las tarifas han caído de forma drástica. Si estás dispuesto a ejecutar tus propias operaciones, pagar por un servicio de asesoramiento por horas representa una buena opción. Los nuevos bots asesores, capaces de elaborar una estrategia indexada por un 0,15-0,50 % de los activos gestionados, constituyen una solución a medio camino entre confiar tu capital a un gestor activo y encargarte de administrarlo tú mismo. Como regla general, quienes necesitan un asesor deberían:

- Evitar a cualquiera que recurra a fondos mutuos de gestión activa, en particular a más de uno por cada clase de activo.

- Evitar a cualquiera que recomiende clases de activos «alternativas», como fondos de cobertura, capital privado, bienes raíces privados o vehículos de capital riesgo.
- Prestar atención a las tasas. En función del tamaño de tu cartera, desestima cualquier comisión que se acerque siquiera al 1 % de tus activos. Si te sientes cómodo ejecutando operaciones por tu cuenta y sólo necesitas asesoramiento puntual, contrata un servicio por horas.
- Cerciorarse de que el asesor actuará como fiduciario. A tal efecto, lo más fácil es pedirle que firme un juramento fiduciario (actualmente disponible en <http://www.thefiduciarystandard.org/wp-content/uploads/2015/02/fiduciaryoath_individual.pdf>). Si tu asesor duda, no te marches: huye a todo correr.

Si eres rico, evita convertirte en una «ballena»: las vacas de efectivo de alto poder adquisitivo de la industria financiera. La mayoría de los vehículos de inversión «exclusivos» a disposición de las «ballenas» —cuentas separadas, fondos de cobertura, sociedades limitadas, etcétera— están pensados para exprimirlos a base de comisiones, costes de transacción y otras tasas. Los asesores cortejan a estos grandes cetáceos con deslumbrantes descripciones de sofisticadas investigaciones, operaciones bursátiles y estrategias fiscales, por no hablar de cenas en restaurantes elegantes y entradas a eventos deportivos. Como ya hemos visto, los actores institucionales más importantes y expertos no superan en promedio al mercado: ¿qué te hace pensar que tú sí podrás?

Trágate el orgullo, aférrate a los fondos indexados de bajo coste y renuncia al derecho a presumir en el club de golf a cambio de la discreta satisfacción de unos rendimientos de inversión superiores a los de tus vecinos ricachones.

El lodazal de las compañías de seguros

Compra seguros para protegerte, no para invertir. El único sostén de una familia debería adquirir un seguro de vida a término sólo si carece de activos suficientes para mantener a su cónyuge e hijos dependientes en caso de muerte prematura. Lo mismo cabe decir del seguro de discapacidad, aunque éstos se están volviendo cada vez más caros. Dado que la mayoría de las pólizas de discapacidad entrañan largos períodos de espera, exigen primas que aumentan con la edad, y expiran a los sesenta y cinco años, tienen cada vez menos sentido a medida que uno envejece.

Probablemente el área más problemática de los seguros sean los cuidados de larga duración, que durante la última década han experimentado un drástico aumento de las primas y una disminución de los beneficios. En un mundo ideal, un jubilado debería acumular suficientes activos para autoasegurarse.

No compres seguros como inversión. Si bien presentan la ventaja de diferir los impuestos, llevan aparejadas altas comisiones, elevadas penalizaciones por rescate y el riesgo de reducción de los pagos. Estos productos se rigen en su mayor parte por la legislación estatal, que tiende a ser más indulgente con prácticas poco éticas que la reglamentación federal de las agencias de corretaje.

Evita las pólizas de seguro de vida universal variable, un producto de una extrema complejidad con un coste muy alto y un elevado riesgo de penalización.

Evita los seguros de vida entera o universal, que suelen costar mucho más que los seguros a término. Debido a las comisiones complejas y las posibles penalizaciones por rescate, casi siempre saldrás ganando por mucho si inviertes la diferencia de la prima en una cartera prudente de fondos indexados a acciones y bonos de bajo coste, en especial en una cuenta IRA, que también implica un beneficio de diferimiento tributario.

Y evita a toda costa las rentas vitalicias indexadas fijas. No te dejes embaucar por su nombre. Sólo son fondos indexados a acciones en el mismo sentido en que don Corleone era católico. Sí, sus rendimientos están vinculados con un índice bursátil, casi siempre el S&P 500, pero puesto que existe un límite máximo a su rentabilidad anual, sus rendimientos a largo plazo son muy inferiores. A cambio de nunca perder dinero, este vehículo cercena las ganancias durante los mejores años, que aportan la mayor apreciación del capital, y absorbe los dividendos accionarios que suponen el resto. Además, estas pólizas aplican penalizaciones por cancelación anticipada y por cambio.

Si tienes la mala suerte de que traten de endilgarte una renta vitalicia indexada fija, deberías plantear las seis preguntas formuladas por mi colega Allan Roth:

1. ¿A qué rentabilidad está restringido el producto? Algunas limitaciones llegan a ser tan bajas como el 4,5 %.
2. ¿Puede la compañía aseguradora rebajar ese límite en el futuro?
3. ¿Excluye la rentabilidad el pago de dividendos del índice bursátil?
4. Si lo rescato, ¿tendré que pagar todos los impuestos sobre la venta de un plumazo?
5. ¿No corresponde parte de mi pago simplemente a una devolución del principal?
6. ¿Cuáles son las penalizaciones por rescate?[214]

La lista anterior ni siquiera se acerca a agotar los productos que se ofrecen a clientes ingenuos. No compres un seguro de vida para compensar el impuesto de sucesiones, una estrategia que rara vez sale a cuenta después de que la aseguradora y el agente se lleven su parte. Los vendedores de seguros son maestros de la manipulación psicológica y promueven estos productos con narrativas cuidadosamente construidas para estimular nuestro cerebro reptiliano: ¿quieres dejar a tu familia en la indigencia?, ¿no quieres ahorrarte impuestos?, ¿no preferirías un seguro de vida permanente, que no expira?, ¿por qué no optar por rendimientos bursátiles, pero sin asumir un riesgo?

214. De Allan Roth, «6 Questions to Ask Before Buying a Fixed Indexed Annuity», <https://www.cbsnews.com/news/six-questions-to-ask-before-buying-a-fixed-indexed-annuity/>.

RESUMEN DEL CAPÍTULO DECIMOTERCERO

La industria financiera se ha convertido en un lugar menos peligroso, pero no por ello debes bajar la guardia.

- Muchas corredurías nacionales, como Fidelity y Schwab, ofrecen opciones de inversión de bajo coste con un buen servicio al cliente. En ambas podrás comprar fondos indexados internos a un precio reducido, así como ETF de otras compañías y títulos del Tesoro en subastas sin comisiones. Estas opciones son la versión bursátil de los plátanos a 19 centavos del supermercado de tu barrio: son productos gancho, pensados para atraer a clientes. Albergan la esperanza de que comprarás servicios más rentables, que impliquen en particular a un asesor; operaciones con acciones, bonos u opciones, o fondos de gestión activa de alto coste. No deberías tratar bajo ninguna circunstancia con una agencia de corretaje «independiente» que no te ofrezca un servicio de bajo coste.
- Compra productos de seguros sólo para protegerte, no para invertir, y deja de pagarlos en cuanto dispongas de suficientes activos para mantener a tu cónyuge e hijos dependientes.
- Si te puedes encargar de llevar tus propias cuentas y transacciones, pero sientes la necesidad de asesoramiento, contrata un servicio por horas. Si necesitas consejo y una gestión activa continua, utiliza bien un bot asesor, bien un asesor personal cuyos costes totales, incluidas las comisiones de fondos mutuos, no superen el 0,50 % anual. Pide a tu asesor que firme un juramento fiduciario. Nunca aceptes pagar comisiones por venta.

14

La mejora del escenario de los fondos mutualistas

Acabamos de ver cómo la industria del corretaje ya no es el campo minado que solía ser. La segunda pata de la industria de las finanzas, los fondos mutuos, se ha ido haciendo más y más amable para el inversor minorista. Aunque persisten muchos peligros, hoy resultan más fáciles de soslayar.

Los fondos mutualistas —carteras diversificadas combinadas de acciones y bonos— aparecieron por primera vez en los Países Bajos a finales del siglo XVIII, y a lo largo de la segunda mitad del siglo XX se convirtieron en un pilar de los mercados financieros. Durante el período previo al crac del 29, Goldman Sachs creó una serie de fideicomisos de inversión con un desastroso índice de apalancamiento que colapsaron casi de inmediato. En esencia, se trataba del equivalente de los actuales fondos cerrados. La desaparición de los fideicomisos de Goldman Sachs incitó a adoptar la Ley sobre Sociedades de Inversión de 1940, que llevó a la rápida proliferación de los modernos fondos abiertos, relativamente libres de riesgo. La compañía puede crear o retirar acciones a voluntad cuando los inversores quieran comprarlas o venderlas. Desde la promulgación de esta ley, no se han producido demasiados escándalos ni problemas con los fondos.

Antes de los años cincuenta, los fondos mutuos representaban un rincón pequeño y sobrio del panorama de inversión: operaciones conservadoras con gastos anuales corrientes que rondaban el 0,5 %. Desafortunadamente, casi todos ellos también acarreaban una tasa inicial de entre el 7 y el 9 % sobre el precio de venta, que eclipsaba su bajo coste operativo. Tan sólo un pequeño porcentaje de los 5.000 millones de dólares gestionados se mantenían en vehículos sin comisión de venta, los conocidos como fondos sin carga. Los primeros fueron los fondos Balanced y Common Stock de Scudder, Stevens & Clark, establecidos respectivamente en 1928 y 1929.[215]

La primera trampa de los fondos mutualistas que hay que evitar es, por tanto, cualquier carga de venta. Este tipo de comisiones suelen cargarse al inicio («acciones de clase A», pagadas a la compra), pero también pueden cargarse al final («acciones de clase B», pagadas a la venta) o de manera continua («acciones de clase C»). Compra un fondo «con carga» y no obtendrás nada a cambio de dicha carga, que irá a parar al corredor, al vendedor o a la correduría. De hecho, menos que nada: en promedio, los fondos con carga presentan un rendimiento algo inferior a sus homólogos sin carga, incluso después de descontar ese importe.[216]

Potenciar el fondo

Durante unas décadas tras la debacle del Manhattan Fund de Gerald Tsai en los años sesenta, el mundo de los fondos mutuos fue hundiéndose, un declive que se acentuó en los ochenta, hasta que Fidelity comenzó a «potenciar el fondo». El ejemplo más desafortunado de este fenómeno quizá fuera su Select Technolo-

215. Gerald C. Fischer y Lawrence C. Minet, «No-Load Mutual Funds: An Analysis of Their Performance and Expense Ratios», *Financial Analysts Journal*, 20:1 (enero-febrero de 1964): 64-68.

216. Ibídem; Bernstein, *The Four Pillars of Investing* (Nueva York: McGraw-Hill, 2002), 204.

gy Fund, que a mediados de 1983 lucía un impresionante rendimiento a doce meses del 162 %.

Hasta ese momento, el huraño jefe de Fidelity, Edward Crosby «Ned» Johnson III, se había mostrado reluctante a publicitar sus fondos. Sin embargo, se dejó persuadir por uno de sus subalternos, encargando al joven gestor del fondo, Michael Kassen, que colaborase con un artículo en portada en *Money*, hasta el punto de posar en bermudas agarrando una raqueta de *squash*... en Boston en pleno febrero.

El titular rezaba «How to Invest in Mutual Funds. They're the Safest Surest Way to Invest in a Surging Market» ['Cómo invertir en fondos mutualistas: la manera más segura de invertir en un mercado pujante']. En un espacio de varias semanas, los nuevos inversores vertieron tanto dinero en el fondo que triplicó su tamaño a 650 millones de dólares, una suma inmensa para ese entonces.

El propio Kassen no estaba precisamente extasiado. El caudal de entradas disparó los costes de impacto de negociar las acciones de las pequeñas empresas que prefería. No mucho más tarde, el mercado tecnológico colapsó y cargó a sus nuevos accionistas una abultada factura por las enseñanzas recibidas en la «universidad de los mercados de capitales».[217]

Esta secuencia pone de manifiesto lo que podríamos llamar la jerarquía de la felicidad de los fondos mutualistas. En la cima se halla la familia de fondos. Fidelity recaudaba más de un 1 % en comisiones corrientes y un 3 % en cargas iniciales sobre los 650 millones de dólares en activos del Select Technology Fund, sin importar su rentabilidad. El gestor del fondo no está tan ufano. Se enfrenta a la ardua tarea de invertir una montaña de efectivo en un pequeño rincón del mercado, un engorro que sobrelleva a cambio del incremento salarial resultante de su nuevo estatus de superestrella.

Los inversores se encuentran en la base. Casi lo único que reciben es el tenue fulgor de la asociación con un gestor de efímera fama. En este contexto, una compañía podría ceder a la

217. Nocera, *A Piece of the Action*, 293-296.

tentación de aumentar sus tarifas de gestión a causa de su recién adquirida popularidad, la probabilidad de que sus inversores acaben de adherirse a un sector o estilo que ya ha tocado su máximo y la certeza de que invertir las entradas de capital tendrá un impacto descomunal en la bolsa.

Después de reunir unos 1.000 millones de dólares en activos entre 1983 y 1984, el mercado tecnológico se gripó, arrojando un rendimiento promedio un 20 % inferior al S&P 500 en los seis años siguientes. Para 1989, los activos de los fondos habían caído hasta los 71 millones de dólares. En ese momento, la rentabilidad del fondo rebotó y éste volvió a acumular activos, llegando a la marca de 1.000 millones de dólares durante la burbuja de las tecnológicas de finales de los noventa. En 1998, superó al S&P 500 por un 66 %, y en 1999, mientras se gestaba la fiebre de las puntocom, por un 96 %. En un plazo de doce meses, los activos se multiplicaron por cinco hasta los 5.200 millones de dólares, justo a tiempo para el colapso de las tecnológicas del año 2000.

La historia del Select Technology Fund ilustra la naturaleza perversa de los flujos de fondos, que sirven como indicadores opuestos. Los segmentos de mercado de alto desempeño tienden a atraer montañas de activos. En jerga financiera, se conoce a esto como «dinero caliente», activos lanzados por inversores ingenuos a rendimientos pasados altos, que no suelen ser más que el fruto de la concurrencia de dos afortunados azares: el desempeño del sector industrial y la selección de acciones de los gestores.

Con mucha frecuencia, la acumulación de dinero caliente anuncia un precio máximo en su segmento de mercado. Incluso cuando no es así, los flujos de entrada excesivos actúan como un lastre sobre el rendimiento del fondo, ya que éste se ve forzado a desplegar una gran cantidad de capital en un número limitado de acciones existentes. Durante las últimas cuatro décadas, el Fidelity Select Technology Fund se las ha arreglado bastante bien, generando una rentabilidad similar a la de otros fondos tecnológicos en un sector que ha superado ligeramente el rendimiento del mercado bursátil total. Pero ese meritorio desempeño es sólo en términos «ponderados por tiempo»: el rendimiento del producto en sí mismo. Los accionistas de fondos pujantes compran alto y venden bajo, aportando efectivo en los picos del mercado y retirándolo durante los valles, por lo que obtienen una «tasa de rendimiento interna» muy inferior al propio fondo.

Se trata de un fenómeno más común en la industria de los fondos mutuos, en que decisiones inoportunas sustraen al inversor típico alrededor de un 1-1,5 % de rentabilidad respecto al fondo subyacente. Una buena regla práctica es que cuanto más inflada esté una clase de activo, mayor será este diferencial. Un estudio de Russell Kinnel para Morningstar halló una brecha del 0,4 % para los soporíferos fondos de acciones de gran valor y del 3,4 % para los más glamurosos fondos de acciones de gran crecimiento. La mayor diferencia, 13,4 %, correspondía a fondos de acciones tecnológicas como el de Kassen.[218]

En la era digital, las redes sociales promocionan los fondos mutuos con todavía más eficacia que los medios publicitarios tradicionales de las compañías de inversión. Después de todo, ¿quién necesita comprar anuncios cuando tienes un millón de seguidores en X, antes Twitter?

Estos flujos ponen de relieve el conflicto de intereses existente entre inversores y compañías de fondos. Así como las corredurías sólo buscan que sus clientes realicen todas las operaciones posibles, y como las aseguradoras venden productos abocados por sus gastos y su complejidad a un rendimiento mediocre, las compañías de fondos persiguen una sola finalidad: recaudar activos, sin importar qué rentabilidad generen.

Por último, merece la pena mencionar la estrategia «Buy the Unloved» ['Compra los olvidados'] de Morningstar. Dado que esta empresa tiene su sede en Chicago y sus empleados son hinchas de los Cubs, es inevitable que sientan una especial afinidad por los perdedores. Cada año clasifican los flujos de entrada y salida de categorías de fondos y miden el rendimiento promedio de las tres clases más populares e impopulares durante tres años. Entre 1994 y 2021, las categorías de fondos «olvidadas» genera-

218. Russel Kinnel, «Mind the Gap: How Good Funds Can Yield Bad Results», *Morningstar FundInvestor*, 13:11 (julio de 2005): 1-3.

ron una rentabilidad del 11,9 %, frente al 6,7 % de las «favoritas». Además, las primeras también superaron por un holgado margen los índices de mercado general nacional e internacional.[219]

No recomiendo esta estrategia, pues puede adolecer de una grave falta de diversificación. Aun así, las categorías favoritas son excelentes ejemplos de los peligros de perseguir la rentabilidad y de la tendencia intrínseca de las clases de activos a «revertir hacia la media», haciendo que a un mal rendimiento le siga uno bueno y viceversa.

Cuando los fondos mutuos van mal: anualidades variables

Las anualidades variables, que combinan seguros e inversiones, son un pariente cercano de los fondos mutuos con carga. La mayoría acarrean altas comisiones de venta, al igual que estos últimos, así como tasas de seguro corrientes, a menudo superiores a aquellas de los fondos con carga.

Estos productos no se compran: se venden. Aunque se capitalizan libres de impuestos hasta su rescate, tal ventaja rara vez compensa sus elevadas tasas. Para colmo, un gran porcentaje de ellos son vendidos por agentes de seguros, asesores financieros y corredores de cuentas de jubilación, cuyos clientes no se benefician del diferimiento fiscal. Considera un anuncio de hace unas décadas para una anualidad variable en la revista *Financial Planning*, una publicación comercial para asesores de inversión:

> Ahora, puedes comprar una anualidad que sigue pagando,
> y pagando,
> y pagando,
> y pagando,
> y pagando,
> y pagando...

219. Christopher Franz y Anthony Thorn, «Buy the Unloved 2022 Edition», <https://www.morningstar.com/funds/buy-unloved-2022-edition>.

El anuncio proseguía explicando que el producto abonaba al vendedor una comisión por anticipado del 4 % más una tasa «de seguimiento» del 1 % anual. A continuación, instaba a los lectores profesionales de la inversión a «informarse sobre la anualidad que sigue pagando, y pagando, y pagando...».[220] ¿Adivinas quién seguía pagando, y pagando, y pagando cada año?

Quizá haya una tesitura en que cabría barajar una anualidad variable: un inversor de menos de cuarenta años sin activos protegidos frente a impuestos que busque exposición a una clase de activo fiscalmente ineficiente como REIT o bonos de alto rendimiento, quien puede obtenerla de un producto de bajo coste, como el ofrecido por Vanguard a través de Transamerica. Si te han endosado una anualidad variable de alto coste de uno de los granujas de la industria, sopesa un intercambio 1035 a una cuenta con un proveedor de bajo coste como Vanguard/Transamerica, Fidelity o Dimensional.

En general, mantente alejado de los fondos mutualistas y las anualidades variables con comisiones de venta y otras tasas. Compra sólo fondos y anualidades sin carga auténticos que no conlleven comisiones de ningún tipo, incluidas tasas 12b-1. Mejor aún: mantente lo más lejos posible de los vendedores de seguros.

En las dos décadas transcurridas desde la edición anterior de este libro, el panorama de los fondos mutualistas se ha dulcificado mucho. Ello responde a dos motivos.

El primero guarda relación con la singular historia de John C. Bogle, de quien hablamos brevemente en el capítulo tercero como el entusiasta lector del ensayo de Paul Samuelson de 1974, «Challenge to Judgment». En ese momento, Bogle estaba luchando por su futuro profesional. A principios de los sesenta, el recién egresado de la Universidad de Princeton se había lanzado de cabeza en la gestión de capital al estilo *go-go* en su primer empleo en la reputada Wellington Management.

220. Bernstein, *The Four Pillars of Investing*, 205.

Desconocedor del trabajo pionero de Fama, Sharpe y otros autores, el joven Bogle compró participaciones en las joyas de su época: Xerox, IBM, Avon, Polaroid y otras, conocidas en su conjunto como las «Nifty Fifty» ['Las cincuenta fantásticas']. Este mal encauzado entusiasmo lo llevó a asociarse con una destacada empresa de analistas tecnológicos de Boston, Thorndike, Doran, Paine & Lewis, para transformar el Wellington Fund —el hasta entonces conservador producto insignia de Wellington— en un vehículo de alto rendimiento. Varios años más tarde, el hundimiento de las Nifty Fifty asestó un duro golpe al Wellington Fund y Bogle fue despedido por sus socios de Boston.

Wellington Management echó al hombre equivocado. En semejante coyuntura, la mayoría de los gestores de capital se la habrían envainado, habrían pasado algún tiempo con sus familias y luego habrían regresado poco a poco al sector de las inversiones. Por una feliz coincidencia, Bogle había escrito su tesis de 1951 sobre el negocio de los fondos mutuos. Pocos gestores de fondos conocían los entresijos de su reglamento —la Ley sobre Sociedades de Inversión de 1940— tan bien como él. Entre otras cosas, la legislación establecía que el fondo y las compañías que le prestaban servicios de asesoría, en este caso Wellington Management, debían contar con juntas directivas separadas. Por ventura, un puñado de los directores del fondo trabajaban para la compañía de gestión. Tras meses de agrio debate, el Wellington Fund declaró su independencia de Wellington Management, y el 24 de septiembre de 1974 nacía Vanguard con Bogle al timón.

De sopetón, se convirtió en su propio jefe, libre para presentar ante un público al principio indiferente su visión personal de una utopía en el mundo de las grandes compañías de inversión: el mundo según Bogle.

La nueva empresa demostró su genio revolucionario instaurando una estructura de propiedad nunca antes vista en la industria de los fondos. Implicaba crear una «corporación de servicios» propiedad de los propios fondos que se encargara de su contabilidad y de las transacciones entre sus accionistas. Dado que la proveedora de servicios, Vanguard, era propiedad exclusiva de los fondos, que a su vez eran propiedad exclusiva de sus accionistas, los accionistas de los fondos eran en realidad propietarios de Vanguard. Esta última se convirtió así en la primera y única auténtica compañía de fondos «mutualistas», que eran propiedad de sus accionistas. Por consiguiente, Vanguard no tenía ningún incentivo para exprimir a sus clientes, ya que éstos eran asimismo sus propietarios. Su único imperativo era mantener bajos los costes.

Recordemos la reflexión de Samuelson sobre los fondos mutuos: «En una taberna sólo hay un lugar para un hombre sobrio: detrás de la barra, nunca frente a ella».[221] Dicho de otro modo: los mayores beneficios con fondos mutualistas no se obtienen invirtiendo en ellos, sino más bien gestionándolos y vendiéndolos. Para salvar su carrera, Bogle convenció a sus colegas de la junta directiva de que renunciasen a dichos beneficios «mutualizando» Wellington. Además, siguiendo con la metáfora de Samuelson, Bogle trasladó a los accionistas de sus fondos mutualistas de delante a detrás de la barra.

La estructura mutualizada, en que los clientes poseen la empresa que los sirve, no es en sí misma un concepto nuevo. Era bastante habitual en el negocio de los seguros de vida. Pero por ese entonces era algo inaudito en el sector de los fondos. (En las últimas décadas, Vanguard ha incorporado operaciones con fondos en el extranjero, donde sus accionistas no se benefician de la estructura de propiedad mutua.)

Bogle era una persona compleja y tenaz que no tenía ningún reparo en tergiversar la narrativa histórica a su favor. En 1960, cuando todavía era un prometedor joven analista en Wellington, escribió un artículo para el *Financial Analysts Journal* bajo el seudónimo «John B. Armstrong» en el cual ridiculizaba la idea misma de la gestión pasiva. Es probable que ese alias fuera una adaptación del apellido de su abuelo Philander B. Armstrong, un ejecutivo de seguros que erradicó ciertas prácticas corruptas de

221. Eric Balchunas, *The Bogle Effect* (Dallas, TX: Matt Holt Books, 2022), 45-68; cita de Samuelson tomada de Jason Zweig, «What You Can Learn from One of Warren Buffett's Smartest Investors», *The Wall Street Journal*, 21 de diciembre de 2018.

la industria a finales del siglo XIX. Como dijo Jason Zweig al escritor y analista Eric Balchunas:

> Una de mis teorías favoritas sobre Jack es que se veía a sí mismo como alguien de fuera del negocio, como Shane[222] cabalgando en su caballo. No obstante, era un experto consumado. Lo que sucedió es que fue expulsado del círculo íntimo. No se puede decir que dirigir Wellington Management a finales de los sesenta sea un trabajo para desconocidos. Es algo así como ser secretario de Estado o presidente de la Cámara de Representantes. No sólo era un entendido, sino que además se codeaba con las élites. Luego lo expulsaron. ¿Y qué hizo entonces? Hizo de la necesidad virtud.[223]

La fortuna bendijo a Bogle con una extraordinaria presteza intelectual: para cuando Vanguard comenzó a operar con fondos en 1975, había leído el artículo de Charles Ellis «The Loser's Game» ['El juego del perdedor'] en el *Financial Analysts Journal*, que señalaba que el 85 % de las cuentas de pensiones arrojaban una rentabilidad inferior al mercado bursátil. Bogle diseccionó la edición anual del informe *Weisenberger Investment Companies* y calculó a mano el rendimiento del fondo de pensiones medio en los últimos treinta años. En promedio, los fondos listados presentaban una rentabilidad anual un 1,4 % inferior al S&P 500. Tan sólo igualar al mercado sería una mejora, una constatación que lo llevó a ofrecer, en 1976, un fondo mutualista indexado, bautizado en un origen como First Index Investment Trust (FIIT), que replicaba el S&P 500.

En realidad, el FIIT no fue en absoluto el primero. Algunos años antes de la caída del caballo de Bogle, muchos tipos de orientación académica, versados en la hipótesis del mercado eficiente de Fama, habían creado pequeños fondos de gestión pasiva en el Wells Fargo, el American National Bank y el Batterymarch. Tales

222. Shane es el protagonista de la novela homónima de Jack Schaefer, un personaje que encarna la figura del forastero que llega a un pueblo y se erige en defensor de una causa justa. *(N. del t.)*

223. Balchunas, *Bogle Effect*, 58.

esfuerzos, dirigidos sobre todo a los fondos de pensiones, colectaron una cantidad exigua de activos. Estos bancos, en particular el importante Wells Fargo, bien podrían haber vencido a Vanguard en la carrera por los fondos indexados minoristas, de no haber sido por la prohibición decretada por la Ley Glass-Steagall.

El FIIT estuvo a punto de colapsar, con una emisión inicial que apenas recaudó 11 millones de dólares, para júbilo de los escépticos, quienes lo etiquetaron como «el disparate de Bogle». Ned Johnson, presidente de Fidelity, propinó el golpe más cruel de todos en *The Boston Globe*: «No me puedo creer que una mayoría de inversores vayan a sentirse satisfechos con sólo recibir la rentabilidad promedio. El juego consiste en ser el mejor».[224]

La estructura mutualizada de Vanguard era, y sigue siendo, única en la industria de los fondos mutuos. Echando la vista atrás, el éxito del FIIT parece casi predeterminado por las dinámicas de «la aritmética de la gestión activa» de Sharpe. Pese a que, para períodos breves, la ventaja aproximada del 1 % anual en gastos sobre sus homólogos de gestión activa resulta difícil de apreciar, para horizontes más largos el ruido azarlandés del rendimiento relativo de los gestores termina por anularse, despejando la perspectiva y dejando al descubierto dicha ventaja. Como afirma el periodista y autor Jonathan Clements: «El rendimiento viene y va, pero los gastos son para siempre».[225]

En una suerte de paulatina avalancha, la simple combinación de aritmética y estadística se retroalimentó en un inexorable círculo vicioso. El reputado 500 Index Fund fue reuniendo cada vez más activos, impulsando así economías de escala que redujeron el índice de gastos respecto a su nivel de partida del 0,66 % de 1976. Los menguantes gastos del fondo ampliaron su ventaja de rendimiento sobre sus competidores de gestión activa y atrajeron ulteriores activos, que siguieron reduciendo su índice de gastos, lo que aumentó a su vez su ventaja de rendimiento. A fi-

224. John C. Bogle, *The Man in the Arena* (Hoboken, NJ: John Wiley & Sons, Inc., 2013), 159-166; John C. Bogle, *Don't Count on It!* (Hoboken, NJ: John Wiley & Sons, Inc., 2011), 375-376.

225. Jonathan Clements, comunicación personal.

nales de 2022, el índice de gastos del fondo se sitúa en el 0,04 %, y el de su ETF, en el 0,03 %.

Alentada por el éxito del 500 Index Fund, Vanguard comenzó a lanzar otros vehículos pasivos, empezando por el Total Bond Index Fund en 1986 y el Total Stock Market Index Fund en 1992. El último abarca todas las acciones cotizadas en Estados Unidos, no sólo el elenco anual del S&P 500.

A medida que cada vez más fondos indexados atraían cada vez más activos, su ventaja sobre los fondos de gestión activa creció, engendrando nuevos fondos que replicaban una vertiginosa variedad de índices. En 1988, Ned Johnson, presidente de Fidelity, obsequió a Bogle con uno de los momentos más deliciosos de su carrera cuando Fidelity, hostigada por la fuga de activos hacia Vanguard, introdujo sus propios fondos indexados. En 2018, lanzó una familia de fondos indexados con *cero gastos*, en un intento desesperado por seducir a compradores con productos con un mayor margen de beneficios.

La figura 14.1 cuenta la historia del explosivo crecimiento de los activos de los fondos indexados.

Figura 14.1. Activos de fondos de gestión activa y de fondos indexados

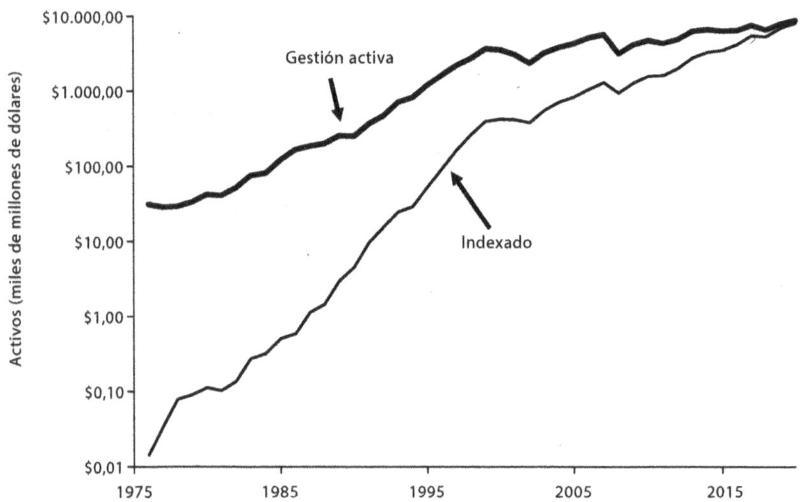

Fuente: Michael Nolan, *The Vanguard Group*.

A finales de 2022, los activos de ambas clases de fondos casi se han equiparado. (En el caso de la gestión activa, también han aumentado, pero sólo gracias a su rendimiento de inversión. En todos y cada uno de los años desde 2006, se ha producido un flujo neto de activos desde los fondos de gestión activa hacia los fondos indexados.) Para mediados de 2022, los dos mayores gestores a escala mundial eran con mucha diferencia BlackRock, cuyos principales productos son pasivos, y Vanguard. Los siguen UBS y Fidelity, cada uno con la mitad de activos que los primeros, y un poco por detrás State Street, que se dedica sobre todo a los índices.[226]

Bogle falleció en 2019, no precisamente en la pobreza. No obstante, su revolucionaria reestructuración de Wellington/Vanguard podría haber transferido miles de millones de dólares de sus bolsillos —y luego de los bolsillos del resto de las compañías que se vieron forzadas a competir con las bajas tasas de Vanguard— a los de sus clientes.

Cuentos de hadas sobre los fondos de gestión activa

Huelga decir que a la industria de fondos mutualistas no le gustó que los fondos indexados se comieran su pedazo del pastel. Enarboló toda suerte de argumentos por los que no deberías invertir en ellos, desde la afirmación de Ned Johnson de que los inversores no deberían conformarse con la rentabilidad promedio hasta el fatuo «The Silent Road to Serfdom: Why Passive Investment Is Worse than Marxism»[227] ['Camino (insospechado) a la servidumbre: por qué la inversión pasiva es peor que el marxismo']

226. Adam Sabban, «U.S. Fund Flows Smashed Records in 2021», <https://www.morningstar.com/funds/us-fund-flows-smashed-records-2021>; «World's Top Asset Management Firms», <https://www.advratings.com/top-asset-management-firms>.

227. Referencia a la obra de Hayek *The Road to Serfdom* (traducida al español con el título *Camino de servidumbre*). *(N. del t.)*

de Sanford C. Bernstein & Co.[228] (No tengo ningún vínculo con esta compañía de inversión.)

El mito que se niega a morir, sin embargo, es que los fondos de gestión activa protegen a sus inversores frente a mercados bajistas. Es sencillamente falso. Standard & Poor's publica una clasificación anual del rendimiento de los fondos mutualistas. La edición de 2008 analizó el desempeño relativo de fondos indexados y de gestión activa durante las caídas bursátiles de 2000-2002 y 2008. En ambos casos, en once de sus doce categorías, la mayoría de los fondos de gestión activa generaron una rentabilidad inferior a sus valores de referencia.[229]

Cuando los docentes exponen la hipótesis del mercado eficiente a sus estudiantes, es habitual que alguno pregunte: «Pero, profesor, si todo el mundo invierte en índices, ¿no se descontrolarán los precios, provocando una distribución incorrecta del capital y daños a la economía?».

Esta pregunta parece razonable hasta que entiendes que lo importante no es el porcentaje de activos indexados, sino más bien de *operaciones* indexadas. Dado que los fondos de gestión activa realizan unas diez veces más operaciones que los indexados, basta que el 10 % de los fondos se administren en régimen de gestión activa para que supongan alrededor de la mitad del volumen negociado. Eso es más que suficiente para asegurar un descubrimiento eficiente de precios.[230]

Otra falacia acerca del auge de la inversión indexada afirma que, en algún momento, los mercados se desajustarán tanto que permitirán que los gestores activos prosperen. Se trata de una imposibilidad matemática. Si los inversores pasivos poseen el 99 % de la bolsa, el restante 1 % será idéntico al mercado total. El gestor activo promedio seguirá obteniendo el rendimiento

228. Burton G. Malkiel, «Is Indexing Worse than Marxism?», *The Wall Street Journal*, 14 de noviembre de 2016.

229. Standard & Poor's Indices Versus Active Funds Scorecard, Year End 2008, <https://www.spglobal.com/spdji/en/documents/spiva/spiva-us-year-end-2008.pdf>.

230. Gus Sauter, comunicación personal.

del mercado sobre el 1 % de las acciones no indexadas menos sus gastos.[231]

Una cuestión más grave en torno al triunfo de la indexación es el peligro político y económico que plantean los tres principales indexadores: BlackRock, Vanguard y State Street, que poseen alrededor de la mitad del mercado bursátil de Estados Unidos. Poco antes de morir, Bogle admitió que, dado el efecto de retroalimentación de las economías de escala que hemos descrito antes, resulta casi imposible que nuevos participantes puedan plantar cara a esta tríada.

Además, esta concentración de acciones alberga el potencial de agravar la desigualdad de riqueza e ingresos que sufre el país y de intensificar el creciente fenómeno «el ganador se queda con todo» en los sectores de las telecomunicaciones, las aerolíneas y las tecnologías. Tal asunto queda muy fuera del ámbito de este libro. Los lectores interesados pueden consultar el ensayo «The Future of Corporate Governance Part I: The Problem of Twelve» ['El futuro de la gobernanza corporativa, parte I: el problema de los doce'] de John C. Coates, de la Facultad de Derecho de la Universidad de Harvard.[232]

Fondos indexados travestidos

Los fondos cotizados en bolsa (ETF, *exchange-traded funds*) dominan ya el mundo de los fondos. Se parecen en muchos aspectos a los antiguos fondos cerrados, que llevan existiendo más de un siglo y consisten en carteras de acciones y bonos que se negocian a lo largo del día en la bolsa de valores, pero presentan tres importantes diferencias. Primera: la inmensa mayoría de ETF son fondos pasivos o indexados, mientras que los fondos cerrados se gestionan de forma activa. Segunda: los fondos cerrados

231. <https://data.worldbank.org/indicator/CM.MKT.TRAD.CD>.

232. John C. Coates, «The Future of Corporate Governance Part I: The Problem of Twelve», <https://papers.ssrn.com/sol3/papers.cfm?abstract_id=3247337>.

pueden cotizar con un considerable descuento o prima respecto al valor neto de los activos que respaldan los títulos que poseen, pero en el caso de los ETF, árbitros conocidos como «participantes autorizados» —que también crean y liquidan acciones del ETF— se encargan de mantener su precio de mercado muy próximo a dicha cifra. Tales participantes activos están listos para comprar el ETF y vender los títulos subyacentes cuando un ETF se cotiza con un descuento respecto al valor neto de los activos, y viceversa en caso de prima. Tercera: los fondos cerrados representan una porción minúscula del universo de la inversión. Los ETF han sobrepasado en cantidad de activos a los fondos abiertos tradicionales tanto pasivos como activos, y los están desplazando.

Hasta el día de su muerte, Bogle receló de los ETF, que veía como vehículos especulativos, «como darle una cerilla a un pirómano». Hizo cuanto pudo para impedir que Vanguard los ofreciera hasta que los estatutos de la empresa lo obligaron a abandonar su junta directiva en 1999, el día de su septuagésimo cumpleaños. La salida de Bogle permitió a Gus Sauter, la mente detrás de los fondos indexados de Vanguard, acometer la expansión de la compañía a ese ámbito.

Fue una suerte que Bogle no pudiera cerrarle el paso. Los ETF de renta variable han superado en activos a los fondos abiertos indexados a acciones tradicionales por varias razones:

- Debido a que resultan más baratos de gestionar para la familia de fondos, los ETF presentan unos índices de gastos algo inferiores a otros fondos abiertos análogos. Por ejemplo, la clase ETF del mayor fondo de Vanguard, el Total Stock Market Index Fund, tiene un índice de gastos del 0,03 %, frente al 0,04 % del fondo abierto de clase Admiral.
- Casi todos los ETF se pueden mantener y negociar sin comisiones en la mayoría de las principales corredurías, mientras que la mayoría de los fondos abiertos emitidos por otras corredurías suelen acarrear tasas de negociación.
- El mecanismo de rescate de los ETF tiende a evitar las distribuciones de ganancias de capital que pueden arrojar al-

gunos fondos abiertos indexados, reforzando así su eficiencia fiscal. Sin embargo, esta ventaja tributaria de los ETF no se aplica en el caso de Vanguard, que patentó un enigmático método de transacción que extiende esta eficiencia fiscal a sus fondos abiertos análogos.

- Para quienes buscan inclinación hacia acciones de valor y de pequeña capitalización, existe una amplia gama de familias de fondos que ofrecen ETF con dicha exposición. La lista incluye a Dimensional Fund Advisors, cuyos fondos abiertos siguen requiriendo pagar a un asesor.
- Y, sobre todo, los ETF tratan mejor a los accionistas a largo plazo que los fondos abiertos. Estos últimos «internalizan» sus costes operativos repercutiendo sobre sus accionistas los costes incurridos por quienes realizan más operaciones de compra y venta. Por su lado, los ETF «externalizan» los costes operativos a través del diferencial de compra/venta cada vez que un accionista efectúa una operación. Dicho mecanismo es lo que terminó por conjurar los temores de Sauter y otras figuras de Vanguard a exponer sus activos a flujos de «dinero caliente».[233]

Dicho todo lo anterior, las ventajas de los ETF no son gratuitas. En primer lugar, el diferencial de compra/venta puede anular muchos años de ventaja en gastos. La mayoría de las agencias de corretaje —«custodios», en jerga financiera— subcontratan sus operaciones con ETF a creadores de mercado[234] que sacan beneficios del diferencial y, a continuación, devuelven parte de éstos a los custodios. Ambos ganan siempre, a expensas de que el cliente pierda siempre. Cuantas menos operaciones se realicen con un ETF, mayor será el problema. Por ejemplo, no supone

233. Balchunas, *Bogle Effect*, 159-162.

234. Se denomina *market maker*, 'creador de mercado', a las personas físicas o jurídicas que aportan liquidez a un mercado al negociar continuamente con sus títulos, actuando como contrapartes en las operaciones de compra o venta de los inversores y facilitando así el comercio con productos financieros. *(N. del t.)*

una gran merma para el inmenso Vanguard Total Stock Market ETF (VTI), que se cotiza con un diferencial minúsculo, pero los diferenciales de ETF más pequeños pueden ascender muy por encima del 0,10 %. Tales porcentajes pueden variar ampliamente a lo largo de la jornada, en especial durante la primera y la última media hora de negociación. Por consiguiente, el inversor debe tener cuidado en ejecutar todas sus operaciones con ETF como órdenes con límite, para evitar así aumentos súbitos del diferencial. Por este motivo, también es una buena idea no negociar con ETF antes de las 10.00 a.m. ni después de las 3.30 p.m. (hora de la Costa Este).

En segundo lugar, los ETF de renta fija que incluyen bonos corporativos y municipales sufren un desajuste de liquidez entre los ETF, en teoría muy líquidos, y los bonos a menudo poco líquidos que contienen. Durante las turbulencias bursátiles de finales de 2008 y de marzo de 2020, los ETF que poseían bonos municipales y corporativos, incluidos los indexados al mercado de renta fija total, se cotizaron con diferenciales amplios. En estos períodos, los vendedores de ETF obtuvieron precios muy inferiores respecto a los propietarios de fondos abiertos análogos, quienes podían comprar y vender al mismo precio: el valor neto de los activos a la hora de cierre, las 4.00 p.m.

En tercer lugar, el hecho de que sea posible negociar con ETF a lo largo de la jornada plantea al inversor un clásico problema de «parálisis de elección»: decidir cuándo apretar el gatillo mientras observas los vaivenes del código de cotización. Con un fondo abierto tradicional, esa decisión no te corresponde a ti: recibirás el precio de las 4.00 p.m., te guste o no. A muchos inversores en ETF, el problema de la negociación continua les provoca no poca acidez de estómago. (Por supuesto, los partidarios de los ETF pueden esgrimir el argumento opuesto: les encanta saber qué precio exacto recibirán, en lugar de tener que conformarse con el precio de cierre del mercado.)

En cuarto lugar, cuando un fondo abierto tradicional acumula tantos activos que impiden al gestor operar de manera eficiente, éste puede cerrar el fondo, como acabó haciendo Fidelity con el Magellan y Vanguard con el Primecap. Esta posibilidad rara vez se materializará para fondos indexados al mercado total o a acciones de gran capitalización, pero podría suponer un problema para fondos indexados de gestión pasiva en recovecos del mercado. Por ejemplo, le ocurrió a Dimensional Funds a principios de la década de 2000, cuando cerró su US Small-Cap Value Portfolio. En cambio, los ETF no cuentan con este mecanismo y, por tanto, no pueden proteger a los accionistas a largo plazo frente a los flujos de dinero caliente.

Además, los ETF pueden acusar que sus emisores sucumban a los flujos de dinero caliente de inversores ingenuos incluso más que los fondos abiertos, y la facilidad de negociación de los primeros podría amplificar la brecha de rendimientos ponderados por dólar-tiempo respecto a los segundos. Algunos de los casos más notables, ya cerrados, fueron el Health-Shares Dermatology and Wound Care ETF y el Direxion Daily Agribusiness Bear 3x Shares (COWS). Este último representó un ejemplo especialmente infame de fondos «apalancados» que magnifican las fluctuaciones diarias de un índice; en el caso del COWS, tres veces en dirección opuesta a su índice. Debido a sus características matemáticas, que describiremos con más detalle en el capítulo decimoctavo, evita los fondos inversos y apalancados.

Para el inversor a largo plazo, no hay demasiadas diferencias prácticas entre las dos estructuras, que funcionan como *wrappers* para los activos que contienen. Poco importa el color del envoltorio en que venga: tu bocadillo sabrá igual.

¿Existen fondos de gestión activa buenos?

La indexación vence a la gestión activa gracias a los costes, no a la selección de acciones. No existe un motivo teórico por el que un fondo de gestión activa no pueda tener el mismo desempeño que un fondo pasivo. El mejor lugar para buscar un buen candidato es Vanguard, cuyos fondos equilibrados Wellington y Wellesley (con un reparto aproximado de 60/40 y 40/60 de acciones/bonos, respectivamente) han servido bien a sus inversores durante décadas. Por ejemplo, un estudio en profundidad de

Kenneth Reinker y Edward Tower, de la Universidad Duke, mostró que los fondos de gestión activa de Vanguard obtuvieron un rendimiento inferior a sus fondos pasivos, pero por la diferencia exacta de gastos entre ambos.[235]

Los otros casos que vale la pena mencionar son el Dodge & Cox Fund y el Vanguard Primecap. Durante las últimas décadas, el segundo ha arrojado una rentabilidad algo superior al S&P 500, mientras que el primero algo inferior. Ambos rendimientos relativos son con toda probabilidad fruto de la prevalencia de las acciones de crecimiento en este período. No recomiendo invertir en fondos de gestión activa, pero si no puedes resistir la tentación, sugiero que escojas fondos con un bajo índice de gastos, de baja rotación y que lleven décadas existiendo. Por ejemplo, el Dodge & Cox se fundó en 1931. El venerable Wellington Fund de Vanguard, y su hermano más conservador el Wellesley Income Fund, constituyen buenas elecciones de fondos equilibrados.

RESUMEN DEL CAPÍTULO DECIMOCUARTO

- Quédate con los fondos indexados. Si no puedes resistirte a comprar un fondo de gestión activa, opta por uno con gastos bajos, baja rotación y una larga historia.
- Los fondos cotizados en bolsa (ETF) han representado una excelente aportación, al aumentar la disponibilidad de vehículos de inversión pasiva. Actúa con cautela al comprar y vender estos fondos y al elegir una agencia de corretaje para custodiarlos.

235. Kenneth Reinker y Edward Tower, «Index Fundamentalism Revisited», <http://public.econ.duke.edu/Papers//Other/Tower/Index.pdf>.

15

La pornografía de inversión y tú

No he podido aguantarme las ganas de ejercitar mi pluma redactando una columna financiera cotidiana inspirada en unas leves turbulencias en el mercado en 2022. Sólo he cambiado los nombres para proteger a los interfectos.

EN ESTE MERCADO NO HAY DÓNDE ESCONDERSE[236]

Hyman Q. Hackwriter

15 de mayo de 2022

Nada parece funcionar ya. Según la compañía de investigación Coin flip Analytics, el S&P 500 ha caído más de un 15 % en lo que va de año, el popular Blimber Aggregate Bond Market Index ha bajado un 14 %, y la que hasta ahora los inversores consideraban la apuesta más segura de todas, los bonos del Tesoro a largo plazo, han visto

236. La mayoría de los nombres propios empleados en este artículo ficticio son, o bien juegos de palabras (como Coinflit ['lanzamiento de moneda'] Analytics, Churnum [*churn them* > 'rótalos'], Burnum [*burn them* > 'quémalos'], and Howe, o GreenStone ['piedra verde'], jugando con la compañía real BlackRock ['roca negra']), o bien personajes tomados de Dickens (como Paul Pecksniff o Martin Chuzzlewit, de la novela *Martin Chuzzlewit*). *(N. del t.)*

cómo se evaporaba un tercio de su valor. ¿Acciones de tecnológicas? ¿Servicios públicos? ¿Criptomonedas? Conmigo no cuentes.

En opinión de Paul Pecksniff, estratega de renta variable para la compañía de gestión patrimonial Churnum, Burnum, and Howe: «Las valoraciones están estiradas, los diferenciales de crédito se han ampliado, y el mercado expresa su preocupación por la adhesión de Suecia y Finlandia a la OTAN». Prefiere las empresas bien parapetadas que se venden a precio de ganga, como el gigante de las criptomonedas CoinSmash and BoingBoing Technologies.

«En este momento, las acciones me infunden terror —afirma Brian Smallsaver, un programador e *influencer* de veintipico años—. ¿Y qué pasa con los bonos? ¿No se supone que deberían salvarme el pellejo cuando las acciones se van al carajo?»

«Queda todavía mucho aire por salir de los neumáticos del mercado —dice Fritz Mozillo, economista en Jones James, una correduría independiente con sede en Boca Ratón—. Les decimos a los clientes que trinquen bien sus activos y se mantengan avizor de lo que hace la Reserva Federal.»

Una víctima de la reciente agitación en los mercados tanto de renta fija como variable ha sido la tradicional cartera 60/40, que cada vez más analistas consideran obsoleta. Uno de ellos es Frederick Fintwinch, responsable de carteras en el gigante de los fondos mutualistas GreenStone, quien me comentó por e-mail: «La cuadrícula de correlación entre clases de activos convencionales se ha ido al 1,0, así que toca pensar en maneras innovadoras de invertir». Sugiere llamas con pedigrí, sellos prusianos raros y pelusa de ombligo de famosete.

Me puse en contacto con Dermot Landsdale III, CEO de Gigantic Global Capital, quien manifestó estar todavía más consternado desde el Foro Económico Mundial en Davos: «Lo que estamos presenciando es una titánica batalla entre compradores y vendedores, orquestada por banqueros centrales de todo el mundo, que han desplegado una peligrosa mezcla de esfuerzos fútiles, recortes estratégicos y galimatías conceptuales».

Los inversores minoristas están cada vez más angustiados por la

> falta de refugio para sus menguantes carteras. El dentista jubilado de setenta y nueve años Percival Sweedlepipe ha metido la mayor parte de activos de su cuenta IRA en el Dolittle Technology Fund, y se siente engañado por la incesante cobertura mediática sobre su director, Fred Wopsle: «Si no puedes fiarte de *The Wall Street Journal*, *The New York Times* y *Kiplingers*, ¿de quién entonces?».

Esta columna, un popurrí de varios artículos de las secciones de negocios de periódicos de tirada nacional de principios de 2022, sólo se delata como sátira porque me inventé las compañías y robé la mitad de nombres a Dickens. (De acuerdo, eso y la pelusa de ombligo.)

Artículos así han sido el pan nuestro de cada día del «periodismo financiero» durante al menos los últimos siglos. Suelen contener tres elementos:

1. Afirmaciones generales acerca del estado emocional del mercado —por lo general, el malestar de los inversores minoristas o institucionales debido a pérdidas recientes— o, durante períodos de bonanza, acerca de que el ánimo financiero está en «modo riesgo» o —más irritante si cabe— de que «el efectivo está entrando en juego». (Esta última expresión incurre en un error de contabilidad básica. Si Bob paga a Betty 1.000 dólares por su acción, en efecto los 1.000 dólares de Bob entraron en juego, pero Betty acaba de mandar sus 1.000 dólares de vuelta al banquillo.)
2. Referencias a las carteras y las transacciones de pequeños inversores poco informados y al placer, dolor, frustración o triunfo que experimentan.
3. Comentarios de gestores de capital y estrategas bursátiles, cuyas aptitudes predictivas se sitúan entre las de un reloj de cuco y un canto rodado. Después de todo, si en verdad pudieran predecir la dirección del mercado o seleccionar acciones, no estarían divulgando sus compras y

selecciones de forma gratuita en una publicación de tirada nacional.

En 1998, la escritora sobre finanzas personales Jane Bryant Quinn publicó una seminal crítica del lodazal de los boletines financieros modernos en la revista *Columbia Journalism Review*. Como es sabido, describió su contenido como «pornografía financiera»: cobertura de inversión que perpetúa los mitos y las falsas promesas de las fórmulas mágicas de la selección de acciones, la anticipación del mercado y la asignación de activos.

Quinn tenía mucho más en mente que los pequeños inversores y los vendehúmos del mercado. Comenzó por denunciar la fijación de la prensa financiera con la fama:

> Me temo que muchos periodistas han abandonado la realidad para unirse a una secta. Nuestros Bo y Peep[237] son Buffett y Gates. Nos aferramos a sus palabras como a perlas de sabiduría... Nos inducen al trance.

Durante más de tres décadas, todo el mundo reconocía al instante el rostro de Warren Buffett (que en la última década se ha transmutado en la cepa madre de todo el *clickbait* del planeta). Por su parte, la imagen de Gates se ha visto desplazada por la de colosos de la industria más recientes: Elon Musk y Mark Zuckerberg, por nombrar dos. Para nuestros fines, el género más importante de pornografía de celebridades financieras es la superestrella de la gestión de capital, comenzando por Gerald Tsai, continuando con Michael Kassen y Bill Miller, hasta llegar en nuestros días a Cathie Wood, quien se ha convertido en una presencia cotidiana en la prensa, la televisión y las redes.

El artículo de Quinn acusaba a la prensa financiera de ser parte de un ecosistema de «depredadores y presas»:

237. Bo-Peep es una pastorcilla de una canción infantil. Además, en este caso se desdobla en dos personajes, Bo en representación de Buffet, y Peep, de Gates, para significar que se han convertido en figuras familiares a las que otorgamos una influencia desmedida e ingenua. *(N. del t.)*

> Cuando [en la prensa financiera] nos dejamos llevar por la corriente, abrazando el punto de vista del depredador, en ocasiones nosotros mismos nos convertimos inadvertidamente en depredadores. Ya sabes a qué me refiero: «Los diez mejores fondos mutualistas que comprar ahora mismo», «Cómo duplicar tu dinero este año», historietas de culto a la personalidad que parecen salidas de un fanzine. Artículos que promocionan acciones y elogian cualquier camino hacia las ganancias. Todos hemos contribuido a estas historias de un modo u otro. Se trata de pornografía de inversión: *softcore*, no *hardcore*, pero pornografía al fin.

A modo de colofón, Quinn exclamaba indignada:

> Pero ¿qué responsabilidad tenemos para con los lectores, cuando nos convertimos —directa o indirectamente— en vendedores de acciones? ¿Cómo cubrir esta fiebre del oro con ecuanimidad, si nos sumamos a ella en lugar de observar desde el otro lado de la barrera? ¿Cómo informar sobre esta sensacional carrera para hacerse rico sin ensalzar actitudes de potencial destructivo y de poco recorrido?[238]

La respuesta es que los periodistas financieros no pueden, por el simple motivo de que existe un número limitado de maneras en que un reportero puede decirles a los inversores que compren y mantengan fondos indexados.

Tengamos piedad de los plumillas que se ven obligados a producir una columna tras otra para pagar su hipoteca y sus préstamos de estudios. En 1999, la revista *Fortune* publicó un artículo anónimo titulado «Confessions of a Former Mutual Funds Reporter» ['Confesiones de un antiguo reportero de fondos mutuos']. Su autor admitía: «Durante el día, escribimos "Six Funds to Buy NOW!"» ['Seis fondos que comprar ¡AHORA!']. Parecemos deleitarnos en el riesgo de las tecnológicas. Nos mostramos fascinados por los rendimientos semanales. Pero por la

238. Jane Bryant Quinn, «When Investment Writing Becomes Soft Porn», *Columbia Journalism Review* (marzo-abril de 1998): 48-49.

noche invertimos en fondos indexados sensatos». Proseguía: «Predicábamos matrimonios estables de "comprar y mantener" al tiempo que incitábamos entre líneas a la promiscuidad con fondos calientes». ¿Por qué? Porque, «por desgracia, las historias racionales a favor de los fondos indexados ni venden revistas, ni generan visitas, ni aumentan el índice de audiencia Nielsen».[239]

Más allá de quienes no hacen sino ganarse el pan, una trama de corrupción conecta a los periodistas financieros con la industria de las finanzas: la publicidad. El negocio de los servicios financieros es la tercera mayor industria del país, y constituye la principal fuente de ingresos publicitarios de los medios de comunicación tanto impresos como electrónicos. Dada la precaria situación de la prensa en papel y digital, las publicaciones financieras no pueden permitirse morder la mano que les da de comer.[240]

¿Vale la pena leer a algún periodista financiero? A casi ninguno. Jason Zweig, de *The Wall Street Journal*, demuestra un excelente dominio tanto de las finanzas basadas en datos como de la neuroeconomía, y un puñado de columnistas de *The New York Times*, como Jeff Sommer, Tara Siegel-Bernard y Ron Lieber, cumplen los requisitos de Quinn.

Pero, en general, los inversores saldrán mejor parados si ignoran no sólo estos dos diarios, sino casi toda la prensa financiera. Entre las publicaciones para el gran público, solamente una transmite un enfoque ponderado y vanguardista de las finanzas: *The Economist*. La revista no es precisamente barata, y su tipografía minúscula exige unos ojos jóvenes o utilizar un microscopio. A veces, también merece la pena leer el *Financial Times*, pero su biblioteca digital está restringida al último mes, y para muchos acceder al número actual a un precio de varios cientos de dólares al año no sale rentable.

239. Anónimo, «Confessions of a Former Mutual Funds Reporter», *Fortune*, 29 de abril de 1999.

240. Véase <https://www.worldatlas.com/articles/which-are-the-biggest-industries-in-the-united-states.html>; y Helaine Olen, *Pound Foolish* (Nueva York: Penguin, 2013), 24-25.

Si la prensa financiera impresa es un lodazal, la electrónica es una red de cloacas en perpetua expansión, con foco en la CNBC. Si resulta imposible escribir cinco artículos útiles sobre finanzas personales a la semana, sólo pensar en tener que preparar una docena de horas al día de contenidos financieros relevantes para la televisión por cable produce vértigo.

Antes de los años noventa, las noticias financieras eran algo marginal. Más allá de los programas *Wall Street Week* y *Nightly Business Report* de la PBS, pocas cadenas veían potencial en hablar de las ventajas y desventajas de acciones y bonos por televisión, una conclusión ratificada por el fracaso de Financial News Network (FNN), que fue fundada en 1981 y quebró en 1991. Luego cayó en manos de la NBC, que la rebautizó como Commercial News and Business Channel (CNBC).

En 1993, Roger Ailes desembarcó en la CNBC, que se hallaba entonces en la cúspide de su legendario dominio del poder emocional bruto de la televisión. La hemofilia y un padre maltratador jalonaron su tormentosa infancia con frecuentes episodios de hemorragias y largos períodos de confinamiento doméstico: la televisión de los años cincuenta se convirtió en su escuela. Se especializó en estudios de comunicación audiovisual por la Universidad de Ohio, para luego foguearse en tareas de producción en cadenas locales antes de emprender una carrera de veinticinco años como consultor de medios para presidentes republicanos. Aumentó el atractivo de Nixon en 1968 y ayudó a George H. W. Bush a vencer a Michael Dukakis en 1988 con los sórdidos anuncios sobre «Willie Horton» de Lee Atwater.[241]

A su llegada a la CNBC, Ailes aplicó las nociones de publicidad política que había aprendido para renovar por completo la apariencia y el estilo de la cadena. En lugar de limitarse a anunciar segmentos de noticias con un hilo musical, añadió voces en

241. Se refiere a una polémica campaña de publicidad presidencial para las elecciones de 1988, en que se daba a entender que la laxa política penal propugnada por el candidato demócrata Dukakis había posibilitado que delincuentes como Willie Horton, un hombre de raza negra condenado por varios asesinatos, reincidieran. El anuncio está disponible en YouTube. *(N. del t.)*

off con primeros planos de los presentadores. Se encargó personalmente de instruir a los camarógrafos sobre cómo enmarcar a los ejecutivos corporativos para dotarlos de vida, espoleó a los guionistas a que redactaran diálogos más sugestivos que atrapasen a la audiencia y envió a reporteros a informar sin descanso sobre el precio de las acciones desde el parqué de la Bolsa. Cuanto más extravagante fuera el invitado, mejor. Según escribió John Cassidy en *The New Yorker*:

> Su invitado ideal era una antigua reina de la belleza que se ocupase de acciones de tecnológicas, hablase con frases declarativas breves y saliese con Donald Trump. Dado que no había muchas mujeres así disponibles, los productores solían conformarse con hombres calvos de mediana edad que veneraban a Alan Greenspan[242] y se expresaban en algo plagado de tecnicismos que recordaba vagamente al inglés.[243]

Ailes transformó por sí solo las finanzas en un espectáculo televisivo. Comprendió de forma intuitiva que sus audiencias preferían la golosina del entretenimiento a las verduras de la información y el análisis. El mejor producto era el que generaba una riqueza sin límites. También supo conjugar sexo y finanzas mediante un nuevo fichaje salido de la CNN: Maria Bartiromo, una presentadora cuyo parecido con Sophia Loren, marcado acento de Brooklyn y evidente *sex appeal* la entronizaron como el «bombón de oro» [*Money Honey*].[244]

Bajo la dirección de Ailes, la CNBC dominó ese género y consumó un prodigio de la alquimia cultural moderna al transmutar el tedioso mundo de las finanzas convencionales en un producto de entretenimiento de éxito arrollador. El nuevo medio centraba

242. Presidente de la Reserva Federal entre 1987 y 2006. *(N. del t.)*
243. John Cassidy, *dot-con* (Nueva York: Penguin Press, 2002), 166.
244. Gabriel Sherman, *The Loudest Voice in the Room* (Nueva York: Random House, 2014), 146-147; Aaron Heresco, «Shaping the Market: CNBC and the Discourses of Financialization» (tesis doctoral, Pennsylvania State University, 2014), 81, 151.

su atención en internet, que los pequeños inversores podían usar para operar con la «información» que absorbían de la CNBC.

¿Cómo les va a los inversores con este método? Todo lo bien que cabría esperar. Un estudio académico analizó la reacción del precio de las acciones a la aparición de CEO corporativos en la CNBC, al tiempo que otro examinaba el desempeño de la selección de acciones del hiperactivo e idolatrado Jim Cramer en su programa «Mad Money». En la figura 15.1 he recogido los resultados de ambos, que revelan casi lo mismo: un aumento del precio en relación con el resto del mercado que alcanza su punto álgido el día de emisión —o el día siguiente al día de emisión— del programa, seguido por una caída.[245]

Figura 15.1. Efecto de entrevistas a CEO en la CNBC y de la mención de acciones en «Mad Money»

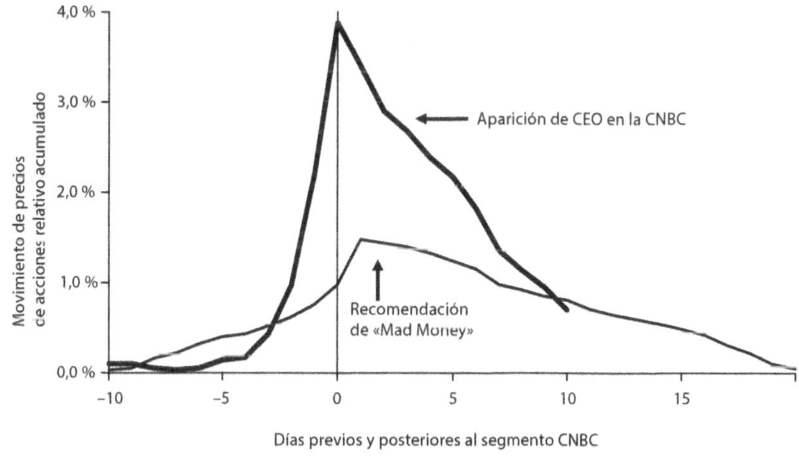

La bajada del precio después del programa es ya de por sí bastante desalentadora, pero la anterior subida apunta a algo

245. Ekaterina V. Karniouchina, *et al.*, «Impact of «Mad Money» Stock Recommendations: Merging Financial and Marketing Perspectives», *Journal of Marketing*, 73 (noviembre de 2009): 266-246; J. Felix Meschke, «CEO Interviews on CNBC», documento de trabajo, <https://papers.ssrn.com/sol3/papers.cfm?abstract_id=1745085>, disponible el 12 de noviembre de 2016.

más siniestro: que los participantes con un conocimiento previo del elenco de invitados juegan con los espectadores de la CNBC como con peleles. A pesar de su aspecto estrambótico, Cramer no es ningún tonto y entendía a la perfección esta dinámica. Al menos en una ocasión, vendió acciones de una compañía pregonada en el programa de Bartiromo, para luego recomprarlas unos pocos días más tarde después de que su precio volviera a su nivel anterior.[246]

¿Qué hay de las redes sociales?

Las redes sociales modernas son, en su mayoría, una cámara de eco en la que perder el tiempo, aunque si tienes mucho cuidado y muy buena suerte, X —antes Twitter— suele ser el primer lugar en que salen a la luz conceptos y datos financieros útiles. Sin embargo, por lo general tendrás las mismas probabilidades de encontrar información valiosa en esta plataforma limitada a 280 caracteres que de encontrar un bosón de Higgs debajo de tu sofá. Evita TikTok, que parece dirigirse casi en exclusiva a los muy jóvenes y los desinformados. Seguramente, lo mismo cabría decir de cualquier plataforma que se haya puesto de moda para cuando leas esto. Busca en otros sitios.

¿Qué debería leer, ver y escuchar?

El lastimoso estado del periodismo financiero impreso y audiovisual sugiere que no deberías malgastar demasiado de tu valioso ancho de banda financiero en las secciones de negocios de los periódicos, en las redes sociales o —Dios te libre— en la televisión por cable. Como ya apuntamos, existen algunas excepciones: *The Economist* y *The Financial Times*.

Si extremas la precaución, internet ofrece algunos sitios útiles,

246. Howard Kurtz, *The Fortune Tellers* (Nueva York: The Free Press, 2000), 206-207.

in primis el foro de debate y las páginas wiki de bogleheads.org, así como el excelente humbledollar.com de Jonathan Clements, ambos con contenidos bien fundamentados y un ambiente civilizado fruto de una moderación diestra.[247] Investopedia.com es otra fuente de consulta seria.

YouTube también contiene un tesoro oculto de lecciones de casi todas las figuras destacadas de las finanzas, desperdigadas en un vasto erial de desinformación. Ve con pies de plomo. Unos pocos clics equivocados y terminarás con un conspiranoico de QAnon o un *crypto bro*. De los nombres que he mencionado en este libro, buscaría a John Bogle, Eugene Fama, Kenneth French, Jonathan Clements, Zvi Bodie, William Sharpe, Burton Malkiel, Charles Ellis y Jason Zweig.

Hay muchos pódcast sobre finanzas que merecen la pena. Comienza por el semanal *Money Talks* de *The Economist* y *Planet Money* de la NPR, pese a que la mayoría de la excelente cobertura del segundo habla sobre economía, y no tanto sobre inversión. El pódcast de entrevistas *Boglehead*, de Rick Ferri, cubre sobre todo la inversión pasiva. Otro que recomiendo encarecidamente es *Masters in Business* de Barry Ritholtz, producido por Bloomberg. Los pódcast son un universo en rápida evolución. Para no molerte los tímpanos, tendrás que escoger a conciencia entre la creciente abundancia de materiales de alta calidad.

Investiga sobre los fondos mutualistas. Todas las compañías mencionadas en este libro cuentan con sofisticados sitios web donde se pueden consultar datos básicos sobre sus productos, como las comisiones y gastos, así como informes anuales y semestrales con tablas de activos.

Buscar información sobre un gran número de fondos puede hacerse pesado. La mejor manera es visitar Morningstar.com. Utiliza la función de búsqueda del sitio para ubicar la página principal del producto que te interesa, y haz clic en las pestañas «Expense» y «Portfolio» para encontrar el índice de gastos del fondo y datos pormenorizados sobre sus activos. Accede a la pes-

247. La URL de la wikipedia de boglehead es: <https://www.bogleheads.org/wiki/Main_Page>.

taña «Performance» para ver el rendimiento del fondo para períodos desde un día hasta quince años, y a la pestaña «Chart» para comparar los rendimientos de múltiples fondos para un intervalo determinado.

Mejor aún: imagina que estás en 1989 y *lee libros*. Yo empezaría por aquí:

- **Teoría financiera.** *Common Sense on Mutual Funds*, de John Bogle, y *A Random Walk Down Wall Street*, de Burton Malkiel, son dos títulos imprescindibles. Si —y sólo si— te pica el gusanillo de las finanzas, ve por los clásicos: *The Theory of Interest*, de Irving Fisher, y *The Intelligent Investor*, de Benjamin Graham, y quizá incluso el exhaustivo *Security Analysis*, de Graham y Dodd, la reimpresión de McGrawHill de 2002 de la segunda edición del clásico de 1940.
- **Historia de las finanzas.** Recomiendo dos títulos de Ed Chancellor: *Devil Take the Hindmost*, su inigualable repaso de las burbujas y los pánicos, y *The Price of Time*, una historia bellamente escrita de las finanzas, desde Babilonia hasta Bezos. A modo de guinda, devora *Where Are the Customers' Yachts?*, de Fred Schwed, que te enseñará qué pocas cosas han cambiado en el mundo de la inversión, arrancándote de paso unas cuantas carcajadas. *A Short History of Financial Euphoria*, de John Kenneth Galbraith, cierra la lista de recorridos fascinantes por la historia financiera.
- **Psicología de las finanzas.** *Your Money and Your Brain* de Jason Zweig, *The Psychology of Money* de Morgan Housel, y *How to Think About Money* de Jonathan Clements son todas obras excelentes. (Declaración de transparencia: escribí el prólogo del libro de Clements.)
- **El negocio de las finanzas.** Lee *Pound Foolish*, de Helaine Olen, y *License to Steal*, escrito al alimón por Timothy Harper y un corredor anónimo. Aviso a navegantes: el segundo título sólo debe leerse con el estómago vacío.

- **Ensamblar todas las piezas.** *The Bogleheads' Guide to Retirement Planning* proporciona una inestimable hoja de ruta para tu carrera como inversor. Los profesionales de la salud deberían leer *White Coat Investor*, del médico de urgencias Jim Dahle. Tengo una idea mejor: regálaselo a tu hijo antes de que entre en la Facultad de Medicina.

RESUMEN DEL CAPÍTULO DECIMOQUINTO

- Apaga el televisor.
- Evita las páginas de la sección de negocios de los periódicos.
- Dedica la mayor parte de tu energía a libros escritos por los autores reconocidos que he citado. Ten cuidado al rebuscar en Amazon o tu librería local: son una jungla. Por cada Bogle, Malkiel y Chancellor, existen miles de charlatanes.
- Lee la sección financiera de *The Economist*.
- Escucha pódcast de entrevistas a académicos financieros reputados o busca sus conferencias en YouTube.
- Evita las entrevistas a CEO, estrategas bursátiles y gestores de carteras.

Estrategia de inversión

Ensamblar los cuatro pilares

El juego del ganador

Nuestro viaje a través de la teoría, la historia, la psicología y el negocio de la inversión culmina en esta sección, en que ensamblamos los cuatro pilares en una estrategia coherente que puedas ejecutar y mantener sin demasiado esfuerzo.

En primer lugar, estudiaremos el «juego de números» de la jubilación: ¿cuánto tendré que ahorrar para alcanzar mis objetivos?, ¿cuánto puedo gastar?, ¿cómo de seguro puedo estar de mi éxito? En el capítulo decimoséptimo, llegaremos al «acto principal» del libro: ¿qué factores debo tener en cuenta al diseñar mi cartera?, ¿cómo debería ser mi cartera?, ¿qué fondos compro?

Explicaré los aspectos más prácticos en el capítulo decimoctavo. La primera parte brinda las instrucciones para armar tu cartera. Ofrece un método sencillo para abordar la ardua tarea psicológica de ir construyendo tu exposición a renta variable. La segunda parte proporciona el manual de mantenimiento. Describe los «ajustes» periódicos necesarios para preservar la salud de tu cartera.

Con permiso de Winston Churchill, al término de esta sección no habrás llegado al final de tu viaje de inversión, ni siquiera al comienzo del final.[248] Pero sí al final del comienzo: te habrás puesto en camino y, lo que es más importante, poseerás una hoja de ruta para el resto del viaje...

248. La cita original, pronunciada por Winston Churchill en una alocución tras la victoria aliada en El Alamein, dice: «No es el final, no es ni siquiera el principio del final. Puede ser, más bien, el final del principio». *(N. del t.)*

16

¿Cuánto necesitas para jubilarte?

O de por qué no debes utilizar una calculadora para la jubilación

Compaginar el ahorro para la jubilación y los gastos diarios guarda muchos paralelismos con conciliar tus objetivos profesionales y familiares. Aunque ambos siguen unas normas generales, las vicisitudes de la vida y los mercados financieros vuelven imposibles las predicciones, incluso las aproximadas. Las personas industriosas y analíticas tienen más probabilidades de alcanzar el éxito que quienes no lo son, pero en ocasiones algún pánfilo puede tener la suerte de caer en una sinecura para toda la vida, o al contrario, un empleado solvente y brillante de sesenta años puede, pese a sus esfuerzos, vincularse a una compañía en quiebra y ver menguar su pensión.

Las finanzas para la jubilación pueden ser igual de volubles. Por supuesto, cuanto más ahorres durante tu carrera laboral y menos gastes durante la jubilación, mayor será tu probabilidad de éxito. Pero un derrochador puede tener suerte con una secuencia de rendimientos favorable (bajos durante el ahorro, altos durante la jubilación), y un jubilado disciplinado, sufrir una secuencia de rendimientos inversa. Además, todo el mundo está expuesto al riesgo de dispendiosas desgracias personales o sociales.

Existe un inmenso margen de incertidumbre, y desconfío de las calculadoras para la jubilación porque ignoran el capricho de la existencia humana en toda su plenitud, brindando una falsa sensación de seguridad. Con una tasa de ahorro lo bastante alta y una tasa de consumo lo bastante baja, se puede conseguir que casi cualquier software o herramienta online de planificación de la jubilación arroje una probabilidad de éxito del 90 o el 95 %, pero no hace falta un grado en historia en alguna universidad de la Ivy League[249] para entender lo disparatado de esa cifra. El Imperio romano sólo duró alrededor de medio milenio, así que la persona promedio con una esperanza de vida de ochenta y cinco años tiene una probabilidad aproximada del 15 % de afrontar un colapso de envergadura social; además, todas las épocas tienen sus dificultades. Lo que es peor, muchas calculadoras online asumen que en el futuro los rendimientos de acciones y bonos serán tan generosos como en el pasado, algo tan verosímil como los Reyes Magos o el Ratoncito Pérez.

Dada toda esta incertidumbre, ¿cómo proceder? Comienza por echar unos cálculos rápidos para orientarte, luego toma conciencia de lo aproximado de cualquier estimación. Primero, calcula tus gastos residuales de manutención anuales, es decir, tus necesidades de gasto no cubiertas por tus cheques de la seguridad social y tu plan de pensiones. Traza un plan y trabaja para acumular en torno a veinticinco años de gastos residuales de manutención. A continuación, determina cuánto necesitas ahorrar para reunir esa cifra. Por último, acota esa estimación con unos amplios márgenes de incertidumbre, al menos por un factor de dos en ambas direcciones.

Si quieres ver un ejemplo del mundo real, recuerda a Fritz, del capítulo sexto. Recapitulando: un recién jubilado de sesenta y cinco años cuyos gastos de manutención e impuestos ascienden a 50.000 dólares al año, de los que 20.000 están cubiertos por la seguridad social y su plan de pensiones. Por consiguiente, su déficit de gastos residuales de manutención es de 30.000 dólares al año, por lo que necesitará 25 × 30.000 = 750.000 dólares para jubilarse.

Las cifras de 30.000 y 750.000 son en dólares actuales y es-

249. Se conoce como Ivy League ('Liga de la Hiedra') a una serie de universidades estadounidenses de larga tradición de excelencia académica. *(N. del t.)*

tán ligadas al momento en que se jubile. Si la inflación media asciende al 3 %, dentro de veinticuatro años, a la edad de ochenta y nueve, gastará 60.000 dólares anuales en dólares nominales (recuerda la «regla del 72» para la duplicación, es decir, 24 × 3 = 72). Por tanto, resulta indispensable expresar las estimaciones de rendimientos en términos ajustados por inflación. Date cuenta de lo impreciso de ese colchón sugerido de 750.000 dólares: si Fritz tiene la suerte de obtener altos rendimientos en la primera década de su jubilación, necesitará mucho menos de esa cifra; si ocurre lo contrario, necesitará mucho más. Si contrae alguna enfermedad costosa, tiene que sufragar una larga estancia en una residencia de ancianos o pasa por ambas, necesitará muchísimo más. Aunque 750.000 dólares estarían bien, uno o dos milloncetes estarían mejor. A fin de cuentas, Fritz sencillamente no sabe con ninguna precisión cuántos ahorros necesitará.

Una vez que tengas un objetivo, aplica un poco de ingeniería inversa para determinar cómo alcanzarlo. Fritz empezó a trabajar a principios de los ochenta y no tuvo dificultades en acumular su colchón de 750.000 dólares gracias a los subsiguientes y anómalos altos rendimientos de acciones y bonos. Los ahorradores de hoy bien podrían afrontar rendimientos más bajos en el futuro, viéndose forzados a vencer una mayor pendiente.

Para lidiar con la caída de los rendimientos esperados de la renta variable y fija, redirijamos nuestra atención hacia la sobrina de Fritz, Felicia, quien comenzó su andadura profesional en 2023. ¿Cómo debería ahorrar e invertir para acumular 750.000 dólares actuales en cuarenta años? Asumamos que gana 70.000 dólares ajustados por inflación al año. ¿Qué porcentaje de su salario debería aportar a su plan 401(k)?

Ahorros mensuales requeridos para acumular 750.000 dólares en cuarenta años

Rendimiento real de cartera	0 %	1 %	2 %	3 %	4 %	5 %	6 %
Ahorros mensuales requeridos	1.563 $	1.271 $	1.021 $	810 $	635 $	491 $	377 $

Esta tabla es el equivalente en términos de ciclo vital financiero de la famosa frase de Harry el Sucio: «Tienes que preguntarte algo: ¿te sientes con suerte?». He estimado la rentabilidad real futura de una cartera de 60/40 en cerca del 3 %, pero los límites de confianza de dicha estimación son amplios. Esa combinación presenta una desviación típica anual de alrededor del 9 %, que anualizada a cuarenta años equivale al 1,4 % anual (9 % / $\sqrt{40}$). Ello significa que existe una probabilidad del 95 % de que el rendimiento ajustado por inflación realizado durante cuatro décadas se sitúe entre el +0,2 y el +5,8 % (3 % ± [2 × 1,4 %]).[250]

El índice de fiabilidad del 95 % no se acerca ni remotamente a la incertidumbre que reina en torno a los ahorros. La función PAGO de Excel asume unos rendimientos de cartera constantes, pero en el mundo real el orden importa. Como joven ahorradora, a Felicia le convendría una secuencia de rendimientos malos seguidos de buenos, mientras que esa misma secuencia podría llevar a la ruina a su tío jubilado, a quien convendrían los buenos rendimientos en sus primeros años de jubilación.

Los anteriores párrafos sólo se ocupan de la incertidumbre de la planificación para la jubilación que depende de los hados de las finanzas. La carrera de Felicia podría despegar y situarla en una vía rápida, o podría contraer una enfermedad discapacitante, o terminar en la vía muerta de un empleo sin perspectivas o una especialidad profesional sin futuro. Sencillamente no lo sabe.

Incluso si sus proyecciones de salario, impuestos y gastos de manutención se revelaran acertadas, su tasa de ahorro será todo menos constante, en particular durante los años en que ella y su

250. Para este cálculo, utiliza la función PAGO de Excel. En este ejemplo, si asumimos que Felicia obtiene una rentabilidad real anualizada del 2 %, la fórmula para los ahorros mensuales requeridos sería = PAGO (0,1667 %; 480; 0, 750000; 0), donde: «0,1667 %» es la tasa mensual simple para una rentabilidad anual del 2 %; «480» es el número de meses en cuarenta años; «0» es el valor de inicio; «750000» es el valor de fin, y «0» indica que los pagos se efectúan al final de cada mes (1 si se efectúan al inicio del mes). Los ahorros mensuales requeridos aparecen como un número negativo, en este caso −1.021,10 dólares.

pareja tengan que pagar servicios de guardería, una educación privada y matrículas universitarias, de modo que las sumas de la tabla anterior no constituyen en el mejor de los casos más que un promedio orientativo para toda una vida.

Sólo hay una cosa segura: va a tener que apartar mucho dinero. Incluso con una rentabilidad real optimista del 4 %, tendrá que ahorrar de media el 10 % de su salario bruto a partir de la edad de veinticinco años. Si no amortiza su deuda de estudios y no empieza a ahorrar hasta los treinta y cinco, su tasa de ahorro requerida a una rentabilidad real del 4 % aumenta al 18,5 % de su salario bruto; a una rentabilidad real del 2 %, al 26 %. Si su rendimiento de cartera es inferior, sus perspectivas de jubilación se nublan todavía más.

Aunque tuvieras el olfato para las inversiones de Warren Buffett o James Simons, de nada te serviría si no consigues antes acumular capital. Nuestra sociedad de consumo induce a gastar mucho más de lo necesario o saludable. Si te cuesta ahorrar, tienes un problema.

En *The Millionaire Next Door*, Thomas Stanley y William Danko explican cómo se enriquecen la mayoría de las personas. ¿Quieres saber cuál es el coche que más conducen los ricos? No, no es un Mercedes: una camioneta Ford F-150. Otro dato interesante: el fontanero típico se jubila antes que el abogado típico, pese a que los segundos ganan más que los primeros. ¿Por qué? Porque el letrado debe gastar más que el fontanero para mantener el mismo nivel de vida que su círculo, por lo que suele conducir un coche más lujoso, vivir en una zona más elegante e irse de vacaciones a destinos más exóticos.[251]

Como cualquier otro fenómeno económico, la acumulación de riqueza es un proceso complejo al que contribuyen numerosos

251. Thomas Stanley y William Danko, *The Millionaire Next Door* (Nueva York: Pocket Books, 1996). Para una crítica de las fallas metodológicas del libro, véase Nassim Taleb, *Fooled by Randomness* (Nueva York: Random House, 2008), 143-146.

factores aparte de la frugalidad. Aun así, si no eres capaz de ahorrar, tendrás muchas menos probabilidades de hacer fortuna.

Otros objetivos

Este libro no pretende ser una guía de planificación financiera. Temas como las hipotecas, la gestión de deuda, los seguros y la planificación inmobiliaria quedan muy fuera de su ámbito. Pero vale la pena mencionar algunos aspectos relacionados con los rudimentos de la mecánica de inversión y la teoría financiera:

Emergencias. Qué constituye un «fondo de contingencia» depende de tu edad y tu empleo. Un joven de veintitantos años que trabaje para el gobierno podría contentarse con seis meses de ahorros. Si tu situación laboral es precaria y puede que necesites más formación para encontrar otro puesto de trabajo, reserva en el banco uno o dos años de gastos de manutención.

Por otro lado, el jubilado que ha agotado su capital humano necesita al menos diez años de gastos residuales de manutención en activos seguros. No es tanto como suena, dado que la parte de renta fija del colchón aporta una sólida reserva de contingencia. Por ejemplo, la cartera de Fritz cubre veinticinco años de gastos residuales de manutención. Con una distribución de 60/40 de acciones/bonos, poseerá los diez años requeridos en bonos del Tesoro y certificados de depósito.

Si eres joven, mantén tus ahorros de emergencia en cuentas gravables, ya que retirar fondos de una cuenta IRA antes de los cincuenta y nueve años y medio probablemente generará una abultada factura fiscal combinada, además de una penalización por rescate anticipado. Bajo determinadas circunstancias, puedes empezar a retirar fondos de una cuenta IRA a la edad de cincuenta y cinco años en virtud de la norma 72(t), del reglamento interno del IRS, que establece un régimen de retiradas periódicas, así como de un plan 401(k). Muchos planes de pensiones empresariales y 401(k) permiten préstamos en situaciones de emergencia. No obstante, se trata de una mala idea, pues no amortizar dicho préstamo conlleva una penalización fiscal del 10 % por rescate anticipado. Ello resulta especialmente probable si tu emergencia implica perder tu trabajo, puesto que en tal caso se te exigirá que liquides el préstamo de inmediato. Deberías consultar a tu asesor antes de considerar cualquiera de estas estrategias.

Ahorros de vivienda. Si planeas comprar una vivienda en menos de cinco años, también deberías colocar ese dinero en letras a corto plazo, certificados de depósito y fondos monetarios. Mantenlo en una cuenta sujeta a impuestos.

Ahorros de estudios. Se trata de un ámbito que ha experimentado una auténtica revolución con la introducción de 529 planes, que presentan ventajas fiscales. Consulta <www.collegesavings.org> y charla con tu asesor acerca de ellos.

Desde el punto de vista de la gestión de activos, los ahorros para la universidad son un tema delicado, con un horizonte temporal entre el de los ahorros de emergencia y el de la planificación para la jubilación. Puede que necesites ahorrar durante unos pocos años o dos décadas, en función de la edad de tu hijo y de tu capital disponible. Por desgracia, las acciones pueden tener rachas de malos rendimientos de incluso veinte años. Si sufres una década de rendimientos mediocres, acabarás muy dentro de la ventana de cinco años de «sólo bonos». Si empiezas a ahorrar cuando tu hijo tiene cuatro años y padeces nueve años de malos rendimientos, tan sólo dispondrás de cinco años hasta que entre en la universidad. ¿Qué hacer entonces? No sin cierta inquietud, aconsejaría colocar un máximo de entre el 30 y el 40 % de estos fondos en acciones, para luego ir convirtiéndolos gradualmente en bonos a medida que se acerque la fecha de la matrícula. Cuando llegue la hora de apoquinar, podrías vender las acciones residuales en años buenos y los bonos en años malos.

RESUMEN DEL CAPÍTULO DECIMOSEXTO

- Proponte acumular al menos veinticinco años de gastos de manutención residuales: los gastos de manutención que exceden el importe de tus prestaciones de la seguridad social y tu plan de pensiones.

- Mantén las cosas simples: utiliza Excel o una calculadora financiera —ya sea un dispositivo de mano o una versión online como <smartasset.com/investing/investment-calculator>— para estimar un objetivo orientativo de ahorro, luego toma conciencia de lo aproximado de esa cifra.
- No confíes demasiado en el software o las herramientas online de planificación para la jubilación, que a menudo integran asunciones de rendimientos poco realistas y subestiman los riesgos inherentes a la condición humana. Como mucho, trata sus resultados como estimaciones sumamente vagas.

17

Construir, mantener y gastar

Invertir es una actividad que transfiere riqueza de quienes no tienen o no pueden ejecutar una estrategia a quienes sí. Ha llegado la hora de construirla. Ya has aprendido todo lo que necesitas saber:

- El riesgo y la rentabilidad de clases de activos.
- El posible impacto de los mayores rendimientos de las acciones de valor, además de cómo responde la renta variable a la inflación.
- La justificación de la gestión pasiva.
- La teoría de la construcción de carteras.
- La asignación de activos a lo largo del ciclo vital.
- La necesidad de combinar distintas clases de activos en carteras prudentes.

Todo cuanto queda es armar tu cartera, pieza por pieza, y mantenerla.

Al igual que ocurre con una casa, construirás tu cartera a partir de distintos materiales —ladrillos, maderas y grava— que se corresponden con los tres principales tipos de inversiones: acciones de Estados Unidos, acciones extranjeras, y bonos a corto plazo y efectivo. Cada uno puede venir en diferentes *wrap-*

pers: fondos abiertos, ETF, y letras y bonos del Tesoro. La naturaleza exacta de los *wrappers* importa mucho menos que su contenido. Resulta irrelevante que uses un ETF o un fondo abierto para una clase de activo determinada, y la decisión entre comprar un fondo de bonos del Tesoro o construir tu propia escalera se reduce a sopesar costes y beneficios, ya que la segunda opción te ahorra la comisión de la primera, pero exige a cambio dedicar algo de tiempo.

A continuación, abordaremos qué clases de activos son más adecuadas para la casa metafórica que estás construyendo. Al igual que te decantarías por la madera, en lugar de hormigón y vigas de acero, para construir una cabaña, ciertas clases de activos y fondos mutualistas son más apropiados para ciertos tipos de cartera.

Para completar la analogía, la finalidad última de tu cartera, al igual que ocurre con tu casa, es protegerte contra el capricho de los elementos. Cuando levantas un edificio, no puedes pronosticar con exactitud qué fuerza de la naturaleza se ensañará más con él. Si supieses de antemano que se verá golpeado por inundaciones, incendios o huracanes, podrías preparar un diseño específico. Pero nunca sabremos lo que depara la madre naturaleza, así que conviene buscar un equilibrio para minimizar los daños de todas las posibles amenazas dentro de los límites de tu presupuesto de construcción.

De igual forma, desconoces qué clases de adversidades económicas, políticas o incluso militares se abatirán sobre tu cartera. Si supieras con certeza que la inflación se disparará durante la siguiente generación, por ejemplo, harías hincapié en las acciones de recursos naturales, los bienes raíces, los TIPS y el efectivo, además de adquirir unas buenas provisiones de acciones de valor. Si supieras que atravesaremos una depresión deflacionaria semejante a la vivida en los años treinta, te harías con una gran cantidad de bonos del Tesoro a largo plazo. Si supieras que el mundo sufrirá una catastrófica pérdida de confianza en el liderazgo industrial de Estados Unidos, te procurarías una cartera con una alta concentración de acciones extranjeras.

A lo largo de tu carrera de inversión, desearás haber tenido la asignación que habría resultado más adecuada, pero hoy en día no hay modo de saber cuál será. El rumbo más seguro consiste en diseñar una cartera que proteja lo suficiente de tu patrimonio como para mantenerte a buen recaudo bajo el mayor espectro posible de circunstancias. De este modo, soslayas el peligro de concentrarte en las que podrían revelarse las peores clases de activos: por ejemplo, bonos nominales de largo vencimiento durante un período de hiperinflación.

En el capítulo decimocuarto, revisamos uno de los artículos financieros más influyentes jamás publicados, «The Loser's Game» ['El juego del perdedor'] de Charles Ellis, que aportó algunas de las ideas que luego servirían de inspiración para el lanzamiento del primer fondo indexado de Vanguard.[252] Su autor planteó que invertir era como practicar tenis en tus ratos libres. El motivo más común por el que pierden los jugadores aficionados es debido a «errores no forzados», como fallar restos fáciles o apuntar a la esquina. La mejor estrategia para ganar un partido con tus amigos es limitarte a devolver la pelota con seguridad. El equivalente de tratar de atinar en el ángulo en el mundo de la inversión es crear una cartera que busque los mayores rendimientos posibles con una asignación de activos concentrada en un sector, como las tecnológicas. No lo hagas. Gana con el equivalente a un peloteo por encima de la red construyendo una cartera muy diversificada, que nunca te deslumbrará con su pirotecnia, pero que minimizará tus probabilidades de caer en la indigencia. Tal es el propósito de este capítulo.

Una estrategia de inversión ganadora puede ser tan simple como un único fondo mutualista muy diversificado que contenga una combinación prudente de acciones y bonos mundiales, como un fondo de pensiones de fecha objetivo (o uno de los Life Strategy Funds de Vanguard), o tan compleja como la expuesta hacia el final del capítulo séptimo, que implicaba diez clases de activos bursátiles distintas.

252. Charles D. Ellis, «The Loser's Game», *Financial Analysts Journal*, 31:4 (julio-agosto de 1975): 19-20.

Para comprender mejor este proceso, presentemos a unas trillizas ficticias de veintitantos años: Yvonne, Yvette y Yolanda.

Yvonne trabaja como diseñadora gráfica en una gran corporación, detesta las matemáticas y le importan un pimiento las finanzas. Está encantada de que el plan 401(k) de su compañía ofrezca una amplia selección de fondos indexados de fecha objetivo de bajo coste: cuanto menos tenga que pensar en su cuenta de pensiones, mejor. El folleto del plan —y también la teoría financiera— sugiere que, por su edad, el producto más indicado es el fondo 2065, que presenta una asignación a acciones del 89 %.

El problema es que Yvonne nunca ha vivido un mercado bajista, y de materializarse su peor escenario, sería lo bastante grave como para intimidarla y apartarla de una estrategia de inversión a largo plazo prudente. Para evitar esto, debería empezar por una distribución aproximada de 60/40 de acciones/bonos. El fondo 2030 de Vanguard, con su reparto de 64/36 de acciones/bonos, se acerca a esta asignación. Con una cartera relativamente conservadora para su edad, Yvonne podría calibrar mejor su propia reacción ante caídas bursátiles fuertes. Si cinco años más tarde se produce una y la atraviesa sin mucha angustia, podrá colocar tanto sus activos actuales como sus futuras contribuciones en un fondo más agresivo. Por el contrario, si pasa un mal trago, debería tratar al menos de mantener el rumbo. En caso de que incluso eso se revele demasiado para ella, debería cambiar sus futuras contribuciones a un fondo de fecha objetivo todavía más conservador.

Si Yvonne lleva una vida lo bastante austera, tiene algo de suerte y dispone de un excedente de efectivo después de haber maximizado su plan 401(k), podría invertir tales fondos del mismo modo en una cuenta IRA individual, y si la maximiza a su vez, en una cuenta tributable.

Su hermana Yvette es contable. Se le dan bien los números y le gusta tratar con dinero, por lo que busca una experiencia más activa. Opta por una estrategia de asignación de complejidad intermedia y una ratio 60/40 de acciones/bonos, con la distribución siguiente (habría preferido que los bonos estuvieran en un fondo del Tesoro a corto plazo más seguro, pero el plan empresarial no ofrece ninguno, así que se decantó por la segunda mejor opción, un fondo indexado a bonos a corto plazo):

- 39 % mercado total de EE. UU.
- 15 % mercados desarrollados internacionales
- 6 % mercados emergentes
- 40 % índice a bonos a corto plazo

Las acciones en esta asignación son de 65/35 de nacionales/extranjeras (es decir, 39 %/21 % de la cartera total). No hay nada mágico en esta ratio. Si tienes una corazonada acerca de la actual baja valoración de las acciones extranjeras, puede que quieras aumentar el componente internacional hasta 55/45. Por el contrario, si no te sientes cómodo con demasiada exposición a renta variable extranjera, es posible que prefieras una distribución de 80/20. A largo plazo, tu asignación concreta importa mucho menos que tu tesón para aferrarte a ella.

Debido a la fluctuación espontánea del mercado, al cabo de un tiempo tus activos se descuadrarán. Al final de cada año par, Yvette reequilibra su cartera a los pesos objetivo de su política de asignación. (Muchos planes 401(k) ofrecen una función de reequilibrio automático, pero no así la mayoría de las cuentas de corretaje estándar.) Si un mercado bajista severo no la asusta, podría aumentar de forma proporcional la asignación a acciones tanto de sus activos existentes como de sus futuras contribuciones.

La tercera, Yolanda, es copropietaria de una pequeña y próspera empresa de desarrollo de software, tiene un don para las matemáticas y, por consiguiente, le fascinan los principios académicos de las finanzas que hemos estudiado en este libro. Empezó a invertir a una edad temprana, con algo de ayuda de sus padres, y no se deja amedrentar lo más mínimo por las pérdidas bursátiles. Además, las cosas le van de maravilla: ahorra 100.000 dólares anuales, depositando el máximo de 22.500 dólares en el plan 401(k) de su empresa y el resto en una cuenta gravable. (Este límite de contribución aumenta cada año con la inflación; la cifra de 22.500 dólares corresponde a 2023.)

Ha optado por la versión 80/20 de la cartera compleja inclinada hacia pequeña capitalización/valor del capítulo séptimo:

- 30 % mercado total de EE. UU.
- 10 % pequeño valor EE. UU.
- 8 % REIT
- 2 % acciones de energía
- 2 % acciones de metales preciosos
- 8 % mercados europeos
- 8 % mercados del Pacífico
- 4 % pequeño valor mercados desarrollados
- 6 % mercados emergentes
- 2 % pequeño valor mercados emergentes
- 20 % efectivo, bonos del Tesoro a corto plazo y fondos de bonos

En lugar de limitarse a distribuir sus aportaciones a estos fondos en función de los pesos de su política y luego reequilibrar su cartera cada cierto tiempo, Yolanda implementa un complejo método matemático de acumulación denominado «promedio de valor», propuesto por primera vez por el profesor Michael Edleson de la Universidad de Harvard en su libro del mismo título (*Value Averaging*). (Declaración de transparencia: escribí la introducción de la edición rústica de este libro.)

El plan 401(k) típico aplica el promedio de costo en dólares, que cada trimestre añade la misma suma a una clase de activo dada: por ejemplo, un importe de 1.000 dólares a acciones de Estados Unidos. En cambio, el promedio de valor se basa en el valor real en dólares en la cuenta. En su versión más sencilla, el objetivo de este método es un aumento de 1.000 dólares por trimestre, de forma que al término de trimestres sucesivos, el inversor aspire a tener 1.000 dólares, luego 2.000, 3.000, 4.000, etcétera, en acciones de Estados Unidos. Si en el último trimestre el rendimiento de sus títulos fue bueno, el inversor añadirá menos de 1.000 dólares para alcanzar el objetivo; si fue malo, añadirá más de 1.000.

La anterior explicación peca de simplista, pues en períodos de tiempo largos las acciones presentan un rendimiento positivo. Edleson introduce la corrección correspondiente sumando a la cuantía objetivo el rendimiento esperado de la clase de activo. Digamos que la rentabilidad a largo plazo de las acciones asciende a un 7 % nominal. Añadimos 1.000 dólares al importe trimestral anterior, luego multiplicamos ese monto por 1,0171 (la raíz cuarta de 1,07); los objetivos en el anterior párrafo se convierten así en 1.000, 2.034, 3.086 y 4.156 dólares.

La tabla 17.1 muestra los primeros tres años del componente de renta variable de la trayectoria de promedio de valor de Yolanda.

Se trata de una técnica eficaz para encauzar un flujo de ahorros en una cartera, pero no es perfecta. Si se produce un mercado bajista global especialmente grave, al nivel de la recesión de 2007-2009, Yolanda consumirá todo el efectivo y los bonos de su cartera mucho antes de que finalicen los tres años de la tabla 17.1. Sucederá lo contrario si los precios de las acciones se disparan, en cuyo caso añadirá menos en cada período de lo que haría realizando aportaciones fijas a cada clase de activo, y acabará con una asignación a renta variable inferior al objetivo del 80 %.

Pese a ello, como estrategia de inversión el promedio de valor presenta muchas fortalezas. Obliga al inversor a invertir más en los momentos de baja valoración que en los de alta y, en la mayoría de las circunstancias, produce rendimientos más elevados. Brinda la experiencia de invertir regularmente sumas crecientes en renta variable durante períodos en que reinan el pesimismo y el temor, una valiosa capacidad psicológica. A diferencia del promedio de costo en dólares, el promedio de valor prescribe comprar más en los valles que en los picos. Se puede considerar el segundo como una combinación del primero con un procedimiento de reequilibrio.

Tabla 17.1. Trayectoria de promedio de valor de Yolanda

Trimestre	USTSM	USSV	REIT	ENER	PME	EUR	PAC	ISV	EM	EMSV
1	7.500 $	2.500 $	2.000 $	500 $	500 $	2.000 $	2.000 $	1.000 $	1.500 $	500 $
2	15.257 $	5.086 $	4.068 $	1.017 $	1.017 $	4.068 $	4.068 $	2.034 $	3.051 $	1.017 $
3	23.146 $	7.715 $	6.172 $	1.543 $	1.543 $	6.172 $	6.172 $	3.086 $	4.629 $	1.543 $
4	31.170 $	10.390 $	8.312 $	2.078 $	2.078 $	8.312 $	8.312 $	4.156 $	6.234 $	2.078 $
5	39.331 $	13.110 $	10.488 $	2.622 $	2.622 $	10.488 $	10.488 $	5.244 $	7.866 $	2.622 $
6	47.632 $	15.877 $	12.702 $	3.175 $	3.175 $	12.702 $	12.702 $	6.351 $	9.526 $	3.175 $
7	56.074 $	18.691 $	14.953 $	3.738 $	3.738 $	14.953 $	14.953 $	7.477 $	11.215 $	3.738 $
8	64.662 $	21.554 $	17.243 $	4.311 $	4.311 $	17.243 $	17.243 $	8.622 $	12.932 $	4.311 $
9	73.396 $	24.465 $	19.572 $	4.893 $	4.893 $	19.572 $	19.572 $	9.786 $	14.679 $	4.893 $
10	82.279 $	27.426 $	21.941 $	5.485 $	5.485 $	21.941 $	21.941 $	10.971 $	16.456 $	5.485 $
11	91.314 $	30.438 $	24.350 $	6.088 $	6.088 $	24.350 $	24.350 $	12.175 $	18.263 $	6.088 $
12	100.504 $	33.501 $	26.801 $	6.700 $	6.700 $	26.801 $	26.801 $	13.401 $	20.101 $	6.700 $

USTSM = Mercado bursátil total EE. UU. (*US total stock market*); **USSV** = Pequeño valor EE. UU. (*US small value*); **REIT** = Fondos de inversión inmobiliaria (*real estate investment trust*); **ENER** = Acciones de energía (*energy stocks*); **PME** = Acciones de metales preciosos (*precious metals equity stocks*); **EUR** = Mercados europeos (*European stocks*); **PAC** = Mercados del Pacífico (*Pacific stocks*); **ISV** = Pequeño valor internacional (*international small value*); **EM** = Mercados emergentes (*emerging markets*); **EMSV** = Pequeño valor mercados emergentes (*emerging markets small value*).

Los activos de Yolanda se dividen en torno a 80/20 entre gravables y exentos de impuestos. Su plan 401(k) con protección fiscal debería contener todos los REIT, dado que la mayor parte de su rentabilidad procede de dividendos no aptos, que se gravan al tipo marginal completo. Sobre todo durante los primeros años de su trayectoria de ahorro, la disciplina del promedio de valor llevará a cabo un reequilibrio automático, que exigirá pocas o ninguna venta, gracias a unos flujos de ahorro relativamente abundantes. En años posteriores, debería tratar de mantener la mayoría de las clases de activos más volátiles, como las acciones de mercados emergentes, de metales preciosos y de energía, en cuentas con protección fiscal, así como un poco de cada una de las demás clases de activos en su plan 401(k), con objeto de facilitar un reequilibrio libre de impuestos. Asimismo, en esos años su política de asignación podría indicarle que vendiese parte de los activos accionarios que más se hayan apreciado, algo que quizá prefiera aplazar para evitar pagar impuestos sobre las ganancias de capital. Dado que sus dos hermanas tendrán la mayor parte de sus ahorros en cuentas no tributables, no afrontarán el problema de las ganancias de capital derivadas de ventas de reequilibrio.

Si las trillizas abriesen tanto cuentas 401(k) tradicionales como Roth 401(k), deberían dividir sus aportaciones entre ambas a modo de «diversificación fiscal», ya que no pueden predecir si los tipos impositivos marginales futuros durante su jubilación serán superiores o inferiores a los actuales, lo que beneficiaría respectivamente a las cuentas Roth o a las tradicionales.

El dilema de Ted, el «imponible»

Ted había llevado la vida de un emprendedor. Fundó una compañía especializada en componentes para satélites, donde una agotadora sucesión de semanas de ochenta horas jalonada de problemas laborales, escasez de piezas, viajes incesantes y presiones salariales fueron consumiéndolo. Después de veinticinco frenéticos años, aceptó de buen grado una oferta de compra de siete dígitos de un competidor más grande.

Ted disfruta ahora de una humilde fortuna. Tiene una pequeña cuenta IRA y unos ahorros personales todavía más modestos, y nunca tuvo tiempo para crear un plan de pensiones empresarial, ni siquiera un plan 401(k). ¿Qué debería hacer con todo ese dinero?

Ted invirtió con éxito sus escasos ahorros personales a través tanto del hundimiento de las puntocom como de la crisis financiera de 2007-2009. Ha leído, asimilado y puesto en práctica los libros de John Bogle y sus discípulos, en particular *Bogleheads' Guide to Investing*, así que sabe exactamente cómo quiere proceder: una sencilla «cartera de tres fondos», dividida a partes iguales entre el Vanguard Total Stock Market, el Vanguard International Stock Index Fund y el Short-Term Bond Index Fund.[253]

Con una suma importante en su cuenta corriente, Ted afronta ahora un dilema: ¿debería armarse de valor y meterlo todo de golpe en su cartera de tres fondos, o ir metiéndolo de manera gradual a lo largo del tiempo? La primera opción se conoce como inversión en un único pago o de suma global [*lump-sum*], mientras que la segunda puede realizarse ya sea mediante el promedio de costo en dólares empleado por el participante típico de un plan 401(k) o mediante la técnica más compleja de promedio de valor de Yolanda.

El primer método es más popular debido al siguiente paradigma. Imagina que el precio de una acción o un mercado alterna entre 5, 10 y 15 dólares, siendo la media 10 dólares. Si inviertes 30 dólares a cada uno de estos precios, comprarás seis acciones a 5 dólares, tres acciones a 10 dólares y dos acciones a 15 dólares, por un total de once acciones a 90 dólares, a un precio medio de 8,18 dólares, en lugar del precio medio de 10 dólares.

Magia, ¿verdad? Desafortunadamente, esta parábola del promedio de costo en dólares no tiene en cuenta que, con el tiempo, el precio de las acciones tiende a subir. Para períodos

253. La cartera clásica de tres fondos utiliza el Total Bond Index Fund, pero por temor a la inflación Ted ha optado por un fondo indexado a bonos de menor vencimiento. Para una descripción más completa de la cartera de tres fondos de Boglehead, véase <https://www.bogleheads.org/wiki/Three-fund_portfolio>.

superiores a un año, la inversión en un único pago vence a este método la mayoría de las veces.[254]

Sin embargo, esta supuesta superioridad resulta engañosa, pues un mayor rendimiento lleva aparejado un mayor riesgo. Por definición, la totalidad de la suma global se invierte en acciones, mientras que con el método del promedio de costo en dólares tan sólo se destina de media la mitad de los activos a acciones. (Si inviertes 1.000 dólares empleando el promedio de costo en dólares a lo largo de un año, partiendo de cero, durante ese período tendrás una exposición media al mercado bursátil de alrededor de 500 dólares.)

La vertiente matemática del dilema «un único pago o promedio de costo en dólares o de valor» arroja conclusiones ambiguas, pero no así su vertiente shakespeariana. Los dos métodos de promediación minimizan la probabilidad de arrepentimiento respecto a alguien que decidiera invertir una suma global en un momento desfavorable, como el pico del mercado del año 2000. Durante la siguiente década, ese desdichado inversor sufriría dos graves mercados bajistas y unos rendimientos generales negativos. En un caso ciertamente extremo, alguien que hubiese aplicado el promedio de costo en dólares para invertir 100 dólares al mes en el S&P 500 entre enero de 2000 y diciembre de 2009 habría visto cómo su inversión total de 12.000 dólares crecía hasta los 14.123 dólares, mientras que quien hubiese invertido la misma suma de 12.000 dólares en un único pago el 1 de enero de 2000 se habría quedado con 10.909 dólares diez años después.

El filósofo francés Blaise Pascal defendía su fe en Dios con el siguiente razonamiento: supongamos que Dios no existe; el ateo «gana» y el creyente «pierde». En caso de que Dios sí exista, ocurre lo contrario. Sin embargo, las consecuencias de equivocarse

254. Para una lúcida explicación de este asunto, véase Bill Jones, «Do Not Dollar Cost Average for More than Twelve Months», <http://www.efficientfrontier.com/ef/997/dca.htm>. Para un análisis similar del promedio de valor, véase Simon Hayley, «Value Averaging and How Dynamic Strategies Bias the IRR and Dynamic IRR», <https://papers.ssrn.com/sol3/papers.cfm?abstract_id=1606347>.

con cada tesis difieren radicalmente. Si Dios no existe, el creyente tan sólo pierde la oportunidad de fornicar, beber y ahorrarse tediosos oficios religiosos. Pero si Dios existe, el ateo arderá en el infierno por toda la eternidad. Por consiguiente, la persona racional (o al menos quien cree que al Todopoderoso le importa cómo obra y en qué piensa) elegirá creer en Dios.

Al igual que la apuesta de Pascal, el promedio de costo en dólares y el promedio de valor minimizan los remordimientos. Con estos métodos, el inversor pierde siempre que el período de promediación coincida con unos rendimientos altos del mercado, cuando habría salido mejor parado con una inversión de un único pago. Pero eso no es tan grave como ver una inversión de suma global languidecer bajo una década de rendimientos como los de 2000-2009, por no hablar de dieciséis años de rendimientos reales negativos, como ocurrió después de 1966. Aunque se trata de la técnica óptima, es muy posible que no te lances a ejecutarla, mientras que los promedios de costo en dólares o de valor son técnicas subóptimas mucho más amables con tu salud mental.

Por último, en realidad el dilema de inversión en un único pago frente a un promedio de costo en dólares o de valor no es una disyuntiva. Ted puede invertir como suma global la mitad de sus activos y emplear uno de los dos métodos de promediación con el resto a lo largo de varios años. Durante los noventa, las acciones de gran capitalización de Estados Unidos estuvieron muy sobrevaloradas, mientras que la mayoría de los demás activos accionarios presentaron un precio más razonable. Por ejemplo, los REIT generaron sobre un 8 % de rentabilidad. A finales de esa década, habría tenido sentido comenzar a invertir en acciones de gran capitalización o de mercado bursátil total de Estados Unidos desde cero, pero concentrándose en las clases de activos menos costosas. En la actualidad, las acciones extranjeras se están vendiendo a un menor precio que las nacionales, por lo que Ted podría considerar invertir en ellas una suma global importante.

La situación de Ted no es demasiado habitual: para el joven inversor típico en la fase de ahorro de su ciclo vital, el dilema de la inversión en un único pago frente al promedio de costo en dólares o de valor es irrelevante, ya que invertirá muchos más activos de forma periódica y regular que de una sola tacada.

Reequilibrar o no reequilibrar

En la práctica, durante las etapas inicial e intermedia de tu carrera como inversor, salvo en condiciones de mercado extremas, reequilibrarás tu cartera utilizando las aportaciones. Si, en comparación con el resto, el rendimiento de una clase de activo es malo, necesitarás dirigir una mayor proporción de tu flujo de ahorros hacia ella; si es bueno, dicha proporción será menor.

¿Y qué hay de una cartera madura con pocas o ninguna entrada o salida neta? Imagina que posees una cartera de 100.000 dólares con un reparto de 50/50 de acciones/bonos, y que en un espacio de varios años las acciones doblan su valor, mientras que el valor de los bonos se mantiene estable a 50.000 dólares. (Esto sucedería con una subida del tipo de interés que devaluase el principal de los bonos en la misma medida que sus cupones acumulados.)

Tus acciones han aumentado su valor de 50.000 a 100.000 dólares, los bonos han permanecido en 50.000 dólares, y la cartera total vale ahora 150.000 dólares. Para restaurar tu asignación de 50/50, tendrás que vender 25.000 dólares de acciones y utilizar ese dinero para comprar más bonos, quedándote así con 75.000 dólares de cada.

¿Deberías reequilibrar tu cartera? Hay quienes responderían que no y aducirían, por ejemplo, que si hubieras empezado con una combinación de 50/50 de acciones/bonos del Tesoro a cinco años en 1926, reequilibrando cada año hasta finales de 2021, habrías obtenido una rentabilidad anualizada del 8,27 %, y al cabo de noventa y seis años cada dólar invertido se habría convertido en 2.063 dólares. Pero si *no* hubieras reequilibrado cada año, a causa de su rendimiento superior, las acciones habrían ido acaparando tu cartera y generando un mayor interés compuesto: un 9,68 % anualizado. Cada dólar invertido en 1926 habría crecido hasta los 7.094 dólares a finales de 2021. (Este tipo de análisis es altamente teórico, pues no tiene en cuenta los gastos de inversión, impuestos, costes... por no decir nada de la desaparición del inversor: ningún ser vivo en este rincón de la galaxia obtuvo jamás esos rendimientos.)

El reequilibrio menoscabó los rendimientos, pero también redujo el riesgo, sobre todo en los últimos años. Para finales de 2021, la cartera habría consistido en un 99,2 % de acciones y un 0,8 % de bonos del Tesoro: con semejante concentración de renta variable, habrías pasado no pocas noches en vela durante los pavorosos mercados bajistas de 1974-1975, 2000-2002 y 2007-2009, y quizá también en 2022.

En este ejemplo, la ventaja de no reequilibrar proviene de la amplia disparidad de rendimientos entre acciones y bonos. Pero en ocasiones el reequilibrio puede aumentar los rendimientos. Recuerda los ejemplos del capítulo cuarto de la combinación de 50/50 de S&P 500/REIT, donde la rentabilidad de la cartera reequilibrada anualmente era superior a la de cualquiera de las dos clases de activos por sí solas, o de las dos tiradas a cara o cruz, que presentaron una rentabilidad casi un punto porcentual más alta que el lanzamiento único. En ambos casos, los rendimientos de los dos activos reequilibrados se acercaban bastante (S&P 500/REIT) o eran idénticos (dos tiradas a cara o cruz), así que salieron favorecidos por el reequilibrio.

Reequilibrar una combinación de acciones/bonos típica reducirá la rentabilidad a largo plazo, pero también contendrá las pérdidas periódicas a un nivel aceptable y contribuirá a la supervivencia de tu cartera. Reequilibrar entre clases de activos accionarios, que deberían tener a grandes líneas los mismos rendimientos a largo plazo, podría no obstante proporcionar un pequeño impulso al componente de renta variable de tu cartera.

Más allá de mantener el riesgo de tu cartera a un nivel asumible y permitir que tus ahorros sobrevivan y generen un interés compuesto durante décadas, el reequilibrio comporta otra ventaja: el condicionamiento psicológico. Para sacar beneficios de cualquier inversión, debes comprar bajo y vender alto. Ambas cosas son difíciles, en particular la primera, que requiere gastar una parte considerable de tu cada vez más preciado efectivo en un activo en caída libre. Además, los activos en cuestión suelen suscitar toda clase de comentarios despectivos de los «expertos». Es lo esperable. Los precios deprimidos siempre inspiran narrativas alarmistas. Vender alto implica justo lo contrario. El activo que te dispones a vender ha tenido rendimientos recientes elevados y está superando a otras inversiones. El consenso general tiende a calificar las compañías más en boga como «la ola del futuro». También esto es lo esperable. No hay otra vía para conseguir precios altos.

Reequilibrar te obliga a comprar bajo y vender alto. La mayoría de los inversores necesitan muchos años y ciclos de reequilibrio para afianzar esa resistencia al sentir popular. Piensa en la capacidad para pilotar tu cartera a contracorriente como tu «condición financiera», y con ello no me refiero a cuán forrado estás, sino más bien a la fortaleza de tu disciplina de inversión y a la estabilidad de tu equilibrio emocional. Como ocurre en el plano físico, tu condición financiera exige un entrenamiento constante. Reequilibrar periódicamente tu cartera es una excelente manera de mantenerte en forma.

La cuestión de con qué frecuencia reequilibrar es una de las más espinosas en el mundo de la inversión. Los rendimientos históricos del mercado apuntan a una periodicidad de entre dos y cinco años, en función de los activos y los períodos analizados. Se debe tener mucho cuidado al interpretar estos datos, ya que el intervalo de reequilibrio óptimo es extremadamente sensible a qué activos utilizas y qué años estudias.

Es probable que lo óptimo sea reequilibrar una vez cada pocos años, debido al distinto comportamiento de las acciones a corto y largo plazo. Si en verdad los mercados fueran eficientes, no podrías ganar ni un penique reequilibrando entre sectores del mercado bursátil. A fin de cuentas, reequilibrar significa apostar por que algunos activos (los de peor desempeño en el pasado) tendrán rendimientos futuros más altos que otros (los de mejor desempeño en el pasado). Ya hemos hablado de la tendencia de las acciones a exhibir un *momentum* o impulso en los precios en períodos inferiores a un año. Sin embargo, para horizontes más amplios, este fenómeno se invierte: al cabo de entre tres y cinco años, la mayoría de las investigaciones académicas revelan una ligera tendencia de reversión hacia la media, en la cual las clases de activos de mejor desempeño experimentan un empeoramiento, y viceversa.[255]

Habida cuenta de ello, no conviene que reequilibres demasiado a menudo. Un ejemplo extremo de la ventaja de esperar es el comportamiento de los mercados estadounidense y japonés en los años noventa. Durante este período, los precios de las acciones en Estados Unidos casi no hicieron otra cosa que subir, mientras que en Japón casi no hicieron otra cosa que bajar. Cuanto más hubieses esperado para vender las primeras y comprar las segundas, mejor te habría ido.

El debate gira en torno al método del calendario: reequilibrar en una fecha específica cada año o cada dos o tres años. Una alternativa es el sistema de umbrales, donde reequilibras siempre que la asignación de un activo supera un límite bien definido.

Digamos que tu porcentaje objetivo para el mercado bursátil total de Estados Unidos es el 30 %, y tu desencadenante de reequilibrio es el 25 % de ese valor. En tal caso, venderás hasta alcanzar el objetivo del 30 % cuando la asignación supere el 1,25 × 30 % = 37,5 %. Los rendimientos de la renta variable presentan un comportamiento «log-normal», lo que significa simplemente que, por ejemplo, un aumento del 100 % y una disminución del 50 % representan ambos una variación del precio por un factor de dos. En consecuencia, comprarás acciones de mercado bursátil total de Estados Unidos cuando su asignación caiga por deba-

255. Resulta mucho más fácil demostrar el *momentum* a corto plazo que la reversión hacia la media a largo plazo, ya que el número mucho mayor de períodos breves proporciona más «combustible» estadístico que los períodos largos necesarios para analizar la reversión hacia la media. Por ejemplo, los noventa y cinco años que transcurren entre 1926 y 2020 aportan 1.140 rendimientos mensuales, pero apenas diecinueve quinquenios independientes. Para un buen resumen del fenómeno de la reversión hacia la media, véase Ronald Balvers, *et al.*, «Mean Reversion across National Stock Markets and Parametric Contrarian Investment Strategies», *The Journal of Finance*, 55:2 (abril de 2000): 745-772.

jo del 30 %/1,25 = 24 %. Si has diseñado correctamente tus umbrales, reequilibrarás cada clase de activo más o menos una vez cada pocos años, de modo que dichos umbrales deberían ser más altos para los valores más volátiles: entre el 40 y el 50 % para los mercados emergentes, por ejemplo.

El sistema de umbrales requiere no poco esfuerzo y una cierta pericia con las hojas de cálculo. Debido a que el efecto del reequilibrio en la rentabilidad es tan tenue, resulta estadísticamente imposible determinar qué método —el del calendario o el de los umbrales— es mejor. No cabe duda de que el primero es más sencillo.

Estas consideraciones se aplican principalmente al entorno protegido frente a impuestos de los planes de jubilación, como las cuentas IRA y los planes 401(k), en las cuales el reequilibrio no acarrea recargos fiscales. Puesto que reequilibrar conlleva vender las clases de activos más apreciadas, en cuentas gravables este procedimiento arroja notables ganancias de capital, en especial en las carteras más antiguas con títulos adquiridos a precios muy inferiores hace mucho tiempo. La mayoría de los inversores cuenta con una cierta combinación de cuentas tributables y exentas. Siempre que sea posible, reequilibra en las segundas.

La pregunta más complicada a este respecto se refiere a los inversores que poseen cuentas gravables grandes, pero cuentas protegidas pequeñas o inexistentes. En este escenario, deberías reequilibrar todo lo posible mediante la distribución de fondos y sólo efectuar las ventas estrictamente necesarias.

Asignación dinámica de activos

La asignación dinámica de activos implica variar tu política de asignación en función de la evolución de las condiciones del mercado. Después de haberme pasado buena parte del libro convenciéndote de las virtudes de las asignaciones fijas, ¿por qué estoy relajando esta disciplina a estas alturas? ¿Acaso cambiar la política de asignación no equivale a anticipar el mercado, un empeño a todas luces fútil?

El capítulo undécimo describía los peligros de utilizar métricas de valoración históricas, como la ratio P/B ajustada cíclicamente (CAPE) de Shiller, para ajustar los porcentajes de acciones al alza o a la baja. Aplicar una política de asignación fija, con su necesario reequilibrio periódico, ya es bastante difícil. Acostumbrarse a esta estrategia lleva años, por lo que muchas personas pierden la paciencia y nunca llegan a ejecutarla por completo.

Sin embargo, en ocasiones modificar ligeramente tu asignación en la dirección opuesta a cambios drásticos en la valoración relativa puede revelarse rentable. Cuando publiqué *The Intelligent Asset Allocator* en el año 2000, se estaba produciendo un fuerte desajuste en las valoraciones relativas de distintas clases de activos accionarios. El S&P 500 se cotizaba a treinta veces las ganancias pasadas y su rentabilidad por dividendos rozaba el 1 %. La mayoría de las demás clases de activos presentaban un rendimiento muy inferior al pujante S&P 500, y algunas incluso se vendían a precios cercanos al mínimo histórico. Afirmé:

> Si hace dos años pensabas que una exposición del 6 % a los mercados emergentes era adecuada, tras el reciente desastre en este ámbito un 7 % o un 8 % podrían no ser desacertados. Si hace tres años el S&P 500 representaba un 40 % de tu cartera, en el actual contexto burbujeante un 35 % podría ser mejor idea.[256]

En torno al momento en que escribí lo anterior, tuve el honor de cenar con el Sr. Bogle. Yo ya sabía que él esperaba que los rendimientos de las acciones estadounidenses rondaran el cero debido a una probable caída en las valoraciones durante la siguiente década. Pero también estaba familiarizado con su férrea determinación de «mantener el rumbo» y nunca negociar con acciones basándose en las condiciones económicas. Así que aguardé a que apurara su martini y le pregunté si había rebajado su asignación a renta variable. Después de barrer la sala con una

256. William J. Bernstein, *The Intelligent Asset Allocator* (Nueva York: McGrawHill Inc., 2000), 138.

mirada suspicaz, se inclinó hacia mí y confesó que la había reducido en varios puntos porcentuales.

Hoy en día, las asignaciones relativas de activos no son tan extremas como eran entonces, pero a lo largo de la última década el S&P 500 ha vuelto a arrojar una rentabilidad superior al promedio y una supervaloración relativa, mientras que las acciones de valor, en especial extranjeras, han presentado una rentabilidad inferior al promedio y una infravaloración relativa. Podría ser razonable ajustar sus asignaciones, respectivamente, a la baja y al alza en unos pocos puntos porcentuales respecto a su situación de hace varios años.

La asignación dinámica de activos tiene mala fama porque la mayoría de los inversores ajustan sus carteras en respuesta a cambios en las condiciones económicas o políticas, un empeño vano donde los haya. Incluso el proceso de reequilibrio normal, que durante los mercados bajistas pronunciados puede hacerte sentir que estás tirando una palada de dinero tras otra, requiere nervios de acero y una buena dosis de disciplina. «Sobrerreequilibrar», es decir, aumentar o disminuir asignaciones tras grandes bajadas o subidas de los precios, implica compras todavía mayores y más difíciles, y son muy pocos quienes osan llevarlas a cabo. Si lo quieres probar, introduce sólo cambios sutiles y poco frecuentes, e incluso en ese caso únicamente en dirección opuesta a las grandes variaciones de valoración.

Agotar tus activos

Casi todos los jubilados deberían agotar sus activos para retrasar el cobro de los cheques de la seguridad social hasta la edad de setenta años. Este aplazamiento podría actuar de tabla de salvación para quienes tengan una tasa de consumo elevada, y siempre constituye una inversión estupenda, aunque te llames Warren Buffett.

Dicho lo anterior, la conveniencia de agotar tu cartera dependerá siempre de las circunstancias. Los jubilados con una baja tasa de consumo, por ejemplo menor al 3,5 %, pueden limitarse a mantener su asignación a largo plazo sin demasiado riesgo de quedarse sin blanca. Por encima de ese nivel de gasto, una carga accionaria muy superior al 50 % entraña un riesgo inasumible.

En cualquier caso, estarás empleando el promedio de valor a la inversa. Una vez que hayas establecido tu estrategia de asignación de activos, gastar tu cartera se convierte en un proceso fácil e intuitivo. En la práctica, durante los períodos de altos rendimientos de la renta variable, cumplirás los objetivos de asignación mediante la venta de acciones; durante los mercados bajistas, gastarás los bonos.

Fritz y Frank, de nuevo

El principal problema que afrontarás es si, y cuándo, rebajar tu asignación general a renta variable durante la jubilación. Ello depende de tres factores: tu tasa de consumo, tu tolerancia al riesgo y cómo manejas el equilibrio entre dejar herencia y preservar tu seguridad financiera.

Recuerda a Fritz, del capítulo sexto, un jubilado con una cartera de 750.000 dólares y unos gastos residuales de manutención de 30.000 dólares anuales. Por tanto, sus ahorros ascendían a veinticinco años de tales gastos, cuyo inverso (1 / 25) arroja una tasa de consumo del 4 %.

Una secuencia de malos rendimientos iniciales, combinada con una tasa de consumo del 4 %, podría extinguir cualquier mezcla concebible de acciones y bonos para antes del ochenta u ochenta y cinco cumpleaños de Fritz. Poco importa su tolerancia al riesgo y su anhelo de dejar una herencia: debería anteponer siempre su necesidad de un flujo ajustado por inflación de gastos residuales de manutención. El primer paso fundamental en este proceso es que gaste sus ahorros para la jubilación con el fin de aplazar la percepción de las prestaciones de la seguridad social a los setenta años, pero ni siquiera estos pagos mensuales incrementados bastarán para cubrir por completo sus gastos residuales de manutención.

No le queda sino escoger entre una escalera de TIPS y una renta vitalicia inmediata de prima única (SPIA, *single premium immediate annuity*). El año 2022 conoció un aumento drástico en los rendimientos de los TIPS, que los vuelve atractivos en el momento en que escribo. Su principal inconveniente es que el bono más largo, con un vencimiento de treinta años, no cubriría a Fritz más allá de los noventa y cinco años; además, no hay bonos que venzan entre 2034 y 2039, aunque este problema irá desapareciendo en los próximos años con las sucesivas subastas de TIPS a diez años. En circunstancias normales, una SPIA debería proteger frente al riesgo de longevidad, pero en caso de inflación severa dicha defensa iría menguando a medida que sus generosos pagos iniciales se convierten en una suma cada vez más irrisoria cada año que pasa. Además de esta amenaza, las SPIA también conllevan el riesgo crediticio de la compañía emisora.

Yo me decantaría por la escalera de TIPS: su problema de longevidad se puede solventar comprando una gran cantidad de bonos a treinta años, que al vencimiento pueden convertirse en otra escalera más corta o en un fondo de TIPS de corta duración, mientras que no existe una solución viable para el riesgo inflacionario de una SPIA. (Las SPIA pueden adquirirse como una escala de peldaño fijo, pero esto reduce los pagos iniciales, y en términos actuariales equivale a una SPIA estándar. De hecho, bajo condiciones de inflación galopante, la escala juega en tu contra, pues sus pagos se desplazan hacia un futuro posterior, que acusará todavía más cualquier devaluación.)

El primo de Fritz, Frank, quien cuenta con una cartera de 3 millones de dólares y el mismo requisito de 30.000 dólares de gastos residuales de manutención anuales, no encara este problema. Gracias a su tasa de consumo del 1 %, está a salvo de cualquier cosa que no sea un desastre de magnitudes bíblicas, como un Armagedón, una revolución o una catástrofe ecológica o natural. Aun así, debería aplazar los cheques de la seguridad social a la edad de setenta años, sencillamente porque su pago anual ajustado por inflación del 7,3 % es una inversión fantástica. La distribución de acciones/bonos de Frank se ve constreñida ante todo por su tolerancia al riesgo. No hay razón por la que no debería poseer una cartera compuesta en exclusiva por acciones, dado que en cualquier escenario, salvo un mercado bajista extremo a la altura del que se vivió en los años treinta, su flujo de dividendos cubrirá con creces sus gastos residuales de manutención. No obstante, la inmensa mayoría de los inversores no soportan una exposición a renta variable del 100 %. Frank, que atravesó las recesiones de 2000-2002 y 2007-2009, tiene una idea bastante clara de qué grado de exposición puede tolerar.

Una consideración importante a la hora de diseñar la asignación de Frank es su deseo de dejar una herencia. Con independencia de su distribución de acciones/bonos, su cartera sobrevivirá con mucho a su tasa de consumo del 1 %, de modo que en realidad está gestionando la mayor parte de sus activos para sus herederos, sus organizaciones benéficas predilectas y el Tío Sam, a quien de hecho está muy agradecido. Si valora más dormir tranquilo por las noches que hacer ricos a sus sobrinos manirrotos, quizá prefiera una asignación más conservadora, pero si su intención es financiar un ala nueva de su biblioteca favorita, tendrá que adoptar un estilo más agresivo.

RESUMEN DEL CAPÍTULO DECIMOSÉPTIMO

- Tu éxito como inversor depende de una política de asignación de activos bien definida que puedas mantener pase lo que pase. No dejes que lo perfecto te impida ver lo bueno: una estrategia «subóptima» que puedes ejecutar es mejor que una óptima que abandonarás cuando vengan mal dadas, algo que ocurrirá al menos una vez cada varios años.
- Una asignación de activos funcional puede ser tan simple como un único fondo de fecha objetivo o tan compleja como una docena de diferentes clases de activos accionarios. Dónde te sitúes en este espectro de complejidad dependerá de tus habilidades matemáticas y de tu tolerancia a una cartera complicada. El hecho de que te adhieras a la estrategia que escojas importa mucho más que tu política de asignación concreta.

- A este respecto, la operación más difícil consiste en invertir una gran suma global. La mayoría de las veces te irá mejor si la inviertes de un plumazo, pero si quieres cuidar tu salud mental, hazlo de manera progresiva empleando el método del promedio de valor o de costo en dólares.
- Cuándo y cómo reequilibrar tu cartera depende de cuánto tiempo y esfuerzo estés dispuesto a dedicar. El sistema de umbrales exige más soltura con los números que el reequilibrio por calendario, que puede efectuarse una vez cada uno a tres años. Idealmente, tu plan para la jubilación debería prever suficientes activos protegidos frente a impuestos para reequilibrar todas las clases de activos accionarios de tu cartera. Para quienes posean casi en exclusiva carteras tributables, las ganancias de capital incurridas al vender las acciones de mejor rendimiento disuaden de hacerlo de forma agresiva. Reequilibras tu cartera ante todo para mitigar el riesgo, pero también para desarrollar y sostener la fortaleza emocional que necesitas para —en las célebres palabras de Warren Buffett— mantenerte «cauteloso cuando a los demás los mueve la codicia y codicioso cuando a los demás los mueve la cautela».
- Cuándo y cómo reducir tu exposición a renta variable a medida que se acerca tu jubilación dependerá sobre todo de tu tasa de consumo. Cuanto más alta sea, mayor será el recorte que deberás aplicar a una alta asignación a acciones según te aproximas a esa fecha.

18

Rudimentos

Cuando escribí la primera edición de este libro hace dos décadas, mis recomendaciones sobre fondos mutualistas no podían ser más sencillas: abre una cuenta en Vanguard y compra sus fondos indexados. La única otra familia que consideraba en serio, Dimensional Fund Advisors (DFA), cubría mejor los rincones de valor profundo del mercado que el coloso de Valley Forge, pero requería los servicios a menudo costosos de un asesor afiliado. Si buscabas exposición gratuita a los fondos de DFA, tenías que ser uno de los pocos privilegiados con acceso a ellos en el plan de contribución definida de tu empresa.

Los tiempos han cambiado para mejor. Hoy, los productos de DFA están a disposición del público general como fondos cotizados en bolsa (ETF, *exchange-traded funds*) y cuentan con mucha competencia en el frente de la inclinación factorial (pequeña capitalización y valor).

Pero ningún ámbito se ha beneficiado tanto de la «revolución de Bogle» como los planes de contribución definida.

Premio al actor que más ha mejorado: el plan 401(k)

A lo largo de las últimas décadas, las compañías han ido cerrando sus tradicionales planes de beneficios definidos, que proporcionaban pensiones a sus trabajadores jubilados, y reemplazándolos por planes de contribución definida, siendo los más comunes los planes 401(k).

Este cambio en la financiación de la pensión trasladó el riesgo de déficit (en román paladino, mudarte a vivir a casa de tu hijo) de los empleadores a los empleados, algo bueno para ellos y malo para ti. Ahorrar e invertir para la jubilación y luego gastar lo ahorrado requieren no poca pericia, conocimientos financieros y disciplina, y resulta difícil creer que se espere que el trabajador típico cumpla con todos estos requisitos. Imagina que embarcas en un vuelo de línea. En lugar de girar a la derecha y dirigirte a tu asiento, la azafata te anuncia que los pilotos han decidido quedarse en casa debido al riesgo y estrés que supone su trabajo. Gire a la izquierda, por favor. Hoy pilotará usted el avión.

A los empleadores también les encantan los planes de contribución definida porque son baratos de financiar y administrar. Hasta hace poco, los eximían de casi cualquier responsabilidad, por lo que apenas prestaban atención a los gastos asociados. Antes de 2005, los costes directos del plan típico ascendían como mínimo al 2 % anual, y eso sin contar las tarifas administrativas ocultas.

Durante los años noventa, la mayoría de los fondos de renta variable que se ofrecían a los empleados presentaban una elevada concentración de sofisticadas compañías de gran capitalización de la época. Muchos, si no la mayoría, de los participantes seleccionaron los nombres con mayor rendimiento de la lista, a menudo agresivos fondos tecnológicos. Y las cosas no les fueron demasiado bien. Al fondo de esta desafortunada pila de planes de contribución definida figuraban las cuentas 403(b) de los maestros y 457 de los administrativos públicos, lastradas por comisiones desorbitadas, con frecuencia procedentes de aseguradoras.

En el transcurso de las últimas décadas se ha producido una mejoría del plan de contribución definida promedio. A medida que el gran público entraba en conocimiento de las virtudes de la indexación, empleadores y empleados se fijaron en ellas. En la actualidad, la mayoría de los planes ofrecen una amplia variedad de vehículos pasivos de bajo coste. El trabajo de economistas conductuales como Richard Thaler ha vuelto los fondos de fecha objetivo de bajo coste y fácil implementación la opción por defecto en muchos planes, y empresas de investigación como BrightScope han administrado una vacuna de transparencia a sus abusivas y alambicadas estructuras de comisiones.

Los tribunales también aportaron una ayuda significativa. A un abogado litigante llamado Jerome Schlichter le fueron —y le siguen yendo— bien las cosas desfaciendo entuertos en docenas de casos de alto nivel contra grandes compañías que no cumplieron con sus responsabilidades fiduciarias hacia los participantes en sus planes de empleados. En los malos viejos tiempos, en palabras de Schlichter: «Ninguna bonificación dependía de cómo se gestionara el plan 401(k)». Pocos abogados tienen el honor de que su nombre se haya convertido en un participio pasado en inglés, en este caso *Schlichterized*, una perspectiva temible para cualquier departamento legal corporativo.[257]

Gracias a John Bogle, Richard Thaler, BrightScope y Jerome Schlichter, tu plan 401(k) debería contener una selección decente de fondos indexados y de fecha objetivo de bajo coste. Pero siguen existiendo muchos planes antiguos repletos de fondos mutuos de gestión activa caros y ruinosos. Si la lista incluye nombres de aseguradoras, es muy posible que el director de RR. HH. de tu empresa esté disfrutando de entradas VIP a cargo del administrador del plan. En ese caso, tú y tus colegas podríais considerar interponer una queja. Si decidís no hacerlo, o si ésta no prospera, saca el máximo partido a la aportación equivalente del empleador e invierte, en la medida en que te lo permitan tus

257. Anne Tergesen, «The Lawyer on a Quest to Lower Your 401(k) Fees», *The Wall Street Journal*, 9 de junio de 2017.

ingresos y gastos de manutención, cualquier ahorro adicional en una cuenta IRA personal con un proveedor de bajo coste. En el momento en que finalices tu contrato de empleo, trasvasa tus activos a una cuenta IRA personal.

Tus cuentas personales

En las grandes empresas, no sueles tener demasiada voz acerca de las opciones de fondos de tu plan de contribución definida. Por otro lado, eres libre de elegir dónde custodiar tus cuentas IRA y activos imponibles. Hasta hace poco, el Grupo Vanguard fundado por John Bogle descollaba sobre el resto por ofrecer los mejores fondos al menor coste.

Pero ya no es así. Lo que el analista de Bloomberg Eric Balchunas ha bautizado «el efecto Vanguard» —la amenaza existencial que supuso para otras grandes compañías de inversión, como Fidelity, Schwab y las casas de corretaje tradicionales— ha forzado al resto de la industria a competir en precios.

Y vaya si están compitiendo. Compañías como Schwab y Fidelity no sólo ofrecen su propia línea de fondos abiertos indexados de muy bajo coste (algunos de los de Fidelity presentan un índice de gastos de *cero*), sino que ahora los inversores pueden construir una cartera de ETF a un precio mínimo en muchas corredurías, incluida Vanguard, sin comisiones ni tasas.

Buena parte de la brecha de calidad entre el Grupo Vanguard y el resto de la industria de inversión se ha esfumado. Como admirador del difundo John Bogle, me duele admitir que el servicio de asistencia al cliente de Vanguard se ha deteriorado, con frecuentes errores administrativos y largas esperas telefónicas, en contraste con el asesoramiento por lo general rápido, competente y atinado de otras corredurías. Nadie sabe por cuánto tiempo se alargará este trato favorable para los pequeños inversores en compañías como Fidelity y Schwab, así que disfrútalo mientras dure.

Invertir en ETF o no invertir en ETF

En 1993, State Street Global Advisors lanzó el primer ETF. Su código de cotización era SPY, pero era más conocido como SPDR (Standard & Poor's Depository Receipts). Una década más tarde, existían 276 ETF. En 2021, ese número había crecido a 8.552, y seguía en aumento. Hasta 2008, todos los ETF eran de gestión pasiva; hoy, el 98 % siguen siéndolo.

En la actualidad, el pequeño inversor se enfrenta a una parálisis por exceso de opciones, dado que muchos proveedores ofrecen ETF en cualquier clase de activo imaginable. (Los participantes en planes de contribución definida están en gran medida exentos de este problema, pues la mayoría de las medianas y grandes empresas limitan la selección de fondos de inversión a unos pocos vehículos abiertos estándar y no ofrecen ETF.)

Para las clases de activos más extensas, como el mercado bursátil total de Estados Unidos, el S&P 500 o el índice MSCI EAFE de renta variable en mercados desarrollados extranjeros, los ETF y fondos mutualistas abiertos de los principales proveedores presentan bajos índices de gastos y, en la mayoría de los casos, generan rendimientos casi idénticos. Sin embargo, deberías prestar atención al número de valores que contiene un fondo abierto o ETF. En el momento en que escribo este libro, el Schwab International Index Fund (fondo abierto) sólo posee 855 valores, frente a 1.527 para su versión de ETF. La oferta de Vanguard engloba 7.881 nombres. Incluso esta gran diferencia tiene un escaso efecto en los rendimientos a largo plazo, dado que los nombres que faltan en los fondos de Schwab pertenecen a compañías de pequeña capitalización.

He aquí unas directrices para custodiar tus cuentas personales en las tres grandes: Vanguard, Schwab y Fidelity:

- Limita tus compras de fondos abiertos a los ofrecidos por tu custodio. Por ejemplo, si colocas tus activos en Fidelity, utiliza únicamente fondos abiertos indexados de Fidelity.
- Se puede negociar online sin comisiones con ETF de cualquier empresa en las tres corredurías. Las operaciones rea-

lizadas a través de un corredor humano conllevarán probablemente una comisión. Siempre ejecuta las operaciones con ETF como órdenes con límite, y evita comprar y vender durante los primeros y últimos treinta minutos de la jornada de negociación, cuando los precios y diferenciales acusan una mayor volatilidad. Presta especial atención a los diferenciales de precios, que he recogido en las tablas de este capítulo, en particular para los fondos más pequeños. Se puede consultar con facilidad información actualizada sobre los diferenciales en los sitios web de muchas compañías. El de Fidelity resulta particularmente intuitivo.

- Los bonos del Tesoro se pueden adquirir en subastas y comprar y vender en el mercado secundario (después de la subasta, pero antes del vencimiento) sin comisiones en las tres compañías. Aun así, si planeas negociar con títulos del Tesoro en el mercado secundario, tomaría la precaución de confirmar con la correduría los detalles relativos a las comisiones. Ello reviste especial importancia en el caso de Schwab, cuyos fondos monetarios vinculados a cuentas de barrido arrojan un rendimiento muy inferior a los niveles del mercado.
- Fidelity y Schwab ofrecen servicios de banca online, pero no así Vanguard. Además, esta última cobra una tarifa anual de 20 dólares si tus activos no alcanzan un determinado volumen, que puede eludirse solicitando la entrega de documentos exclusivamente en formato electrónico.

¿Por qué Fidelity y Schwab ofrecen un servicio gratuito a quienes construyen una cartera con ETF de otras empresas? No lo dicen. Parece probable que Fidelity quiera seducirte con sus fondos de gestión activa. En el caso de Schwab, la respuesta es más evidente. Cuando escribo estas líneas, su vehículo de barrido por defecto ofrece una rentabilidad del 0,40 %, un 3,7 % menos que su competidor, el Vanguard Treasury Money Market Fund. El autor y asesor financiero Allan Roth calculó que, en 2019, el 134 % de las ganancias de Schwab procedieron del margen de intereses neto, que obtenían abonando a sus clientes una rentabilidad ínfima por sus saldos de cuenta y prestando las sumas así recaudadas a tasas mucho más elevadas.[258] (La cifra del 134 % de ganancias significa que el resto de las operaciones de la correduría registraron pérdidas, incluido su «servicio gratuito».)

No te dejes embaucar ni por Fidelity ni por Schwab. Ni te acerques a los fondos de gestión activa de la primera. Revisa todas las veces que haga falta los gastos de un fondo antes de comprarlo y presta especial atención a la diferencia entre sus fondos de fecha objetivo «Freedom», que presentan un alto índice de gastos, y sus fondos «Index Freedom», cuyos gastos compiten con los de Vanguard. En la segunda, mantén tus saldos de efectivo al mínimo mediante la compra de una escalera de letras del Tesoro, un ETF del Tesoro a corto plazo o uno de sus varios fondos monetarios (cuyas compra y venta exigen transacciones separadas). Por ejemplo, el iShares 0-3 Month Treasury Bond ETF (SGOV), con una duración de 0,1 años, se asemeja a un fondo monetario del Tesoro, siendo la principal diferencia que el valor neto de sus activos variará, en contraposición con el valor constante de 1,00 dólar de un fondo monetario convencional.

Algunas corredurías sufragan las operaciones gratuitas con pagos por flujo de órdenes (PFOF, *payments for order flow*). Este mecanismo exige un pago a los corredores mayoristas que ejecutan las operaciones, quienes se benefician del diferencial de compra/venta para las acciones o ETF. En la actualidad, Schwab acepta PFOF, mientras que Fidelity y Vanguard no.[259] En cuanto a esta última, presenta las ventajas de unos fondos monetarios que generan mayores intereses y una magnífica ejecución de los ETF, y los inconvenientes de una asistencia al cliente mediocre y la falta de servicios de banca online. Pese a ello, seguiría decantándome por los ETF y fondos abiertos de Vanguard, a causa de su cultura empresarial de inversión, fruto

258. Allan S. Roth, «Does Schwab's Growth Threaten Vanguard's Domination?», *Financial Planning*, 20 de enero de 2020; y Allan S. Roth, comunicación personal.

259. Schwab acepta PFOF para las acciones y los ETF, mientras que Vanguard y Fidelity no. (Fidelity acepta PFOF para las operaciones con opciones.) Véase Tara Siegel Bernard, «Yes, You Can Get Free Trading. But There's Often a Catch», *The New York Times*, 29 de noviembre de 2019.

de una estructura sin ánimo de lucro que devuelve los ahorros a los accionistas de sus fondos. Por otra parte, Schwab, State Street y BlackRock son compañías de cotización pública y arrastran conflictos de interés muy reales entre sus propios accionistas y los accionistas de sus fondos. Fidelity pertenece a la familia Johnson; la conducta ética de las empresas privadas suele situarse a medio camino entre la de compañías mutualizadas y la de compañías de cotización pública.

Por ejemplo, Vanguard reembolsa el 100 % de los beneficios generados a partir del préstamo de acciones a los accionistas de sus fondos, a diferencia de Fidelity, Schwab y BlackRock/iShares. (Tales beneficios son insignificantes para los fondos de gran capitalización, pero más sustanciosos para los de pequeña capitalización.) Por último, debido a su estructura de compensación opaca, ni siquiera Vanguard está libre de toda sospecha.

La competencia entre los principales custodios no hará sino intensificarse, así que mantente al día: cabe esperar que sus ventajas y desventajas relativas varíen.

El caballo de batalla de las carteras: los fondos de mercado bursátil total

Todas las compañías de inversión que he mencionado —Fidelity, Vanguard, BlackRock, State Street y Schwab— ofrecen fondos indexados al mercado total de renta variable de Estados Unidos. Cada una ofrece estos vehículos en forma (*wrapper*) de fondo abierto o de ETF, y a menudo en ambas, según se detalla en la tabla 18.1. (Una breve aclaración sobre las tablas de fondos de este capítulo: todos los fondos de Vanguard se refieren a sus acciones de clase Admiral, que en la mayoría de los casos requieren una inversión mínima de 3.000 dólares, pero en algunos de hasta 50.000 dólares. Dado el inmenso y creciente número de fondos abiertos y ETF, estas tablas no pretenden ni pueden pretender ni ser exhaustivas ni estar actualizadas. Por ejemplo, he incluido los ETF de Dimensional, pero he omitido sus fondos abiertos, que sólo están disponibles para quienes contraten a asesores afiliados y para algunos participantes en determinados planes de contribución definida. Puedes mantenerte informado sobre la evolución de los fondos con la herramienta de investigación de Morningstar descrita en el capítulo decimoquinto.)

La tabla 18.1 recopila a continuación los fondos de acciones mundiales de «ventanilla única», que también incluyen las acciones de Estados Unidos. En el pasado, se trataba de vehículos poco atractivos debido a su coste relativamente alto y su contenido de renta variable extranjera superior al 50 %. En los últimos años, ambos problemas han desaparecido. La distribución valores nacionales/extranjeros se sitúa en la actualidad en torno a 61/39, y aunque los inversores obsesionados con los costes todavía pueden ahorrar una diminuta cantidad construyendo la misma cartera a partir de componentes accionarios nacionales y extranjeros, muchos encontrarán que la conveniencia y la diversificación de poseer un único fondo bursátil mundial compensan ese pequeño coste adicional. Los últimos grupos de fondos de la tabla 18.1 son fondos de mercado bursátil total que abarcan todas las acciones de fuera de Estados Unidos, en mercados tanto desarrollados como emergentes.

La mayor diferencia entre fondos abiertos y ETF estriba en su psicología de negociación. En términos de rendimientos a largo plazo, poco importa cuál de estos dos *wrappers* elijas. La elección dependerá de si llevas mejor la fijación de precios al cierre diario de los fondos abiertos o continua de los ETF. Con un fondo abierto, obtienes el precio de cierre de sus valores subyacentes, mientras que un ETF se negocia de forma continua a lo largo de la jornada, y tú decides cuándo apretar el gatillo. Ambas situaciones pueden causar un cierto estrés, y cuál prefieras es un asunto personal.

Como puedes ver en las tablas, estos vehículos presentan índices de gastos cercanos a cero (en el caso de Fidelity, cero). Uno solo de estos fondos bastará para el componente de renta variable de las asignaciones de activos más simples del capítulo séptimo.

Tabla 18.1. Fondos de mercado bursátil total Fondos de mercado bursátil total de EE. UU.

Fondo	Wrapper	Cód. Cotización	Índice de gastos	Diferencial	Cap. Media mercado (miles de millones de dólares)	Ratio p/vc	Número de títulos
Fidelity ZERO Total Market Index Fund	fondo abierto	FZROX	0,00 %	N/A	113	3,1	2.661
Fidelity Total Market Index Fund	fondo abierto	FSKAX	0,015 %	N/A	111	3,1	4.009
iShares Core S&P Total US Stock Market ETF	ETF	ITOT	0,03 %	0,01 %	109	3,1	3.657
iShares Russell 3000 ETF	ETF	IWV	0,20 %	0,04 %	110	3,1	2.751
Schwab Total Stock Market Index Fund	fondo abierto	SWTSX	0,03 %	N/A	111	3,1	3.447
Schwab US Broad Market ETF	ETF	SCHB	0,03 %	0,02 %	112	3,0	2.529
Vanguard Russell 3000 ETF	ETF	VTHR	0,10 %	0,07 %	114	3,1	3.001
Vanguard Total Stock Market Index Fund	fondo abierto	VTSAX	0,04 %	N/A	111	3,1	4.112
Vanguard Total Stock Market ETF	ETF	VTI	0,03 %	0,02 %	111	3,1	4.112

Tabla 18.1. (continuación)
Fondos de mercado bursátil total mundo

Fondo	Wrapper	Cód. Cotización	Índice de gastos	Diferencial	Cap. Media mercado (miles de millones de dólares)	Ratio p/vc	Número de títulos
iShares Total MSCI ETF	ETF	URTH	0,24 %	0,06 %	110	2,4	1.543
Vanguard Total World Stock Market Index Fund	fondo abierto	VTWAX	0,10 %	N/A	66	2,2	9.530
Vanguard Total World Stock ETF	ETF	VT	0,07 %	0,01 %	66	2,2	9.530

Fondos de mercado bursátil total internacional (todas las acciones salvo EE. UU.)

Fondo	Wrapper	Cód. Cotización	Índice de gastos	Diferencial	Cap. Media mercado (miles de millones de dólares)	Ratio p/vc	Número de títulos
Fidelity ZERO International Index Fund	fondo abierto	FZILX	0,00 %	N/A	37	1,6	2.390
Fidelity Total International Index Fund	fondo abierto	FTIHX	0,06 %	N/A	28	1,5	5.042
iShares Core MSCI Total International Stock	ETF	IXUS	0,07 %	0,02 %	28	1,5	4.322
Schwab International Index Fund	fondo abierto	SWISX	0,06 %	N/A	44	1,6	855

…/…

.../...

Schwab International Equity ETF	ETF	SCHF	0,06 %	0,03 %	39	1,5	1.527
Vanguard Total International Stock Index Fund	fondo abierto	VTIAX	0,11 %	N/A	27	1,5	7.881
Vanguard Total International Stock ETF	ETF	VXUS	0,07 %	0,02 %	27	1,5	7.881

Fuente: Morningstar.

Fondos de gran capitalización de Estados Unidos

Esta categoría, recopilada en la tabla 18.2, incluye a los pioneros de la indexación, el Vanguard S&P 500 Index Fund y el SPDR S&P 500 ETF (SPY). Si buscas una cartera compleja que desagregue tu exposición al mercado en asignaciones de gran y pequeña capitalización, puede que prefieras poseer un fondo de gran capitalización a un fondo de mercado bursátil total.

He empleado los términos *pasivo* e *indexado* de manera intercambiable, pero en un sentido estricto no son lo mismo. En rigor, cabe calificar los fondos de mercado total de pasivos, ya que su proceso de selección de títulos obliga a poseer todas las acciones cotizadas en Estados Unidos o en el extranjero de manera ponderada por capitalización. En cambio, los vehículos de gran capitalización son fondos indexados, dado que casi siempre reproducen un índice concreto. Los fondos de la tabla 18.2 replican, caso por caso, el S&P 500, el Russell 1000, el CRSP US Large Cap, etcétera. Estas compañías eligen activamente su composición. El comité de Standard & Poor's selecciona qué empresas incluir en sus índices, añadiendo algunas y retirando otras al final de cada año. Reequilibrar el índice puede tener importantes repercusiones, como cuando Tesla se incorporó al S&P 500 en diciembre de 2020.

La inclusión de una empresa en el S&P 500 implica que los fondos indexados al S&P 500 deberán comprar sus acciones, lo que disparará su precio. Los gestores de fondos de cobertura y otros arbitrajistas «se adelantan» al índice comprando de antemano participaciones en las candidatas más plausibles, para luego venderlas a un precio más elevado en caso de acierto. Esto plantea un dilema a los gestores de fondos indexados: podrían evitar caer víctimas de los arbitrajistas adelantándose ellos mismos, pero a costa de aumentar el error de replicación del fondo, es decir, el diferencial de rendimientos entre el fondo y el índice.

Cuanto más popular sea el índice, mayor será el problema. Por esta razón, si deseas poseer un fondo que sólo contenga acciones de gran capitalización de Estados Unidos, puedes mitigar el impacto de la rotación del S&P 500 utilizando uno de los vehículos de la tabla 18.2 que replica un índice menos afamado.

Todos los proveedores de índices y fondos emplean criterios de selección de acciones algo distintos. Por ejemplo, el S&P 500 no posee las quinientas mayores compañías de Estados Unidos, sino más bien las empresas «líderes» en sus respectivos sectores, según lo determine el comité de Standard & Poor's. Algunos de sus valores son relativamente pequeños. Por su parte, los criterios de Russell revisten un carácter más cuantitativo. Su índice de «mercado total», el Russell 3000, incluye las 3.000 mayores compañías por capitalización de mercado, que conforman el 97 % de la capitalización total del mercado de Estados Unidos. ¿Es entonces el Russell 3000 ETF un vehículo pasivo o indexado? Dado que la composición de dicho «índice» se corresponde tanto con el mercado bursátil total, apenas importa. (Para complicar un poco más las cosas, el Vanguard Russell 3000 ETF contiene 3.001 nombres, mientras que la actual propuesta de iShares contiene 2.571 y es un 0,10 % más cara. Es probable que te vaya algo mejor si te haces con un fondo de mercado bursátil total con menos gastos.)

Tabla 18.2. Fondos de gran capitalización de EE. UU.

Fondo	Wrapper	Cód. Cotización	Índice de gastos	Diferencial	Cap. Media mercado (miles de millones de dólares)	Ratio p/vc
Fidelity 500 Index Fund	fondo abierto	FXAIX	0,015 %	N/A	172	3,4
Fidelity SAI Large-Cap US Index Fund (S&P 500)	fondo abierto	FLCPX	0,016 %	N/A	172	3,4
Fidelity ZERO Large-Cap Index Fund	fondo abierto	FNILX	0,00 %	N/A	170	3,5
iShares Core S&P 500 ETF	ETF	IVV	0,03 %	0,02 %	183	3,4
Schwab S&P 500 Index Fund	fondo abierto	SWPPX	0,02 %	N/A	170	3,4
Schwab 1000 Index Fund (Schwab 1000)	fondo abierto	SNXFX	0,05 %	N/A	129	3,3
Schwab US Large-Cap ETF (DJ US Large Cap)	ETF	SCHX	0,03 %	0,02 %	153	3,3
SPDR Portfolio S&P 500 ETF	ETF	SPLG	0,03 %	0,02 %	180	3,4
Vanguard Large-Cap ETF (CRSP US Large Cap)	ETF	VV	0,04 %	0,04 %	181	3,5
Vanguard Large-Cap Index Fund (CRSP US Large Cap)	fondo abierto	VLCAX	0,05 %	N/A	164	3,5

.../...

.../...

Vanguard S&P 500 ETF	ETF	VOO	0,03 %	0,02 %	170	3,4
Vanguard 500 Index Fund	fondo abierto	VFIAX	0,04 %	N/A	170	3,4

Fuente: Morningstar.

Los inversores enfrentan ahora la elección entre miles de índices nacionales, internacionales y globales. Los distintos proveedores de índices y fondos, con sus cambiantes capitalizaciones y características accionarias, aplican diferentes normas acerca de exactamente cuándo y cómo pasan las empresas de un índice a otro.

Para un inversor particular, no importan demasiado los diversos mecanismos de construcción de índices. En lugar de obsesionarte con los criterios de selección concretos de un proveedor, presta atención a las características agregadas de un fondo, siendo las más relevantes su capitalización media de mercado y dónde se sitúan sus activos en la dimensión de valor/crecimiento, según se refleja en sus ratios de precio/valor contable, beneficios, flujo de caja, ventas y dividendos. Estos parámetros pueden consultarse en muchas fuentes, incluidas las páginas de fondos de Morningstar.

La tabla 18.3 desagrega la clase general de mercado bursátil internacional en acciones de países emergentes y desarrollados, y luego este segundo grupo en las regiones de Europa y el Pacífico. Si divides tus inversiones extranjeras en fondos de estas tres categorías, ninguno de ellos poseerá acciones canadienses, que están presentes en los fondos de mercado mundial, los fondos de mercado total internacional y muchos fondos de mercados desarrollados, y que representan alrededor del 3 % de la capitalización total del mercado bursátil mundial. Las empresas de recursos naturales suponen un porcentaje considerable de dichas acciones. (El índice MSCI-EAFE de mercados desarrollados, ampliamente utilizado, tampoco contiene acciones canadienses.)

Diferentes fondos utilizan distintos índices, por lo que si decides dividir así tus activos extranjeros, emplea fondos de una sola compañía. Nada de mezclas ni combinados. Los fondos indexados basados en el FTSE de Vanguard, por ejemplo, colocan a Corea del Sur en el grupo de los mercados desarrollados, mientras que los basados en el MSCI de iShares la sitúan entre los mercados emergentes.

Tabla 18.3. Fondos de gran capitalización/totales internacionales/regionales
Fondos de mercados desarrollados

Fondo	Wrapper	Cód. Cotización	Índice de gastos	Diferencial	Cap. Media mercado (miles de millones de dólares)	Ratio p/vc	Número de títulos
iShares Core MSCI Int'l Developed Mkt ETF	ETF	IDEV	0,04 %	0,03 %	29	1,5	2.312
SPDR Developed World ex-US ETF	ETF	SPDW	0,04 %	0,03 %	29	1,5	2.604
Vanguard Developed Markets Index Fund	fondo abierto	VTMGX	0,07 %	N/A	28	1,5	4.033
Vanguard FTSE Developed Markets ETF	ETF	VEA	0,05 %	0,02 %	28	1,5	4.033

Acciones europeas

Fondo	Wrapper	Cód. Cotización	Índice de gastos	Diferencial	Cap. Media mercado (miles de millones de dólares)	Ratio p/vc	Número de títulos
iShares Core MSCI Europe ETF	ETF	IEUR	0,09 %	0,02 %	38	1,8	1.048
SPDR Portfolio Europe ETF	ETF	SPEU	0,09 %	0,10 %	38	1,8	1.777
Vanguard European Stock Index Fund	fondo abierto	VEUSX	0,13 %	N/A	37	1,8	1.363
Vanguard FTSE Europe ETF	ETF	VGK	0,11 %	0,02 %	37	1,8	1.363

Tabla 18.3. (continuación)
Fondos de mercados desarrollados

Fondo	Wrapper	Cód. Cotización	Índice de gastos	Diferencial	Cap. Media mercado (miles de millones de dólares)	Ratio p/vc	Número de títulos
iShares Core MSCI Pacific ETF	ETF	IPAC	0,09 %	0,12 %	18	1,3	1.531
Vanguard Pacific Stock Index Fund	fondo abierto	VPADX	0,10 %	N/A	18	1,2	2.496
Vanguard FTSE Pacific ETF	ETF	VPL	0,08 %	0,01 %	18	1,2	2.496

Acciones de mercados emergentes

Fondo	Wrapper	Cód. Cotización	Índice de gastos	Diferencial	Cap. Media mercado (miles de millones de dólares)	Ratio p/vc	Número de títulos
Fidelity Emerging Markets Index Fund	fondo abierto	FPADX	0,075 %	N/A	38	1,5	1.461
iShares Core MSCI Emerging Markets ETF	ETF	IEMG	0,09 %	0,02 %	25	1,5	2.585
iShares MSCI Emerging Mkt ETF	ETF	EEM	0,69 %	0,02 %	35	1,5	1.247
SPDR Portfolio Emerging Markets ETF	ETF	SPEM	0,11 %	0,03 %	21	1,5	2.988
Vanguard Emerging Markets Stock Index Fund	fondo abierto	VEMAX	0,14 %	N/A	20	1,6	4.617
Vanguard FTSE Emerging Markets ETF	ETF	VWO	0,08 %	0,02 %	23	1,6	5.446

Fuente: Morningstar.

Inclinarse o no inclinarse

El capítulo segundo estudió si era posible mejorar los rendimientos «inclinando» la cartera hacia varios factores de riesgo, siendo los más clásicos la pequeña capitalización y el valor, con pruebas más sólidas a favor del segundo. Otros «sesgos» hacia acciones con mayor rentabilidad y menor inversión de capital podrían o no aumentar los rendimientos. Un ulterior factor de rentabilidad es el *momentum* o impulso de los precios. Por ejemplo, las acciones con rendimientos relativos altos en los últimos seis a doce meses tienden a acarrear parte de esos resultados al próximo período. Sin embargo, es muy probable que el elevado coste de rotación de las estrategias basadas en el impulso termine por anular cualquier posible ventaja.

Inclinarse hacia acciones de pequeño o gran valor puede revelarse complicado, dado que algunos de los productos de empresas menores, como Invesco, Avantis y Dimensional, aplican sesgos más marcados, presentan comisiones y diferenciales algo más altos, y varían mucho en cuanto a su diseño, composición y desempeño. Con el tiempo, los rendimientos a largo plazo de diferentes fondos de pequeño valor deberían converger, pero de un año a otro la variación puede ser considerable. En particular, durante la última década, el factor valor no ha arrojado muy buenos resultados, según se refleja en los rendimientos de los fondos. Por esta razón, he optado por omitir estos datos en las tablas que aparecen más adelante en este capítulo.

Si decides inclinar tu cartera, ten en cuenta que diferentes compañías de inversión se inclinan hacia diferentes factores. Todas se inclinan hacia el valor, pero en grados distintos y definiendo «valor» con arreglo a métricas distintas, como bajos múltiplos de valor contable, beneficios, dividendos, flujo de caja, etcétera; además, según se muestra en la tabla 18.4, también se inclinan hacia la rentabilidad y la inversión de capital. Presta atención a las diferencias entre fondos inclinados, así como a sus exposiciones sectoriales, que pueden consultarse en el sitio web de Morningstar. Por ejemplo, la asignación a REIT de los fondos de pequeño valor de la tabla 18.4 ronda el 10 %. En cambio, los fondos de Avantis y Dimensional no incluyen casi ningún REIT.

Un método todavía más complejo de exposición factorial podría consistir en distribuir la renta variable estadounidense entre los «cuatro rincones» del mercado de Estados Unidos: gran capitalización, gran valor, pequeña capitalización y pequeño valor. Si además divides los valores de los mercados desarrollados y emergentes en los mismos cuatro cuadrantes, tu cartera contaría ya con doce clases de activos accionarios. Y eso antes de incluir los REIT, las acciones de metales preciosos y las acciones de energía.

Los beneficios marginales de este tipo de división por clases de activos siguen la ley de los rendimientos decrecientes. Una cartera tan compleja sólo puede valer la pena para los fanáticos más devotos de las clases de activos. Si quieres introducir una cierta inclinación, basta con que añadas un único fondo de pequeño valor a tu exposición al mercado bursátil total de Estados unidos y de países extranjeros desarrollados. Un sesgo modesto haría que el componente de pequeño valor representara alrededor de un tercio del componente de mercado total, como ocurría en la última cartera modelo del capítulo decimoséptimo, que asignaba el 30 % de la renta variable al mercado bursátil total de Estados Unidos y el 10 % a pequeño valor de Estados Unidos.

Una mayor inclinación hacia acciones de pequeño valor asignaría idénticos pesos al mercado total y al pequeño valor, en el caso de la anterior cartera un 20 % al mercado bursátil total de Estados Unidos y un 20 % a pequeño valor de Estados Unidos. Inclinarse hacia pequeño valor en los mercados emergentes resulta especialmente problemático, ya que en la actualidad tan sólo una empresa, WisdomTree, ofrece un fondo de estas características. En tal caso, consideraría en su lugar un fondo de mercados emergentes de gran valor, para el que existen más opciones: de entre ellas, el Avantis Emerging Markets Value Fund presenta la menor capitalización media de mercado.

La consideración más importante a la hora de decidir si inclinar la cartera y en qué grado es la disciplina requerida para atravesar las inevitables rachas de bajo rendimiento relativo. La rentabilidad del factor valor de Estados Unidos lleva siendo negativa la mayor parte de las dos últimas décadas. La amplia diferencia de valoración entre compañías de crecimiento y de valor apunta a que se recuperará, pero es imposible saberlo con certeza. Después de todo, el factor valor es un factor de riesgo, y el principal riesgo consiste en no recuperar nunca la prima de riesgo. Si introduces una cierta inclinación y el mercado rola a tu favor, te sentirás reivindicado; en caso contrario, prepárate para un aluvión de «ya te lo dije».

La tabla 18.4 recopila fondos inclinados de Estados Unidos por categoría, y la tabla 18.5 fondos inclinados extranjeros y nacionales. Ambas comienzan con la categoría de pequeño valor. Además, ponen de manifiesto otro coste de la inclinación: mayores tarifas de fondo y diferenciales de ETF.

Antes de que los ETF estuvieran ampliamente disponibles, los fondos abiertos tendían a generar ganancias de capital bastante grandes, puesto que las acciones crecían hasta salirse de sus categorías y debían venderse, en particular en clases de activos inclinadas hacia los factores pequeña capitalización y valor. En consecuencia, lo recomendable era mantener estos activos sesgados en cuentas de jubilación exentas de impuestos siempre que fuera posible.

Los ETF «solucionaron» este inconveniente con su proceso de cobro «en especie», que permite al fondo distribuir las acciones más apreciadas sin necesidad de venderlas y sin incurrir en ganancias de capital. Los inversores ya pueden incluso poseer ETF inclinados en una cartera gravable sin tener que preocuparse de capturar ganancias de capital significativas. Pongo la palabra *solucionaron* entre comillas por un motivo: el IRS y algunos legisladores tienen puesta la mira en esta laguna fiscal, y no hay ninguna garantía de que dure mucho tiempo.

Tabla 18.4. Fondos de acciones de pequeño valor de EE. UU.

Fondo/índice	Wrapper	Cód. Cotización	Índice de gastos	Diferencial	Cap. Media mercado (miles de millones de dólares)	Ratio p/vc	Peso mercado	Peso peq. Cap.	Peso valor	Peso rentabili-dad	Peso inversión
Avantis US SCV ETF	ETF	AVUV	0,25 %	0,07 %	2,5	1,3	1,10	0,82	0,60	0,14	–0,10
Bridgeway Omni Small-Cap Value Fund	fondo abierto	BOSVX	0,60 %	N/A	0,9	0,9	0,99	0,95	0,57	0,14	0,01
Dimensional US Targeted Value ETF	ETF	DFAT	0,28 %	0,08 %	3,4	1,3	1,00	0,67	0,52	0,15	–0,17
Dimensional US SCV ETF	ETF	DFSV	0,31 %	0,08 %	2,5	1,0	1,02	0,82	0,51	0,13	–0,01
Fidelity SCV Index Fund (Russell 2000 Value)	fondo abierto	FISVX	0,05 %	N/A	1,8	1,2	0,99	0,75	0,38	-0,03	–0,02
Invesco FTSE RAFI US 1500 Sm-Mid ETF	ETF	PRFZ	0,39 %	0,12 %	2,1	1,6	0,99	0,73	0,26	0,00	–0,05
iShares Morningstar SCVETF	ETF	ISCV	0,06 %	0,15 %	3,1	1,4	1,06	0,67	0,47	0,09	–0,04
iShares S&P SC 600 Value ETF	ETF	IJS	0,18 %	0,05 %	1,8	1,3	0,97	0,86	0,37	0,12	0,05
Schwab Fundamental US Small Co. Index Fund (RAFI US Small Co.)	fondo abierto	SFSNX	0,25 %	N/A	3,2	1,7	1,02	0,66	0,28	0,10	–0,02
SPDR S&P 600 Small-Cap Value ETF	ETF	SLYV	0,15 %	0,05 %	1,8	1,3	0,96	0,86	0,37	0,12	0,05
Vanguard Russell 2000 Value ETF	ETF	VTWV	0,15 %	0,32 %	1,9	1,3	0,95	0,81	0,34	0,03	0,04
Vanguard SCV ETF (CRSP SV)	ETF	VBR	0,07 %	0,06 %	5,1	1,6	1,00	0,54	0,35	0,06	–0,07
Vanguard SCV Index Fund (CRSP SV)	fondo abierto	VSIAX	0,07 %	N/A	5,1	1,6	1,00	0,54	0,35	0,06	–0,07
Vanguard S&P SC 600 Value ETF	ETF	VIOV	0,15 %	0,19 %	1,8	1,3	0,97	0,86	0,37	0,12	0,05

Tabla 18.4. (continuación)
Fondos de acciones de gran valor de EE. UU.

Fondo/índice	Wrapper	Cód. Cotización	Índice de gastos	Diferencial	Cap. Media mercado (miles de millones de dólares)	Ratio p/vc
Avantis US Large Cap Value ETF	ETF	AVLV	0,15 %	0,06 %	63	2,2
Dimensional US Marketwide Value ETF	ETF	DFUV	0,22 %	0,06 %	51	1,7
Fidelity Large Cap Value Index Fund	fondo abierto	FLCOX	0,035 %	N/A	71	2,1
Invesco FTSE RAFI US 1000 ETF	ETF	PRF	0,39 %	0,04 %	83	2,0
iShares S&P 500 Value ETF	ETF	IVE	0,18 %	0,03 %	108	2,4
Schwab US Large-Cap Value ETF	ETF	SCHV	0,04%	0,03 %	82	2,5
Schwab US Large-Cap Value Index Fund	fondo abierto	SWLVX	0,035 %	N/A	71	2,1
SPDR Portfolio S&P 500 Value ETF	ETF	SPYV	0,04 %	0,03 %	108	2,4
Vanguard Value ETF	ETF	VTV	0,04%	0,01 %	101	2,4
Vanguard Value Index Fund	fondo abierto	VVIAX	0,05 %	N/A	101	2,4

Fondos de acciones de pequeña capitalización de EE. UU.

Fondo/índice	Wrapper	Cód. Cotización	Índice gastos	Diferencial	Cap. Media mercado (miles de millones de dólares)	Ratio p/vc
Fidelity Small Cap Index Fund	fondo abierto	FSSNX	0,025 %	N/A	2,3	1,8
iShares Russell 2000 ETF	ETF	IWM	0,19 %	0,01 %	2,3	1,8
Schwab US Small-Cap ETF	ETF	SCHA	0,04 %	0,02 %	3,2	1,7

.../...

.../...

Schwab Small Cap Index Fund	fondo abierto	SWSSX	0,04 %	N/A	2,3	1,8
SPDR S&P 600 Small Cap ETF	ETF	SLY	0,15 %	0,17 %	2,0	1,5
Vanguard S&P 600 Small-Cap ETF	ETF	VIOO	0,10 %	0,09 %	2,1	1,6
Vanguard Small Cap Index Fund	fondo abierto	VSMAX	0,05 %	N/A	5,2	2,0
Vanguard Tax-Managed Small Cap Fund	fondo abierto	VTMSX	0,09 %	N/A	2,1	1,6

Fuente: Morningstar.

Tabla 18.5. Fondos inclinados de acciones internacionales Fondos de acciones de pequeño valor internacionales

Fondo/índice	Wrapper	Cód. Cotización	Índice gastos	Diferencial	Cap. Media mercado (miles de millones de dólares)	Ratio p/vc
Avantis Intl. SCV ETF	ETF	AVDV	0,36 %	0,08 %	1,8	0,9
Dimensional Intl SmallCap Val ETF	ETF	DISV	0,42 %	0,08 %	1,5	0,7
Invesco FTSE RAFI Dev Mkt ex-US Sm-Mid ETF	ETF	PDN	0,49 %	0,34 %	2,4	1,1

Fondos de acciones de gran valor internacionales

Fondo/índice	Wrapper	Cód. Cotización	Índice gastos	Diferencial	Cap. Media mercado (miles de millones de dólares)	Ratio p/vc
Avantis International Large Cap Value ETF	ETF	AVIV	0,25 %	0,18 %	30	1,2
Dimensional International Value ETF	ETF	DFIV	0,27 %	0,03 %	30	1,0

.../...

.../...

Invesco FTSE RAFI Dev Mkt ex-US ETF	ETF	PXF	0,45 %	0,11 %	35	1,2
iShares MSCI Intl Value ETF	ETF	EFV	0,34 %	0,02 %	40	1,1

Fondos de acciones de pequeña capitalización internacionales

Fondo/índice	Wrapper	Cód. Cotización	Índice de gastos	Diferencial	Cap. Media mercado (miles de millones de dólares)	Ratio p/vc
Dimensional International Small Cap ETF	ETF	DFIS	0,39 %	0,09 %	1,6	1,2
iShares MSCI EAFE Small-Cap ETF	ETF	SCZ	0,39 %	0,02 %	2,2	1,2
Schwab International Small-Cap Equity ETF	ETF	SCHC	0,11 %	0,03 %	2,0	1,2
SPDR S&P International Small Cap ETF	ETF	GWX	0,40 %	0,16 %	0,8	1,0
Vanguard FTSE AllWorld ex-US Small-Cap ETF	ETF	VSS	0,07 %	0,08 %	1,8	1,2
Vanguard FTSE AllWorld ex-US Small-Cap Index Fund	fondo abierto	VFSAX	0,16 %	N/A	1,8	1,2

Tabla 18.5. (continuación)
Acciones de valor de mercados emergentes

Fondo/índice	Wrapper	Cód. Cotización	Índice de gastos	Diferencial	Cap. Media mercado (miles de millones de dólares)	Ratio p/vc
Avantis Emerging Markets Value ETF	ETF	AVES	0,36 %	0,17 %	6	0,9

.../...

.../...

Dimensional Emerging Markets Value ETF	ETF	DFEV	0,43 %	0,20 %	12	0,8
Invesco FTSE RAFI Emerging Markets ETF	ETF	PXH	0,49 %	0,05 %	37	1,0
Schwab Fundamental Emerging Markets Large Co. Index ETF	ETF	FNDE	0,39 %	0,04 %	34	0,9

Pequeña capitalización / pequeño valor mercados emergentes

Fondo/índice	Wrapper	Cód. Cotización	Índice de gastos	Diferencial	Cap. Media mercado (miles de millones de dólares)	Ratio p/vc
iShares MSCI Emerging Markets Small-Cap ETF	ETF	EEMS	0,70 %	0,16 %	1,5	1,2
SPDR S&P Emerging Markets SmallCap ETF	ETF	EWX	0,65 %	0,14 %	0,9	1,2
Wisdom Tree Emerging Markets Small Cap Dividend Fund	ETF	DGS	0,58 %	0,11 %	1,8	1,0

Fuente: Morningstar.

Tabla 18.6. Fondos especializados. Fondos indexados a REIT de EE. UU.

Fondo/ índice	Wrapper	Cód. Cotización	Índice de gastos	Diferencial
Dimensional US Real Estate ETF	ETF	DFAR	0,19 %	0,13 %
Fidelity MSCI Real Estate Index ETF	ETF	FREL	0,084 %	0,03 %
iShares Core US REIT ETF	ETF	USRT	0,08 %	0,05 %

.../...

.../...

iShares US Real Estate ETF	ETF	IYR	0,39 %	0,01 %
Real Estate Select Sector SPDR Fund	ETF	XLRE	0,10 %	0,02 %
Schwab US REIT ETF	ETF	SCHH	0,07 %	0,04 %
SPDR DJ REIT ETF	ETF	RWR	0,25 %	0,04 %
Vanguard Real Estate ETF	ETF	VNQ	0,12 %	0,01 %
Vanguard Real Estate Index Fund	fondo abierto	VGSLX	0,12 %	N/A

Fondos REIT globales

Fondo/índice	Wrapper	Cód. Cotización	Índice de gastos	Diferencial
iShares Global REIT ETF	ETF	REET	0,14 %	0,04 %
SPDR Dow Jones Global Real Estate ETF	ETF	RWO	0,50 %	0,15 %

Fondos REIT internacionales

Fondo/índice	Wrapper	Cód. Cotización	Índice de gastos	Diferencial
iShares International Developed Real Estate ETF	ETF	IFGL	0,48 %	0,42 %
SPDR Dow Jones International Real Estate ETF	ETF	RWX	0,59 %	0,16 %
Vanguard Global ex-US Real Estate ETF	ETF	VNQI	0,12 %	0,14 %

Tabla 18.6. (continuación)
Fondos de acciones de metales preciosos

Fondo/índice	Wrapper	Cód. Cotización	Índice de gastos	Diferencial
iShares MSCI Global Gold Miners ETF	ETF	RING	0,39 %	0,23 %
VanEck Gold Miners ETF	ETF	GDX	0,51 %	0,03 %

Fondos de acciones de energía

Fondo/índice	Wrapper	Cód. Cotización	Índice de gastos	Diferencial
Energy Select Sector SPDR Fund	ETF	XLE	0,10 %	0,01 %
Fidelity MSCI Energy Index ETF	ETF	FENY	0,084 %	0,04 %
iShares Global Energy ETF	ETF	IXC	0,40 %	0,03 %
iShares US Energy ETF	ETF	IYE	0,39 %	0,02 %
iShares US Oil & Gas Exploration & Production ETF	ETF	IEO	0,39 %	0,04 %
SPDR S&P Oil & Gas Exploration & Production ETF	ETF	XOP	0,35 %	0,02 %
Vanguard Energy Index Fund	fondo abierto	VENAX	0,10 %	N/A
Vanguard Energy ETF	ETF	VDE	0,10 %	0,03 %

Fuente: Morningstar.

¿Qué hay de los bonos?

Tus activos accionarios deben asumir riesgos y, en consecuencia, ofrecer unos altos rendimientos esperados (pero no siempre realizados). Tus bonos deben preservar tu serenidad y ayudarte a dormir tranquilo. Tanto las corporaciones como los gobiernos estatales y locales pueden quebrar, y pocas sorpresas financieras resultan tan alarmantes como descubrir que activos que considerabas seguros no lo son. La mayor parte de la rentabilidad a largo plazo de tu inversión dependerá de cómo te comportes en el 2 % de los peores momentos. Ten esto presente a la hora de desplegar tus activos de renta fija.

No pongas el carro fiscal delante de los bueyes de la asignación de activos. Si sientes debilidad por los bonos municipales, limita su proporción a no más de un tercio de tu cartera de renta fija. No concentres el riesgo comprando únicamente vehículos de un solo estado. El potencial varapalo de una suspensión de pagos en tu estado de residencia no compensa unas pocas decenas de puntos básicos de rentabilidad después de impuestos.

No inviertas en bonos municipales o corporativos a través de un ETF. Durante una racha de fuertes turbulencias en el mercado, pueden sufrir lo que se conoce como un «desajuste de liquidez» entre el bajo volumen de negociación de muchos bonos municipales y corporativos y el alto volumen de negociación de los ETF que los poseen. Este fenómeno puede causar amplios diferenciales de compra/venta para los ETF e imponer considerables costes transaccionales a sus motivados vendedores. Incluso si no necesitas echar mano a tus ahorros para obtener liquidez, en los peores momentos el malestar psicológico de las pérdidas temporales bien podría hacer que tu cartera derrapase y se saliera de la autopista hacia la riqueza.

Tampoco soy un entusiasta de los fondos indexados a bonos, dado que en torno a un tercio de su composición consiste en bonos corporativos y valores respaldados por activos, como vehículos hipotecarios, que carecen de garantías gubernamentales. En 2008, los fondos de mercado de renta fija total registraron pérdidas menores gracias a que las ganancias en sus posiciones de títulos del Tesoro y de agencias gubernamentales amortiguaron el daño provocado por los bonos corporativos y respaldados por activos. La próxima vez, las cosas podrían salir de otro modo.

Por tanto, asume cuanto riesgo quieras en la renta variable, pero centra tus activos de renta fija en deuda con una garantía gubernamental: certificados de depósito por debajo del límite de la FDIC de 250.000 dólares por persona y títulos del Tesoro. Idealmente, deberías comprar bonos del Tesoro en subastas y venderlos según sea necesario en el mercado secundario. Si ello te supone demasiado engorro, adquiere un ETF o fondo abierto de bonos del Tesoro. (Los títulos del Tesoro son muy líquidos, y no hay problema en invertir en ellos a través de un ETF, pues no son demasiado susceptibles de sufrir un desajuste de liquidez.)

Por último, la forma más segura de cubrir tus gastos de manutención durante la jubilación es mediante una escalera de TIPS cuyos vencimientos anuales coincidan con tus necesidades. En teoría, deberías utilizar una escalera de treinta peldaños anuales (o menos pero más espaciados), comenzando por el primer año de jubilación. Como ya mencionamos, en la actualidad no hay TIPS que venzan entre 2034 y 2039, un problema que irá desapareciendo poco a poco con las sucesivas subastas a diez años hasta 2029. El Tesoro de Estados Unidos sólo emite TIPS con vencimientos de cinco, diez y treinta años, lo que complica adquirir una escalera de treinta años únicamente en subastas. Por esta razón, necesitarás efectuar algunas compras en el mercado secundario. Alternativamente, puedes aproximar una escalera de TIPS con una mezcla de fondos de TIPS a largo, medio y corto plazo, siendo el principal problema, al menos por ahora, la ausencia de un vehículo a largo plazo de bajo coste. Otra desventaja de los fondos de TIPS es la incertidumbre acerca del poder adquisitivo ajustado por inflación al vencimiento; si los rendimientos de los TIPS suben, podrías verte obligado a vender a un precio deprimido.

La tabla 18.7 recoge varias clases de fondos mutuos de bonos.

Tabla 18.7. Fondos mutuos de bonos
Fondos de títulos del Tesoro a corto plazo

Fondo	Wrapper	Cód. Cotización	Índice de gastos	Diferencial	Duración (años)	Otros
Fidelity Short-Term Treasury Bond Index Fund	fondo abierto	FUMBX	0,03 %	N/A	2,7	
iShares 0-3 Month Treasury Bond ETF	ETF	SGOV	0,05 %*	0,01 %	0,1	* con un 0,07 % de exención de comisiones
iShares Short Treasury Bond ETF	ETF	SHV	0,15 %	0,01 %	0,3	
Schwab Short-Term US Treasury Index ETF	ETF	SCHO	0,03 %	0,02 %	1,9	
Vanguard Short-Term Treasury Index Fund	fondo abierto	VSBSX	0,07 %	N/A	1,9	
Vanguard Short-Term Treasury ETF	ETF	VGSH	0,04 %	0,02 %	1,9	

Fondos de bonos del Tesoro a largo plazo

Fondo	Wrapper	Cód. Cotización	Índice de gastos	Diferencial	Duración (años)	Otros
Fidelity Intermediate Treasury Bond Index Fund	fondo abierto	FUAMX	0,03 %	N/A	6,2	
Fidelity Long-Term Treasury Bond Index Fund	fondo abierto	FNBGX	0,03 %	N/A	16,5	
iShares US Treasury Bond	ETF	GOVT	0,05 %	0,04 %	6,2	

Tabla 18.7. Fondos de bonos del Tesoro a largo plazo (continuación)

Fondo	Wrapper	Cód. Cotización	Índice de gastos	Diferencial	Duración (años)	Otros
iShares 7-10 Y Treasury Bond ETF	ETF	IEF	0,15 %	0,01 %	7,7	
iShares 20+ Year Treasury Bond ETF	ETF	TLT	0,15 %	0,01 %	17,6	
Schwab Intermediate-Term US Treasury ETF	ETF	SCHR	0,03 %	0,02 %	5,2	
Schwab Long-Term US Treasury ETF	ETF	SCHQ	0,03 %	0,07 %	16,1	
SPDR Portfolio Intermediate Term Treasury ETF	ETF	SPTI	0,06 %	0,03 %	5,1	
SPDR Portfolio Long Term Treasury ETF	ETF	SPTI	0,06 %	0,03 %	16,1	
Vanguard Intermediate-Term Treasury Fund	fondo abierto	VFIUX	0,10 %	N/A	5,2	** mínimo 50.000 dólares
Vanguard Long-Term Treasury Fund	fondo abierto	VUSUX	0,10 %	N/A	16,3	** mínimo 50.000 dólares

Tabla 18.7. (continuación)
Títulos del Tesoro protegidos contra la inflación (TIPS)

Fondo	Wrapper	Cód. Cotización	Índice de gastos	Diferencial	Duración (años)	Otros
Fidelity Inflation-Protected Bond Index Fund	fondo abierto	FIPDX	0,05 %	N/A	6,3	
iShares 0-5 Year TIPS Bond ETF	ETF	STIP	0,03 %	0,01 %	2,5	
iShares TIPS Bond ETF	ETF	TIP	0,19 %	0,01 %	6,9	
PIMCO 15+ Year US TIPS ETF	ETF	LTPZ	0,20 %	0,15 %	20,0	
Schwab Treas. Inflation Protected Securities Index Fund	fondo abierto	SWRSX	0,05 %	N/A	6,6	
Schwab US TIPS ETF	ETF	SCHP	0,04 %	0,02 %	6,6	
SPDR Portfolio TIPS ETF	ETF	SPIP	0,12 %	0,03 %	7,1	
Vanguard Inflation-Protected Securities Fund	fondo abierto	VAIPX	0,10 %	N/A	6,8	** mínimo 50.000 dólares
Vanguard Short-Term Infl. Protected Securities ETF	ETF	VTIP	0,04 %	0,02 %	2,5	
Vanguard Short-Term Infl. Protected Securities Index Fund	fondo abierto	VTAPX	0,06 %	N/A	2,5	

Tabla 18.7 .(continuación)
Índice de mercado de renta fija a corto plazo

Fondo	Wrapper	Cód. Cotización	Índice de gastos	Diferencial	Duración (años)	Gob. EE. UU.
Fidelity Short-Term Bond Index Fd	fondo abierto	FNSOX	0,03 %	N/A	2,6	69 %
iShares Core 1-5 Year USD Bond ETF	ETF	ISTB	0,06 %	0,02 %	2,8	55 %
Schwab Short-Term Bond Index Fund	fondo abierto	SWSBX	0,06 %	N/A	2,7	74 %
Vanguard Short-Term Bond Index Fund	fondo abierto	VBIRX	0,07 %	N/A	2,7	73 %
Vanguard Short-Term Bond ETF	ETF	BSV	0,04 %	0,01 %	2,7	73 %

Índice de mercado de renta fija total

Fondo	Wrapper	Cód. Cotización	Índice de gastos	Diferencial	Duración (años)	Gob. EE. UU.
Fidelity US Bond Index Fund	fondo abierto	FXNAX	0,025 %	N/A	6,2	47 %
iShares Core Total USD Bond Market ETF	ETF	IUSB	0,06 %	0,02 %	6,5	60 %
Schwab US Aggregate Bond Index Fund	fondo abierto	SWAGX	0,04 %	N/A	6,3	47 %
Vanguard Total Bond Index Fund	fondo abierto	VBTLX	0,05 %	N/A	6,5	51 %
Vanguard Total Bond ETF	ETF	BND	0,03 %	0,01 %	6,5	51 %

Tabla 18.7. (continuación)
Fondos de bonos municipales nacionales

Fondo	Wrapper	Cód. Cotización	Índice de gastos	Diferencial	Duración (años)	Otros
Fidelity Municipal Bond Index Fund	fondo abierto	FMBIX	0,07 %	N/A	6,2	
iShares Short-Term National Muni Bond ETF	ETF	SUB	0,07 %	0,02 %	1,9	
iShares National Muni Bond ETF	ETF	MUB	0,07 %	0,01 %	6,4	
*Vanguard Ultra Short-Term Tax-Exempt Fund	fondo abierto	VWSUX	0,09 %	N/A	1,1	** mínimo 50.000 dólares
*Vanguard Limited-Term Tax-Exempt Fund	fondo abierto	VMLUX	0,09 %	N/A	2,6	** mínimo 50.000 dólares
*Vanguard Intermediate-Term Tax-Exempt Fund	fondo abierto	VWIUX	0,09 %	N/A	4,6	** mínimo 50.000 dólares
*Vanguard Long-Term Tax-Exempt Fund	fondo abierto	VWLUX	0,09 %	N/A	6,8	** mínimo 50.000 dólares
Vanguard Tax-Exempt Bond ETF	ETF	VTEB	0,05 %	0,02 %	5,9	

* Acciones de clase Admiral con una inversión mínima de 50.000 dólares; los fondos de clase Inversor requieren una inversión mínima de 3.000 dólares y presentan un índice de gastos del 0,17 %.

Fondos de bonos corporativos

Fondo	Wrapper	Cód. Cotización	Índice de gastos	Diferencial	Duración (años)	Otros
SPDR Portfolio Long-Term Corporate Bond ETF	ETF	SPLB	0,04 %	0,04 %	12,9	
Vanguard Total Corporate Bond ETF	ETF	VTC	0,04 %	0,04 %	7,1	
Vanguard Short-Term Corporate Bond Index Fund	fondo abierto	VSCSX	0,07 %	N/A	2,8	
Vanguard Short-Term Corporate Bond ETF	ETF	VCSH	0,04 %	0,01 %	2,8	
Vanguard Intermediate-Term Corporate Bond Index Fund	fondo abierto	VICSX	0,07 %	N/A	6,2	Comisión de compra 0,25 %
Vanguard Intermediate-Term Corporate Bond ETF	ETF	VCIT	0,04 %	0,01 %	6,2	
Vanguard Long-Term Corporate Bond Index Fund	fondo abierto	VLTCX	0,07 %	N/A	13,0	Comisión de compra 1,0 %
Vanguard Long-Term Corporate Bond ETF	ETF	VCLT	0,04 %	0,04 %	13,0	

Fuente: Morningstar.

Cuando los ETF van mal: fondos temáticos y apalancados/inversos

Wall Street termina por arruinar cualquier buena idea. Los ETF no fueron una excepción, con la rápida proliferación de vehículos de dinero caliente dirigidos a inversores mal informados e influenciados por narrativas, como los ETF de los sectores sanitario y agrícola mencionados en el capítulo decimocuarto y, más recientemente, una avalancha de productos relacionados con la marihuana y las criptomonedas. Si este libro ha cumplido su propósito, la última frase hizo que pusieras los ojos en blanco.

Los fondos apalancados e inversos son otra clase de ETF tóxicos. Los primeros utilizan capital prestado y derivados para multiplicar el rendimiento diario de un índice, por lo general por un factor de dos o tres. El llamado «arrastre estadístico», o la manera en que la volatilidad mina el rendimiento, hace que ésta sea una idea en verdad horrible. (El primer cuadro de matemáticas del capítulo primero explica este fenómeno.)

El ProShares Ultra Real Estate ETF (URE), que pretende doblar el rendimiento diario de un índice de REIT, es uno de los fondos apalancados más antiguos. El Vanguard Real Estate Fund ETF (VNQ) arrojó una rentabilidad anualizada del 6,22 % en los quince años que finalizaron en abril de 2022, nada mal si consideramos que dicho período comenzó a finales de abril de 2007, cerca del pico de la burbuja inmobiliaria que dio origen a la crisis financiera global. El rendimiento del URE para ese mismo período fue del −1,99 % anual.

Dado que las acciones suelen tener un rendimiento a largo plazo positivo, tomar posiciones cortas tiende a ser una mala idea. Pero puedes hacer algo incluso peor: tomar posiciones cortas con apalancamiento. Increíblemente, ProShares ofrece al público especulador un fondo que genera dos veces el rendimiento diario del Dow Jones Real Estate Index... pero con signo negativo. Su Ultra Short Real Estate Fund (SRS) arrojó una rentabilidad anualizada a quince años del −34,57 %. Sí, has leído bien: si hubieras «invertido» 1.000 dólares en el SRS en abril de 2007, en abril de 2022 te quedarían 1,72 dólares.

¿Por qué existen estos fondos? La justificación que esgrimen sus emisores desafía tanto la lógica como la simple aritmética. Suele ser algo así: «Estos vehículos no están diseñados como inversiones a largo plazo. Sólo deberías poseerlos durante períodos breves para protegerte frente a caídas bruscas de los precios». Pero si algo es una mala inversión a largo plazo, también lo será a corto plazo. Piensa que la rentabilidad anualizada del SRS del −34,57 % implica una rentabilidad mensualizada del −3,47 %. Si quieres protegerte frente a una caída súbita de los REIT, venderlos a un precio descontado es una opción muy preferible a perder en promedio un 3,47 % cada *mes* con el SRS.

RESUMEN DEL CAPÍTULO DECIMOCTAVO

- Presta atención a las opciones de fondos en el plan de pensiones de tu empresa. Si te han endosado un plan infame repleto de fondos de gestión activa de alto coste, presiona a tu empleador para que añada fondos indexados de bajo coste. Si no es posible, saca el máximo partido a la aportación equivalente del empleador, realiza contribuciones adicionales más allá del límite a una cuenta IRA personal y, tan pronto como sea posible después de que termines tu empleo, transfiere los activos de tu plan 401(k) a una cuenta IRA.
- Escoge uno o más custodios para tus activos personales. Vanguard, Fidelity y Schwab te permiten comprar y vender ETF de bajo coste y títulos del Tesoro sin comisiones. Cada una tiene un inconveniente: un servicio al cliente mediocre en Vanguard y rendimientos de los fondos monetarios deficientes en Fidelity y Schwab, sobre todo en la segunda. Evita este problema comprando títulos del Tesoro individuales, o ETF o fondos abiertos de bonos del Tesoro, así como fondos monetarios separados en lugar de sus vehículos de barrido por defecto. El panorama de los custodios está en constante cambio. Si los hados del mercado se ceban con las acciones y los bonos, es posible que cambie incluso más rápido. La decisión de utilizar fondos abiertos en lugar de ETF

en tus cuentas personales es, en la mayoría de los casos, una cuestión de preferencia personal. Los ETF que contienen bonos corporativos o municipales pueden adolecer de amplios diferenciales en tiempos de turbulencias extremas en el mercado, el tramo más crítico en la autopista hacia la riqueza.

- Las carteras inclinadas hacia acciones de pequeña capitalización o de valor pueden —o no— ofrecer mayores rendimientos, a costa de una ulterior complejidad y de comisiones más altas. Elijas la vía que elijas, habrá momentos en los que te arrepentirás de tu decisión. A largo plazo, la disciplina de mantenerte fiel a tu estrategia es mucho más importante que tu objetivo de asignación de activos concreto.

Epílogo

Palabras finales

El anterior análisis de la inversión personal ha abarcado una gama de temas mucho más amplia que la mayoría de los libros de este género, y por un buen motivo. Como demostraron a la perfección los directivos de Long-Term Capital Management, sin un conocimiento sólido de la psicología, la historia y el propio negocio de la inversión, ni siquiera las mentes más brillantes en teoría de la inversión podrán evitar el desastre. Si bien el estudio de cada uno de estos campos reviste valor por sí mismo, en conjunto funcionan como las cuatro patas de una silla. Omite aunque sea uno de ellos y tu estrategia de inversión se vendrá abajo. He aquí un resumen de lo que he tratado de transmitir.

Primer pilar: la teoría de la inversión

Ante todo, rentabilidad y riesgo son dos caras de la misma moneda. No deberías trabajar en un quirófano de emergencias si no soportas las heridas de bala ni los accidentes escabrosos. Del mismo modo, invertir en acciones conlleva siempre, tarde o temprano, pavorosas e inevitables pérdidas, y si no puedes lidiar con ellas no deberías poseer productos de renta variable. Por otro lado, si lo que buscas es seguridad, tendrás que aceptar rentabilidades bajas. Las compañías aburridas y poco atractivas deben ofrecer rendimientos más altos por sus acciones que las sofisticadas, o nadie las compraría. Y esto es doblemente cierto para las participaciones en empresas en dificultades. La promesa de alta rentabilidad a bajo riesgo constituye un indicador inequívoco de fraude.

Puedes obtener una estimación aproximada de la rentabilidad a largo plazo del mercado bursátil sumando el crecimiento de las ganancias por acción a largo plazo, que no es probable que supere el 2 % ajustado por inflación, y la rentabilidad por dividendos, que en la actualidad ronda el 1,7 %, por un total de 3,7 %. En esencia, la rentabilidad a largo plazo de los bonos de alta calificación coincide con la rentabilidad por dividendos; en este momento, el mercado de TIPS apunta a que ofrecen un rendimiento real de alrededor del 1,5 %. No obstante, tales estimaciones adolecen de un alto grado de incertidumbre, en particular para períodos breves, y es probable que para cuando leas este libro estén obsoletas.

Deberías pensar en el mercado como un ente infinitamente más inteligente que sus participantes individuales, incluso que los más lúcidos. La selección de acciones y la anticipación del mercado son ejercicios costosos, arriesgados y, en última instancia, vanos. Por definición, el rendimiento esperado de un gestor de capital profesional es el rendimiento del mercado menos sus gastos. Es cierto: rendimientos pasados no indican —en absoluto— rendimientos futuros. El triunfador de la década pasada tiene muchas papeletas de convertirse en el fracasado de la actual. Además, es casi imposible que venzas a estos participantes profesionales en la selección de acciones.

Por otra parte, un pequeño porcentaje de las acciones producen el grueso de los rendimientos bursátiles. Son agujas en un pajar, y aunque poseas cien empresas distintas, te faltarán la mayoría de ellas. La apuesta más segura es hacerte con todo el pajar.

Por último, no puedes saber qué activos se comportarán mejor en el futuro, así que el rumbo más prudente es poseer una cartera muy diversificada. Quienes deseen más complejidad y quieran obtener una mayor rentabilidad pueden probar suerte asumiendo el riesgo de comprar acciones de pequeña capitalización y de valor.

Segundo pilar: la historia de la inversión

Prepárate: los mercados derrapan y se desbocan con regularidad, tanto al alza como a la baja. Habrá momentos en los que nuevas tecnologías prometan transformar nuestra economía y cultura, y traten de encandilarte con sus cantos de sirena. Cuando oigas esta melodía, mantén el rumbo a toda costa. En otros, parecerá que el firmamento se hunde sobre tu cabeza. Suelen ser las mejores ocasiones para comprar.

Aunque la historia no se repite, y ni siquiera rima, existe un número limitado de arcos argumentales en la historia de los mercados. En particular, cuando estallan burbujas, ayuda constatar que ya has visto esa película antes y que sabes cómo acaba.

Tercer pilar: la psicología de la inversión

Eres tu peor enemigo. Lo más probable es que peques de un exceso de confianza acerca de tu propia capacidad para seleccionar acciones y gestores de capital. Recuerda que el mercado es un gorila de 400 kilos cuyo principal objetivo es hacer quedar al mayor número posible de inversores como auténticos bobos. Además, sobrestimas tu tolerancia al riesgo cuando los horizontes del mercado se oscurecen. Recuerda siempre la observación de Fred Schwed de que hay ciertas cosas que no se pueden transmitir a una persona virgen por medio de abstracciones, en especial la horrible sensación de ver cómo tus ahorros se evaporan. Para cosechar los frutos del interés compuesto, no interrumpas nunca tu estrategia de inversión. Una buena pila de títulos del Tesoro y certificados de depósito te insuflará el aplomo necesario.

Tus instintos sociales erosionarán tu patrimonio incitándote a poseer lo que todo el mundo posee. Si has invertido en los mismos sectores que tus vecinos y amigos, no es probable que obtengas grandes beneficios. Invertir con éxito es una actividad solitaria.

Ignora los últimos cinco o diez años de rendimientos de inversión y céntrate en los datos a más largo plazo. Sí, las acciones de gran crecimiento han arrojado rendimientos muy altos en los últimos años, pero la historia apunta a que siguen siendo inferiores a los de las acciones de pequeño y gran valor. Aunque no hay garantías de que esto seguirá siendo cierto en adelante, la estadística siempre favorece a las series de datos más largas.

Finalmente, resiste la propensión humana a imaginar patrones donde no existen. Los rendimientos de las clases de activos son en esencia aleatorios, y los patrones que parecen evidentes al echar la vista atrás casi nunca se repiten de cara al futuro.

Cuarto pilar: el negocio de la inversión

La mayoría de los corredores y asesores, en especial aquellos que trabajan en las grandes casas de corretaje tradicionales y en las más recientes corredurías independientes, sirven a sus clientes de la misma manera en que Bonnie y Clyde[260] servían a los concesionarios de coches. Ocupan el puesto más bajo en el escalafón de conocimientos financieros, y es probable que con sólo haber leído este libro sepas más sobre inversiones que ellos.

El panorama de los fondos mutualistas se ha suavizado en las últimas décadas, pero no por ello debes dejar de prestar atención a la estructura de propiedad y las tarifas de tu compañía de inversión. Nunca olvides que el principal negocio de la mayoría de las empresas de fondos es reunir activos, no gestionar dinero.

Edúcate, pero con cuidado: en materia de inversiones, el 99 % de cuanto ves en las revistas, los periódicos y las redes sociales son tonterías. La única excepción son las «noticias» financieras

260. Bonnie y Clyde fueron una pareja de bandidos estadounidenses de mediados de los años treinta, que entre otros muchos golpes atracaron varios concesionarios. *(N. del t.)*

en la televisión por cable, donde ese porcentaje asciende al 100 %. La mayoría de los periodistas financieros aprenden pronto que es mucho más fácil producir un flujo constante de frivolidad sobre estrategas y gestores de fondos en racha ganadora que llevar a cabo análisis serios. Por suerte para los inversores, no todo internet es un erial. En YouTube y las plataformas de pódcast abundan los contenidos útiles, pero sólo si sabes de antemano a quién escuchar. Un buen punto de partida serían los autores de los artículos académicos citados en este libro, en especial Eugene Fama, Kenneth French, el difunto Paul Samuelson, Zvi Bodie y Robert Shiller.

Aunque podrías gestionar tus finanzas sólo con la información contenida en estas páginas, no sería sensato limitarte a ella. Se trata más bien de un marco al que no cesarás de añadir conocimientos, empezando por las fuentes que he mencionado.

El mensaje de este libro es a un tiempo inspirador y sencillo: sin mucho esfuerzo, puedes diseñar y armar una cartera de inversiones con una amplia diversificación y unos costes mínimos, que se demostrará superior a la mayoría de las cuentas de gestión profesional. No necesitas tener una inteligencia privilegiada ni mucha suerte. Los rasgos esenciales del inversor de éxito son la disciplina y la constancia a la hora de «mantener el rumbo», en las célebres palabras de Jack Bogle.

Tu seguridad financiera descansa sobre cuatro pilares: tu conocimiento de la teoría, la historia, la psicología y el negocio de la inversión. Estúdialos a fondo y aplícalos con sabiduría.

Agradecimientos

El presente libro toca demasiados temas —teoría financiera, historia económica, psicología y los rudimentos del negocio de invertir— para que los conocimientos de un solo individuo puedan abarcar todos ellos.

Me gustaría agradecer su ayuda experta a las siguientes personas: Amy Arnott, por los datos acerca de flujos y rendimientos de fondos; Christine Benz, sobre fondos de fecha objetivo; Jane Bryant Quinn, sobre periodismo financiero; Ilia Dichev, sobre la «otra cara» de la brecha entre ponderación por dólar-tiempo; Martin Fridson, sobre los incumplimientos de bonos de alto rendimiento; Paul Hyams y Jane Lockshin, por los antecedentes de la notable historia de Sylvia Bloom; Antti Ilmanen, sobre (bajos) rendimientos esperados; Mike Nolan, por los datos agregados sobre fondos; Wade Pfau, sobre las anualidades y el ciclo vital; Craig Rowland, sobre la custodia de activos extranjeros; Denise Schmandt-Besserat, por su ayuda con las imágenes; Dan Solin, sobre las prácticas de correduría; Richard Sylla, sobre el concepto de «capital no afectado»; y Greg Zuckerman, sobre D. E. Shaw y James Simons.

Mike Piper me prestó una inestimable asistencia acerca de las anualidades diferidas; Rick Ferri me ayudó a abordar múltiples problemas en relación con los ETF; y Allan Roth atendió con amabilidad mis incesantes preguntas sobre estos dos temas. Asimismo, quisiera expresar mi especial agradecimiento a Jason Zweig, quien a lo largo de los años me ha enseñado mucho acerca de la historia y la neuropsicología de los mercados.

Jim Dahle, John Rekenthaler, Jonathan Clements y mi estimada socia empresarial, Susan Sharin, me obsequiaron con su experiencia sumada de más de un siglo en el mundo de la inversión y revisaron tanto el contenido como el estilo de este manuscrito. Asumo de grado toda la responsabilidad por cualquier error.

Gracias a Steve Straus, Maki Wiering, Ingrid Case y Pattie Amoroso por llevar con destreza la producción del libro a buen puerto, y en especial a Judith Newlin, quien no sólo estuvo implicada en el proyecto desde el primer borrador hasta las galeradas finales, sino que tuvo además la amabilidad de contestar a un flujo casi continuo de preguntas y peticiones.

Por último, como siempre, las alquímicas aptitudes literarias de mi querida esposa Jane transmutaron frase por frase el amasijo informe de mi tosca prosa en un texto que podía mostrar al público sin complejos. Sin ella estaría perdido.